列国志 新版

GUIDE TO
THE WORLD
NATIONS

骆永昆　马燕冰　张学刚
编著

MALAYSIA

马来西亚

社会科学文献出版社
SSAP
SOCIAL SCIENCES ACADEMIC PRESS (CHINA)

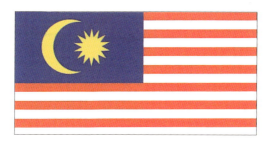

马来西亚国旗

马来西亚国徽

总理府

沙捞越州立法议会大楼

苏丹阿都沙末大厦

马六甲苏丹故宫复制建筑

马来西亚的郑和塑像

马六甲独立纪念馆

建筑博物馆

吉隆坡国家纺织博物馆

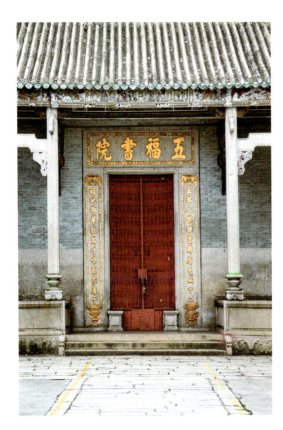

马来西亚古老的中国书院门

马来西亚博特拉大学

吉隆坡的天后宫

马六甲的圣弗兰西斯沙维尔教堂

甲必丹吉宁清真寺

堡垒米德尔堡

马来传统高脚屋

出版说明

　　《列国志》编撰出版工作自 1999 年正式启动，截至目前，已出版 144 卷，涵盖世界五大洲 163 个国家和国际组织，成为中国出版史上第一套百科全书式的大型国际知识参考书。该套丛书自出版以来，受到社会各界的广泛好评，被誉为"21 世纪的《海国图志》"，中国人了解外部世界的全景式"窗口"。

　　这项凝聚着近千学人、出版人心血与期盼的工程，前后历时十多年，作为此项工作的组织实施者，我们为这皇皇 144 卷《列国志》的出版深感欣慰。与此同时，我们也深刻认识到当今国际形势风云变幻，国家发展日新月异，人们了解世界各国最新动态的需要也更为迫切。鉴于此，为使《列国志》丛书能够不断补充最新资料，更好地服务于社会各界，我们决定启动新版《列国志》编撰出版工作。

　　与已出版的 144 卷《列国志》相比，新版《列国志》无论是形式还是内容都有新的调整。国际组织卷次将单独作为一个系列编撰出版，原来合并出版的国家将独立成书，而之前尚未出版的国家都将增补齐全。新版《列国志》的封面设计、版面设计更加新颖，力求带给读者更好的阅读享受。内容上的调整主要体现在数据的更新、最新情况的增补以及章节设置的变化等方面，目的在于进一步加强该套丛书将基础研究和应用对策研究相结合，将基础研究成果应用于实践的特色。例如，增加

了各国有关资源开发、环境治理的内容；特设"社会"一章，介绍各国的国民生活情况、社会管理经验以及存在的社会问题，等等；增设"大事纪年"，方便读者在短时间内熟悉各国的发展线索；增设"索引"，便于读者根据人名、地名、关键词查找所需相关信息。

顺应时代发展的要求，新版《列国志》将以纸质书为基础，全面整合国别国际问题研究资源，构建列国志数据库。这是《列国志》在新时期发展的一个重大突破，由此形成的国别国际问题研究资讯平台，必将更好地服务于中央和地方政府部门应对日益繁杂的国际事务的决策需要，促进国别国际问题研究领域的学术交流，拓宽中国民众的国际视野。

新版《列国志》的编撰出版工作得到了各方的支持：国家主管部门高度重视，将其列入"'十二五'国家重点图书出版规划项目"；中国社会科学院将其列为创新工程学术出版资助项目，王伟光院长亲自担任编辑委员会主任，指导相关工作的开展；国内各高校和研究机构鼎力相助，国别国际问题研究领域的知名学者相继加入编辑委员会，提供优质的学术咨询与指导。相信在各方的通力合作之下，新版《列国志》必将更上一层楼，以崭新的面貌呈现给读者，在中国改革开放的新征程中更好地发挥其作为"知识向导"、"资政参考"和"文化桥梁"的作用！

新版《列国志》编辑委员会
2013 年 9 月

前　　言

　　自 1840 年前后中国被迫开关、步入世界以来，对外国舆地政情的了解即应时而起。还在第一次鸦片战争期间，受林则徐之托，1842 年魏源编辑刊刻了近代中国首部介绍当时世界主要国家舆地政情的大型志书《海国图志》。林、魏之目的是为长期生活在闭关锁国之中、对外部世界知之甚少的国人"睁眼看世界"，提供一部基本的参考资料，尤其是让当时中国的各级统治者知道"天朝上国"之外的天地，学习西方的科学技术，"师夷之长技以制夷"。这部著作，在当时乃至其后相当长一段时间内，产生过巨大影响，对国人了解外部世界起到了积极的作用。

　　自那时起中国认识世界、融入世界的步伐就再也没有停止过。中华人民共和国成立以后，尤其是 1978 年改革开放以来，中国更以主动的自信自强的积极姿态，加速融入世界的步伐。与之相适应，不同时期先后出版过相当数量的不同层次的有关国际问题、列国政情、异域风俗等方面的著作，数量之多，可谓汗牛充栋。它们对时人了解外部世界起到了积极的作用。

　　当今世界，资本与现代科技正以前所未有的速度与广度在国际流动和传播，"全球化"浪潮席卷世界各地，极大地影响着世界历史进程，对中国的发展也产生极其深刻的影响。面临不同以往的"大变局"，中国已经并将继续以更开放的姿态、更快的步伐全面步入世界，迎接时代的挑战。不同的是，我们所面

临的已不是林则徐、魏源时代要不要"睁眼看世界"、要不要"开放"问题，而是在新的历史条件下，在新的世界发展大势下，如何更好地步入世界，如何在融入世界的进程中更好地维护民族国家的主权与独立，积极参与国际事务，为维护世界和平，促进世界与人类共同发展做出贡献。这就要求我们对外部世界有比以往更深切、全面的了解，我们只有更全面、更深入地了解世界，才能在更高的层次上融入世界，也才能在融入世界的进程中不迷失方向，保持自我。

与此时代要求相比，已有的种种有关介绍、论述各国史地政情的著述，无论就规模还是内容来看，已远远不能适应我们了解外部世界的要求。人们期盼有更新、更系统、更权威的著作问世。

中国社会科学院作为国家哲学社会科学的最高研究机构和国际问题综合研究中心，有 11 个专门研究国际问题和外国问题的研究所，学科门类齐全，研究力量雄厚，有能力也有责任担当这一重任。早在 20 世纪 90 年代初，中国社会科学院的领导和中国社会科学出版社就提出编撰"简明国际百科全书"的设想。1993 年 3 月 11 日，时任中国社会科学院院长胡绳先生在科研局的一份报告上批示："我想，国际片各所可考虑出一套列国志，体例类似几年前出的《简明中国百科全书》，以一国（美、日、英、法等）或几个国家（北欧各国、印支各国）为一册，请考虑可行否。"

中国社会科学院科研局根据胡绳院长的批示，在调查研究的基础上，于 1994 年 2 月 28 日发出《关于编纂〈简明国际百科全书〉和〈列国志〉立项的通报》。《列国志》和《简明国际百科全书》一起被列为中国社会科学院重点项目。按照当时的计划，首先编写《简明国际百科全书》，待这一项目完成后，再着手编写《列国志》。

1998 年，率先完成《简明国际百科全书》有关卷编写任务的研究所开始了《列国志》的编写工作。随后，其他研究所也陆续启动这一项目。为了保证《列国志》这套大型丛书的高质量，科研局和社会科学文献出版社于 1999 年 1 月 27 日召开国际学科片各研究所及世界历史研究所负责人会议，讨论了这套大型丛书的编写大纲及基本要求。根据会议精神，科研局随后印发了《关于〈列国志〉编写工作有关事项的通知》，陆续为启动项目拨付研究经费。

为了加强对《列国志》项目编撰出版工作的组织协调，根据时任中国社会科学院院长李铁映同志的提议，2002 年 8 月，成立了由分管国际学科片的陈佳贵副院长为主任的《列国志》编辑委员会。编委会成员包括国际片各研究所、科研局、研究生院及社会科学文献出版社等部门的主要领导及有关同志。科研局和社会科学文献出版社组成《列国志》项目工作组，社会科学文献出版社成立了《列国志》工作室。同年，《列国志》项目被批准为中国社会科学院重大课题，新闻出版总署将《列国志》项目列入国家重点图书出版计划。

在《列国志》编辑委员会的领导下，《列国志》各承担单位尤其是各位学者加快了编撰进度。作为一项大型研究项目和大型丛书，编委会对《列国志》提出的基本要求是：资料翔实、准确、最新，文笔流畅，学术性和可读性兼备。《列国志》之所以强调学术性，是因为这套丛书不是一般的"手册""概览"，而是在尽可能吸收前人成果的基础上，体现专家学者们的研究所得和个人见解。正因为如此，《列国志》在强调基本要求的同

时，本着文责自负的原则，没有对各卷的具体内容及学术观点强行统一。应当指出，参加这一浩繁工程的，除了中国社会科学院的专业科研人员以外，还有院外的一些在该领域颇有研究的专家学者。

现在凝聚着数百位专家学者心血，共计141卷，涵盖了当今世界151个国家和地区以及数十个主要国际组织的《列国志》丛书，将陆续出版与广大读者见面。我们希望这样一套大型丛书，能为各级干部了解、认识当代世界各国及主要国际组织的情况，了解世界发展趋势，把握时代发展脉络，提供有益的帮助；希望它能成为我国外交外事工作者、国际经贸企业及日渐增多的广大出国公民和旅游者走向世界的忠实"向导"，引领其步入更广阔的世界；希望它在帮助中国人民认识世界的同时，也能够架起世界各国人民认识中国的一座"桥梁"，一座中国走向世界、世界走向中国的"桥梁"。

《列国志》编辑委员会
2003 年 6 月

序　言

　　现时代的中国，需要一本了解马来西亚情况的基础书籍，骆永昆博士主持修订的新版列国志《马来西亚》，正是时代所需。

　　大部分中国人对马来西亚的了解可能是比较破碎的。比如，很多人喜闻乐道马来西亚华人华商的传奇故事，但不一定知道马来西亚一直在中国与东盟国家的贸易中独占鳌头，更不一定知道中马经济关系的关联结构。不少人对马来西亚政坛传奇，前首相马哈蒂尔记忆犹新，却不一定对现任首相纳吉布执政理念和执政方式贯微动密。很多人知道杨紫琼、梁静茹、曹格等华语娱乐明星，但不一定知道马来西亚为什么盛产全球华语娱乐明星，及其背后的种族宗教因素。大家在新闻报道中感叹阿里巴巴、京东等电商企业纷纷抢滩马来西亚的深思远虑，却不一定知道马来西亚有个远见卓识的 2020 经济发展宏愿。不少人知道东南亚是中国推进"一带一路"尤其是 21 世纪海上丝绸之路的重点地区，却不一定知道马来西亚在与"一带一路"对接合作方面堪称典范。总而言之，碎片化的马来西亚印象，已经不能满足中国人当下的需求了。随着"一带一路"建设的深入推进，我们迫切需要完整、系统、动态、平衡的了解马来西亚。

　　新版列国志《马来西亚》较为客观的展现了马来西亚的基本情况。书中对马来西亚的国运、国势、国情等进行了全面系统的梳理。国运，是马来西亚从古到今的兴衰起伏。国势，

是当前马来西亚的发展态势及其脉动。国情，则是马来西亚政治、经济、外交、文化等各领域的基本情况。梳理好国运、国势、国情并不容易，而要简约清楚的做到这一点更是需要多下苦功夫。新书在保持原书基本框架的基础上，打破传统思维习惯，在第一章"概况"和第二章"历史"部分对原书的内容进行了重新分类和整理，一方面大幅缩减了原书的"节"，同时根据现实情况在这两章分别补充了"特色资源"和"著名历史人物"两节，极大地增强了新书的可读性。同时，在政治、经济、军事、文化、外交领域，新书也与时俱进的将相关内容更新至2016年底，将马来西亚各领域的最新情况展现给读者，有助于读者了解一个动态发展的马来西亚。尤其值得一提的是，书中新增了"社会"的章节，这是我国国际关系学者国别研究的重要进步。

谁能提供这样一本基本书？他必须是一个长期从事马来西亚研究的国别问题专家。新版列国志《马来西亚》的主要作者骆永昆是我国青年一代的马来西亚研究专家。作者本科毕业于北京外国语大学马来语专业，师从吴宗玉等马来西亚语言文化专业的创建者。硕士毕业于北京大学外国语学院印尼语专业，师从我国张玉安教授。在熟练掌握了马来语、印尼语等语言后，骆永昆考入中国现代国际关系研究院，从事东南亚方向的政策研究，专攻马来西亚和印尼的国别研究已近十年，如今已是该院东南亚研究的中坚力量，并获得了该院国际关系专业的博士学位。在此期间，骆永昆遍访马来西亚、印尼等东南亚国家，将马来西亚置于东南亚、亚太以及全球视野做观察分析，对马来西亚的理解和感悟日渐积累，重新编写列国志《马来西亚》水到渠成。新版《马来西亚》的修订得到了马燕冰、张学刚两位老师的鼎力支持和帮助，正是他们的支持与帮助才使该书最终呈现在读者面前。马燕冰和张学刚是拥有丰富经验的东南亚问题专家，他们研究东南亚问题多年，熟悉马来西亚。他们三人合作奉献的这版《马来西亚》是我国学者对马来西亚研究的重要贡献。

翟　崑

北京大学国际关系学院教授

中国东南亚研究会副会长

CONTENTS

目 录

CONTENTS
目 录

CONTENTS

目 录

CONTENTS

目 录

CONTENTS

目录

CONTENTS

目 录

CONTENTS
目　录

CONTENTS
目 录

导　言

　　马来西亚地处东南亚中心，历史悠久。早在纪元初，在今天的马来西亚领土上就已出现狼牙修、丹丹、盘盘等古国，但直到 15 世纪初马六甲王朝建立，马来西亚才开始逐渐为人知晓。马六甲王朝是马来西亚历史上最重要的王朝，也曾是东南亚的伊斯兰教中心，其伊斯兰教信仰、苏丹体制及较完备的官僚和司法体系，深刻影响着今天马来西亚的政治、宗教和社会。1511 年，葡萄牙攻占马六甲之后，马六甲王朝衰落。从 1511 年到 1945 年，葡萄牙、荷兰、英国、日本先后殖民马来亚，对马来亚的政治、经济、社会产生了深远的影响。二战后，英国"重返"马来亚，建立所谓"马来亚联盟"，遭到马来苏丹和政治精英的强烈反对。马来亚的民族主义情绪达到高潮。今天马来西亚政坛上的主要执政党马来民族统一机构（巫统）就是在此背景下成立的。在巫统带领下，马来政治精英提出建立"马来亚联合邦"，取代"马来亚联盟"。经过多次与英国人的讨价还价，1957 年 8 月，马来亚联合邦取得独立。1963 年9 月，马来亚联合邦吸纳沙巴、沙捞越和新加坡，组建马来西亚。但由于与新加坡矛盾不断加剧，1965 年，新加坡最终选择退出马来西亚，独立建国。

　　今天的马来西亚实行君主立宪制，这与英国殖民统治留下的政治遗产息息相关。国王，在马来西亚为最高元首，是立宪制君主，拥有行政、立法和司法上的最高权力，同时也是武装部队最高统帅，但均为象征性权力。国王之下的内阁掌握实权。内阁一般由在全国大选中得票最多的政党或政党联盟组建。自 1957 年独立以来，巫统领导的执政联盟（先是马华印联盟，后是国民阵线）一直执政至今。巫统主席，一般兼

任国民阵线主席，是当然的内阁总理，也是马来西亚的权力中心。国民阵线是囊括了各族群主要政党的执政联盟，符合各方利益，是具有马来西亚特色的政党联盟，也是迄今马来西亚政治保持稳定发展的重要原因。

由于政治稳定，政府治国有方，马来西亚经济在独立后得到了较快发展。20世纪70年代以来，产业结构不断调整，政府大力推行出口导向型经济，电子业、制造业、建筑业和服务业发展迅速。1987年起，马来西亚经济连续10年保持8%以上的高速增长，跻身亚洲四小虎行列。1991年，马哈蒂尔政府提出"2020宏愿"的跨世纪发展战略，旨在于2020年将马来西亚建成发达国家。政府重视发展高科技，启动"多媒体超级走廊""生物谷"等项目。亚洲金融危机后，1998年马来西亚经济出现负增长，但政府采取稳定汇率、重组银行企业债务、扩大内需和出口等政策，经济得以逐步恢复。21世纪以来，马来西亚经济稳定增长，除受2008年全球金融危机波及外，GDP一直保持中速增长态势。世界银行数据显示，2016年，马来西亚人均GDP已达9503美元，在东南亚国家中名列前茅。服务业成为马来西亚经济的主要支柱产业，约占GDP的55%，工业次之，约占38%，农业约占7%。

马来西亚是多民族国家，马来人、华人和印度人是三大主要族群，同时还有一些少数民族。马来人是马来西亚的主体民族，其信仰的伊斯兰教被奉为国教，马来语为国语和官方语言，马来文化是国家文化的根基。马来西亚联邦宪法规定，马来人享有特权。最高元首有义务保护马来人特权。所谓马来人特权，就是马来人在政治、经济、文化和教育领域享有的特殊权利。这些权利有的有明文规定，如马来人自留地；有的只是不成文的规矩，但已被各方默认，如马来西亚主要军、政官员须由马来人担任等。马来人特权是历史的产物，但对当今马来西亚的政治、经济和社会发展影响极大。尽管历届政府极力推动民族和谐与社会平衡发展，但族群关系，尤其是如何构建马来人与华人的和谐关系仍是马来西亚社会发展的主要课题。

马来西亚虽然是小国，但在外交方面积极作为，为地区和平、稳定、繁荣贡献自己的智慧。1967年8月，马来西亚作为创始成员国，参与创建东南亚地区最重要的政府间组织——东南亚国家联盟（东盟）。东盟由此成为马来西亚外交政策的基石。20世纪70年代以来，马来西亚提出将东南亚建成和平、自由、中立区的理念为东盟所接受，并致力于维护印度支那半岛的稳定，主张依靠东盟解决柬埔寨问题。冷战结束后，马来西亚积极推动东亚一体化进程，时任总理马哈蒂尔先后提出建立"东亚经济集团"（EAEG）和"东亚经济核心论坛"（EAEC）等倡议，谋求东亚国家在国际经济舞台上的发言权。马来西亚邀请中国作为东盟对话伙伴国，参与东盟的合作，对改善中国与东盟关系有重要作用。同时，马哈蒂尔提出建立"泛亚铁路"的构想，推动中国—东盟互联互通。"泛亚铁路"以新加坡为起点，经吉隆坡、曼谷、胡志明市、河内抵达中国云南省的昆明，其中线和西线连通缅甸的仰光和老挝的万象。遗憾的是，由于种种因素的限制，马哈蒂尔在任内并未看到东南亚国家动手修建所谓"泛亚铁路"，但"泛亚铁路"的理念为各方所欢迎。目前，"泛亚铁路"正在热火朝天的建设之中。马哈蒂尔之后，阿卜杜拉·巴达维和纳吉布两任总理着力推动东盟共同体建设。2015年12月31日，马来西亚作为东盟轮值主席国，宣布东盟共同体建立，这是马来西亚外交史上的里程碑。马来西亚的影响力不仅限于东南亚。在伊斯兰世界，马来西亚也是较有影响力的国家，尤其是其发达的伊斯兰金融已成为马来西亚与伊斯兰国家经济的重要增长点。马来西亚是"伊斯兰合作组织"（原"伊斯兰会议组织"）成员，关注中东局势和伊斯兰国家发展，积极与伊斯兰世界开展政治、经济、文化合作，主张推动"全球温和运动"，打击伊斯兰极端主义。

中国民众对马来西亚较为熟悉。中国古书对马来西亚的历史、文化有所记载。中马建交后，尤其是冷战结束以来，越来越多的中国学者开始关注马来西亚，撰写了不少有关马来西亚历史、政治经济和社会文化的著作。本书是中国社会科学院组织编写的《列国志》丛书中的一部。笔者试图在现有国内外研究成果基础上，对马来西亚的国情进行系统性介绍，以便中国读者更加全面地了解马来西亚。本书第一版在2011年问世，由中国现代国际关系研究院东南亚研究所的前辈马燕冰研究员组织撰写，张学刚老师和骆永昆承担了书稿的主要写作任务。此次修订由骆永昆副研究

员一人承担，主要是修改和增补了新的数据和内容，修订了第一版中个别的错误，并新增了"社会"一章。由于水平有限，本书错误和疏漏在所难免，敬请各位读者和同人批评指正。

骆永昆

2017 年 8 月

第一章

概　览

第一节　国土与人口

一　地理位置

马来西亚位于北纬 2°～7°和东经 100°～119°，地处东南亚地区的中心位置，面积 330323 平方公里（2015 年数据）①。国土被辽阔的南海分隔成西马来西亚（简称西马）、东马来西亚（简称东马）两个部分。西马位于马来半岛南端，面积 13.2 万平方公里，北面与泰国接壤，南面隔柔佛海峡与新加坡相望，西部与西南部隔着著名的海上重要通道——马六甲海峡，与印度尼西亚的苏门答腊岛相望，东濒碧波万顷的南海，是马来西亚的政治、经济、文化和交通中心。东马位于加里曼丹岛北部（婆罗洲岛），分别与文莱及印尼的加里曼丹岛相连接，与菲律宾的巴拉望岛只有一水之隔，面积 19.8 万平方公里。东马、西马两地间距离最远处约 1500公里，最近处约 600 公里。

二　地形与气候

1. 地形特点

西马地形呈北高南低走势，全境属丘陵地带，三面环水。中央山脉由

---

① 本章的数据来源：马来西亚国家统计局，https：//www. statistics. gov. my/index. php？r =column/cone&menu_ id = dDM2enNvM09oTGtQemZPVzRTWENmZz09。

北向南延伸，把西马分隔成东西两部分。中央山脉以东的土地比西部的土地广阔，为低矮的丘陵，海拔在 50 米以下，分布着宽窄不等的冲积平原，平均宽 20～30 公里，地势低平，土壤肥沃，是主要农作物区。西海岸以外的岛屿较大，如浮罗交怡和槟榔屿，是山脉没入海中的残丘。东马地势从内地向沿海逐渐降低。沙捞越地势由东南向西北倾斜，其西部沿海为冲积平原，宽 8～80 公里，内地为森林覆盖的丘陵和山地。沙巴的地势由中部向东西两侧递降，其西部沿海为冲积平原，内地大部分地区为森林覆盖的山地。

2. 山川河流

马来西亚山脉较多，西马有 8 条大体平行的山脉呈西北至东南走向，纵贯马来半岛。除少数外，山峰一般不超过 2000 米。西马最高的山脉是吉保山脉（也称"中央山脉"）。吉保山脉从泰国的北大年起，经过霹雳、吉兰丹、雪兰莪、森美兰、彭亨南下，直至马六甲。山脉的余脉向南没入海中，成为印尼的廖内群岛等岛屿。吉保山脉中有 5 座海拔 2000 米以上的高峰。马来半岛东半部为大汉山脉。大汉山脉沿吉兰丹、登嘉楼、彭亨南下，山势逐渐降低，主峰海拔 2190 米，为西马最高峰，这里蕴藏着极其丰富的锡矿资源，据称是世界上锡的最大成矿带。此外，西马地区的重要山脉还有布诺姆山脉、滨登山脉、吉里丹山脉。布诺姆山脉分布在彭亨至森美兰一带，滨登山脉从泰国北大年起，经吉打而至霹雳，吉里丹山脉则夹在吉保山脉与滨登山脉之间。

东马有伊班山脉和克罗克山脉。伊班山脉位于沙捞越东部，山峰多在 2000 米左右。克罗克山脉纵贯沙巴南北，主峰基纳巴卢山高 4101 米，是马来西亚第一高峰，也是东南亚第四高峰。该山形似锯齿，俨若堡垒雉堞，山上古木参天，山顶云雾弥漫，山中多溶洞，景色壮美，坐落在有名的亚庇（也译作"哥打基纳巴卢"）国家公园内，被当地称为"神山"。山上有丰富的植物和动物资源，其中多种动植物为世界之最。例如神山地区的兰花就有 800 种，是全世界兰花品种最多的地区。"神山"及亚庇国家公园在 2000 年 12 月被联合国教科文组织列为世界自然遗产。

除高山外，马来西亚河流众多，水力资源丰富。西马的河流顺地势高低，呈南向流势，全境河流以吉保山脉为分水岭，分别向东西两侧流入太平洋和印度洋。山脉以东的河流较长，多东向注入南海，又称"南海水系"。山脉以西的河流，流程较短，多注入马六甲海峡，又称"马六甲海峡水系"。东马的河流较长，水量也大，不少河流都可通航。

西马的主要河流有：（1）彭亨河，全长434公里，是西马最长的河流。源于彭亨州西北部金马伦高原，汇集吉保山脉以东、大汉山以南、东海岸山脉以西诸水系后注入南海。流域面积2.9万平方公里，约占马来半岛面积的1/4。上游穿行于山崖中，叫德龙河；支流切穿山脉，多险滩与瀑布。中、下游含沙量大，经常改道。东北季风期间，多山洪。下游沼泽广布，三角洲地区常泛滥成灾。瓜拉立卑以下320公里可通小船，淡马鲁以下可通较大木船，河口南岸有城镇北干，中下游沿岸是全国重点垦殖区，水土流失严重，常泛滥成灾。（2）霹雳河，为西马第二大河，全长约350公里，流域面积1.5万平方公里，东南亚最大的明歌水坝和历史较长的珍罗德水坝就建在该河上游。该河源于东北上霹雳的山中，曲折南流，汇合了吉保山脉和吉里丹山脉南流的吉打河，到达安顺，然后西向注入马六甲海峡。霹雳河上游在群山之中，水流湍急，河水较浅，没有航运价值，其主要支流有森高河、辟亚河、布拉斯河、吉打河等。（3）吉兰丹河，为西马第三大河，全长280公里，上游在彭亨州，流向与上述两条河相反，自南向北入海。吉兰丹河流域面积约1.3万平方公里。可通航中小船只。

东马河流多，水深量大，极具通航价值。主要河流有：（1）基纳巴唐岸河，全长560公里，流域面积1万多平方公里。河口宽960米，水深6～10米，可通航水域长为320公里。（2）拉让河，在东马沙捞越境内，源于伊兰山脉，全长592公里，流域面积3.9万平方公里，既是东马第一大河，也是马来西亚第一大河。拉让河由南向北，支流多而长，特别是在下游，岔流如网，有4个较大的河口，海潮能倒灌60公里，其景甚为壮观，河水都注入南海。（3）巴兰河，源自东马沙捞越州内地势最高、雨量最丰富的东部山区，全长400公里，其支流长度、水量与水力都居东马各河之首。(4)卢帕河,是马来西亚最宽的河流,河口以上50公里一段,河面宽4~5公里,再向上溯20公里,还可以行驶吃水2米深的轮船。

3.气候

马来西亚靠近赤道,属热带雨林气候,无四季之分,全年高温多雨,温差极小,相对湿度大,平均湿度为60%~90%。低地月平均气温为26℃~27℃,各地相差仅1℃~3℃。山地月平均气温不低于18℃,最高的峰岭地带月平均气温在15℃以下。中部金马伦高原一带,是马来西亚最凉爽的地方,终年气温为15℃~25℃。其他地区由于受海洋的调节,也不太炎热。在沿海地区,白天平均最高气温为31℃~32℃,很少超过34℃~36℃。霹雳州的红毛丹是西马最热的地方,中午气温最高也不会超过40℃。首都吉隆坡气温一般在30℃左右。东马一些海拔较高的山地,气候也比较凉爽。马来西亚年温差较小,但日夜温差较大,白天炎热,夜晚较凉爽。每天午后经常会有一场骤雨,伴随大雨的往往是惊天动地的雷声,这是马来西亚特有的自然景象。雨后天气转凉,故有"四季是夏,一雨成秋"之说。

马来西亚雨量充沛,年均降雨量达2000~2500毫米,东马则在3000毫米以上,但一年中降雨量比较均匀。西马最高降雨量可达3000毫米,东马最高可达4000毫米。受来自亚洲大陆东部寒冷的东北季风影响,形成雨季,降雨量大,每年的10月至翌年1~3月是降雨的高峰期,月降雨量可达500~600毫米,这个时期的降雨量占全年降雨量的40%~60%。每年的5~9月,受印度洋及爪哇海吹来的暖湿的西南季风影响,降雨较少,有时会一周下一次雨,气温较高。其中6~7月是降雨最少的月份。但即使是在雨量最少的7月,也不会低于100毫米。马来西亚风力微弱,地面风速不大,一般在3级以下,不超过5级。除季风外,在东北季风和西南季风转换期,还有海陆风,白天风从海上吹向陆地,夜晚风从陆地吹向海洋。风力不大,有利于出海航行,但在刮西南季风时,马六甲海峡南段东岸一带,常在夜间或黎明时发生猝发性风暴,暴风夹杂有雷电和骤雨,风力可达10级而造成灾害,其影响范围较小,但少有台风、海啸、地震之类的自然灾害。

三　行政区划

马来西亚共有 13 个州和 3 个联邦直辖区。13 个州中有 11 个位于西马，即柔佛、吉打、吉兰丹、马六甲、森美兰、彭亨、槟榔屿、霹雳、玻璃市、雪兰莪、登嘉楼；2 个位于东马，即沙巴、沙捞越。3 个联邦直辖区中有 2 个位于西马，即首都吉隆坡（Kuala Lumpur）和行政中心布特拉加亚（Putrajaya）；1 个位于东马，即纳闽（Labuan）。

吉隆坡（Kuala Lumpur）联邦直辖区　吉隆坡是马来西亚的首都，是国家的政治、经济、贸易、金融、文化、交通中心和最繁华的现代化都市。吉隆坡位于经济发达的西海岸中部，交通便利，四通八达，面积 243 平方公里，2015 年人口达 173 万。吉隆坡原本是雪兰莪州的行政管辖区，在英国殖民统治时期，吉隆坡成为马来半岛的行政中心。吉隆坡位于巴生河与鹅唛河的交汇处，18 世纪这里是一片人迹罕至的森林，19 世纪 50 年代仍是一片灌木丛生的沼泽，野兽出没，人烟稀少。"吉隆坡"在马来语中是"低洼泥泞的河口"之意。据说在 1857 年，为了探测锡矿，一支由 87 名华工组成的探险队伍由巴生河逐流而上。他们抵达吉隆坡后，发现了丰富的锡矿，便停留下来。此后，吉隆坡就成了采矿谋生者的栖身之地，一批批华工被招募到这里开采锡矿，吉隆坡也逐渐成为锡砂收购站和物资集散地。后因当地封建苏丹与土侯争夺矿税引起十多年的相互残杀，华工也被迫卷入，吉隆坡成为一片废墟。一直到 19 世纪 80 年代末期，随着锡矿业开采日益兴旺，吉隆坡也随之发展，城市和郊区都粗具规模，大批来自苏门答腊和爪哇的马来移民来到吉隆坡周围砍伐丛林、开辟农田、建立乡村。除锡矿外，周围还出现了一些小型工厂、作坊和砖瓦窑等。从 1880 年起，吉隆坡取代巴生的地位，成为英国殖民当局指定的雪兰莪州的首府，也是英国殖民者在马来半岛进行殖民统治的行政中心，从此吉隆坡的发展开始发生重大转变。1896 年，英国人将吉隆坡定为马来联邦的首都，从此吉隆坡的政治地位更加明确。1901 年，吉隆坡西南的巴生港建成后，打通了吉隆坡通往海上的通道，此后吉隆坡迅速扩大，人口倍增。随着纵贯南北的铁路建成和柔佛海峡的联运渡船开航，吉隆坡很快成

为马来联邦的经济、交通中心。从第二次世界大战到日本占领时期再到英国人在战后的统治时期，以及马来半岛独立之后，吉隆坡都被认定为首都。

1957 年马来亚联合邦（Federation of Malaya）独立，吉隆坡成为马来亚联合邦的首都。1963 年又成为马来西亚的首都，从此有了进一步的发展。1972 年，吉隆坡被升格为"城市"，之前仅有位于槟榔屿的乔治市于 1957 年 2 月 1 日被升格为城市。1974 年 2 月 1 日，马来西亚又将吉隆坡从雪兰莪州划分出来，宣布为联邦直辖区。从此，吉隆坡不但成为国家的政治中心，也带动了贸易、商业、金融、制造业、运输业、信息技术及旅游业的发展，市内拥有完善的公共交通网络，已成为繁华、美丽和整洁的现代化大都市。从 1995 年开始，马来西亚政府积极开展迁都计划。自 1999 年起，马来西亚政府再度划分行政区，另外新增两个联邦直辖区，其中一个就是在机场附近、吉隆坡以南 60 公里的布特拉加亚（简称"布城"，在马来语中就是"王子之城"）。2001 年 2 月 1 日，马来西亚将联邦政府的行政中心迁移到布城。但吉隆坡仍是联邦的立法中心和国家皇宫所在地，因此吉隆坡仍是马来西亚最重要的政治、经济及文化中心。吉隆坡也是马来西亚最具国际化的城市，国外的游客九成以上都会到吉隆坡。吉隆坡不但拥有全国最大的锡矿业，也是马来西亚最大的新兴工业城市，原有的工厂大多在近郊的洗都、安邦、晋都等地。有铁路机车、水泥、机械、轧钢、橡胶、棕榈油、油脂、食品、锯木、化肥、皮革等工厂，其中橡胶、油脂、木材加工、机械、机车、水泥、化工、食品加工等工业较发达。距离吉隆坡市中心 8 公里的八打灵是全国第一个新兴工业区，有 4000 多家工厂，大部分属于出口加工型企业，主要有电子、电器、食品、纺织、汽车装配、塑料、化工、制药、建材、五金、烟草等工业。吉隆坡郊外分布着许多锡矿场、橡胶园和油棕园。吉隆坡市区街道整齐，绿树成荫，融东西方文化、古老和现代化于一体。街道两旁有各种高大的热带树木、盛开的鲜花，以及一座座建筑风格不同的、华丽的摩天大楼。夹杂其间的还有各式华人的寺庙、马来人的清真寺、印度教神庙，以及天主教和基督教教堂，景色奇特。商业区主要在鹅唛河东岸，这一带房屋密集，商

业繁华。市西部邦泰谷一带政府机构较多，马来亚大学等教育、文化机构
也在这一带。市内的大型商场、购物中心、旅游饭店星罗棋布。在市中心
的思士大街上，每天晚上都开设夜市，夜晚这里灯火辉煌，摊贩画地为
界，叫卖声此起彼伏，引来大批顾客。

布特拉加亚（Putrajaya）联邦直辖区 该区位于吉隆坡以南 60 公
里，面积 49 平方公里，2015 年人口约 8 万。1993 年 6 月 2 日，马来西亚
政府把南部"成长走廊"的柏郎勿刹定为联邦政府的新行政中心，随后
取名"布特拉加亚"，以纪念马来西亚已故第一任总理东姑·拉赫曼。原
先的油棕地迅速崛起为一座美丽的城市，象征着马来西亚政府将在 2020
年实现现代化的"宏愿"。布城最初的建设目标是成为 21 世纪拥有最先
进基建设施及高科技的便利城市。但它仍具有马来西亚的传统精粹，1/3
的地区仍保留着大自然的翠绿景色，有大片的林地、湖泊及湿地。公园及
林园是这座花园城市的一大特色，其中位于政府区占地 85 公顷的植物公
园，将栽种数以千计的本地植物。位于第一区的总理办公大楼，是一座可
以俯瞰布特拉加亚湖、布特拉清真寺及布特拉广场的大厦。这座由天然石
材装饰的 6 层大厦，内设总理、副总理及政府首席秘书的办公室。地下两
层坐落在环形基座上，基座象征着管理欣欣向荣的马来西亚所需的可靠基
础，整齐排列的大柱代表国民团结支持马来西亚的主权。布特拉大厦糅合
了摩尔建筑的特色，绿色屋瓦覆盖的洋葱状釉质镶砖主圆顶及环绕四周的
4 个角的较小圆顶，代表马来西亚的伊斯兰教文化遗产。

纳闽（Labuan）联邦直辖区 该区由 1 个三角形的大岛及 6 个较小
的岛组成，位于加里曼丹岛文莱海湾的北部，面向南海，处于亚洲太平洋
区域的正中央，是东马的重要海港，亚洲主要的国际金融中心之一。纳闽
是沙巴州西南部对面的一个岛，离岸约 8 公里，面积 92 平方公里，2015
年人口约 9 万。纳闽早期是文莱的属地，1846 年文莱把纳闽割让给英国。
当英国发现纳闽拥有丰富的煤矿后，将其发展成为蒸汽船的燃料补给站。
1942 ~ 1945 年，纳闽由日本统治。第二次世界大战结束后，落到英国人
手中。1963 年，纳闽连同沙巴及沙捞越加入马来西亚后联邦。1984 年 4
月 16 日，马来西亚政府从沙巴州接管了纳闽的统治权，同时也正式宣布

纳闽成为马来西亚的联邦直辖区。1990年，纳闽成为国际金融中心。纳闽联邦直辖区有沿海银行、卫星电信、幽静的海滩及许多垂钓地点。纳闽是马来西亚唯一的自由港，这里有从布料、宝石、香水、电器产品、运动设备到厨房用具、烟酒和化妆品等琳琅满目的商品。纳闽的餐馆也提供各类亚洲风味的美食，其中包括中式、印度式、泰式、马来式佳肴。岛屿四周的清澈海水中，有着极丰富的海洋生物，特别是红树沼泽区的河口，生长着各种鱼类。纳闽有船舶修理厂、锯木厂、渔产加工厂等，岛上居民大多从事渔业。

雪兰莪州（Selangor） 位于马来半岛西部，东与彭亨州毗邻，东南接森美兰州，北接霹雳州，隔马六甲海峡与印尼的苏门答腊岛相望。面积7930平方公里，2015年人口达614万。三面环山，吉保山脉由此向南逐渐降低变窄，成为雪兰莪州与彭亨州的分界。雪兰莪州土质肥沃，适合发展种植业，州的东部为花岗岩地带，锡矿蕴藏丰富。其农产品有椰子、橡胶、玉米、花生、咖啡、菠萝、香蕉等。州西部为稻米种植区。矿产以锡矿为主，产量仅次于吉打河谷地区。此外，该州还是马来西亚煤炭的主要生产基地。目前，该州的工业有炼锡、橡胶制造、机械、建材、化工、纺织等。州内的巴生河谷地区是全国经济核心区，这里拥有全国最大的锡矿区以及西马工业项目的27%，货运量的32%。马来西亚的大学主要集中在这一带。州内还有安邦—乌鲁巴生、吉隆坡、八打灵等工业区，双溪威出口加工区和一些商业区。雪兰莪工业发达，高速公路和铁路横贯全州，可与州内所有市镇连接。州内的华族人口占全州人口的60%以上。州内主要城镇有沙阿兰、巴生、瑞天咸港、加影、新街场。雪兰莪州虽然以工业为本，但其美丽的景色和发达的工艺资讯仍不容忽视。雪兰莪有许多现代化的建筑，其中既有富丽堂皇的雪州清真寺，也有现代化的吉隆坡国际机场等，都是州内代表性的建筑。总的来说，雪兰莪州是一个发展迅速的集现代化与传统于一身的州。

森美兰州（Negeri Sembilan） 位于马来半岛西南部，西北与雪兰莪州交界，东北部与彭亨州接壤，南部与马六甲相连，西部濒海，隔马六甲海峡与印尼的苏门答腊岛相望。全州面积6657平方公里，2015年人口达 108 万。该州属于民族杂居地区，总人口中马来族和华族各占一半。"森美兰"在马来语中意为"九"，所以森美兰州在马来语中即"九州"之意。州内主要城镇有芙蓉、波德申、神安池等。15 世纪初，苏门答腊的米南加保人来到此地定居。此后，森美兰一直都在马六甲王国的保护之下。1511 年，葡萄牙人侵占马六甲后，森美兰成为柔佛王朝的属国，一直到 18 世纪柔佛王国开始转弱为强。1773 年，拉惹默列华把 9 个小邦统一，成为森美兰的第一任最高统治者。森美兰多山且拥有肥沃的河谷，地势比较平坦，是马来西亚主要橡胶产地，其橡胶种植园面积和橡胶产量在各州中名列前茅。它也是全国稻谷的主要产区。交通发达，有铁路、公路通往其他州。由于森美兰靠近吉隆坡机场及巴生港，因此成功地吸引了许多投资者来开发新工业。当地的主要文化遗迹有芙蓉湖滨公园、神安池皇宫、手工艺品文化中心、苏丹皇宫博物馆、督安海角和葡萄牙拉哈多灯塔、芦骨城堡、肯巴西城堡等。

霹雳州（Perak）　位于马来半岛的西北部，面积约 2.1 万平方公里。2015 年人口约 246 万，主要城镇包括怡保、金宝、太平、瓜拉江沙、红土坎、安顺等。"霹雳"源自马来语，意思是"银子"。据说早年这里发现有锡矿，却被人误以为是银，后经辨认是锡。华人到来后，根据马来语发音，取其谐音为"霹雳"。霹雳州地方辽阔，沿海地区是冲积层，东北一带是花岗岩地层，土地十分肥沃。加之河道纵横，沟渠密布，气候条件优越，所以物产丰富，主要出产橡胶、大米、椰子、茶叶、棕榈油、菠萝、香蕉、花生、榴梿、红毛丹、山竹等。霹雳州橡胶园众多，且胶汁质量高，在国内外市场上享有盛誉，是马来西亚的橡胶主产地。该州的丘陵地带以产茶叶为主，金马伦高原所产茶叶闻名全国。矿产以锡矿著名，中部吉打河谷流域一带是全世界著名的产锡带，此外还有铁、锰、钨等金属。西海岸有全国最大的渔场——邦咯渔场。该州交通以铁路为主，公路也四通八达。全州经济发展水平较高，经济部门也较齐全，以矿业为基础，农林渔工全面发展，是该州经济的特点。

彭亨州（Pahang）　位于马来半岛中部的东部，东临南海，南隔兴楼河与柔佛交界，西南是森美兰州，西北和西部以吉保山脉为界，与霹雳

州、雪兰莪州接壤，东北部是登嘉楼州。彭亨州土地辽阔，面积3.6万平方公里。距关丹约45公里有马来半岛最长的河流彭亨河，以及马来半岛最高的山大汉山。2015年人口约160万。居民主要居住在沿河谷地带和沿海平原一带，其他地方很少有人居住。该州居民以马来族为多。州内土地肥沃，雨量充足，非常适合栽种橡胶、油棕、可可和多种热带水果，彭亨河流域还产稻谷。州内山岭较多，盛产木材。矿产方面以锡矿最为重要。锡矿主要分布在林明，这里是世界上最大的锡矿带。此外，该州还蕴藏着铜矿、金矿、铁矿等。彭亨州有很长的海岸线，利于渔业和旅游业的发展，使之成为主要经济来源之一。此外，州政府也大力提倡小规模制造业和家庭手工业。近年来，在政府大力推动下，彭亨先后开辟了9个工业区，其中在关丹近郊的格槟工业区，是国内著名的化工重镇。

柔佛州（Johor）　位于马来半岛南端，与新加坡仅一水之隔，面积1.9万平方公里，2015年人口达355万。居民以华族和马来族为主。州内主要城镇有新山、麻坡、居銮、巴西古当、丰盛港等。柔佛州盛产橡胶，其产量在西马地区长期居首位。此外，椰子、油棕、菠萝的种植面积和产量也居各州之首，胡椒产量居全国第二位。该州的巴株巴辖和兴隆有丰富的铁矿，东海岸一带还有锡矿。工业有食品、纺织、油脂、橡胶加工、电子、汽车修理等。

玻璃市州（Perlis）　位于马来半岛最北端，介于北部的泰国和南部的马来西亚吉打州之间，西部则是马六甲海峡。面积795平方公里，2015年人口达25万。州首府是加央（Kangar），位于玻璃市州南部，人口较多，工业和商业均不发达，城北20公里处有加基武吉山，生产锡，城西10公里处有加央港，附近海域鱼类较多。加央港也是西马西北部的鱼类市场。经济主要依靠农业、渔业及林业。主要产橡胶、水稻、椰子、锡。水稻种植面积曾居西马第一位。除了大量种植水稻及甘蔗之外，也种植柑果和西瓜等水果。为了提升经济，州政府全力发展中型工业及制造业，如制糖和水泥制造业。

吉打州（Kedah）　位于马来半岛西北端，东北与泰国毗连，东南接霹雳州，西濒马六甲海峡，是马来西亚与泰国交通的主要通道。面积

9425 平方公里，2015 年人口 209 万。吉打州地势平坦，土地十分肥沃，加之雨量充沛，河流沟渠众多，适宜种植业发展，是马来西亚主要的大米产地，素有"北马粮仓"之称。其他农产品还有椰子、木薯、家禽等。州中部蕴藏着锡矿，在一些石灰岩山洞内有丰富的蝙蝠粪层，为优良的天然肥料。当地还出产铝土矿。沿海渔业资源丰富。交通以铁路为主，经由吉打州的铁路北上泰国，南下吉隆坡、新加坡，公路可通其他州。州内主要城市有首府亚罗士打、双溪大年、居林、凌加卫岛。亚罗士打是州政府办事处和王族居住地，也是主要的商业中心。以亚罗士打为中心的吉打州是马来半岛最早出现的古代王国之一、中国史籍所记载的羯荼国故地。吉打王宫遗址可追溯到 6 世纪建立于布江（Bujang）山谷的王朝，在这一带发掘的古代庙宇废墟显示出这里曾经存有"印度教及佛教文明"。当时这里商业繁荣，吸引了许多来自中国和印度的商人。在 7 ~ 8 世纪，吉打受苏门答腊南部的室利佛逝王朝统治。该王朝衰落后，吉打成为暹罗的统治地。15 世纪马六甲王国出现后，吉打被建成伊斯兰教王国。但在 17 世纪时，该州又不断面对葡萄牙人和亚齐人的攻击，最后于 1821 年再次落入暹罗人的手中。1909 年，暹罗将吉打的主权交给英国。几经辗转，在日本殖民结束后，吉打在 1948 年成为马来亚联合邦的一个州。吉打早期以农业为主，但现在正迅速向多个经济领域的现代化发展，从早期纯粹的农业种植区，演变到今天拥有许多工业区及新商业的地区。

吉兰丹州（Kelantan）　位于马来半岛东海岸北部，东北濒临浩瀚的南海，东、南、西三面分别与登嘉楼高地和吉保山脉相连，西北与泰国接壤，面积 1.5 万平方公里，2015 年人口达 175 万。早期的吉兰丹是一个极具影响力的王国。根据中国史书记载，吉兰丹和中国曾有经济和贸易的往来。吉兰丹州的马来人与泰国南部三省的马来人关系密切，在 15 ~ 16 世纪，现在的吉兰丹地区先后归属于暹罗国的 4 个国王，吉兰丹的马来人苏丹经常向当时的暹罗朝贡。19 世纪，暹罗的势力与逐渐向该地区扩展的英国势力发生冲突，马来人苏丹希望借助英国势力赶走暹罗人，并进而寻求自主与独立。经过近百年的竞争之后，英国与泰国在 1909 年签署了有名的《英泰条约》，从此暹罗王朝将吉兰丹、登嘉楼、吉打及玻璃

市的归属权让给英国。第二次世界大战期间，日本人占领并统治吉兰丹。第二次世界大战后，英国人再次统治吉兰丹。1957年马来亚联合邦独立后，吉兰丹脱离英国统治，成为马来亚联合邦的一个州。吉兰丹是唯一由伊斯兰党长期执政的州。吉兰丹州河谷和沿海平原地区生产稻谷，被称为马来西亚的"谷仓"，州内有大量的橡胶种植园，还出产椰子、烟草。沿海地区渔业资源丰富。锡矿、金矿、铁矿蕴藏量丰富。20世纪90年代还发现锰、铀等矿。该州交通便利，西马东海岸铁路由北向南，直贯全境中部，北上泰国，南下新加坡。公路通过东西人道与南北干线、西海岸相连。海运有定期航线驶往东海岸港口及新加坡。州北部经济较发达，除为稻谷和橡胶产地外，还有农产品加工业。随着烟草种植业的发展，卷烟业已经成为该州的主要工业。州南部经济落后，热带原始森林占了土地面积的80%以上，90%的居民是马来人。

登嘉楼州（Terengganu） 该州旧称"丁加奴州"，位于马来半岛东北角，东濒南海，西北接吉兰丹州，西南与彭亨州相连，面积1.3万平方公里，2015年人口约115万。登嘉楼王朝在18世纪初建立，第一任苏丹是柔佛州第九任苏丹的后裔。19世纪，暹罗王朝控制了登嘉楼。1909年，英国和暹罗签署条约，登嘉楼的主权被割让给英国，直到第二次世界大战被日本人统治为止。日本投降后，英国人再次获得登嘉楼州的控制权，直到1957年登嘉楼成为马来亚联合邦的一员。登嘉楼的矿产资源丰富，该州的龙运和甘马挽是西马最大铁矿产区，锡的蕴藏量也很丰富，还有钨和锰矿。沿海地区生产鱼类，特别是甘马挽、朱盖、北加、龙运、瓜拉马浪、瓜拉登嘉楼、瓜拉比苏等渔港，渔业比较发达，是登嘉楼的主要经济来源。登嘉楼的手工艺品有草席、金银器等。陆上交通只有公路，是西马唯一不通铁路的州。20世纪70年代在离登嘉楼海岸250公里处发现石油和天然气后，马来西亚政府加紧开采，并建立了炼油厂，现在已经成为石油化工基地，登嘉楼州丰富的石油为其经济做出很大贡献。首府瓜拉登嘉楼是文化与经济中心。近年来，瓜拉登嘉楼已从往日的小镇变成热闹的都市。

马六甲州（Melaka） 位于柔佛州的西北面、马来半岛西海岸。东南接柔佛，北接森美兰州，西南濒临马六甲海峡，面积 1652 平方公里，2015 年人口达 88 万。马六甲最早由马来苏丹统治，但随着华人逐渐增多，苏丹的地位逐渐下降。马来半岛独立后，马六甲的最高统治者不是苏丹，而是由国王任命的州元首，但实际行政权力由首席部长掌控。首席部长通常由州议会最大党的党首担任。马六甲城为州首府，是马来西亚的重要港口之一。马六甲城是现存最老的历史名城。1400 年（也有说 1399、1402、1403 年，马来文的资料倾向认可 1400 年），印尼苏门答腊的王子拜里米苏拉最早在此建立王国。马六甲原是树名。传说拜里米苏拉逃难到此，并在马六甲树下休息，自此便把此地命名为"马六甲"。也有传说称马六甲的名字最早从阿拉伯商人口中说出。很久以前，马六甲就成为东西方贸易的枢纽，当时许多来自中国、印度、阿拉伯、南美等地的商船，经过马六甲海峡时，都要在马六甲港口停泊。因此，马六甲成为国际贸易中心，商业贸易呈现一派欣欣向荣的景象。此地的商人称这里为"繁忙的市场"，阿拉伯语是"Melakat"，久而久之，就成为"马六甲"。马六甲重要的地理位置和繁荣的商业，引起了殖民者的贪婪和入侵。该州的丘陵地带大多种植橡胶，平原地区则以稻谷和咖啡为主，沿海一带有大量的椰林。此外，还盛产棕榈油、胡椒、热带水果，矿产以锡矿为主，另有铝土矿、金矿等。沿海地区渔产丰富，这里的居民主要从事渔业。马六甲也是马来西亚高等教育的中心之一，高等学府分布在州内各区。

槟榔屿州（Pulau Pinang）　　位于马来半岛西北部，濒临马六甲海峡。槟榔屿的地理范围包括槟榔屿岛和马来半岛上的威斯利区。岛上森林覆盖率达 30%，而威斯利区则为宽广的平原，两地中间隔着槟榔屿海峡，由闻名遐迩的槟威大桥相连接。槟榔屿面积约 1031 平方公里，2015 年人口达 169 万，人口密度较高，其中华人占相对多数。该州是马来西亚唯一华人比马来人多的州，也是马来西亚 13 个州中唯一由华人担任首席部长的州。槟榔屿的首府是乔治市，位于槟榔屿岛上，在岛的东北角，是槟榔屿的行政、文化和经济贸易中心，是马来西亚最繁华的城市之一。整座岛屿不仅繁华，而且景色秀丽宜人，因而被誉为"东方明珠"，成为东南亚一座著名的旅游城市。槟榔屿岛因为乔治市而繁华，乔治市又因为槟榔屿

岛而闻名。因此，马来西亚人一般习惯将乔治市和槟榔屿岛统称为"槟榔屿"，而很少提及乔治市或槟榔屿岛。所以在提到槟榔屿时，一般是泛指整座岛，而不是单指一个乔治市。槟榔屿长期以来以港口贸易为主，海运贸易有百年以上的历史。20世纪50年代后，槟榔屿的农业有了较快的发展。槟榔屿出产稻谷、橡胶、椰子、槟榔、豆蔻、丁香、鱼类。此后，政府在槟榔屿陆续建起了工业区和出口加工区，轻工业和重工业也开始发展。槟榔屿岛以轻工业为主，威斯利区以重工业为主。全州在马来西亚的经济发展中占有重要地位。在交通方面，有定期航班飞往全国各大城市。岛上有环岛公路，与全岛各地相连。过去槟榔屿岛与海峡对岸威斯利区的交通联系主要靠轮渡，20世纪80年代建成的槟威大桥结束了两岸交通靠轮渡的历史。

沙捞越州（Sarawak）　位于加里曼丹岛的西北部，北面濒临南海，南面与印尼接壤，东北与沙巴州和文莱接壤，是全国最大的一个州，面积12.45万平方公里，相当于西马各州总面积的94.6%。2015年人口约271万，其中最大的族群是达雅克族。沙捞越曾被文莱苏丹统治。1842年英国人布鲁克成为沙捞越的拉惹（Raja），布鲁克及其家族开始统治沙捞越。1888年沙捞越沦为英国的保护地。第二次世界大战中，马来亚、沙捞越、沙巴被日本占领，战后英国恢复统治。1963年9月，沙捞越加入新成立的马来西亚，布鲁克家族退出。沙捞越2/3的土地是热带雨林区，林产资源丰富，以龙脑香属、娑罗树属等林木为多，还产树脂、藤条等。沙捞越号称"犀鸟之乡"，犀鸟是该州受保护的鸟类，也是该州的象征。农产品主要有橡胶、椰子、胡椒、大米、棕榈油等。近海盛产石油和天然气。矿产还有铝土和金矿。其出口商品以石油、木材、橡胶、胡椒为主。其他城镇还有诗巫、石龙门、米里、罗东等。

沙巴州（Sabah）　位于加里曼丹岛的东北部，原来的名称是"北婆罗洲"。南部与印尼接壤，西南与沙捞越州相连。北部、东部、东南三面临海，海岸线曲折绵延，多天然良港。面积7.4万平方公里，2015年人口达374万。居民主要是卡达山族、华人和马来人。该州16世纪末开始成为文莱苏丹的管辖地，但文莱苏丹曾于1658年将婆罗洲的东北角割让

给苏禄苏丹，以报答其协助解决文莱苏丹王国的内乱问题。19世纪后期，
文莱在沙巴的势力日渐衰落。1881年，英国在北婆罗洲建立据点之后，
其势力才在当今的沙巴及文莱地区建立起来。1941年日军占领沙巴，一
直到第二次世界大战结束后，英国重新接管。1963年，沙巴获得独立，
并加入马来西亚，北婆罗洲正式改名为沙巴。沙巴州的资源十分丰富，州
内3/4的土地被热带雨林覆盖，森林覆盖率居马来西亚各州之首，是马来
西亚的木材出口基地。西部沿海有大量的橡胶种植园。在沙巴的可耕地
中，约有40%种植橡胶，20%种植稻谷。东部沿海地区生产椰子。此外
还出产香蕉、菠萝、可可、胡椒、油棕及热带水果。该州多金属矿，已经
发现的有铜、铬、金、银、锰、镍等矿产。其沿海还蕴藏有丰富的石油和
天然气。该州三面环海，水产资源丰富，有鱼类及海参、海扇、珍珠、龙
虾、鳖等水产品。州内的交通运输主要以河运为主，有较短距离的铁路与
公路。

表1　马来西亚的行政区划

州、联邦直辖区 （中文）	州、联邦直辖区 （马来文）	州、联邦直辖区首府 （中文）	州、联邦直辖区首府 （马来文）
吉隆坡	Kuala Lumpur	吉隆坡	Kuala Lumpur
布特拉加亚	Putrajaya	布城	Putra Jaya
纳闽	Labuan	纳闽城	Bandar Labuan
沙巴	Sabah	哥打基纳巴卢	Kota Kinabalu
沙捞越	Sarawak	古晋	Kucing
玻璃市	Perlis	加央	Kangar
吉打	Kedah	亚罗士打	Alor Setar
槟榔屿	Pulau Pinang	乔治市	George Town
霹雳	Perak	怡保	Ipoh
吉兰丹	Kelantan	哥打巴鲁	Kota Bharu
登嘉楼	Terengganu	瓜拉登嘉楼	Kuala Terengganu
彭亨	Pahang	关丹	Kuantan
雪兰莪	Selangor	沙阿兰	Shah Alam
森美兰	Negeri Sembilan	芙蓉	Seremban
马六甲	Melaka	马六甲城	Melaka
柔佛	Johor	新山	Johor Bharu

四 人口、民族、语言

1. 人口

马来西亚在东南亚属于人口较少的国家。根据马来西亚国家统计局的统计数据，截至 2014 年，马来西亚共有人口 3026.17 万，其中男性 1559.43 万，女性 1466.74 万。从人口地域分布看，全国 80% 的人口集中在西马地区，而西马 3/4 的人口又都集中在土地肥沃、资源丰富的西海岸地区。居住在东马地区的居民只占总人口的 20%，此外还有一些居民居住在一些小岛上。首都吉隆坡是人口最多的城市，人口约 173 万。其他人口较多的城市还有雪兰莪、沙巴、柔佛、沙捞越等。从年龄结构看，20 世纪 90 年代以来，马来西亚的人口结构逐渐呈现年轻化趋势。2014 年，0～14 岁的人口为 773.83 万人，占全国人口的 25.6%。15～64 岁的人口为 2078.99 万人，占全国人口的 68.7%。65 岁以上的人口为 173.34 万人，占全国人口的 5.7%。

表 2　马来西亚的人口年龄结构（2014 年）

年龄段	人数（万人）	占比（%）
0～14 岁	773.83	25.6
15～64 岁	2078.99	68.7
65 岁以上	173.34	5.7

2. 民族

马来西亚是一个多民族的、有着多元文化的国家。全国共有 32 个民族，以三大族群为主体。三大族群分别是马来族（又称巫族）、华族和印度族（即指从中国和印度移民而来的华人和印度人后裔）。此外，马来西亚还有众多的少数民族土著、欧洲人和欧亚混血人等。根据马来西亚国家统计局的数据，2014 年，马来人共 1880.35 万，约占全国人口的 62.1%，华人 658.47 万，约占 21.8%，印度人 197.26 万，约占 6.5%，其他种族约占 0.9%，非马来西亚公民占 8.7%。三大族群主要居住在马来半岛，而少数民族土著主要居住在沙巴、沙捞越州，其中沙捞越州的原住民以达雅克族为主，沙巴州以卡达山族为主。人数较多的少数民族有伊班人、达雅克人、卡扬人、梅拉瑙人、克拉比特穆鲁特人、普兰人、依达汗穆鲁特人、班查尔人、塞诺伊人、塞芒人等。这些少数民族的发展水平不同，但都保持了相对固定的聚居区域、民族特性及文化特征，这是马来西亚民族组成的特点。

（1）马来人

马来人占全国人口的比例最高，人口数超过全国人口的一半。在马来人中，除纯马来人外，还包括晚近期来自印度尼西亚的属于印尼语族的人，包括爪哇人、班查尔人、米南卡保人、布吉斯人、苏门答腊马来人、亚齐人等。他们与马来人语言相近，信仰相同，生活习俗几无差别，因而一般也统称为马来人，计算在马来人总数之内，这使马来族成为马来西亚的第一大民族。关于马来民族的来源有多种说法，有学者认为马来民族来源于中国云南，有的学者则认为来自印尼的苏门答腊岛，还有的认为来自亚洲内陆的蒙古一带，属于蒙古人种，最早大约在公元前2500年就从亚洲中部迁入马来半岛生活，与马来半岛的原住民混合，逐渐形成现在的马来族群。据考证，马来族的发源地为中国云南地区。大约在"先期南移的马来人"即雅贡人南迁后2000年，有一批文化较为发达的马来人向南迁移。他们经过马来半岛，一直到苏门答腊、爪哇等地定居。到7世纪，由于战祸不断，这批马来人又从苏门答腊和爪哇向北迁移到马来半岛，在沿海地区定居下来。11世纪，从苏门答腊和爪哇移居马来半岛的人逐渐增多。当时，印度文化和中国文化已传入马来半岛。这批马来人在中印两种文化的熏陶下，逐渐形成独立的民族。

马来人大多居住在西马。在西马的11个州中，有5个州的居民以马来族为主。他们聚居在西马东北部吉兰丹州和登嘉楼州的产稻平原、西北部由太平市到泰马边界的沿海地带、南部从马六甲市以南直至柔佛州的沿海地区。其余地区则没有大的马来人聚居点。在登嘉楼州和吉兰丹州，马来人都占到总人口的90%以上，玻璃市州占78%，吉打州占68%，彭亨州占54%。马来人绝大多数从事农业，种植橡胶、椰子、水稻、可可等，

少数人从事渔业。他们在全国 800 多个中小地区均有分布，在城镇中生活的人口比重较小，仅为 15%，而在城郊农业区和种植园中生活的人口比重较大。

现在一般称马来人为"土著"，以区别于后来的华人、印度人等。实际上，按照马来人的理解，土著（bumiputera）包含三个群体，即原住民（Orang Asli）、马来人（Orang Melayu）和沙巴、沙捞越的土著（Pribumi）。原住民是马来西亚最古老的人群，目前现存的数量较少；马来人是西马的主要族群；而沙巴和沙捞越土著的典型特征是不信仰伊斯兰教，他们是沙巴和沙捞越的主要族群。但由于马来人的人口远远超过马来半岛及沙巴和沙捞越的土著，并且又是统治民族，所以马来人自认为其代表"土著"统治国家有正当性。马来人所信仰的伊斯兰教是马来西亚宪法所规定的官方宗教。马来人在政治上影响较大，居于主导地位。自从马来亚独立以来，最高元首、总理、内阁及国会的主要领导人都是马来人。

经济方面，在英国人到达马来半岛之前，马来人都过着传统的农业生活，大多居住在农村及乡村地区，过着日出而作、日落而息的平静而虔诚的宗教生活。由于马来人不太看重物质享受，加之马来半岛的气候湿润温和，土地肥沃，适宜作物生长，各种农作物和经济作物丰富，人们衣食温饱不成问题，不需要太辛苦地劳作，因此长期以来养成了闲散的习惯。英国人到来之后，引进了赚取利润的市场经济和资本主义，但马来人对此不是很感兴趣，依旧在农村过着传统简朴的生活。

（2）华人

华人是马来西亚第二大族群。华人的数量在西马的主要城市以及沙捞越和沙巴都占第二位，在槟榔屿等地则是人数最多的民族。马来西亚华人多数信奉道教、佛教，尤其崇拜儒家思想，城市居民中也有少数是基督教徒和伊斯兰教徒。马来西亚华人的祖先大多来自中国广东、广西、福建三地。据中国史籍记载，早在公元 1 世纪就有中国商人来到马来半岛。公元 7 世纪后，随着中国与马来半岛、婆罗洲诸国的海上贸易往来日益增多，更多的商人乘船来到马来亚经商，一些高僧在到印度取经途中也会在羯荼等地落脚休息。因此，一些中国商人和僧侣便侨居马来半岛。到了马六甲王国时期，已有华人在马六甲定居并与当地人通婚，从而在这片土地上形成了颇具特色的峇峇（男性）—娘惹（女性）文化。15 世纪初，马来半岛已有中国商人的基地。18 世纪后半叶，英国殖民者入侵马来亚后，为开发马来半岛和婆罗洲地区，从中国广东、福建招募大批"契约劳工"从事开矿和种植业。另外，由于中国遭到帝国主义的侵略，大批破产农民急需寻找新的生活来源，华人移民逐渐增多。19 世纪后半叶，英国殖民者为开辟种植园和开发锡矿，从中国的东南各省招募大批廉价的"契约劳工"，这是华人被引入最多的时期。1911 年，马来亚的华人有 90 万（马来人为 150 万）。到 20 世纪 40 年代初，华人移民已达到 242 万人，占当时马来亚总人口的 44%。后来，世界性经济危机爆发，英国殖民者不再允许华人移入。二战后，华人移民基本停止。因此，现在生活在马来西亚的华人近 90% 是在马来西亚当地出生的。

华人移民最早的落脚点是槟榔屿与马六甲。如今，华人在西马和东马都有分布，以西马居多。西马的华人主要分布在马来半岛的西海岸，在中央山脉以东的华人很少。在华人较多的槟榔屿、雪兰莪、霹雳、森美兰、马六甲和彭亨等州，华人在人口中所占的比例为 33%～66%；在玻璃市和吉打两个州，华人所占比例很小；在吉兰丹和登嘉楼州，华人非常少。东马的华人约占全国华人总数的 12%，其中大部分居住在沙捞越州。长期以来，华人为马来西亚的经济发展做出了重要贡献。据估计，在城市经商、做工的华人与在乡下务农的华人各占一半。华人勤劳勇敢，具有创业和竞争精神，部分华人经过长期奋斗拥有强大的经济实力，在马来西亚的商界和金融界有重要影响。

华人在东南亚有三个主要支柱：一是代表经济发展的商会组织，二是代表社会发展的乡亲社团组织，三是代表教育发展的华文学校。华人在马来西亚得以生根发展，除了自身的努力工作和勤劳刻苦外，还依靠商会建立起来的网络，包括从城市到乡村、从各行各业职业工会到联络所有职业工会的总商会，这成为华人在马来西亚逐渐扩大经济和发展的基础。马来西亚的华人商会大致有两类，一类是以各地区为名的商会，大多以各州为单位，其会员包括各州之下的各城市商会组织，如"吉隆坡及雪兰莪中

华工商总会""吉兰丹中华总商会"等。另一类是以不同产业为名的商会及职业工会,如"槟榔屿零售工会""古晋码头工友会"等。各州及各地的"中华总商会"再联合组成一个全国性质的"马来西亚中华联合工商总会"。

马来西亚的华人在东南亚地区拥有最多元的华人乡亲社团,包括福建人、广东人、客家人、海南人等四大海外华人的乡亲社团。此外,马来西亚的华人还有宗亲社团(也就是同宗组织的社团,如陈氏宗亲会等),以及其他文化、宗教、服务性及公益性社团组织。但其中以乡亲为名义的社团最重要、组织最完整、影响力最大。这类组织有"马来西亚福建社团联合会""马来西亚客家公会联合会""马来西亚广东会馆联合会"。

马来西亚华人的第三大支柱是良好及健全的华人教育体系。大约九成的华人都在小学时接受华文教育。因此,九成的马来西亚华人都能说华文。马来西亚华人教育之所以成功,最重要的功臣是"董教总"——"马来西亚华校董事会联合总会"(简称"董总")和"马来西亚华校教师会总会"(简称"教总")。"董教总"实际上是马来西亚各地国民型华文小学(华小)及华文独立中学(独中)组成董事会组织和教师组织,再由各州董联会及教师会共同组成的联合组织,因而总称"董教总"。这两个组织虽然是各自独立运作的组织机构,分别代表两个不同的群体,但它们实际负责马来西亚华文教育的发展,保障华人在马来西亚的教育、文化及习俗。

(3)印度人

印度人是马来西亚第三大族群,绝大多数生活在马来半岛,少数生活在沙捞越和沙巴州。印度人移居马来亚的时间比华人早,大约在公元初年就有印度僧人来到马来半岛传播印度教。当时马来半岛上的古国羯荼、狼牙修都深受印度文化的影响。根据赵月珍教授的考证,1840年后,马来亚的印度移民潮经历了六个时期。第一时期(1840~1900),移居马来亚的印度人为契约工。其中,1891年时,马来亚的印度人共7.5万,占马来亚总人口的比例为6.6%。第二时期(1901~1922),印度移民在马来亚主要做合同工。第三时期(1923~1929),由于马来亚经济繁荣,马来亚的印度移民达到高潮。第四时期（1930~1933），移民潮出现倒流，这一时期离开马来亚的印度人多达 37 万，入境人数仅 18.8 万。1931 年，马来亚的印度人已达 62.1 万，占马来亚总人口的 14.3%。第五时期（1934~1938），印度移民逐渐恢复，但仍未达到 1930 年以前的水平。第六时期（1939~1957），马来亚的印度移民开始增多。1947 年时，印度人达到 62.2 万，占总人口的 10.3%。目前，大多数印度人分布在西马，集中在吉隆坡—巴生港—马六甲一带，以及吉打等河谷地区。吉隆坡、槟榔屿、怡保、太平等城市有较大的印度人聚居区，其人口约占马来西亚的印度人总人口的 33%。东马的印度人大多住在海边城镇。印度人绝大多数来自南印度，其中约 80% 是泰米尔人，其余 20% 的人中有马拉亚兰人、喀拉拉人、锡克人、泰卢固人和旁遮普人。印度人主要居住在农村，从事种植园工作，只有少数人住在城市经商或从事专业技术工作。他们人数不多，经济力量不强，对全国性事务的影响相对不大。他们在宗教信仰上至今仍保留着印度教的传统。

（4）少数民族

生活在西马的少数民族人数不多，却是最早生活在马来半岛上的族群。他们中有统称"塞芒人"的贾海人、巴特克人、梅尼克人、拉诺人、金塔克人、肯休人，统称"塞诺伊人"的塞迈人、特米来亚尔人、普来人，以及属于原始马来人的贾昆人、特穆亚登人、塞米莱人和"水上人"。在马来半岛上，居住在霹雳州、彭亨州、雪兰莪州、森美兰州的原住民较多。他们世代生活在热带森林里，使用简陋的吹箭狩猎，采集野果食用。靠近河流的原住民，撑着小船捞捕鱼虾。他们用棕榈叶、竹子、藤条、树木搭建简陋的茅舍，自由自在地生活着。一小部分非马来族原住民也居住在马来半岛。

在东马，超过 50% 的沙捞越居民及 66% 的沙巴居民是非马来族原住民。这些原住民根据地域的不同分为北部、中部和南部原住民。他们在外形上有明显差异：北部的原住民身材矮小，皮肤黝黑，鼻子扁而宽，颧骨低，头发卷曲蓬乱；中部的原住民肤色较浅，头发不太卷曲；南部的原住民皮肤较白，头发是直的。沙巴境内的少数民族主要是卡达山杜顺族。沙

捞越境内的原住民主要是伊班族。

卡达山杜顺族（Kadazan Dusun）主要生活在沙巴的西海岸，曾被文莱苏丹国统治，属蒙古人种马来类型。文莱称"卡达山人"为"杜顺人"（Orang Dusun）。1960年"卡达山文化协会"成立后，"卡达山人"开始成为一个正式的称呼取代"杜顺人"。1963年马来西亚组建后，所有出生的"杜顺人"都称作"卡达山人"。但1985年，"卡达山文化协会"再次引进"杜顺人"的称呼，希望对"卡达山人"和"杜顺人"做出区分。后来，执政的沙巴团结党确定以"卡达山杜顺族"取代"卡达山人"和"杜顺人"。卡达山杜顺族信仰天主教，少数人信仰基督教新教。丰收节（Tadau Kaamatan）是卡达山杜顺族一年一度最隆重的节日，相当于华人春节。从每年5月1日起庆祝一个月，其中5月30和31日是高潮，要举行选美比赛。伊班族是达雅克人的一个分支，主要生活在沙捞越和文莱以及印尼的西加里曼丹。早期的伊班人以务农为生，大部分居住在山区，被称为"陆达雅克人"。后随着人口增加及领地的扩张，伊班人由高山地区迁移到海边，开始以打鱼为生，被称为"海达雅克人"。目前的卡达山杜顺族大部分居住在兵南邦（Penampang）、伊南南（Inanam）、担布南（Tambunan）、万劳（Kota Marudu）、兰瑙（Ranau），主要从事打猎、种植水稻等农业活动，也有少数人涉及商业和政治。

伊班人也是蒙古人种马来类型，分布在沙捞越，主要信仰天主教，还有一些人信仰祖先和神灵。他们曾经是非常凶悍的人种，有猎取人头的风俗，而且具有较强的攻击性及扩张性。据说，男子一般在年满18岁时，必须设法猎取一个敌人的人头悬挂在门外，以显示长大成人。悬挂的人头越多，求亲的女孩子也就越多。后来因基督教的传入以及城市化和全球化的影响，伊班人与都市融合，很多人迁移到市区，但仍有一些人居住在传统的部落。如今伊班人居住的长屋已配备有水电、电话和网络，充满现代化气息。不过，伊班族有一个古老的传统延续至今，即待嫁的姑娘必须在出嫁前学会纺织的手艺，这就是伊班族的长屋内有很多纺织机的原因。

（5）其他族群

马来西亚还有一少部分欧裔、中东裔、柬埔寨裔、泰国裔和越南裔人口。欧裔及欧亚混血人包括英国殖民者后裔及一些葡萄牙殖民者后裔。中东裔人则大多是将伊斯兰教传至马来西亚的阿拉伯人的后裔。一小部分柬埔寨裔及越南裔国民是作为越战难民迁至马来西亚的。

3. 语言

马来语是马来西亚的国语和官方语言，体现了马来西亚以马来人为主体民族的特点。马来语属于奥斯特罗尼西亚语系（Austronesia，也称马来波利尼西亚语系或南岛语系）下的印度尼西亚语族。其文字最早是在爪哇文基础上创造的，用阿拉伯语书写，英国殖民后被拉丁化。华语在华人圈中广泛使用，包括闽南话、广东话等一些中国方言。由于历史原因，英语是马来西亚的通用语言和函电语言，使用相当普遍。此外，在泰米尔人和一些原住民中，也广泛使用泰米尔语和部族语言。但在日常生活中，马来语、英语、华语和泰米尔语都是流行语。许多马来人除了会讲马来语外，还会讲流利的英语、华语。一些马来人还会讲泰米尔语，甚至对中国的方言略知一二。而当地的华人除了汉语外，也会讲马来语和英语，一些人还会讲泰米尔语。印度人也一样，除了泰米尔语，也会讲马来语、英语，少数人会讲华语。

五　国旗、国徽、国歌、国花

马来西亚的国旗呈横长方形，长与宽之比为 2∶1。主体部分由 14 道红白相间、宽度相等的条纹图案构成。在旗的左上方有一深蓝色的长方形，长方形内有一个弯弯的黄色新月和一颗有 14 个尖角的黄色星星，新月的月牙正对星星，月亮在左边，星星在右边。新月及星星有伊斯兰教色彩，象征马来西亚是伊斯兰教国家，黄色则代表马来西亚为王室统治政权。14 道红白横条和 14 个尖角代表马来西亚的 13 个州和联邦直辖区。1997 年 8 月 30 日，马哈蒂尔总理将马来西亚国旗命名为"光辉条纹旗"（Jalur Gemilang），它象征着马来西亚人民齐心协力，朝着光辉灿烂的明天奋勇前进，不断取得新成果。

国徽的正中是一个盾徽,盾徽上方是一弯黄色新月和一颗14个尖角的黄星;盾徽的两侧分别站立着一只红舌马来虎,两虎后肢踩着金色饰带,饰带上书写着格言"团结就是力量"。盾徽分为三层,上层列有5把入鞘的短剑,它们分别代表柔佛州、吉打州、玻璃市州、吉兰丹州和登嘉楼州;中层部分绘有红、黑、白、黄4条色带,分别代表雪兰莪州、彭亨州、霹雳州和森美兰州。在4条色带的左侧绘有槟榔树和蓝、白波纹的海水,这一图案代表槟榔屿;右侧绘有马六甲树,代表马六甲州。下层的正中是马来西亚的国花;国花的左侧是船和盾形图案,代表沙巴州,右侧绘有一只红、黑、蓝三色飞禽,代表沙捞越州。

国歌《我的祖国》(Negaraku),是根据霹雳州王室的家族成员介绍,依据在非洲塞舌尔群岛流行的一首歌曲(据说作者是法国人)改编而成。当时,霹雳州苏丹被英国人流放到塞舌尔群岛,在那里听到一首优美的乐曲,他的子孙们偶然间学会了这首流行歌曲。1888年,当霹雳苏丹伊斯德里斯一世访问英国时,这首流行歌曲被当作霹雳苏丹国的国歌演奏。后来,这首歌曲被称作《月光曲》,在马来西亚风靡一时,并且成为流行于印尼的一首民歌。霹雳州曾把这首歌作为自己的州歌,1957年马来亚独立时被选为马来西亚的国歌。这首国歌原来的节奏比较慢。1993年8月20日,马来西亚第九任最高元首苏丹阿兹兰·沙宣布将国歌的演奏速度改为较快节拍,表达马来西亚人民决心加快建设步伐,实现"2020宏愿",努力建设自己美好家园的决心与愿望。

歌词大意是:

> 我的国家是我出生的故土,
> 人民在生活、团结和进步。
> 上苍赐予我们快乐和幸福,
> 祝我们的国王平安在位。

马来文歌词是:

Tanah Tumpahnya Darahku,

Rakyat Hidup Bersatu Dan Maju.

Rahmat Bahgia Tuhan Kurniakan,

Raja Kita Selamat Bertahkta.

国花扶桑花，马来语叫 Bunga Raya，学名木槿花，俗称大红花，又名朱槿、赤槿、花上花、日及、佛桑、佛槿、桑槿等。锦葵科，落叶（常绿）灌木或小乔木，花形美观，其中那种比较大，颜色鲜艳，有 5 个花瓣，花瓣的边缘有波浪形状，吐着长长花蕊的花被选作马来西亚国花的代表形象。这种花性喜温暖、湿润的气候，其根、叶、花都可入药，有清热利水、消肿解毒之效。大红花叶形似桑叶，枝干可以长到数米高，两棵树往往同根偶生，看上去就像相依、相扶、相知、相爱的朋友，因此又名扶桑。大红花细看很美，其 5 片花瓣及花瓣边缘带有细腻的波纹，感觉柔韧。最特别的是它高出花瓣不止一倍的长长的花蕊，集纤细、秀气、别致、高雅于一体。也许是这样的缘故，大红花又叫作"花上花"。在马来西亚的街头、公园、农家庭院，到处可以看见它红彤彤的身影，一年四季开花，不用精心管理就可以生长，平凡而美丽。据说人们用这种具有生命力的、颜色鲜红、长开不败的花朵，比喻热爱祖国的人们的火热激情。国花于 1960 年 7 月 28 日被正式命名，由第一任总理东姑·拉赫曼宣布。

第二节　宗教与民俗

一　宗教

联邦宪法明文规定伊斯兰教为联邦宗教。伊斯兰教在马来西亚是最主要和信徒最多的宗教。其他宗教有佛教、印度教、基督教、道教等。马来人、华人和印度人三大族群的宗教信仰明显具有民族特征：马来人都信仰伊斯兰教，华人大多信仰佛教和道教，印度人主要信仰印度教，土著原住民既有信仰原始宗教的，也有皈依伊斯兰教、基督教和天主教的。

1. 伊斯兰教

伊斯兰教传入马来西亚相对较晚。学术界目前尚未有一致看法。有的学者认为，10 世纪前后，一些阿拉伯和印度商人到马来半岛从事贸易活动，随之将伊斯兰教传入马来半岛。目前，较为确凿的证据是登嘉楼州曾出土了一块 1303 ~ 1387 年的石碑断片，证明 14 世纪伊斯兰教已经传入马来半岛。15 世纪初，随着马六甲王国的建立，伊斯兰教得以在马来西亚乃至整个东南亚传播开来。实际上，马六甲王国最初并不信仰伊斯兰教。直到 1414 年，马六甲土国的首仕国土拜里米苏拉因为与须文答剌一巴赛国苏丹的女儿结婚，而改信伊斯兰教。拜里米苏拉下令全国信仰伊斯兰教，并给自己起了一个伊斯兰教的名字——伊斯坎达·沙。到第四代国王穆扎法尔·沙当政时（1445 ~ 1456），伊斯兰教成为马六甲的国教，并按照伊斯兰国家的叫法，将国王改称为"苏丹"。此后，穆扎法尔·沙大力兴建清真寺，并向周围地区扩展影响，直到 1456 年去世。穆扎法尔·沙的儿子曼苏尔继位后，于 1474 年征服暹罗、吉打和北大年，当地居民最终改信伊斯兰教；后来又占领彭亨，建立伊斯兰政权，并派其子担任第一任国王。伊斯兰教因此在马来半岛得到广泛传播和发展，并在以后的岁月中长盛不衰。整个 15 世纪成为马来半岛伊斯兰教史上的黄金时期。马六甲因此取代苏门答腊成为东南亚伊斯兰教传播的根据地。当时的马六甲城享有"小麦加"的美称。16 世纪随着西方殖民者侵入，基督教逐渐传入马来半岛，但伊斯兰势力的影响并未因此受到削弱，并最终在马来西亚深入发展。

从伊斯兰教的信仰主体看，马来西亚宪法规定马来人必须信仰伊斯兰教。其他种族的人也有信仰伊斯兰教的，但人数不多，而且穆斯林禁止与非穆斯林通婚。若非穆斯林与穆斯林通婚，必须放弃他们原来的宗教，皈依伊斯兰教。但当非穆斯林成为伊斯兰教徒后，就不能再改变宗教信仰，因此伊斯兰教徒多年来只增不减。伊斯兰教徒不但要受到国家法律法规的约束，还要受到伊斯兰法庭的约束。伊斯兰法庭的责任和义务就是规范伊斯兰教徒的宗教信仰，审理有关的宗教权利和义务，包括婚姻、继承、祷告、宗教礼仪等。其他一般的民事法庭不可干预和推翻伊斯兰法庭的审判。马来西亚的穆斯林绝大多数属于逊尼派的沙菲仪教法学派。由于受到历史影响，马来西亚的伊斯兰教至今带有拜物教、佛教和印度教的痕迹。例如，居住在山区的土著少数民族穆斯林至今仍保留着精灵崇拜的原始宗教残余；而沿海一带的穆斯林则是每星期三在海边举行沐浴仪式，然后到清真寺祷告。

清真寺是穆斯林举行宗教仪式的地方。清真寺对外开放时，进入者均须脱鞋，女士还须穿长袍、戴头巾，除脸、手、脚部外均须遮盖，否则将被拒之门外。清真寺遍布马来西亚城乡，有 5000 多座，寺内每天都有信徒做祈祷。通常，穆斯林每天祈祷 5 次，分为日出前后、中午和日落前后，而每周五则是马来西亚的主麻日。一般来说，穆斯林祈祷的地点可以是家中、工作场所或清真寺。马来西亚规定只要有 20 位穆斯林工作的场所，就必须设祈祷室。所以，马来西亚许多较大的公司、工厂，甚至机场等都设有祈祷室，并挂有标牌。各社区及住宅区也都有清真寺。居民只需步行就可到达，非常近便。此外，一般较大的伊斯兰清真寺还设有宗教学校，专门教授穆斯林伊斯兰教义，包括《古兰经》的内容、伊斯兰教礼仪、习俗和阿拉伯文等。这些附属于清真寺的学校，大多招收中、小学生，教导他们基本及初级的伊斯兰教教义，经费由政府提供。同时，政府也开办伊斯兰学院（大学），培训高级的伊斯兰教人才。由于伊斯兰教在马来西亚占有特殊地位，其他宗教难免受歧视。1988 年，马来西亚新闻部宣布除伊斯兰教外，其他宗教节目不得在广播电视中播放。其他宗教的建筑工程项目也受严格限制，如申请执照被拖延、建筑物必须小于附近的清真寺、新建教堂甚至不能挂十字架等。

虽然伊斯兰教是马来西亚的官方宗教，但马来西亚没有伊斯兰教的全国宗教领袖，并不是政教合一的国家。在拥有世袭苏丹的 9 个州，苏丹本人就是所在州的伊斯兰领袖。在没有苏丹的槟榔屿、马六甲、沙巴和沙捞越，以及吉隆坡等三个联邦直辖区，最高元首为伊斯兰教领袖。马来西亚有两个伊斯兰教政党。一个是"伊斯兰党"，成立于 1951 年，曾名"泛马伊斯兰党"，在北马各州都有势力，主张以伊斯兰教为原则，政教合一，为马来人的利益而奋斗。另一个是"泛马伊斯兰教阵线"，成立于

1977 年，主要势力在吉兰丹州，在西马北部其他州也有影响，主张土著民族在国内拥有政治权利，团结所有马来人，实现伊斯兰教的纯洁化。

2. 佛教

佛教传入马来半岛相对较早。由于深受印度教的影响，自公元初至 14 世纪，佛教一直是马来半岛盛行的宗教。在此期间，马来半岛上相继出现的羯荼、狼牙修、盘盘等王国都信仰佛教。中国唐代僧人义净在《南海寄归内法传》中曾提到这些古国"极尊三宝"，奉佛教为"国法"。到了 8 世纪，马来半岛处于爪哇夏连德拉王国的统治之下，当地开始信奉密教。15 世纪初，马六甲王国改信伊斯兰教后，佛教迅速走向衰落。19 世纪后期，大批华人和佛教徒来到马来亚，佛教因而得以恢复。20 世纪 50 年代以后，大乘佛教有了较大发展，吉隆坡和华人集中的槟榔屿成为马来西亚的佛教中心。1960 年，马来亚成立了全国性的佛教组织——马来亚佛教总会，总部设在槟榔屿，各州都有分会，下辖 100 多个佛教团体，开办佛学院等教育机构，并出版佛教刊物《无尽灯》。目前，马来西亚的佛教中心是槟榔屿和吉隆坡。槟榔屿的佛教名寺"极乐寺"内有一尊身高 36 米的观音雕像，这在东南亚是独一无二的。

现今马来西亚的佛教徒主要是华人，其中大部分信奉大乘佛教。但近年来，有不少华人放弃了原本的宗教，改信伊斯兰教、基督教或印度教。华人改信宗教的原因是多方面的。一是通婚因素。华人对改变宗教信仰的态度是相当开放的，而其他宗教，尤其是伊斯兰教与基督教却严格规定教徒不能与异教徒通婚或与异教徒通婚后所生下的子女必须入教。因此，华人传统宗教信仰者，不论男女，一旦与其他宗教信仰者结婚，就必须改信他教。二是传教因素。华人传统宗教信仰，尤其是儒道传统信仰在传教方面不力，导致其信徒往往对本身的宗教认识不深，缺乏自信，一旦接触其他宗教就轻易改变信仰。反观基督教与伊斯兰教，在亚洲的传教工作不遗余力，成功地从其他宗教社群里"招募"了不少新信徒。三是文化因素。当人们接受或放弃一个宗教时，不仅考虑到这个宗教的本质，也在潜意识里考虑到这个宗教的文化属性。在一些人心目中，基督教是先进的，而华人传统宗教信仰是落后的。部分华人具有的这种局限的心态，在一定程度上限制了华人宗教的发展。宗教本是一种文化力量，因此华人传统宗教如何发挥力量以强化其所属文化，是马来西亚华人传统宗教领导人及华人文化工作者面临的重要任务。

3. 印度教

印度教是在公元 1 世纪左右传入马来半岛的，当时称婆罗门教。羯荼国不仅接受婆罗门教和佛教，而且还让婆罗门僧侣在朝廷中发挥重要作用。因此，婆罗门教得以渗入马来半岛的其他地区，吸引了很多信徒。公元 8 世纪时，婆罗门教进行改革，改称印度教。15 世纪伊斯兰教在马来半岛盛行，印度教由此衰落。19 世纪后半期，随着大批印度移民的到来，印度教才得以恢复兴旺。现在信奉印度教的只有印度人，信徒占该种族总人口的 70% 左右。印度教徒现仍实行严格的种姓制度，只在同一种姓内部通婚。

4. 基督教

基督教于 16 世纪随着葡萄牙、荷兰、英国殖民者的相继入侵传入马来西亚。由于这些殖民者属于不同的教派，因此他们带来的基督教既有天主教，也有新教，所建的教会组织也五花八门，有卫理公会、浸礼会、基督复临安息日会、长老会、路德会、圣公会等。1852 年在槟榔屿成立了亚洲第一所教会学校——圣约瑟学院。此后，基督教会还在马来西亚其他地方开办了若干所学校和医院。目前，马来西亚的天主教徒近 50 万人，新教徒约 30 万人，最大的新教组织是卫理公会，基督教徒以华人和欧亚混血种人为主，其中大部分是菲律宾移民以及一些华人和土著少数民族。

5. 原始宗教

有几个少数民族仍信仰古老的原始宗教，他们是伊班人、梅拉瑙人、卡扬人、塞芒人和塞诺伊人。这几个土著民族都信奉万物有灵和灵魂不灭，崇拜多神。他们认为宇宙中有上中下三界之分，上界为神仙所居，中界为人类所居，下界为魔鬼所居。人世祸福皆由神灵和魔鬼主宰，神灵赐福，魔鬼布祸。只有巫师能懂神灵和魔鬼的奥秘，充当人与鬼神交往的中介，为族人消灾祈福。所以，巫师在这些民族中具有很高的地位，一般都由各个民族部落的酋长担任。巫师主持的原始宗教占卜贯穿于这些少数民

族的日常生活中，人们在生育、治病、砍伐树木、播种、收获等活动中，都要举行烦琐复杂的宗教仪式。宗教活动与生产、生活紧密地结合在一起，构成了土著民族原始信仰的一大特色。

二 节日

马来西亚节日很多。据统计，全国大大小小的节日约有上百个。这些节日多与马来西亚多民族社会丰富多彩的历史、宗教、文化及风俗习惯有紧密的关系。政府规定的全国性节日只有 10 个，除此之外，各民族还有自己的各种节日。这 10 个法定节日除少数有固定日期外，其余的具体日期由政府在前一年公布。主要节日按时间顺序有元旦、开斋节（穆斯林）、春节（华人）、哈吉节、维塞节（灯节）、五一节、国庆节、圣诞节、最高元首诞辰日等。

元旦 每年公历 1 月 1 日，在公共广场、酒店、餐厅皆有欢乐的庆祝活动。尤其是吉隆坡的独立广场，人山人海，狂欢者都聚集在此庆祝新年。

开斋节 马来人最重要的节日。每逢伊斯兰教历 9 月，全国穆斯林（主要是马来人）都要实行长达一个月的白天禁食（即斋月），一个月后恢复正常的生活习惯。斋月过后的第一天即"开斋节"。节日前夕，穆斯林都要进行捐赠活动，帮助有困难的人、刚皈依伊斯兰教的穆斯林以及为信仰伊斯兰教而欠债的人等。同时，在外地的人纷纷赶回家乡和亲人团聚。开斋节的早晨，穆斯林们都沐浴打扮，身着盛装，前往清真寺进行隆重的祷告仪式。仪式过后，人们互相祝福，表示把过去的恩恩怨怨全都忘记，一切从头开始。在亲切和睦的气氛中，人们还要相互登门拜访。马来西亚的政要，包括最高元首、总理、副总理及各州苏丹或州元首、重要的内阁部长等在这一天会开门迎客（Hari Terbuka），迎接各界来宾，与各界群众共庆开斋节。这一天，家家户户都准备了丰盛的糕点美食招待客人，包括竹筒饭、咖喱牛肉、咖喱鸡块、烤肉串以及花样繁多的糕点小吃，人们一边品尝一边聊天，相互增进感情。好客的马来人还特别喜欢其他民族人士前来拜访，把他们的来访看作十分荣幸的事情。

春节 华人新年，被确定为全国性法定节日。这是一个热闹非凡的节日，与中国的春节习俗大致相同，到处张灯结彩，敲锣打鼓，人们玩龙舞狮以驱邪逐妖。马来西亚华人非常重视春节，保留了很多过春节的民族习俗。他们在农历腊月二十三即开始过"小年"，举行祭灶仪式。这天各家都要准备很多祭品给灶神吃，供品主要有蜜橘、甘蔗、糯米饭和其他黏性甜食，以便灶神上天之后在天宫的玉皇大帝面前多讲几句好话。有的人家还供上酒，让灶神喝醉，到天宫时讲不出话来。大年三十晚上，家家户户要吃团圆饭，菜肴十分丰富，有鱼、发菜等，象征着来年的日子富裕、发财等。人们燃放爆竹，揭开农历新年的序幕。大年初一，家家吃斋（意为把"灾"吃掉）。晚辈要给长辈拜年，长辈要给晚辈红包。亲朋好友会互相登门拜年，茶话叙旧，共享美食，派发红包，祝贺财运亨通。通常，华人会在春节举行团拜，内阁总理及其夫人、政府官员会亲自前来祝贺，并给舞狮者和儿童发放红包。

哈吉节 又名"古尔邦节""宰牲节"，是穆斯林的另一个盛大节日，属全国法定假日。日期是伊斯兰教教历12月10日。据传说，先知易卜拉欣梦见真主命令他宰子易司马仪祭祀真主，以考验他是否忠诚。当易卜拉欣将儿子带到麦加郊区的阿尔法特山上，举起刀欲砍时，真主派天使送来一只羊，令其宰羊以赎易司马仪之身，由此形成哈吉节。在这个节日里，马来西亚穆斯林或是远涉重洋赴麦加朝觐（哈吉的意思就是赴麦加朝觐），参加宰牲活动；或是就地过节，到本地的清真寺参加会礼，相互拜会，赞颂真主。会礼后，凡有经济条件的穆斯林都要宰一头羊献祭，或是用牛或骆驼代替。宰牲时必须面向伊斯兰圣地麦加，并做祷告。宰好的肉分成三份，一份自己食用，另外两份再分成若干小份，一部分送给亲友，一部分施舍给穷人。

维塞节 每年的农历四月十五，是佛教徒最隆重的节日，又称"浴佛节"。这一天是全国公共假日，"维塞"意为佛历6月15日。相传这一天是佛祖诞生、成道、涅槃的日子。为纪念佛祖，马来西亚的佛教徒每年在这一天都要举行庆祝活动。全国各地佛旗高悬，佛教徒家家户户张灯结彩，各个寺庙粉饰一新。佛教信徒们竞相焚香，顶礼膜拜，颂扬佛祖的大恩大德，并聚集在各地寺庙，将鸽子放生并祈求平安。节日的系列庆祝活动包括举办佛学系列讲座、利用假日积德行善布施、赤脚跪拜的朝山拜愿、浴佛、迎佛花车大游行、背佛像转运等。佛教徒最看重的是浴佛仪式。浴佛这天，寺院热闹非凡，教旗与国旗同时招展，佛寺里点亮百盏平安灯，奏起佛乐，浴佛池里盛满清水，佛教徒举勺舀水，轻轻洒在佛像身上。晚上善男信女纷纷前往佛寺聆听僧侣诵经。教徒们怀着虔诚的心情向僧侣们布施，还在街道两旁搭起许多斋棚，免费供路人饮食。到夜晚，家家户户都点起挂在建筑物上的各种形状的灯笼，象征佛灯长明，吉祥如意。通常，各地都要举办迎佛花车游行，每隔 10 年举办一次全国性大型迎佛花车游行。

大宝森节（Thaipusam） 每年印度历的 10 月，居住在马来西亚的印度兴都教徒都会隆重地庆祝大宝森节。人们用各种各样的方式，向他们崇拜和信奉的，能够给人们带来幸运、勇敢和美丽的神——姆鲁卡神（Lord Murugan），表达感谢或忏悔。人们在节日前要做许多准备工作：采摘鲜艳的花朵、穿成花串；购置椰子、香蕉、菠萝、槟榔等水果，用来供神使用；到河水中洗净身子，尤其是肩扛神龛的信徒，得提前一个月斋戒沐浴。大宝森节最隆重的仪式，在吉隆坡北郊的黑风洞举行，由于洞中供奉着姆鲁卡神的巨大雕像，洞壁上画有兴都教神话人物的彩绘，因此成为兴都教徒朝拜的圣地。人们先在距离黑风洞 15 公里的斯里玛哈尼曼兴都庙集合，凌晨 4 点，队伍准时出发。人们赶着装饰鲜花的牛车，近百名壮汉用绳索牵着牛，另有 3000 人随同负责抬神辇，数以万计的信徒组成庞大的游行队伍，一同向黑风洞走去。路上不断有兴都教徒迎送，并奋力向路上摔椰子，祈求一年平安幸福。每个信徒都戴着枷锁——一种雕工精细的木框，上面有尖刺与钩子、鲜花及水果——一年一度地踏上 272 层台阶，登上吉隆坡的黑风洞，将它放在神明脚前忏悔求恕。有的信徒在自己的肉皮上挂满尖钩，表示负荆请罪。

圣纪节 先知穆罕默德诞辰日，是伊斯兰教徒的节日。每年伊斯兰教历的 3 月 12 日，首都数十万的伊斯兰教徒在最高元首的率领下，前往清真寺举行隆重的祷告仪式，然后举行盛大的游行庆祝活动。

最高元首诞辰日　为庆祝最高元首生日而设定的全国法定假日。由于最高元首任期 5 年，因此这一节日的具体日期每隔 5 年就会有变动。节日这天，首都要举行各种各样的庆祝活动，包括免费看电影和欣赏文艺节目，王宫向公众开放参观。最高国家元首向对国家和社会做出贡献的人士颁发勋衔和奖章。当天，全国的清真寺还将举行特别的祈祷仪式。

丰收节　在沙捞越州，包括伊班人、碧达育人、马兰诺人、加央人和肯雅人等部族的达雅族群，在每年的四五月农作物收割完毕后，到 6 月 1 日，都要举行各种各样的活动来庆祝丰收，感谢谷神细心关照。这个节日又叫达雅节。通常，伊班人是在自己的长屋中庆祝节日。首先由村中德高望重的长老主持大家祈祷，然后杀猪祭拜谷神，之后大家欢乐地唱歌跳舞，享用美食等。伊班人的"石节"也是用来祭拜谷神的。新的长屋落成，人们先举行石节，在长老的主持下，各自准备一块石头，虔诚祭拜，然后放置在家里的某块田中，等收割之后，将石块带回家，等待下次耕种时继续使用。如果收成欠佳，人们也要举行石节，去地里烧香祭拜，先送恶神，再迎谷神。在沙巴州，聚居在西海岸的卡达山杜顺族，也有为庆祝丰收而向谷神谢恩的丰收节。时间从 5 月 1 日一直延续到 5 月底。庆典分为镇、县、州等不同阶段进行。到 5 月 30 ~ 31 日，丰收节达到高潮，这两天也就成为州里的公共假日。庆典由被称为"波波吉占拨"的女祭司主持，人们诚心诚意向谷神表达谢意。祭拜完毕，除了大吃大喝一番，还有让人赏心悦目的舞蹈表演以及男性掰手腕、女性选美等时尚节目。人们通常跳起土风舞，尽情欢乐。

花卉节　马来西亚充足的雨水和常年阳光普照的气候环境，为植物提供了极佳的生长环境，也带来了丰富多彩的花卉。每年 7 月，为了庆祝花朵的盛开，要举办各式各样的主题花卉的比赛。为期一周的庆典，有壮丽的花车游行。花车把整个街道装点得绿意盎然。伴随着花车的还有乐队、马队和舞蹈队，为观众献上精彩的表演。各公园、酒店也会借机推出形形色色的活动，如寻花赛、花展等。整个花卉节期间，举国欢庆，热闹非凡，每年都吸引大批观光客前来参观。

国庆节　又名"独立节"。在经过长达 400 多年的殖民统治之后，

1957年8月31日，马来亚联合邦摆脱英国殖民统治而宣告独立，吉隆坡被定为首都。这一天被定为"独立日"。1963年9月16日，新加坡、沙巴、沙捞越也摆脱了英国的殖民统治，与新独立的马来亚联合邦合并，组成一个新的统一联盟——马来西亚，这一天被定为"马来西亚日"，以纪念马来西亚成立。而"独立节"则作为联邦的国庆节。每年的独立日，全国人民普天同庆，首都举行盛大的集会和庆祝游行、文艺演出，学生们可以免费看电影。每年9月16日的"马来西亚日"，会有为期2周的盛大庆祝活动。第一届马来西亚节是在1987年举行的，目的是复兴和欣赏传统文化、手工艺品、美食和文化意识。来宾可参加各种活动，如文艺表演、手工艺品制作、品尝13个州的风味美食以及参观拍卖场等。大街上，旅店和商场用华丽的彩灯装点，宛如一个装饰大赛。

屠妖节 也叫"灯节"。印度人和印度教徒一年当中最隆重的节日，因而被马来西亚政府定为全国性的法定节日之一。节日时间为印度历的8月14日。屠妖节的起源有两种说法，一种说法是罗摩王打败了十首妖魔"罗婆"，结束14年在森林的流亡生活，返回阿育耶城重新统治国家时，人们兴高采烈地在城里点起灯火，照亮整个城市，使黑夜变成白昼，来欢迎罗摩王凯旋，庆祝光明和正义的胜利。另一种说法是克里希纳王战胜魔王纳拉卡苏，人民闻讯欢天喜地，点燃无数火炬照亮黑夜，庆祝人类的新生。以上两种说法都表明，屠妖节是庆祝善良战胜邪恶、光明战胜黑暗的。马来西亚的印度人把屠妖节视为神圣的日子。节前，家家户户进行清扫，点油灯，迎接幸运女神的降临。这天一大早，印度教徒起床后即用姜油涂抹全身，表示清白和纯洁，然后沐浴更衣，阖家聚在一起捧着鲜花向神祭拜。各个印度教寺庙都有许多信徒前去祈祷。妇女们供上槟榔叶、槟榔、香蕉和鲜花，向神明顶礼膜拜、祈求幸福。人们还在这一天清理账目和店务，进行祈祷，接受非印度教徒的祝贺，以消除彼此之间的误会和恩怨。在印度人心目中，这不灭的明灯，是爱的象征，是光明的象征，是勇敢和正义的象征。它表示人们坚信光明一定能战胜黑暗，邪恶永远无法打败正义和智慧。

此外，还有风筝节、槟榔屿国际龙舟节、中秋节、马六甲嘉年华会、伊斯兰新年、巴兰水节等。除了全国性的重大节日外，各州还有许多自己的节日，如各州现任苏丹、州元首的生日，都是本州的节日。各民族也有各自的节日，如华人的清明节、端午节、中秋节，印度人的九宵节、盗火节等，以及卡达山人的丰收节、伊班人的犀鸟节等。马来西亚整年都有丰富的文化狂欢庆典活动，充满了节庆、欢乐、祝福的气氛。

三 民俗

在马来西亚这个多民族的国家中，各个民族都有自己的风俗习惯，马来人作为马来西亚的主体民族，历史悠久，分布在全国，影响极大，因此在马来西亚的各民族中，马来人的风俗习惯具有一定的代表性。

1. 穿着

马来人男子通常下身穿长到足踝的布质纱笼，上身穿叫作"巴汝"的无领长袖上衣，这是马来男子的传统服装。每到节日，男子上身穿新做的"巴汝"，下身则改穿长裤，脚穿皮鞋，腰上围一条叫作"三宾"的短纱笼，头戴无檐"宋谷帽"，这种帽子呈直筒状，高约10厘米，颜色有黑也有白，也有深蓝和深绿的。这就是马来男子的礼服套装。平时，马来男子喜欢穿一种由蜡染花布——"巴迪"做成的长袖上衣，它质地薄而凉爽，常在正式的社交场合穿，被称为"国服"。

马来女子平时在家或出门购物多穿传统服装，上衣也是无领长袖，衣身宽大，下摆长过臀部，套头穿，叫作"巴汝古隆"。女子下身穿纱笼，也很宽大，纱笼上绣有精致美丽的图案。逢年过节，马来妇女穿上新的传统服装，头上围一条色彩鲜艳的薄纱巾，垂挂到肩旁或胸前，显得俊美而高雅。不论在什么场合，马来西亚女子都可以穿拖鞋，但男子不行，他们在正式场合就必须穿皮鞋。

近年来，在城市工作的男女也流行穿轻便的西服，青年男女还喜欢穿短袖和紧身衣裤，但在业余时间，马来人还是喜欢穿本民族的传统服装。其他少数民族现在也穿马来人的服装。除王室成员外，老百姓一般不穿黄色衣服。传统上，马来人成年男子出门时往往都要佩带一把短剑。短剑被视作力量、智慧、坚强、勇敢和吉祥的象征。马来人的短剑就像一个工艺

品，剑柄用木头或银子、象骨、兽骨、兽角做成，其上雕着一个色彩艳丽的鸟头，剑鞘上有花纹和图案，有的还镶嵌有珠宝。但现在佩剑习俗在城市已经少见。

2. 饮食

马来人的主食以大米为主，常佐以辣椒、咖喱和椰汁。早餐一般是椰汁煮的米饭加鱼，午餐和晚餐都是米饭，常吃的菜有咖喱鱼、鸡肉、牛肉、腌鸡蛋、卷心菜、菠菜、黄瓜、辣椒酱等，进餐时还上茶。因为马来人大多是穆斯林，因此不吃猪肉和水生贝壳类动物。马来人不饮烈性酒，在正式场合也不敬酒。马来西亚风味的"沙爹"（即烤鸡肉串或烤羊肉串）是宴席必备佳肴。其他马来风味的食品有香蕉叶烹制的白鱼片、加肉和调料的面条、用调料和椰汁浸过的肉片烹蔬菜、豆腐豆芽炒花生、鸡肉炒饭、用鱼块和面条做的热汤等，以及加入豆芽、米饭、芹菜和洋葱做成的鸡汤等。马来人最擅长的待客饭还是"椰浆饭"，即用椰浆调拌的米饭，香气扑鼻。马来粽和竹筒饭也是典型的马来食品，里面也掺用椰浆。凉拌杂菜是开斋节或宴客必备的菜肴，它是用几种蔬菜、野菜、树叶加上调味品凉拌而成的。椰子、柑橘、香蕉、柠檬等则是佐餐水果。一般他们都要用当地驰名的马来糕或点心、茶（主要是红茶加糖）、咖啡、冰水及栳叶（一种当地的药用植物叶）来待客，以示对客人的尊重和热情。

马来人吃饭一般不是围桌而食，而是席地而食。他们将食物放在地上、草席上或地毯上，团团围坐，用手抓食。其坐姿也有一定要求，男人盘腿而坐，女人则屈腿向右斜身而坐；年纪较大的妇女则可像男人一样盘腿而坐。马来人多以热茶、咖啡或白开水为饮料。住在农村的马来人习惯用手抓食物，所以餐前餐后都要洗手，用餐时必须用右手，因为左手被认为是不洁净的。通常饭菜旁都有几碗水，供就餐者洗手。城市的人吃西餐时或在宴会上，也使用匙和叉。

马来西亚华人发明的"肉骨茶"颇有名气，是当地非常受欢迎的一道菜肴。肉骨茶是用茶叶和肉骨放在一起，加上作料熬制而成的，香味扑鼻。另外马来人与印度人经营的嘛嘛档，生意也较为红火，主顾多数为低收入人士和青年学生，他们喝的是"拉茶"（一种用特殊工艺制作的含有

红茶的奶茶，深受马来西亚人民喜爱）、果汁，吃的是炒米粉、炒果条、
煎饼等简单食品。

3. 居住

在城市的马来人、华人、印度人大多住在砖石结构的房子或高楼中。
在城里，普通人家住排屋的居多，类似过去的长屋，但也有排屋是半独立
或完全独立的，虽然也成排，但邻居间有庭院间隔着。不论哪种形式的排
屋，各家各户都是独立的，各自拥有一个小庭院，人们喜欢在庭院内种点
花草树木，安放秋千，让小孩子尽情玩耍。家境阔绰的人家，有条件选择
住花园式的洋房别墅，房子是按照自己喜欢的风格建造的，地段多选在山
清水秀的城郊，即使在市区，也是自成一统的富人住宅区，环境幽静，装
修富丽堂皇。马来西亚建筑的特点是色彩艳丽，搭配和谐，设计美观，风
格多样。

在乡村和城市郊区，马来人仍住在传统的高脚屋中。这种房子离地数
尺，可以防潮湿，还可以避免动物的伤害，房顶用树叶或木板铺盖，墙和
地板用木料建成。尚处在游猎采集阶段的塞芒人的住房比较简陋，通常是
在林中的空地上搭个窝棚栖身，窝棚上面用树叶蒙上作顶。窝棚内放置用
竹篾编成的床。一个窝棚是一个家庭，如果家庭较大，就围着一块空地建
起多个窝棚，在空地上进行集会或处理公共事务。有的把窝棚排成一列，
相互距离较近。其他土著少数民族是集体住在"长屋"里，长屋的建造
方式与高脚屋相似，也是木质高架，但要比高脚屋长得多。长屋中间有一
条通道，两旁是以户为单位的住户。一座长屋里住的人少则几户，多则数
十户。而生活在海边的渔民，他们的家就建在海边的浅水里，被称为
"浮脚楼"。

4. 嫁娶

马来西亚法律规定，一夫最多可娶四妻，但现在一夫一妻的婚姻更加
普遍，特别是年轻马来人，更注重爱情专一。马来人在婚姻问题上仍然信
守"父母之命，媒妁之言"的传统。男青年到了结婚的年龄，父母就开
始为其物色对象，相中了某位姑娘，托媒人或亲友去了解情况，以及拜访
姑娘的家庭。如男方同意，就在家人中商议，取得一致看法后，确定求亲

的日期和方法。求亲时通常由男方家长出面，女方家长一般不立即应允，等一天甚至一周后才给男方家长肯定的答复。如果双方都同意这门婚事，就将聘礼、结婚费用和婚礼日期等事确定下来，如果婚礼晚些时候才举行，男方可先送订婚礼物。订婚礼一般是一枚钻石戒指，还有布、鞋子等物。倘若男方毁约不能成婚，订婚礼物不能索回；如果是女方反悔，其所收礼品要追加一倍退回男方。婚礼费用一般都在订立婚约时送到女方家。在定亲礼上，男方带去的礼物一般有聘金、婚礼费用、一枚钻石戒指、布和衣服、糕点、水果、槟榔盒、喷水器和蜡烛等。上述每一样礼品由一名男青年拿着，女方把这些礼品排列在"并坐台"前，由宗教法官查点，女方派两位证人到场，其中一位负责查点礼品，然后放进里屋，外面仅放槟榔盒、喷水器等，宗教法官登记新郎的名字，并用手抓住新郎的右手，说："某某先生，我把你与某某女士结成夫妻……"念完后摇晃几下新郎的手，新郎必须大声回答："我接受与某某女士成婚……"以便法官和证人都能听清。这时，新郎从座席上站起来与宗教法官和岳父握手，并与每一位来宾握手。倘若举行宴会，新郎则将带来的花和槟榔在宴会后送给来宾。此外还有两种定亲的办法，即男女双方父母关系密切，且看中了对方的孩子，便在孩子年幼的时候就为其定下终身。另一种是男女双方按照双亲的遗嘱结亲。这种方式不一定要送彩礼。亲事定下来后，要在女方家中举行订婚仪式。

马来人的婚姻习俗是男嫁女娶，婚礼由女方操办。婚礼仪式主要在晚上举行，且持续整整一周的时间。婚礼必须有婚座，类似国王处理朝政大事的宝座，设置在厅堂的显要位置。高于地面，分两层，有双人床般大小。一般用红地毯铺地面，金黄色料子打上皱褶做成围边，后面的影壁也用金黄色的料子做成，看上去一派金碧辉煌的景象。也有用绿地毯铺地面的，影壁用蓝色料子，格调显得淡雅清爽。婚座是两把豪华典雅的高背靠椅，四周装饰着鲜花，盛装的新人坐上去，宛如国王和王后。婚礼的第一天，新郎在长老、家人的陪伴下，带着丰厚的聘礼来到女方家，队伍中有专人为新郎打阳伞，随同人员举着装饰树，一路高诵《古兰经》，还有马来手鼓等乐器伴奏。到达女方家，新郎要接受一番考验，包括马来拳术、女方亲友索要青包，过关之后，才由长老引领新郎进入内厅，与罩着红盖头的新娘一起坐上婚座。之后，揭开新娘的面纱。长老向新郎和新娘洒圣水祝福。新郎新娘嚼槟榔，之后新人互送山盟海誓之词，表示要一生相爱，一世忠贞。婚礼的第二、三天，新郎新娘举行沐浴仪式。仪式开始前，两人要修饰装扮一新。染手掌仪式的程序是：由男女宾客轮流主持将姜黄米撒到新娘或新郎的左右肩，接着再撒米花，然后用喷水器将山姜水喷在新娘或新郎的双手手背，最后将指甲油涂在他们的手掌上。染了手掌后，新娘、新郎双手合十，高举到胸前，向主持人致敬道谢。然后两人沐浴更衣，迎接第四天举行的合婚仪式，也叫"并坐礼"。

"并坐礼"是马来人婚礼的最后阶段，也是婚礼的高潮。举行完这个仪式后，新郎新娘才能同房，结为正式夫妻。仪式开始时，新郎新娘身着传统马来服装，新娘头戴金银珠宝，分别在亲人的陪同下，缓步走出新房，登上婚座。他们坐好后，面带微笑，很有礼节地接受人们的青包与礼品，并双手合十，向人们表示感谢。接下来三天，新郎新娘在家中接待客人，7 天后，新郎携爱妻回家，这边也举行一场婚礼仪式，摆设丰盛的宴席款待宾客。之后，新婚夫妇拜别男方父母，就此长住女家。但现在也有长期在男方家居住的，也有独立门户单独居住的。

5. 离婚

马来人的离婚通常按照伊斯兰教规办理，一般不受政府离婚法的约束。离婚方式有以下几种。第一种是"答拉"，即丈夫随时在证人面前宣布"答拉"，即可同妻子离婚。第二种是"卡尼答力"，这是指婚后丈夫长期不在家，妻子可以提出离婚。第三种是"巴沙"，即丈夫抛弃妻子，或长期不赡养妻子，妻子可以提出离婚。第四种是"德布斯答拉"，指妻子要恢复人身自由，就要给丈夫相当的钱财；如果丈夫无故休妻，丈夫也须付出一定的赡养费。按规定，离婚 100 天后双方可重新婚嫁；100 天内如双方同意，可以复婚。无论上述哪种情况的离婚，都要按照规定的手续办理登记，领取离婚证。近年来，有些州的宗教保守团体和人士提出丈夫可以采取用手机连发三遍"我要与你离婚"的短信，即可与妻子离婚，而不需征得妻子同意。该主张引起马来社会的广泛关注和讨论，许多马来

人认为该做法过于草率，即使有法律效力，自己也不会采取。

6. 生育

马来妇女从怀孕开始，就不再动怒、骂人等，男人不能理发、不能屠宰牲畜，以免吓着孩子。婴儿出生后，父母要让助产妇举行"涎涎"仪式，把涎液吐在婴儿脸上、在产房墙壁上涂槟榔汁，用木炭烟驱除到处游荡的恶魔。然后用一枚金戒指为婴儿启唇，掏出口中的秽物，再把婴儿抱到盆里或河边沐浴。第三天，家中要宴请亲友，向他们报喜。满一个月，又要摆宴庆贺。在婴儿出生的第44～100天，还要举行最隆重的"上布摇篮"，目的是庆祝新生命的诞生，为新生命祝福。然后为孩子举行剪发仪式，将剪下的头发放进一个敲开的鲜椰子中，期望孩子像椰子一样茁壮成长。

7. 丧葬

马来人的丧事按照伊斯兰教规办理。人死后，家属立即向清真寺的管寺者报丧，以便尽快在寺院的通知板上写上死者的名字、埋葬地点和时间，让众教徒知晓。同时，家属也要立即通知亲朋好友、邻居及在外地的亲戚。按照伊斯兰教规，教徒死后应尽快埋葬，以防魔鬼抢走死者的灵魂。葬前要举行伊斯兰教仪式，先将死者放在铺有白布的床上。仪式开始时，为死者诵读《古兰经》第一章"法谛海"，同时，亲友们依次进入灵堂与死者告别。而后由同性亲友将死者抬到预定地点洗尸，然后裹尸，接着把尸体放入棺材。尸体上下放有多层白布。棺材上盖着绣有图案和古兰经文的白布，然后将灵柩抬到离目的地不远的清真寺，请长老为死者的亡灵祈祷。入葬后，要请一位哈吉、长老或宗教学者跪地坐在墓前带领送葬人为死者诵经祈祷。然后按照从头到脚的顺序往坟上洒檀香水和鲜花瓣。整个送葬过程，在场的人不能哭泣，因为伊斯兰教认为，人的生死全凭真主安排。死者死后的第3、7、14、40、100天，都要举行规模不等的祭宴。

8. 姓名、尊称、头衔

马来人取名往往采用伊斯兰教名或阿拉伯名字。受马来人的影响，华人、印度人改信伊斯兰教后也给自己起伊斯兰教的名字或阿拉伯名字。如男子叫穆罕默德、马哈茂德、艾哈迈德等，女子叫法蒂玛、卡蒂加等。但是，现代马来人取名又有了新的变化，如有的人把夫妻的名字合起来给子女取名；在星期四出生的孩子，可能取名甘密斯；若出生时适逢父母迁居，就取名南达；更有照儿女排行大小来取名的，长男叫姑洛或苏隆，次男或次女叫雅，五男叫班影，五女则叫安影等。

马来人通常没有固定的一脉相承的家族姓氏，而是子女以父亲的名字作姓，父亲则以祖父的名字作姓，所以一家几代都不同姓。姓名的排序是名在前姓在后，男子的名与姓之间用"宾"字隔开，女的则用"宾蒂"隔开。如前总理侯赛因·宾·奥恩，"侯赛因"是他的名字，"奥恩"是他父亲的名字（即他本人的姓），"宾"则表示侯赛因是奥恩的儿子。现在人们一般不再沿袭陈规，已不在名字的后面加"宾"或"宾蒂"了。现在人们往往把姓名缩写。有的将父名缩写放在本名前，如拉木里·布迪的缩写就成了布·拉木里。女子婚前以父名作姓，婚后仍然可以用父名，也可以改用夫名，由女子自己决定。在书面语中，一般写全名，但平时只称某人的本名，不叫全名，更不能叫父名。在书面语中，可以省略父名，但不能省略本名只写父名。

许多马来人都有尊称，男子加"赛义德"，意为贵人，女子加"赛加丽"，意为贵妇。在学者或宗教倡导者的名字前加上"赛义克"，以表示尊重。还有一些称号放在人名前，也是表示尊贵的，说明此人的出生同王族或贵族的血统有关。如"迈加特"，意为其母亲出身于贵族家庭，其父亲则是一般家庭。此外，"万""米尤"等，都是贵族的尊称，意思是先生或阁下。至于最尊贵的正统王族后代，不论男女都尊称"东姑"或"翁古"，放在名字前边。有时为了强调某人是王族子孙，还在其名后加上"布特拉"或"沙"，表示他是王子或陛下之意。当一位王子成为苏丹或国家元首后，就被尊称为"端姑"，意即殿下。以上尊称无论是过去还是现在，书面或口头都必须这样称呼。

马来人名字前面还可以加上荣誉封号或官衔。对国家做出过贡献的人，由国家元首授予一种荣誉封号，这种封号在内阁、议会成员中尤其普遍。例如"敦"这一原来马来贵族世袭的荣誉封号，凡是得到"统治者

勋章"的人都能得到。而得到"国家将士勋章""忠诚王冠勋章"的人即可得到"丹·斯里"封号。其他的封号还有"拿督·斯里""拿督"以及授予女性的封号"拿汀·巴杜卡"等。拿督除了是一种荣誉封号外，还是对某人的官职表示尊敬的称呼，如在"市"字前面加上拿督的称呼，就成为市长，在"村"字前面加上这个称呼，就成为村长。据不完全统计，马来西亚头衔级别多达 20 多种，授予量也较大，有的人捐献一定数量的资金就能得到苏丹授予的级别较低的头衔。但是，高级头衔的授予仍然非常严格，其中"敦"最为尊贵，通常只有前总理、已故国家领导人和对国家有突出贡献者才能获得；即使是现总理，也未必能获得。如现总理纳吉布是"拿督·斯里"，前总理阿卜杜拉·巴达维 2008 年退休后以及前总理马哈蒂尔 2003 年 11 月退休后，才被授予"敦"的头衔。这些头衔虽然不是姓名，但由于与姓名作为固定搭配出现，几乎成为姓名的一部分。

此外，伊斯兰教徒去麦加朝觐过的，男子的名字得加上"哈吉"的尊称，而女子则加上"哈贾"的尊称。另外，名字中的"邦"表示兄，"卡"表示姐，"切"表示儿，"多"表示长辈，也已成为名字的一部分。这样一来，马来人的全名通常都很长，含义也较复杂，例如"拿督·穆罕默德·甘托尔·宾·苏加诺·布地亚"，"拿督"是头衔，"穆罕默德"是己名；"甘托尔"是自己的另一个名字，意为雷鸣，比喻宏大，表达了父母和家人的期望；"宾·苏加诺"表示自己是苏加诺的儿子；"布地亚"表示男孩。外国人初次看到马来人长长的一串名字时，常常会不知如何称呼对方。其实，除非极隆重的场合需要称呼对方全名外，一般只需称呼对方的己名，即第一个名字。由于马来人很看重头衔，因此对其头衔一定要称呼准确。

9. 礼仪

马来人很注重礼仪，各族人民长期生活在这片土地上，在日久天长的交往中，形成了许多约定俗成的礼仪文化。在马来西亚，朋友之间无论是见面、话别或相遇，都会面带微笑点头示意。介绍人们相互认识时，通常先介绍年长者或身份较高的人，先介绍妇女后介绍男子。当被别人介绍时，被介绍的人应该对他人一一问候。传统的马来人见面礼十分独特，见面时会握住对方的双手相互摩擦，然后将右手往心窝点一点。但对不熟识的女士不可主动伸手要求握手。现在西方式的握手在马来西亚是最普遍的见面礼，不论马来人、华人或印度人都可使用。但虔诚的穆斯林女性和年长者很少与人握手，有时只是对男性做口头问候。

马来人把尊敬长辈视为美德。无论在家里，还是在公共场合，只要有长辈在场，做晚辈的就必须行为规矩、谈吐文雅。在家庭中，父母是一家之主，子女的言行要表示出对父母的顺从和尊重。要注意服饰的端正和行为的规范，不能吸烟、不能叉开腿坐着，坐在席子上时要面对父母双膝跪地而坐。如果到他们家中做客，对其长辈也要表示尊敬。年轻人见到老年人时，在相互以双手紧握后，把双手朝向胸前作抱状，身体朝前弯下鞠躬。与别人见面时，尤其是从别人或者老人前面走过时，都要微微欠身以示礼貌。

马来西亚人热情好客，时间观念较强。如果应邀到他们家中做客，客人一定要按时赴约，并要衣着整洁，落落大方。可以带一些椰子、槟榔、香蕉、糕点之类的小礼物，略表情意，主人会很高兴地收下。马来人的内厅是祈祷的地方，所以进屋前必须脱鞋。坐下时双腿不能分开，不能跷二郎腿，更不能将鞋底对着主人。宾客若在主人家不吃不喝或少吃少喝，是对主人的不敬，会引起主人的反感，有时甚至会被视为不受欢迎的人。马来人邀别人到家做客时，如见不到女主人，最好不要询问女主人的去向。如女主人在家，客人的态度要热情而又适度，如果女主人不主动行握手礼，客人不要主动同她握手。马来人豪爽大方，如果客人太过热情地赞赏他的某件物品，他就会坚持把这件东西送给你。当与马来人谈业务或聊天时，需要把握分寸，不要谈论马来人的政治地位及宗教上的敏感问题。只有这样，马来人才会认为你诚实可信。

10. 禁忌

由于传统和宗教，马来西亚社会有很多禁忌。在社交活动中表示亲热会令人反感。与人见面时不可拥抱或亲吻对方，如果对方是异性，更不能与其有身体接触。当有人躺在地上休息或睡觉时，切不可从他身上跨过去。坐下来时应把脚平放在地上，不能把脚底或鞋底对着对方，脚被视为身体最低最脏的部分，不能用脚碰任何东西。在马来人和印度人面前，不要使用左手去触摸人或东西，左手被认为是不洁净的。马来人认为自己的头部和背部是神圣不可侵犯的地方，尤其忌讳别人触摸自己的头部。除了阿訇，别人是不能随便触摸马来人的背部的，他们认为这样会带来灾难。召唤人时，要掌心向下，切不可用一个手指头叫人。黄色是马来西亚王室专用的颜色，所以在正式场合或访问王宫时千万不可穿黄色的衣服。

马来人的家庭不用预约，可以随便走访，但不要在下午 6～7 时去，因为这是穆斯林祷告的时间。进入别人家中要看看主人在家中是否穿鞋，如果不穿，客人也要脱鞋。在穆斯林家中见到《古兰经》时，不要随便拿起来翻看。应注意不要站到或坐在主人祷告用的小地毯上。收到别人的礼物，要回赠一件相当价值的礼物，拿到礼品不要当众打开看，不可用白色或黑色的纸包装礼品。对于穆斯林，不能送刀叉、酒或有狗的图片给他，而应该送水果、糖果、香水或工艺品。对于印度人，忌送烟酒；对于华人，不要送钟、刀、剪、筷等，合适的礼品是糖果、水果、糕点等。马来人还认为双数是不吉利的，凡是重要的事物都必须以单数形式出现。

不要随便进入清真寺，要找人带领进入。进去时要脱鞋，放在门口指定的架子上，并穿上寺院提供的长袍，妇女还要戴上那里提供的头巾。进入清真寺后，不要从正在祷告的人面前走过，不要让身体碰到正在祷告的人。在印度教寺庙里，禁止带入皮制品，不可用手触摸神的塑像或画像，也不可吸烟。进入华人寺庙时，应脱掉帽子，不用脱鞋。作为伊斯兰教国家，马来西亚严禁偶像崇拜，凡是偶像一类形状的东西都不能膜拜。因此，洋娃娃等外形类人的东西，包括肖像绘画、雕塑、玩偶等均禁止放在家中作装饰品，否则就是对真主的不恭。

马来人普遍偏爱绿色，视绿色为吉祥色。伊班族人崇拜犀鸟，并将其奉为神灵，他们相信有犀鸟的保佑，就会吉祥如意，有好收成。马来人最禁忌的动物是猪，认为它是最肮脏的动物，他们也讨厌狗，认为狗肮脏，会给人带来厄运和瘟疫。马来人不但禁吃猪肉和狗肉，也不吃自然死亡的动物肉和血，还忌讳使用猪皮制品。马来人还忌讳乌龟，认为这是一种不吉祥的动物。但马来人普遍喜爱猫，认为它干净、可爱。

第三节 特色资源

一 名胜古迹

双峰塔 又名双子塔、双塔，位于安邦路，吉隆坡市中心（KLCC）商业区的西北角，是吉隆坡最主要的标志性建筑，也是马来西亚的国家标志之一。它由两座 88 层高 451.9 米的塔楼组成，占地约 39 万平方米，曾为世界第一高楼，目前仍是世界最高的双塔建筑。双塔由位于第 41 和 42 层的一座长达 58 米，距离地面 175 米的天桥相连接，造型异常独特。双峰塔由阿根廷设计师塞萨尔（César Pelli）设计，历经 6 年时间，耗资 16 亿美元，于 1998 年建成，1999 年正式对外开放。双峰塔的两座塔楼一模一样，外形建筑有伊斯兰特色。目前，双峰塔中的一座是马来西亚国家石油公司的办公所在地，另一座则是出租的写字楼，IBM、波音、微软、路透社等大型跨国公司均在此办公，此外还有餐饮、娱乐场所等。双峰塔已成为一个集购物、休闲、娱乐、餐饮、商业办公为一体的大型综合商业建筑。双峰塔外围有一个喷泉广场、步行通道和供孩子嬉戏的水池，是游人观光游览的好去处。

独立广场 是吉隆坡另一个最具有标志性的建筑，它占地 8.2 公顷，是政府举行重大活动和民众休闲的地方。它那平展、葱绿的草坪，宛如巨大的地毯，广场夜景美丽非凡，是民众休憩、观赏夜景的好去处。独立广场对面是最有特色的苏丹阿都沙默大厦（俗称大钟楼），这里是历届政府行政中心所在地，现在是联邦法院的所在地，它是英国殖民时期保留下来的最完整的伊斯兰风格的摩尔式建筑，其楼层不多，但如皇宫般气势恢宏。大钟楼后边是一座已有百年历史、吉隆坡最古老的清真寺，其建筑风格与大钟楼相似。大钟楼的左侧是一座白色的、多角形的华丽的现代化大楼——大地宏图大厦，它漂亮典雅，是摩尔—拜占庭建筑风格的混合体，

也是现代科技与古代文明的完美结合物。此外，在吉隆坡还可以参观吉隆坡塔、中央艺术坊、唐人街、湖滨公园、国会大厦、博物馆、艺术馆、吉隆坡火车站等名胜古迹。吉隆坡是马来西亚多民族国家的缩影。这里居住着马来人、华族、印度族和其他民族。其中华族占了较大比重，市内商业区到处可见用中文书写的招牌，许多商店是华人经营，市内许多饭店酒楼都经营中国菜，还有一条街被人们称为"唐人街"。

云顶高原（Genting Highlands） 是马来西亚新开发的旅游和避暑胜地，位于彭亨州西南吉保山脉中段东坡，吉隆坡东北约 50 公里处，面积约 4900 公顷，是东南亚最大的高原避暑地。这里山峦重叠，林木苍翠，花草繁茂，空气清新怡人。东面有森巴山，西面是朋布阿山，登山公路曲折迂回。云顶的建筑群位于海拔 1772 米的鸟鲁卡里山，在云雾的环绕中犹如云海中的蓬莱仙阁，又如海市蜃楼。

国家清真寺 可容纳 15000 人聚礼，是东南亚著名的清真寺，也是伊斯兰建筑艺术的杰出代表。清真寺建在一座基督教教堂的原址上，由马来亚首任总理拉赫曼于 1957 年倡议修建，1965 年完工。原来，清真寺要以拉赫曼的名字命名，但拉赫曼总理予以拒绝，并提议把清真寺命名为"国家"，以庆祝马来西亚以不流血方式获得独立。国家清真寺的建筑造型非常优美，气势恢宏。式样与装饰同沙特阿拉伯麦加城的三大清真寺有很多相似之处，是由马来西亚建筑设计师考察了世界上主要伊斯兰国家的清真寺之后设计建造的。该清真寺给人的第一感觉是充满了时尚元素。它既没有巨大的穿隆顶，也无繁复的雕饰，十分通透、开敞、简洁，呈现出一种轻灵端庄的气质，它那高耸的尖塔和星形的屋顶看上去与众不同。大厅非常壮观，覆以 16 角星形蓝色混凝土屋顶，宣礼塔高 73 米，分别象征打开和关闭的雨伞，暗合马来西亚的气候特征。

茨厂街 是吉隆坡的唐人街，位于吉隆坡老城区南部，面积虽然不大，但十分热闹，特别是每天晚上像过节一般，是吉隆坡有名的夜市。这里卖的东西从中国服饰、布料到中草药，应有尽有。而这里和中央市场也是卖水货、假货和便宜货的地方，以衣服和手表居多。这里还有中式的牌楼、楼宇、沿街售货摊，来自中国的各种水果、食品，各种地方风味的中餐馆等。这里的商店基本上都是华人所开，店铺内外都张挂着醒目的中文招牌和广告，店内经营日常生活所需的各种用品，如百货、杂货等。街上茶楼、饭店、中药店、华文书店、小旅馆、超级市场等，应有尽有。每当夜晚，唐人街被划为步行区，是个购物的好地方，街的两旁挤满了形形色色的小摊，在摊子的空隙之间是拥挤的人群，十分热闹。在这个夜市里，到处可以见到衣物摊、饰品摊、手工艺品摊、小吃摊，林林总总。许多餐馆在夜幕降临之前，就纷纷在餐馆门前摆上露天的餐桌。那品种繁多的中式美食深受外国游客的喜爱。

基纳巴卢公园 距离哥打基纳巴卢 83 公里，俗称神山公园。公园占地 754 平方公里，院内的生态保护得非常好，从热带植物到寒带植物，可以说世界上再也找不到这样一个植物生态的会合地。有很多大自然爱好者慕名而来，研究和欣赏这里种类繁多的自然资源，这里也是马来西亚第一处被评为世界自然遗产的胜地。公园内的基纳巴卢山海拔 4000 米，线条粗犷，具有阳刚之美。山上有多种多样的动植物资源，风景宜人。游人既可以夏天到这座山上避暑，也可以冬天来这里泡温泉。在海拔 1500 多米的地方有一座生态植物园，值得一游。

布特拉加亚湿地 面积约 335 公顷，设有湿地公园（138 公顷）及湿地区（197 公顷）。这块湿地是野生动物的天堂，吸引着无数陆地和水生动物栖息，其中多种沼泽地区的鸟类及水鸟，包括白鹭、绿鹭和棕鸠以及来自北半球的候鸟冬季都在此栖息。乌鲁木达雨林，是占地约 10.5 万公顷的自然生态公园，系马来西亚最佳自然生态公园之一。它一直延伸至泰国边境。四周散布着自然形成的矿泉，泉水富含矿物质。柏雅英达湿地，位于瓜拉岳柏雅英达湿地公园，是生态保护区，它原是荒废的矿地，总面积为 3100 公顷。这里的湖上都开满了莲花，红绿相映，风光绮丽。

二 著名城市

槟城（Pulau Pinang） 又名"槟榔屿""槟榔屿城"，以盛产槟榔树而得名，有"印度洋绿宝石""东方明珠""东方花园"之称，是马来西亚第二大城市。槟榔屿的首府乔治市位于岛上，是槟榔屿的行政、文化和经济贸易中心，是马来西亚最繁华的城市之一。人们普遍把槟榔屿岛与乔治市统称为"槟榔屿"。槟榔屿扼守马六甲海峡北口，与马来半岛只隔3公里宽的海峡，地理位置十分重要，曾经是海盗藏身之处，如今已成为马来西亚的重要港口，能停泊万吨巨轮。目前，槟榔屿以轻工业和港口贸易为主，盛产豆蔻、椰子、海产品，既是马来西亚西北部采锡业的中心，也是西北部的工业中心。工业有造船、电子、机械、建材、橡胶、木材、印刷、食品罐头、碾米、手工艺制作等。槟榔屿虽是海岛，但交通很发达，槟榔屿国际机场每天都有从世界各大城市飞来的航班。

槟榔屿开发比较早，人文及历史资源非常丰富。在16~17世纪，由于槟榔屿地区及吉打地区常受到缅甸及泰国人的入侵，吉打的马来苏丹为免于遭受外力侵略，故引来英国人的势力。1786年，英国人利兹船长率领船队在槟榔屿登陆。槟榔屿成为英国在马六甲海峡第一个殖民地。1800年，吉打苏丹又把槟榔屿对岸马来半岛上的一块狭长地区割让给英国东印度公司，利兹用当时印度总督威斯利的名字命名，遂称为"威斯利省"。从此槟榔屿成为英国拓展远东贸易的前哨，也沦为英国的殖民地。许多对南洋满怀希望的华人和印度人移民至此，并在此扎下了根。英国人1826年将槟榔屿纳入海峡殖民地。由于历史遗迹及人文政治发展轨迹，再加上该地区适宜的气候和良好的公共设施及社会福利，槟榔屿多次被评为亚洲最适合居住的城市之一。此外，由于槟榔屿拥有相当多的英国人及早期华人的古建筑，又保留有相当多的文化古迹，因此在2008年7月7日，被联合国教科文组织列为世界文化遗产。这里有许多有名的古迹，包括具有英国风味的海滩街、英国人建立的城堡等。具有历史纪念意义的建筑有圣乔治教堂、大会堂、钟楼和康华利斯堡等，都是很典型的英国式建筑，已有上百年历史。

槟榔屿是马来西亚唯一华人居多数的州。槟榔屿有许多华人建筑也颇为有名，成为旅游景点，如龙山堂，整座祠堂装潢精美豪华，气派不凡。极乐寺是马来西亚最大的华人寺庙，据说也是东南亚一带最大、最富丽堂皇的佛寺。郑和庙坐落在槟榔屿东南端的小渔村中，庙的附近有巨大的足印，当地人传说这是郑和的足印。横跨几条街的唐人街更是中式建筑的典型，集中了很多华人祠堂、庙宇和各式商店，中国色彩浓厚。另外，槟榔屿还有泰国、缅甸、印度式的庙宇，都各有特色。槟榔屿还有古老的清真寺，以雅哲清真寺和甲必丹武吉清真寺最为有名。这两座清真寺，由来自不同地域的穆斯林修建，建筑风格也不相同，但都充满伊斯兰风味，并且保存完好。槟榔屿古意盎然，街道两旁有许多马来西亚传统别墅及典雅纯朴的商店。槟榔屿还有许多美丽的海滩胜地，此外，还有蝴蝶公园、植物园等。

马六甲 位于马来半岛的西南，坐落在马六甲海峡的中间点位置。其战略地位重要，先后来到马来半岛的殖民统治者，都要到此居留或停歇，然后从这里将势力扩张到马来半岛的其他地方。二战后，马六甲就先后在1946 年并入马来亚联盟及 1948 年成立的马来亚联合邦，最后成为马来西亚的一部分。马六甲城是马六甲州的首府、马来西亚主要港口之一，也是马来西亚现存的历史悠久的古城。马六甲古城曾为 15 世纪初建立的满刺加王国的都城（故称马六甲王朝），也是东西方贸易的枢纽。马六甲在历史上与中国联系密切。明朝时中国同满刺加王国的政治、贸易关系有很大发展。1405 年，明成祖封拜里米苏拉为满刺加国王。1411 ~ 1433 年，拜里米苏拉及其子孙曾多次访问中国。由于处于重要的地理位置，马六甲历来商业十分兴盛，东西方移民聚居于此，语言、宗教、风俗习惯等方面融合了世界多国的特点。

马六甲古城有中世纪的风情、狭窄的街道、别致的建筑以及多元种族文化的社会，仿如一座将历史集中在一起的大型博物馆。城里古迹较多，马六甲博物馆、圣保罗教堂、圣彼得教堂、葡萄牙古城堡、荷兰街、马来西亚缩影村以及纪念郑和到访的三保山、三宝庙和三宝井，还有马六甲河口的升旗山、葡萄牙殖民统治时建的圣地亚哥城堡、荷兰殖民者统治时修建的教堂大钟楼，以及具有中国古典式厅堂、庭院、园林的华人住宅等。郑和七下西洋（1405 ~ 1432）曾五度停留在马六甲，现在三宝山已成为中国以外最大的华人墓地，有许多墓碑是明代遗留的。马六甲博物馆是具有 150 年历史的荷兰式建筑，这座荷兰式红屋有厚厚的砖墙、笨重的硬木门、宽阔的石阶，是曾经的政府所在地，1980 年改为马六甲博物馆，里

面收藏着马六甲各个时期的历史遗物，包括葡萄牙人16世纪以来的服装、荷兰古代兵器和马来人的服饰、手工艺品，以及家具、农具、牛车等，为研究当地的文化和历史提供了宝贵的资料。

此外，峇峇娘惹古迹博物馆和马六甲苏丹皇宫也较为有名。"峇峇娘惹"文化是马六甲的一种独特文化。在马六甲王朝时期，从中国福建一带漂洋过海来的移民，大多为中上层为官的或是家境殷实的商贾人家，到了马六甲之后没有再返回去，而娶了当地的马来女子生下后代，这些后代男的叫"峇峇"，女的叫"娘惹"。也有一部分据说是当年郑和率领庞大的船队五次来马六甲驻节，他的部下中一些人留下来，与当地人通婚生下的后代。他们及其后代，大多是比较有身份地位的人，因此接受了较好的教育，又刻苦耐劳、极富商业头脑，一般事业有成，从而有了19世纪后期和20世纪初期的"峇峇的黄金时代"。马六甲的荷兰街是他们的聚集地，这条街曾是富贵的象征。街两旁都是峇峇家族的豪华宅院，极其精致典雅，目前，马来西亚政府已颁布命令，将这些宅院作为珍贵的文化遗产保护起来。在峇峇娘惹家庭中，讲的是一口流利的马来语，但也掺杂一些福建方言。饮食上兼有华人、马来人、印度人以及以葡萄牙人为主的欧洲人的饮食特点，被称为"娘惹餐"。他们的服饰也具有独特的文化，结合华人和马来人服饰的特点，图案富有南洋气息，做工精细，用料考究。建筑上将欧洲风格引入马来建筑中，并广泛采用古罗马式的圆柱。目前峇峇娘惹的人数不多，大概不到万人，荷兰街上也只剩下十余户人家了。马六甲苏丹王宫全部使用精选的上等木料建筑，而且没有使用一根铁钉，反映了当时高超的建筑艺术。在这座文化博物馆中，陈列有苏丹华贵的服饰，还陈列着当年郑和下西洋来到马六甲时的一些历史文物。

马六甲有丰富的人文、历史和社会资源，成为马来西亚非常具有观光价值的地方，联合国教科文组织在2008年7月7日将其列入世界文化遗产名录。马六甲辉煌的历史遗迹，吸引世界各地的游客纷至沓来，促使州内的旅游业蓬勃发展，同时也带动了商业活动。离城13公里的马六甲港，是重要海港，可停泊万吨海轮。西马出口的橡胶、椰干、棕榈油等商品大都由此运出。马六甲港口工业区建有许多工厂。州政府全面发展轻工业，以吸引国内外的投资者。随着工商业的发展，市区内建有不少现代化的购物中心。农业发展在马六甲不但有着重要的地位，亦是备受注目的行业之一。马六甲手工艺品比较著名，有手杖、藤器和牛角制品等。咸鱼、虾干等为当地风味特产。

怡保 是霹雳州首府，位于该州中部，为马来半岛上的重要城市，距离首都吉隆坡230公里，面积130平方公里，人口约30万，居民以华人为多，其中祖籍广东的人和客家人占多数。怡保是马来西亚的第三大城市。地处吉打河及其支流巴力河东西两岸的冲积平原上，是商业与行政中心，邻近的吉打河谷是世界上产锡最丰富的地区，怡保因而有"锡都"之称。由于四周为山岭所环抱，怡保也被称作"山城"。19世纪末期，华人到此开采锡矿，之后逐渐繁荣。今天怡保仍是华人的聚居地，在唐人街可见到成行成列的华人屋宇，食肆商店林立。市区建筑整齐，街道宽阔，绿树成荫。吉打河将怡保分割成新旧街区，旧街区有政府机关、商业场所、火车站及市政局，新街区为零售商、娱乐业及饮食业的集中地。20世纪80年代初，由于锡业开始衰落，州政府把开采业渐而转向工业、农业、建筑业等经济领域。另外，州政府也渐渐注重渔业、木材业及旅游业等。目前的怡保已逐渐发展成为重要的工商、教育及投资中心，是马来西亚一个发展较快的城市。怡保附近名胜较多，有不少岩洞，市区南面5公里处有著名的"三宝洞"，为著名旅游景点。

新山 又名柔佛巴鲁，系柔佛州首府。新山行政区有100多万人（华人占41%，马来人占45%），是马来西亚的第四大城市。但新山早在1994年就被升格为"城市"（全国共有14个被赋予"城市"地位的城市）。新山位于马来半岛最南端，与新加坡仅有100多米宽的柔佛海峡相隔，为马来西亚南方门户。目前新加坡与马来西亚有两个陆路桥相接，一个是新柔长堤，另一个是新马第二通道。新柔长堤长1056米，宽25.3米，北段448米属于马来西亚，南段608米属于新加坡。这两条通道带动了新山及新加坡的共同发展，甚至带动了两地的整体发展。由于新马两国经济发展有差异，马来西亚消费水平比新加坡低至少三成，不少新加坡人利用假日到新山购物，而新山则向新加坡提供大量的肉、蛋、奶、水果和

饮用水。长堤东侧有巨大的输水管，柔佛布莱山水库的水由这些输水管经新柔长堤输往新加坡，供新加坡居民饮用。长堤中间是铁路，北起泰国，由北至南，贯通泰国、西马来西亚、新加坡，是马来半岛上最重要的铁路。长堤西侧是公路，有 6 条车道，每条宽 3.6 米。

新山是在 1855 年由当时的马来人领袖天猛公达因·易卜拉欣建立的。之后，他的儿子阿布·巴卡在这里建立了一个王国，并于 1866 年在此建都，同时将原名改为"Johor Bahru"。阿布·巴卡成为苏丹之后，积极鼓励英国人与华人的企业到此发展，并提供各种协助，因而逐渐奠定了新山的经济基础。新山盛产橡胶，也是马来半岛南部的橡胶集散中心，商业比较发达。市郊有淡杯、惹兰拉庆等工业区，有电子、纺织、食品罐头、电池、石油化工、机械等工厂。市政府大厦建在山坡上，登上大厦可以观赏到柔佛海峡的风光和新加坡的远景，柔佛州苏丹的王宫也在新山市。

兰卡威　由 104 个岛屿组合而成，统称"浮罗交怡"，遇到涨潮时，只出现 99 个岛，其中最大的一个便是"兰卡威岛"，它在马来古文中的意思是"红褐色的老鹰"。兰卡威位于马来西亚槟榔屿西北 108 公里处，属吉打州，和泰国相邻，位于马六甲海峡和安达曼海之间、马来西亚和泰国交界处，面积共有 460 平方公里，属热带海洋性气候，终年阳光普照，海滩洁净优美，拥有得天独厚的天然资源。浮罗交怡县治也在该岛上，为群岛的经济、交通中心。岛上有航空班机飞往吉打州首府亚罗士打、槟榔屿、吉隆坡等地，轮渡连接附近大陆港口。兰卡威一直维持原始朴实的风貌，岛民仍旧以原始的捕鱼、拾贝、农耕、采橡胶和水稻种植为主要生活方式。岛上有大片森林，出产椰子、稻谷、竹，附近海域盛产鱼虾，大理石也是该岛特产。这个被称为"神话之乡"的岛屿，最吸引人的景致还是它的自然风貌：翠绿的山峰和洁净的沙滩。岛上有许多溶洞，景观奇异。在政府的努力下，兰卡威的旅游经济正快速发展。主要旅游景点有七井岩、丹绒鲁、郭海滨、珍南海滨、中央海浴场、达带及布劳海滨、孕妇湖、巨狮岛野生生物保护区、兰卡威水底世界、兰卡威鳄鱼场、兰卡威鱼笼、巨鹰广场、水上乐园、首相珍藏馆、巴雅岛、传奇公园、手工艺文化综合中心等。马来西亚政府希望将它开发成"槟榔屿第二"。自 1987 年开始，政府发展计划的第一步便是将其开放成为自由港，废止所有赋税，于是豪华度假旅馆、高尔夫球场等设施便如雨后春笋般涌现，而航空业和海运也积极扩展，使兰卡威逐渐成为马来西亚最著名的观光胜地之一。

巴生（Klang，Kelang） 是一个海港城镇，曾是雪兰莪州的首府，也是该州王城，该州苏丹的一所行宫坐落于此。巴生位于西海岸，距离首都吉隆坡37公里，濒临马六甲海峡。市区横跨巴生河两岸，全市分为南北两区，南区商业繁荣，北区为工业区，居民以华族为主，其中以祖籍福建的人居多，所以福建话是当地流行的方言之一。市内街道宽敞。巴生港位于巴生市西南部，距离市中心9公里，是首府的门户。该港是马来西亚的第一大港，西马的木材、棕榈油、橡胶主要由该港出口，而西马从国外进口的钢铁、石油化工产品、肥料、机械设备、农产品等也由该港进口。港口分南北两港及深水锚地，南北港之间约4.8公里的地段为工业区。该港目前已经发展成为现代化港口，已实现装卸现代化，并拥有大型集装箱码头。

关丹（Kuantan） 是彭亨州首府，也是西马东海岸最大的城市，是东海岸门户重镇，位于关丹河口，东临南海，海陆空交通都很发达。与首都吉隆坡有陆路与空路衔接，其中空路往返只需45分钟。人口大约34万。1955年8月27日，彭亨州首府从瓜拉立卑（Kuala Lipis）迁至此地。工业有椰油、轮胎、木材、纺织、电子、机器制造等。2013年2月，关丹产业园启动。工艺美术以贝壳工艺品、木雕较为著名。关丹是西马东海岸的重要贸易港，港口水深13～14米，可停泊万吨级海轮。港区后面有工业区，集中了一些重型机械厂、电视机装配厂、玻璃纤维厂、锯木厂、电子仪器厂等企业。关丹附近的海域，鱼类资源丰富，其生产的干鱼片驰名全国。关丹旅游业兴盛，州内有广阔的热带雨林及山明水秀的大自然景色，如海滩和国家公园。该城的土产以咸鱼最著名，市内有"咸鱼街"。主要观光景点为直落尖不辣海滩（Teluk Cempedak）。其他邻近著名海滩包括黑沙滩（Batu Hitam）、巴洛（Balok）及芝拉汀（Cherating）。关丹华人多以广东话为沟通语言。

哥打基纳巴卢（Kota Kinabalu） 位于加里曼丹岛（婆罗洲）西北

海岸，是沙巴州第一大城市、首府、经济中心和往来的门户，也是全州经济最发达的现代化城市。20 世纪 60 年代后因采伐木材和开采南海大陆架石油而迅速发展为全州最现代化的城市。城市处于南北走向的狭窄海滨平原上，背倚丘陵。有深水港，为铁路、公路和海运的连接点。有国际机场，可供各类飞机起降。城北利卡斯湾为计划中的现代化城市中心所在，称西苏朗区。沿海产橡胶，出口橡胶和木材。有锯木、水产加工、橡胶加工、碾米、面粉、木制品加工、家具、肥皂和塑料用品等制造和加工工业。内地山区的蔬菜、水果、家禽在此集散。哥打基纳巴卢也叫亚庇，市区人口大约有 50 万。若将都会人口都计算在内，总人口有 70 多万。亚庇的华人较多，此外还有马来人和少数民族，主要是达雅克族。亚庇原名"杰森顿"，于 1968 年 9 月 30 日改名为"哥打基纳巴基纳"，这是当地一座"神山"的名字，因此"哥打基纳巴卢"的意思就是"神山之都"。但由于名字长且不好念，当地华人仍称"亚庇"。19 世纪末期，英国人到达婆罗洲后，成立英国北婆罗洲公司，就以当地的一个小渔村"Api Api"为基地，之后，当华人来到后，就以其谐音"亚庇"称之。马来亚独立后，亚庇就成为沙巴的行政中心，目前仍是沙巴的首府。该市于 2000 年升格为"城市"。市内建有许多现代化建筑，其中有 32 层的银灰色圆柱形摩天高楼。同时，建在河边的传统水上房屋仍随处可见。主要旅游景点有州立博物院、州立清真寺、丹容亚路海滨、水上村落以及离岛群等。

山打根（Sandakan） 又译"仙那港"，是沙巴州最大的城市，为沙巴的重要港口，也是东马第一港，可停泊万吨巨轮，也是全国最大木材出口港和渔港。木材、龙虾、燕窝出口量居全国首位。18 世纪初，山打根湾曾是苏禄王国对华贸易的出口港。19 世纪下半叶，英国、西班牙、德国在此争夺，英国占领湾口的布利欣，命名为"埃洛坡拉"，不久改名为"山打根"。1884～1945 年为英属北婆罗洲（沙巴旧名）首府。从 20 世纪初起，市西建巴维角新港，市南建工业区，郊区开辟可可与油棕园，还修建了横贯东西的公路。市内有建于 1887 年的华人庙宇"三圣宫""包公庙"等旅游点。在 2004 年 5 月 18 日被州政府宣布为自然保护地。主要景点有明加邦水上村庄、丹容亚路海滨、仙本那海底旅游中心、西巴丹岛、基纳巴卢国家公园、丹浓谷保护区、波令温泉、古打毛律市集、戈曼东岩洞、西必洛人猿庇护中心、海龟岛屿公园、东姑阿都拉曼公园、弹丸礁等。

古晋（Kuching） 是沙捞越州的首府，东马第一大城市，也是加里曼丹岛上人口最多的城市。据 2010 年人口普查，古晋大约有 61.8 万人。古晋地处沙捞越州的西部、沙捞越河南岸，离海岸约 35 公里，是沙捞越河的出海口。自古以来古晋就是沙捞越最重要的城市，并在 1988 年又升格为"城市"。古晋的行政区包括三个地方自治府，分别是北古晋市政府、南古晋市政府、巴丹望行政区。南北两个古晋正好以沙捞越河为界，北岸地区马来人及少数民族较多，南岸地区则是华人较多。当地有农产品加工厂和锯木厂。东部为新工业区，沿河下游 4 公里处是丹那晋提新港，水深 6 米，可停泊中型船只。沿河两岸的高脚长屋，更是古晋的特色。市内新旧建筑交替，河渠纵横，绿水悠悠，装载橡胶、椰子、胡椒的小船穿梭其间，有"水上之都"之称。手工艺品如木雕、陶器、编织和贝壳装饰等，因带有当地的民族特色，且产品款式不但多样化而且价钱便宜，受到人们欢迎。古晋北郊有面积为 2590 公顷的原始热带雨林巴谷国家公园。郊区有国际机场。

古晋及所属的沙捞越在 19 世纪初被文莱苏丹统治，19 世纪中期沙捞越开始被英国人布鲁克统治。古晋的马来文"kuching"意思是"猫"，因此古晋又被称为"猫城"。1987 年 8 月，古晋曾举办一个有关猫的博览会，此后每年举办，于是"猫城"开始流传。北古晋市政府在 1993 年建立了一个猫博物馆，进一步提高了猫城的知名度。此外，古晋还有几个著名的建筑物——沙捞越博物馆、华人博物馆、拉惹古王宫（the Astana）及很有名的"大伯公庙"。"大伯公庙"由客家人所建，是客家人祭拜土地公的寺庙。沙捞越博物馆是东南亚收藏最好的博物馆之一，陈列有原住民族手工艺品、生产工具、武器以及尼亚洞穴出土的石器时代文物等。

三 主要动植物资源

马来西亚动植物资源丰富，可称之为东南亚的动物王国和植物王国。

就动物而言，马来西亚动物种类繁多，在马来西亚的"三宝"（兰花、蝴蝶、猿）中，动物就占了两个。马来西亚的野生动物种类超过 300 种，哺乳动物 286 种，鸟类 700 多种，爬虫类超过 350 种，两栖类 165 种，仅蜥蜴类就有 80 多种，蛇类 140 多种，鱼类 300 多种，蝴蝶类 2000 多种，此外还有几千种昆虫。马来西亚的动物除常见动物外，还有不少珍稀动物。哺乳动物有白长臂猿、象、虎、豹、狸、马来熊、羚羊、野牛、鹿、豆鹿（马来西亚特有动物）、野猪、黑豹、豺、鹿猫、犀牛、穿山甲、大蝙蝠等。鸟类动物有 700 多种，其中有 40 多种为猎鸟，较著名的有孔雀、鹑、野鸡、犀鸟、咬嘴鸟、九宫鸟、苍鹰、太阳鸟、啄木鸟、鹧鸪、翡翠鸟等。爬行动物以蛇为多，已经发现的蛇有 140 多种，包括热带巨蟒、眼镜蛇、金环蛇、树蛇、蝮蛇、竹叶青等。其他爬行动物有巨蜥、壁虎、海龟、鳖、鳄鱼等。300 多种鱼类分布在马来西亚的内河和沿海，主要海产品有鲭鱼、白鱼、小鳀鱼、宝刀鱼、墨鱼、金枪鱼、海河豚，以及海虾、龙虾等。马来西亚的蝴蝶品种达 2000 种以上，色彩艳丽夺目，不少品种为世界稀有。马来虎是马来西亚的代表性动物，此外还有世所罕见的珍禽异兽，如巨猿、马来貘、长鼻猴、指猴、独角犀牛、豹猫、岩羊等。马来虎是珍贵的动物品种，由于保护得力，严禁偷猎，数量一直比较稳定，仅霹雳州就有 250 多只野生马来虎。霹雳州目前有 15 个森林保护区。近年来，野生马来虎频频伤害居民。野生动物保护局在靠近居民之地设立了 17 个陷阱，捕捉频闯民居的老虎，捕捉到的老虎一般送动物园饲养。马六甲动物园和太平动物园现已有数十只被捕获的野生老虎，它们得到了悉心照料，并最终被放归大自然。

巨猿主要分布在东马的沙巴州，被称为"婆罗洲的野人"。据研究，其 96.4% 的基因与人类相同，天性柔和、胆怯、驯良。在沙巴东岸的山打根附近设有世界上最大的巨猿自然保护区——希皮罗（Sepilok）保护区，占地 4500 公顷，主要是用于收养在伐木区、种植园和非捕猎区离群索居或被母猿抛弃的小猿，以及过去受人捕养的猿，直到能够适应自然环境后才被放回森林。

马来西亚猴类较多，在沙巴州的基纳巴唐岸河流域，还有一种罕见的长鼻猴（Proboscis monkey）。它个体较大，肚子浑圆，身上长着棕红色的毛，红色的脸膛上长着一个香蕉一样长的悬垂的红色大圆肉鼻子，把嘴巴都遮住了，非常有趣。还有一种小巧精灵、令人喜爱的指猴，这种猴子只有拇指般大小，可以把人的手指当树干攀爬，非常珍贵。

马来西亚共有 8 种犀鸟（Hornbill）。犀鸟是世界上个体较大的鸟类之一，喙较长，身体呈黑色，头部有鲜红色羽毛，发出"昂昂"的叫声，身长 1 米多，可以在树丛中展翅飞翔、歇息。这种体形巨大的犀鸟，主要以食用植物的果实和饮露水为生，是世界上的珍稀鸟类。

马来西亚有 2000 多种蝴蝶，是马来西亚的三大国宝之一。最珍贵的当属马来西亚的国蝶——红颈鸟翼蝶，又名翠叶鸟翅凤蝶或翠叶凤蝶。蝶名的由来与蝶的前翅翅面上均匀分布着 7 道绿色斑纹有关。这斑纹酷似树叶，翠绿色，镶嵌在黑色的背景上，看上去就像一只蝴蝶把树叶摘下驮在翅膀上飞翔。它的上翅较长，展翅可达 170 毫米，有些像鸟的翅膀，斜斜向上展开，很有力度感。下翅小而短，缩在下面。脖子上有一圈红色的绒毛，中间躯体较大，眼部只有一个大眼珠。1950 年，世界上最早的蝴蝶邮票在沙捞越发行，邮票上印的蝴蝶就是红颈鸟翼蝶。梦幻公主蝶是马来西亚最迷人的蝴蝶。它是世界上最美丽的蝴蝶之一。它四翅圆宽，有紫蓝色的闪光，如果对着光线，从不同的角度去看，翅面的颜色会由紫变深蓝，再由深蓝变为浅蓝绿色，如梦如幻。此外，马来西亚还有"爱神凤蝶"，也称"琉璃凤蝶"，整个翅面布满绿色微粒，中部两道绿色的光环发散开来，美丽无比。

马来西亚拥有珍稀海龟。全世界原有 30 多种海龟，但许多已绝迹，目前留下来的仅有 7 种，其中有 4 种在马来半岛的彭亨州海岸被发现，分别是杨桃龟、绿海龟、玳瑁海龟、黎德利海龟。杨桃龟又称棱龟（Leather back turtle），因背部形态似杨桃而得名，是全世界最大的一种巨龟，一般体长 2 米，重 600 公斤，最大个体长近 3 米，主食软体海洋生物及藻类，可在水下 1000 多米生活。绿海龟是唯一的素食者，只进食草及藻类，它重达 200 公斤，体长约 1 米，5～7 月经常在陆地上，每次可产蛋约 150 粒。玳瑁海龟，栖息于珊瑚礁石中，由于拥有漂亮的背脊，因此常被人们做成标本，它的

躯体重 50 公斤,身长 85 厘米。黎德利海龟是体积最小的海龟,身体颜色较深,平均体长 20~65 厘米,重 50 公斤,爱吃小虾、螃蟹及软体海洋生物,产蛋季节在 3~6 月,每次可产蛋 100 粒。此外,马来西亚海域辽阔,有众多巨型海洋鱼类。近年来,渔民们曾先后捕获 180 公斤重的石斑王、250 公斤重的燕鱼、300 公斤重的魔鬼鱼、1500 公斤重的鲨鱼等。

植物方面,马来西亚受海洋气候的影响,形成了独特的热带雨林气候,森林资源尤其丰富,大片珍贵的热带雨林使马来西亚成为当今世界上森林覆盖率极高的国家之一。被列为世界 12 个最大的生物多元化的国家之一。据有关数据,截至 2002 年,全国森林覆盖率为 74%,其中天然林覆盖面积约 1954 万公顷,相当于国土总面积的约 60%。有 339 万公顷的土地被划为国家公园和野生动物保护区。马来西亚植物种类繁多,仅各种花草树木就多达 1.5 万余种。

热带雨林占全国面积的 3/4,其树木为常绿阔叶林。在西马,热带雨林分为平地雨林与丘陵雨林。树种主要有龙脑香属、娑罗树属、坡垒属、青梅属、栲属等。热带雨林的山地植物,分布在西马的丘陵地带。在海拔 1000 米的高度开始出现特有的山地森林,主要由多种栎属、栲属、月桂属和长春花属组成。海拔 2000 米以上,森林特征又变成单一树层,由不多的几个树种构成,其中许多是杜鹃花科的石楠灌木林。在海拔 3000 米以上的山地,只有杜鹃花科灌木丛和低矮的草丛及藻类。石楠灌木林只局限于湿润的赤道地区,往往出现在该地区的沙质灰化土上,主要分布在东马的沙捞越和西马的东海岸,石楠灌木林也是常绿的,在西马的彭亨州,灌木林内有丰富的附生植物和藤蔓植物。

季雨林与热带雨林相似,但季雨林每年都落叶,落叶树的多少,根据年降雨量的不同而变化。与热带雨林相比,季雨林的植物种类要少得多。季雨林主要分布在西马的西海岸和东马的沙捞越州。树种有竹类和大叶合欢、多花紫薇等。在河口一带还有大量的红树林,主要有红树属、木榄属、印茄属林木,红树林带宽度由几米到几公里不等。沼泽林在马来西亚也有大量分布,主要有龙脑香属植物。热带花卉在马来西亚的植物资源中占有一定地位。已经知道的兰花类有 800 多种,此外还有龙舌兰、观音竹、长春花、常青藤、热带蕉等众多的观赏花木。

丰富的森林资源为马来西亚带来巨大的经济收入，它是世界上最大的热带木材出口国之一。在马来西亚，给人印象深刻的是一片片种植在连绵起伏山丘上的橡胶园和油棕林，高大茂密，遮天蔽日，绵延无际。橡胶业一直是马来西亚经济重要的支柱产业，由于大面积的橡胶种植，其橡胶产量位居世界第一。森林与木材工业是马来西亚经济命脉的主要组成部分。木材工业是指木材加工生产和利用，其产品包含锯木、板材、板条和木制家具。橡胶木是马来西亚木材家具业的主要原料，在所有出口的木制家具中，约85%是由橡胶木制成的。其他木材有白木、春茶木等。1997年亚洲金融危机后，木材工业在马来西亚经济复苏中扮演着举足轻重的角色。2002年，马来西亚木材与木材产品的出口产值达到40亿美元。木材业出口占马来西亚3545亿林吉特出口总收入的4.3%，其重要性可见一斑。木材工业于2001年还为22.6万人提供了就业机会，占当年就业人口的2.4%。长期以来，马来西亚政府实行可持续发展的森林管理政策，规定其中1445万公顷（约占国土总面积的44%）为永久森林保留地，另外339万公顷为国家公园和野生动物保护区。这些森林得到了立法保护，专门用作生态保护、生产、建设、研究及教育。马来西亚木材的非法采伐一度比较猖獗。政府采取了一系列措施，近年来非法采伐活动有所减少。2007年7月，马来西亚种植与原产业部副部长拿督安尼法·阿曼表示，马来西亚木材非法采伐事件已大量减少，这是由于政府做出了一系列努力，包括制止边境地区木材的非法贸易、提高木材采伐透明度等，马来西亚政府将间接打击非法采伐，同时政府也计划积极推广森林种植计划，以确保木材的稳定供应。为此，政府成立了一个特别机构"森林种植发展私人有限公司"，推动森林种植计划商业化。该机构由马来西亚树胶发展局管理，预计将会在接下来的15年内，种植37.5万公顷贵重树木，以推动木材加工原料的增长。

马来西亚阳光充足、雨量丰富，葱翠墨绿的植物、五彩缤纷的奇花随处可见。热带花卉有生长在原始森林中的莱佛士花，即王莲，盛开时直径达1~2米，色泽红艳，是世界上最大的花，被称为"花王"，又因气味

十分难闻，又称"尸花"，它也是沙巴州的州花。此外，马来西亚还有品种繁多的各色兰花，除人工栽培外，多长在深山密林，清新淡雅，最为珍贵。马来西亚素以种植和出产热带兰著名，每年兰花出口额达3300万欧元。目前，位于实丹角（Serdang）的生物技术中心正在对热带兰的花色进行研究、培育，以便人工得到人们想要的花色。在该生物技术中心，兰花的分子生物学研究是最大研究项目，此外他们还在进行延长花期、改善花形以及提高兰花抗病性方面的研究。

四　绘画、雕塑、锡制品、马来武士剑与建筑艺术

绘画　马来西亚的绘画分传统派和现代派。其中传统派以现实主义为主要绘画风格。二战后，现实主义的绘画作品大量涌现，确立了传统派在马来西亚绘画中的主流地位。由于信奉伊斯兰教，马来西亚绘画禁止描绘人和动物的形象，因此二战前，在马来西亚的绘画作品中没有一幅肖像画。印度人、华人的绘画作品，内容也主要传承印度、中国的绘画传统，很少有反映本土生活的作品。二战后，这一状况才逐渐改变。二战后，马来西亚的绘画风格和手法日趋完备，不但吸收了外国绘画的优点，而且继承了民族文化的优良传统，本土化意识在绘画中得到加强。马来西亚国家美术馆和一些私人的美术馆也经常展出一些本土绘画作品。各类培养美术人才的学校也纷纷建立。马来西亚绘画成就较高的有刘抗、钟四滨、陈宗瑞、穆罕默德·侯赛因、奚金桥等人。穆罕默德擅长人物画，奚金桥擅长蜡染画，蜡染画是马来西亚绘画的一种传统技法，他的绘画能恰到好处地处理物体的明暗关系，熟练地运用色彩变化。华人画家往往喜欢山水画。

雕塑　马来西亚的雕刻艺术源远流长，在马来西亚出土的"东山文化"式的铜鼓上，就雕刻着头戴羽毛和鹿角的人头像。有的铜鼓上还雕有日月星辰、帆船、树木、动物等。一些生活、生产用具上也雕刻着人物、动物、植物。古代马来西亚的雕塑深受印度文化的影响，在马来西亚出土的7世纪的"鱼肠剑"，剑身呈波浪形，剑柄雕刻有印度神话中的神雕、神猴、恶鬼等。在吉打发现的一座4～10世纪建成的小乘佛教与印度教的庙宇中，也有佛像、莲花等雕塑作品。马来西亚现代雕塑艺术融合了

西方的雕塑艺术风格，形式更加多样，较有名的有木刻艺术、金属雕刻艺术等。其中，用锡和合金锡制造的雪兰莪锡雕制品闻名于世，富有现代特色和国际流行风格。铜雕工艺有匕首、刀剑、香炉、盘碟等。

锡制品 马来西亚锡制品是世人公认的品牌产品。马来西亚锡器光泽炫目，柔滑如丝绸，更见其功底的是它上面雕刻的图案，古香古色、纹理细腻、色彩典雅，呈现出马来西亚民族文化艺术的精美。在马来西亚的锡制品中，工艺最好的是皇家雪兰莪公司（Royal Selangor）的锡制品。皇家雪兰莪是锡器精品的代表，其所生产的锡器不仅有日常的生活用品，更多的产品已成为设计精巧的艺术品，行销到20多个国家，因此来吉隆坡，皇家雪兰莪锡器展示馆就成为一个不得不参观的景点。皇家雪兰莪公司创立于1885年，拥有超过600名精工名匠，是世界最大锡器厂之一。

马来武士剑（Keris） 武士剑形如波浪，它是世界三大名刃之一（另外两种是伊斯兰诸族的大马士革平面花纹刃、日本平面碎段复体暗光花纹刃）。马来武士剑兴盛于13世纪，其工艺精美绝伦，做工极为精细，有的剑上利用糙面刃纹，刻着惟妙惟肖的花、鸟、兽等浮雕造型，极为精致巧妙，剑柄与剑鞘以象牙、金银镶嵌，硬木制作。

建筑艺术 受地理环境和历史传统的影响，马来西亚的建筑极富民族特色。古代的马来西亚建筑极少用砖石，现存的古建筑大多是一些面积不大的木结构建筑，建筑年代距今也仅有一二百年。近代以来，外国移民来到马来西亚，带来各种各具特色的建筑风格和艺术。目前，马来西亚城市的建筑趋于多元化，综合风格的建筑越来越多。马来西亚现存的15世纪以前的古建筑，只有一些4~15世纪的石寺、石墓，这类古建筑带有印度教的风格。但古代印度建筑风格随着伊斯兰教传入马来西亚，其影响迅速消失。15世纪以来，马来西亚传统的民族建筑发展迅猛，王公贵族建造了大量木结构的宫殿、宅第。15世纪中叶，马六甲王朝建造了富丽堂皇的木结构宫殿，其中综合了泰国及其他一些国家的建筑风格。传统建筑艺术主宰了马来西亚建筑艺术400多年，但由于木结构建筑容易被侵蚀或遭受火灾等破坏，保存至今的寥寥无几。现存最古老的木结构建筑是19

世纪 60 年代建造的森美兰首府芙蓉的宫殿。这些多层的木结构房屋建在低平的平地上，房顶有飞檐。宫殿建筑用的木板上雕刻着各种花纹。马来西亚普通民居也多是木结构的，既有一家一户的家庭式住房，也有几家合住的长房。在城里，普通的马来西亚人家居住排屋的占多数。所谓排屋，就是连成排的建筑，这种影响大概源于马来人的长屋文化。排屋不高，一般是 1~3 层，大多数是一户连着一户。也有的排屋是半独立或完全独立的，虽然也成排，但邻里之间有庭院相隔。不论是哪种样式的排屋，各家各户都是独立的，各自拥有一个小庭院。许多富裕人家选择仹花园洋房，地段多在山清水秀之处，幽雅清静，装修富丽堂皇。马来西亚的建筑多是色彩鲜艳，设计美观，风格多样，很少有千篇一律的。民居普遍有百叶窗，这样既可以透气，又避免别人看见窗户里面。一般民居比较简单，有的房屋顶上盖着树枝、棕榈叶，有的盖上铁皮，有的少数民族住房更加简单。

马来西亚现代城市建筑融合了东西方建筑风格。独立以后，随着马来西亚经济的发展，一大批高层建筑在吉隆坡等城市出现，它们主要是用钢筋混凝土建成的。有代表性的建筑有吉隆坡莫迪卡体育场、吉隆坡国际机场、马来西亚国家图书馆、国家清真寺、马来亚大学、国会大厦、沙捞越首府古晋的基督教堂、雪兰莪首府沙阿兰综合体育场。

马来西亚国会大厦，坐落在一片生机盎然的绿树红花中，其入口处的 M 形门栏尤其引人注目。这是一个舒展自如的 M 形白色门栏，横跨道路两侧，M 形中间的最低点极为巧妙地自然分出出口和入口。这个门的造型，犹如一只展翅翱翔的鸿雁，象征着马来西亚人民锐意进取、奋发图强的精神和决心。

中央车站有十几个直指蓝天的尖塔，这幢洁白的建筑建于 1910 年，设计师把伊斯兰教式建筑与摩尔式建筑风格水乳交融地糅合在一起，外形酷似国王的宫殿。与中央车站咫尺相望的是建于 1965 年的马来西亚国家清真寺。这幢白色的大理石建筑坐落于花园中，有着一尘不染的光洁与清爽，可容纳 8000 人同时祈祷。最特别的是建筑的顶部，被设计成一把巨大的蓝色雨伞，似乎在为虔诚祈祷的穆斯林遮风挡雨。在中央车站以东不远处，可以见到被椰林掩映的老清真寺。这是吉隆坡最漂亮的清真寺，建于 1909 年，处于巴生河与康坝河交汇处，是很纯粹的阿拉伯风格。它那廊柱、圆顶、尖塔错落有致，浑然一体，整个建筑由红白相间的砖墙砌成，在周围绿色的树木和明亮的蓝天映衬下，越发美轮美奂。

第二章

历　史

马来西亚历史悠久，但有关马来西亚古代历史的文字史料并不多。据相关资料记载，早在纪元初，在今天的马来西亚国土上就出现了"羯荼"、"狼牙修"、丹丹等大大小小的古国。7世纪后，马来半岛先后被苏门答腊的室利佛逝、满者伯夷等古国统治。到了15世纪初，马六甲王朝崛起，并统一了马来半岛的大部分，是雄居东南亚的强国之一，直至16世纪早期。16世纪以来，西班牙、葡萄牙、荷兰等殖民者侵入，占领了马六甲沿岸的一些要地。18世纪末，英国殖民者先后侵占了槟榔屿、马六甲和新加坡，并建立了马来联邦和马来属邦，马来亚沦为英国的殖民地。第二次世界大战中，日本人占领了马来亚全部领土以及沙巴和沙捞越。日本投降后，英国重新统治马来亚，并强迫新加坡与马来亚分离。1957年8月31日，马来亚联合邦在英联邦内宣布独立。1963年9月16日，马来亚联合邦吸纳新加坡、沙捞越、沙巴，组建马来西亚。但因政治、经济和族群纠纷，新加坡于1965年8月9日宣布退出马来西亚，并独立建国。

第一节　英国殖民前的马来亚

一　史前时期的马来半岛

早在远古时代，马来半岛就有原始人类生存、栖息。史前时期，马来半岛最主要的居民是尼格利陀人。这种人身材矮小，皮肤黄褐色，头发卷

65

曲。他们大约在 40000 年前来到马来半岛。整个史前时期，马来半岛经历了四个时期，即旧石器时代、中石器时代、新石器时代和金属时代。

大约在 35000 年前，马来半岛进入旧石器时代。当时的居民主要居住在石灰岩山洞内，使用的工具是非常粗劣的石块砸制工具，用于切割食物、捕猎和防卫。在如今马来西亚的霹雳州、沙巴州和沙捞越州曾发现了旧石器时代的遗迹。其中，较为出名的有霹雳的淡边（Tampan）文化和沙捞越州的尼亚洞（Gua Niah）文化。据学界考证，淡边文化遗迹发现的石器主要是砾石打制的尖状器、砍砸器和刮削器，一般为石片制成。

大约在 11000 年前，马来半岛进入中石器时代。这一时期，海水上涨吞没了陆地。当地的居民大多居住在河边，主要靠捕鱼为生。在如今的吉兰丹州、彭亨州、沙巴州、沙捞越州、吉打州以及雪兰莪州都发现了中石器时代的人类遗迹。著名的尼格利陀人（小黑人）和塞诺伊人就是马来半岛上中石器遗迹的代表。但在当时的东南亚地区，最为有名的中石器时代遗迹在越南的和平省，即和平文化。

大约在 5000 年前，马来半岛进入新石器时代。这一时期的居民已经会将石制工具磨得精致锋利，主要的工具有石剪、石斧、石锤等。同时，他们也学会了制作陶器，并开始饲养牲畜和耕种；有的人离开洞穴沿着河边建造简陋的木屋居住；有的人会利用石头做简单的装饰品，如手环等；还有的人会制作船只，并利用船只做简单的贸易，贸易的货物包括鱼、贝壳等。新石器时期的历史遗迹同样是在如今的吉兰丹州、彭亨州、沙巴州、沙捞越州、吉打州以及雪兰莪州被发现。其中，雪兰莪州的珍德拉木·西里（Jenderam Hilir）和吉打州的古阿·哥帕（Guar Kepah）是当时比较出名的贸易中心。据学者们的考证，马来半岛上的新石器以磨光而锐利的方角石锛及绳纹陶和几何陶为主。石器的分布循江河流播，有柄槽的两面对称石斧和不对称的磨制石锛、石平凿则散见于马来半岛各地。其中，较为有名的石器有在彭亨州双溪立卑发现的石锛，以及同样是在彭亨州淡柏林（Tembeling）发现的"单马令刀"。至于陶器，吉兰丹州的茶洞（Gua Cha）遗迹是重要的新石器遗迹。这里的陶器有豆、碗、钵、罐等，有些陶器属于陪葬品。一些学者认为，马来半岛发现的新石器与中国大陆东南沿海的新石器时代遗物有密切的关系。

大约在 2500 年前，随着青铜器和铁器的传入，马来半岛进入了金属时代，也称铜铁时代。这时的居民学会了制作铜器和铜制工具，生产力有较大发展，开始组成部落并逐渐定居下来。这一时期，居民已经离开了石灰岩洞，居住在开阔地或是河岸边，从事的生产活动包括挖掘、砍树、捕鱼、畜牧、贸易、采矿。比较出名的历史遗迹主要在彭亨州、雪兰莪州、柔佛州、登嘉楼州等地。马来半岛铜铁文化的一大特点是所发现的历史遗迹铜铁并存，且相对于中南半岛的铜铁文化而言，出现的时间相对较晚。《剑桥东南亚史》认为，这一地区的红铜器、青铜器和铁器大约出现在公元前 500 年和公元前 200 年间。此外，学界一般认为，马来半岛的青铜器是从中国华南地区与中南半岛传入的。如在雪兰莪州的巴生附近发现的三口铜钟就被认为是公元前 2 世纪初西汉的作品。在青铜器文化中，铜鼓较为有名。马来西亚曾在彭亨州的单马令河畔、雪兰莪州巴生河的支流罗扫河附近、甘榜双溪郎以及登嘉楼州的瓜拉登嘉楼发现了 6 具铜鼓。这些铜鼓在形制、纹饰和化学成分上与越南的东山文化相似。

值得注意的是，在包括马来半岛在内的东南亚诸多地区，与铜铁文化并行的还有巨石文化。巨石文化的主要特征是单个或成群的石柱（立石）、桌石、石地坛及各类型的石棺、石瓮、石墓及石像。在马来半岛，巨石文化的遗迹主要是立石、石阵和石墓。据我国学者的考证，马六甲地区曾发现巨大的直立独石群，当地人称之为"活石"。他们认为这些石头能够生长。石阵则是在吉兰丹州境内发现的，当地人主要用之于祭祀祖先。在霹雳州、登嘉楼州以及森美兰州都发现了石墓。其中，在森美兰州的乌当河畔发现了花岗岩雕刻的立石群及伊斯兰教古墓，马来人称之为"乌当河圣迹"。考古学家认为立石群代表了男性性器官。新加坡学者认为，这是祖先崇拜和生殖崇拜的信仰。

二 早期的马来王朝

历史上，马来半岛并没有形成统一的国家，而是在不同地区形成了众多古国。据马来西亚专家的考证，最早的马来王朝并不是出现在马来半岛，而是在中南半岛，即中南半岛上的扶南国（位于今天柬埔寨）。扶南国之后的另一个马来王朝是中南半岛上的占婆。马来半岛上较早出现的马来人王朝是今天的吉兰丹国，当时称 Ho Lo Tan 王国。而据中国史书《汉书》记载，马来半岛较早的古国是"都元国"和"谌离国"。都元国是一个港口国家，位于今天登嘉楼的龙运，谌离国则是当时东西方贸易的一个中心。公元初，马来半岛的北部地区出现一个叫"羯荼"的重要国家，位于今天的吉打州，曾经繁荣一时，因其位于古代印度和中国的通道中途，本地又盛产樟脑、檀香、金和锡等，所以成为当时重要的国际贸易中心。羯荼国深受印度文化影响。印度人传入了水稻生产技术，还带来了印度教和佛教及其政治制度。羯荼古国存在了几个世纪，至公元 9 世纪为吉陀取代。

约公元 2 世纪，在马来半岛的东北部（今天的吉打至泰国北大年一带）还出现了另一个深受印度文化影响的国家"狼牙修"，它也是一个贸易中心。2~5 世纪，狼牙修被扶南国征服。6 世纪扶南国衰落后，狼牙修重新强盛起来，并一直延续至 16 世纪初。据有关史籍记载，公元 2 世纪后，马来半岛还陆续出现了丹丹、盘盘、皮宗、班斗、拘利、蒲罗中等古国。公元 5 世纪时，古代吉打王国（Kataha）是马来半岛上的重要国家。这个国家有两个中心，一个在金河村（Kampung Sungai Emas），另一个在布秧码头（Pangkalan Bujang）。公元 695 年，古代吉打王国被室利佛逝击败。到 7~8 世纪时，马来半岛上较为重要的古国尚有吉兰丹（位于今吉兰丹）、登牙侬（位于今登嘉楼）、蓬丰（位于今彭亨）、戎与乌丁礁林（位于今柔佛）、淡马锡（位于今新加坡）等，这些古国均主要受印度文化影响，经济大多以农业和贸易为主。7 世纪左右，苏门答腊岛上最强大的马来王朝是室利佛逝国（Srivijaya），其鼎盛时期领土包括苏门答腊岛、马来半岛、婆罗洲、爪哇岛、泰国南部和锡兰岛，是一个繁荣的商业贸易帝国。1377 年，室利佛逝国被另一个马来王朝满者伯夷国（Majapahit）击败。满者伯夷在 1293~1478 年统治了马来群岛的绝大部分地区，成为一个强大的海上商业帝国。后来因爆发内战，满者伯夷最终衰败下来。此后，取而代之的是马六甲王国。

　　马六甲王国是马来西亚乃至东南亚近代史上最重要的王国。有关马六甲王国的建立经过，有多种说法。其中影响较大的说法有两种。第一种说法出自《马来纪年》。据此书记载，14世纪末，苏门答腊的满者伯夷王国派兵攻陷淡马锡王国，淡马锡国王拜里米苏拉仓皇北逃，渡过柔佛海峡，于1400年到达位于今马六甲城的一个小渔村，在这里建立起马六甲王国，他成为第一个国王。"马六甲"这个名称据说是拜里米苏拉到达渔村时靠着休息的一棵树的名称。第二种说法认为，拜里米苏拉是苏门答腊室利佛逝的一个王子，参加反抗满者伯夷的暴动，失败后逃到当时被暹罗控制的淡马锡，得到庇护。不久，他杀死暹罗官员自立为王。暹罗派出军队捕杀他，拜里米苏拉于是外逃到马六甲另建王国。马六甲王国自建立至1511年被葡萄牙侵占一共存在了111年，对当今马来西亚的政治、经济、社会及宗教文化影响深远。

　　马六甲王国由苏丹（信仰伊斯兰教后改称国王为苏丹）统治，有一套相对完备的统治体制。自1400年建国（有关马六甲建国时间说法不一）的拜里米苏拉算起，马六甲共经历了9任苏丹。苏丹之下有一个最高理事会（相当于今天的内阁）负责管理王国事务，最高理事会之下有大小官员56名。其中，最重要的官员是宰相和三位大臣。宰相（Bendahara）管理国家的内外政务，战时统领军队；军务和司法大臣"天猛公"（Tumenggung），负责训练军队和维持治安，同时兼掌礼部，当使者觐见国王时负责主持礼节仪式；财政和交通大臣"奔呼卢"（Bunghulu），主管税务和国家财政收支。此外，还设有水师统帅以管理海军。苏丹穆哈默德·沙在任期间（1424～1444）颁布了一系列宫廷法规，包括国王的起居、祈祷、接见、授勋等，有些制度和法规一直沿用至今。为了巩固王朝的统治和增加收入，穆哈默德·沙还颁布了严厉的法律，规定穿黄衣侵犯王权者、不敬王而崇敬他人者、违反或反对王命者皆处死。又如，人死后未留下遗嘱的财产要全部归公，留有遗嘱的财产则一半归公。在苏丹马赫默德·沙执政期间（1488～1511），马六甲王国编纂了《马六甲法典》，以规范穆斯林的行为。此法典对东南亚的伊斯兰世界产生了巨大影响。

　　正是由于完善的政治和法律体制保障，马六甲王国在军事、文化、外

交、经济活动中取得重要发展。军事方面，15 世纪中叶，在著名政治家、军事家和外交家敦霹雳担任宰相期间（1445～1498），马六甲于 1446 年、1456 年两次击败暹罗的来犯，后又于 1456 年、1458 年两次遣使暹罗修复关系，达成互不侵犯协定。在五世国王苏丹曼苏·沙统治时期，马六甲凭借其强大的国力，连年用兵，以武力征服了马六甲海峡沿岸各国，其疆域和势力范围几乎包括整个马来半岛和苏门答腊，成为东南亚最强大的国家之一，进入鼎盛时期。马来半岛上的彭亨、登嘉楼以及苏门答腊岛上的一些小王国前来朝贡，定期贡纳黄金。

　　文化方面，随着马六甲疆域和势力范围的扩张，伊斯兰教也随之传播到王国统治和影响所及地区，马六甲因此成为东南亚伊斯兰教的传播中心。到了 15 世纪中叶，伊斯兰教成为马六甲的国教，国王改称苏丹。伊斯兰教成为马六甲主要宗教的原因有二。一是随着伊斯兰教在印度的传播和穆斯林商人掌握了与印尼的贸易，伊斯兰教向东南亚的传播成为大势所趋。许多臣服于满者伯夷的小国都以伊斯兰教作为反抗印度教—佛教中央政权斗争的强大精神武器。拜里米苏拉改信伊斯兰教也有借此反抗暹罗佛教王朝的含义。二是马六甲国王认识到伊斯兰教是一个有很大潜在价值的政治工具，把伊斯兰教奉为国教，就使得马六甲王国得以被纳入拥有强大同盟者和扩张热情的"伊斯兰教统一体"，这既有利于增强马六甲王国的内聚力，也能带来政治上的好处和经济上的利益。

　　外交方面，马六甲王国与中国明朝建立了密切的关系。1403 年，马六甲国王热情接待来访的明朝使节。1405 年，马六甲遣使访问北京，被中国皇帝封为马六甲国王。1411 年，为了表示感谢，马六甲国王拜里米苏拉亲率妻臣 500 多人前往中国，成为中马关系史上的一件盛事。此后，马六甲历代继任国王几乎都朝贡明朝，直至灭国。明朝三宝太监郑和曾率领船队 7 次下西洋，有 5 次在马六甲停留。1409 年郑和访问马六甲后，中国和马六甲王国之间官方往来不断，政治、外交和经贸关系都很友好。随着马六甲王国经济的发展和外交上的成功，它很快就不再向暹罗纳贡，并发展成为雄踞东南亚的强国。

　　经济方面，在 9 任苏丹的治理下，马六甲从一个不为人知、海盗频繁出没的小渔村发展成一个国际化的港口城市和东南亚的贸易中心，并继承了室利佛逝一度掌握的商业权力。在马六甲王国兴起前，从马鲁古群岛前往印度的香料贸易航道是由马鲁古群岛至东爪哇，然后再到印度。马六甲王国兴起后，船只离开东爪哇，在继续前往印度之前就必须驶入马六甲港口，因为马六甲王国要求通过马六甲海峡的一切船舶在其港口停泊和索取通行证，这样来自东西方的货物就可以在这里进行交易。当时，印度人、阿拉伯人、波斯人、中国人、菲律宾人、暹罗人等，纷纷前来此地交易，交易的物品有布、茶、锡、金、香料等。郑和下西洋时曾在马六甲设立商馆，给马六甲的贸易带来了极大商机。海上千船竞渡，港口船帆林立，街上各种肤色和不同穿戴的外国人摩肩接踵，是马六甲繁荣景象的写照。据说当时商人们交流的语言就有80多种。一个曾于1512年到过马六甲的葡萄牙史学家在其撰写的一本书中写道："在我的记忆中，世界上再也没有任何地方能展现如此繁华及昌盛的景象。"

随着贸易规模的扩大，马六甲逐步建立了较为健全的港口贸易制度。首先是流通锡和金制造的通货，并实行一种公认的度量衡制。其次是设立4个港务官专司港口。其中最重要的一个港务官管理来自印度古吉拉特的商人；其余三个港务官管理来自孟加拉、苏门答腊、爪哇、婆罗洲、菲律宾、泰国、越南、阿拉伯、欧洲和中国的商人。而其他港口通常只需一个港务官就可以管理所有入港船只，可见当时马六甲港口贸易的规模之大。港务官有一个极其重要的权力，就是决定和征收商人的港税。按当时规定，西方来的商船要按其货价缴纳6%的税，土著及东方来的商船则缴纳3%的税或者免税。此外，商人往往还要向港务官及有关官员和国王赠送礼品、货物。因此，马六甲的苏丹贵族和各级官员均因港口贸易的繁荣而致富。此外，马六甲王国也发展了农业，农民向政府缴纳微薄的田赋。

马六甲王国虽然繁荣发展，但终究难逃内讧亡国的厄运。1488年，第八世苏丹马赫默德·沙（一世）继位后，统治集团的内部矛盾日益尖锐，导致了马六甲国力走向衰弱。尽管后来王国又征服了北大年和吉打，王国的版图进一步扩大，但对外扩张的胜利不但没能缓和王国内部的冲突和矛盾，反而使其更趋激化。1510年，虽然苏丹马赫默德·沙（一世）

成功地诛灭了专横跋扈的总理，但仍无法扭转岌岌可危的国势，因为一个更强大而危险的对手葡萄牙殖民者已经来到了马六甲王国的面前。1511年8月25日，在葡萄牙军舰的炮火攻击下，持续一个世纪的马六甲王国终于灭亡。

马六甲王国灭亡后，苏丹马赫默德·沙（一世）先后逃往彭亨和柔佛，其长子穆扎法尔·沙被派往霹雳州出任苏丹，建立了霹雳王朝；次子拉惹·阿里则建立柔佛王国，成为柔佛王国的苏丹。从此，马六甲王朝的世系开始在柔佛和霹雳得以延续。柔佛王国成为继马六甲王国之后马来半岛上最强大的一个马来王国，与亚齐及葡属马六甲王朝展开了百年的三角战争，最终随着亚齐的衰落，柔佛王国实现了25年（1641～1666）的和平繁荣期。1666年后，柔佛与占卑进行了长达20年的战争，此后柔佛王室内讧。1699年，年幼的苏丹马赫默德·沙（二世）被刺杀，阿卜杜勒·贾利勒成为新的柔佛苏丹。至此，马六甲王朝的世袭在柔佛持续了近200年后宣告终结，而其在霹雳的世系得以延续。

三 葡萄牙与荷兰殖民时期的马来亚

葡萄牙人占领马六甲后，在城里烧杀抢掠。后来，为保护在马六甲海峡的商业利益，葡萄牙殖民者将毁坏的伊斯兰教堂拆除，推倒苏丹马赫默德·沙的木结构宫殿，修筑城堡和天主教堂，驻扎军队，并强迫民众皈依基督教，鼓励葡萄牙人与当地妇女通婚。在葡萄牙统治的最初60年内，城堡的长官就是统治马六甲的最高长官。1571年，葡萄牙殖民者才正式任命马六甲的长官，即总督。总督同大法官、市长、主教等人组成的市政委员会负责处理行政事务，主将等人协助处理军务。主将是海陆军的最高指挥。马六甲有500～600人的军队和一两艘装备齐全的军舰。葡萄牙人也委任一些当地人参与政事。在经济方面，葡萄牙人对来港商船征收6%的税，港口贸易依然相当繁荣。后来进港税增加到10%，对一些船只甚至征收20%。由于葡萄牙人实行刁难英国商人和穆斯林商人的贸易政策，迫使他们裹足不前，加上政府官员贪污腐化，马六甲逐渐衰落。在16世纪后期，其东南亚国际贸易中心地位被苏门答腊的新兴强国亚齐取代。葡萄牙统治马六甲的主要目的是在东南亚建立一个贸易基地，而非扩张领土，因此葡萄牙人虽然在马六甲统治百余年（1511～1641），但未深入马六甲内地，保留了马六甲的传统经济和社会结构，以及传统政治生活方式，如华人首领甲必丹这样的官职得以沿用。

16 世纪末，葡萄牙的海军力量开始走下坡路，其他新崛起的欧洲国家纷纷转向远东，荷兰就是其中具有较强竞争力的国家之一。由荷兰政府支持的荷兰东印度公司于 1602 年成立后，便开始策划占领马六甲。荷兰人允许伊斯兰教存在，因此获得了柔佛和亚齐两国的支持与配合。在多次进攻马六甲失败后，1630 年荷兰军队从海上对马六甲封锁长达 10 年之久。1640 年荷兰军队联合柔佛和亚齐的军队，向马六甲发起猛攻，并于 1641 年占领马六甲，结束了葡萄牙长达 130 年的统治。

荷兰人统治马六甲期间，同样采取高垄断、高额收费和刁难异教徒的贸易政策，对马六甲海峡的商船实行管制，不准印度穆斯林商人进入马六甲港口。而当地人从事贸易必须申领许可证，港口税从 10% 上升到 20%。相比葡萄牙人，荷兰人更关注在马来半岛的商业利益，其对马来半岛社会文化的影响非常小。1642 年，荷兰与柔佛签订了条约，允许柔佛苏丹和贵族与邻近邦国开展自由贸易，并且免除其在马六甲港口的税收。1650 年，荷兰东印度公司与亚齐签署条约，分享霹雳州的锡矿专利权，并在霹雳河口建立商站。尽管荷兰在柔佛、亚齐的贸易活动如火如荼，但其与柔佛、亚齐的关系也颇为微妙。起初，荷兰支持柔佛，但后来与柔佛关系恶化，并进行了长时期的战争。在与柔佛的战争中，荷兰未能取得决定性胜利，这使得荷兰对马来半岛的政治统治未扩展到马六甲以外的地区。荷兰殖民者通过强令征收农民税负，以加强殖民统治，但招致当地人民反抗。与此同时，荷兰的贸易保护主义政策也日渐不得人心。1744 年，荷兰人将港口税降低到 6%，力争挽回颓势，但于事无补。1787 年，荷兰被武吉斯人赶出了雪兰莪。1786 年，英国占领槟榔屿，1795 年又占领了马六甲。此后，英国取代荷兰殖民马来半岛，荷兰退出历史舞台。

第二节　英国殖民时期的马来亚

一　英国确立殖民统治

早在16世纪末，英国人为在马六甲海峡沿岸寻找和建立贸易基地，就曾与葡萄牙人发生过多次冲突，后来被迫转移到印度和印尼等地。为了开辟商品市场，控制对华贸易通道，并在英法战争中建立海军基地，18世纪后期，英国殖民者来到马来半岛的槟榔屿。1785年，英国东印度公司委派莱特与吉打苏丹谈判在吉打海岸建立港口事宜。莱特口头上答应每年向吉打支付3万元西班牙币，提供吉打对抗暹罗所需的军事援助，骗取苏丹割让其管辖的槟榔屿。1786年8月，莱特率英军正式占领槟榔屿，并改名为"威尔士亲王岛"，莱特本人为第一任总督。英国由此夺得了侵占马来半岛的第一个桥头堡，揭开了入侵马来亚的序幕。

吉打苏丹之所以答应出让槟榔屿，是为了取得援助以维护独立，但在1787年1月，英属印度政府决定不履行承诺，吉打苏丹感到非常气愤。1790年，苏丹曾试图用武力收回槟榔屿，但被英军击败。英国人乘机逼迫苏丹签署第一个不平等条约，规定英国人每年只向吉打苏丹支付6000元西班牙币，作为占领槟榔屿的费用，给予吉打军事援助的许诺则被取消。1800年，英国人再次逼迫吉打苏丹签订第二个不平等条约，以每年支付4000元西班牙币的微薄代价，强行夺得吉打海岸的一片土地，取名"威斯利省"。由于实行不征收进口税的自由贸易政策和居者可开垦土地的政策，几年间，这个几乎无人居住的岛屿，便发展到万人以上，贸易和农业也有了很大的发展。

为了在槟榔屿以南多建一个殖民地，以更有效地控制马来半岛的商业，1819年，原槟榔屿总督手下的职员、当时英国东印度公司驻印尼明古连的总督莱佛士，登上柔佛王国管辖下的一座没有开发的荒岛，即现在的新加坡。1819年1月30日，莱佛士与柔佛天猛公签约，英方以每年支付3000元西班牙币的条件，在新加坡建立商站。1819年2月6日，莱佛士与柔佛、彭亨及廖内群岛最后一个苏丹的儿子东姑·朗签约。东姑·朗同意英国东印度公司占领新加坡，英方则每年支付其 5000 元西班牙币，并承认他是柔佛苏丹。至此，新加坡成为英国的殖民地。新加坡优越的地理位置和殖民者实施的自由贸易政策，使其开埠后迅速发展并日趋繁荣。1819 年新加坡只有 150 多人，到 1824 年已经超过万人，1860 年则多达 6 万多人。原本无贸易活动的新加坡，1820 年的贸易额已经超过马六甲。1823 年英国人将行政中心从槟榔屿移到新加坡后，新加坡的对外贸易迅速增长。1825 年，贸易额为 261 万英镑，超过马六甲和槟榔屿的 30 万余英镑和 100 万余英镑。到 1864 年，新加坡的贸易额已达 1325 万余英镑，新加坡成为英国向东方进行掠夺的重要基地。

在占领槟榔屿和新加坡后，英国人谋划将马六甲纳入其殖民版图。马六甲及苏门答腊原为荷兰控制。英法战争期间，荷兰作为英国的盟国受到法国的进攻。为防止法军占领殖民地，荷兰要求各海外殖民地将政权移交英国。据此，英军于 1795～1818 年曾占领马六甲。1824 年英荷签订《伦敦协定》，重新划分势力范围，荷兰把马六甲让给英国，同意不再在马来半岛建立殖民地；英国则把苏门答腊划归荷兰，答应不再在新加坡以南的其他岛屿建立殖民地。两国于 1824 年签署协定之后，英国人就以马来半岛为其殖民地的统治中心，而荷兰就以印尼地区为其殖民地的统治中心。从此，英国正式占领马六甲。

1826 年英国将槟榔屿、马六甲及新加坡纳入统治范围，组建"海峡殖民地"。1830～1851 年，海峡殖民地由孟加拉总督管辖，之后由印度大总督管辖，1867 年转由英国殖民部管辖，海峡殖民地成为英国皇家殖民地。因此可以说，槟榔屿、马六甲、新加坡在 1867 年以前是次殖民地，在 1867 年之后才成为直接的殖民地。英国人之所以能够顺利地统治海峡殖民地的三个地区，主要是这些地方都以华人居多，大多是来自中国南方的移民，并未形成政治组织和团体，而马来人又无法管理这些华人移民。也正是因为如此，英国对海峡殖民地实行直接统治，废除了传统的政治结构，设立了由总督掌握最高行政权力，另有行政会议和立法会议的殖民地。海峡殖民地的建立奠定了英国在远东的霸权。英国政府的霸权开始只

对针对贸易，对马来半岛内地各邦采取不干涉政策。但随着资本主义工业的迅速发展，对原料和市场需求增大，英国资本家对马来半岛丰富矿产资源的兴趣日渐浓厚。加之欧洲列强纷纷向远东扩张，法、德、俄等国都企图乘虚而入，因此，在1870年以后，英国对马来半岛内地各邦转而采取了积极干预的政策，并逐渐介入当地的事务。

马来半岛中部地区有4个州经常发生华人与马来人的纠纷，大多与土地及开发经济资源有关。马来人为平息与华人的纠纷，向英国人求助，因而就让英国人协助负责处理这4个州的事务，这4个州即彭亨、雪兰莪、霹雳及森美兰。1874年1月，海峡殖民地总督克拉克以平息霹雳地区私会党矿场之争和统治集团内部的王位之争为借口，与侨领和各邦酋长在霹雳州邦咯岛订立条约，即著名的《邦咯条约》（The Pangkor Treaty）。条约规定，霹雳为英国保护国，英国政府向霹雳苏丹宫廷派出驻扎官，苏丹除了马来人的宗教与风俗以外，所有问题都需听取驻扎官的意见，税务征收支配也要由驻扎官调整节制。这个条约的实质就是赋予英国人扩张其殖民统治的权力。从此，霹雳沦为英国的保护国，英政府控制了马来半岛最大的锡矿产区。与此同时，苏丹宫廷和马来人对英国殖民者的干涉进行了猛烈的反抗，并于1875年杀死了霹雳首任英国驻扎官伯奇，但反抗运动遭到英军的血腥镇压。同在1874年，雪兰莪也被迫签订与《邦咯条约》类似的条约，接受英国的保护。此后，彭亨与森美兰两邦也分别于1884年和1895年接受英国的保护。1896年7月1日，英国人将以上4个州组建成"马来联邦"，成为英国的保护管辖地，一直到1946年英国人筹组"马来亚联盟"为止。当地华人将这4个州称为"四州府"。

根据英国与马来苏丹的协定，这4个州在名义上都由世袭的苏丹统治，负责管理马来人宗教及社会事务，实际上英国却另外派任驻区总驻扎官（1911年后改称首席部长），总揽所有事务，但主要是负责外交及国防事务，以及其他非马来人（华人及印度人）的事务。不过若有需要，也可以介入马来人事务，各州的苏丹要听从其指挥。这4个州虽有议会，但是不能自行立法，所有立法都由驻区总驻扎官决定，再由各州议会批准，英国人在这4个州的统治方式，大致属于直接统治与间接统治的混合，因此可以称之为"混合统治"。英国人之所以可以顺利地介入"四州府"的事务，主要是凭借坚船利炮，因为当时马来人和华人都没有先进的武器。而英国人拥有的新式武器，就成为其扩张殖民地版图的最有效工具。

英国人在取得"四州府"的统治权之后，进而取得了"五州府"的治理权，这些州包括玻璃市、吉打、吉兰丹、登嘉楼及柔佛。1909 年，英国政府通过《曼谷条约》从暹罗手中取得对半岛北部四邦吉打、吉兰丹、玻璃市和登嘉楼的宗主权，后又与它们分别签订保护条约。1914 年，马来半岛最后一个独立的土邦柔佛王国也被迫与英政府签订条约，成为英国的保护国。以上诸邦不久便组成"马来属邦"。至此，英国占领马来亚全境。因此，英国人虽然在 1786 年就开始统治"海峡殖民地"，但是直到 1914 年才完成控制马来半岛。英国人在这 5 个以马来人居多的州，维持旧有的马来苏丹的统治方式，英国政府仅派"顾问"担任名义上的首脑，这就是所谓的"间接统治"。

英国殖民政府将马来亚分成三个行政区进行统治。（1）海峡殖民地。属皇家殖民地，由英国殖民大臣指定的总督在行政、立法两个会议的协助下进行统治。行政会议包括财政司、律政司等高级官员，以及数名非官方成员。立法会议除高级官员外，还包括 13 名非官方议员，其中 2 名由商会选出。新加坡、槟榔屿和马六甲三地分别设辅政司，在市政委员会的协助下进行统治。（2）马来联邦。是英国政府的保护国，设总驻扎官，向海峡殖民地总督负责。在初期，英国人在马来联邦各邦设立州务会议，讨论宗教和马来人风俗问题，苏丹的权力受到削弱。后来为了缓和与苏丹的矛盾，1909 年，英国又设联邦会议，苏丹和英国驻扎官以及商人代表共同讨论财政立法等事宜，但苏丹没有决定权和否决权。1927 年联邦会议改组，由官方议员 13 人、非官方议员 11 人组成，苏丹不再参加。由于马来苏丹的抗议和反对，塞西尔·金文泰在任海峡殖民地总督（1926 ~ 1934）时，下放了部分财政权和立法权给以苏丹为主席的州务会议，各州苏丹的权力地位才有所回升。（3）马来属邦。是英国政府的保护国，归海峡殖民地总督管辖。马来属邦的施政也要听从英国驻扎官的意见，但

苏丹的自治权相对比较大。属邦没有统一的立法会议，只在各邦设立以苏丹为首的州务会议。虽然英国在马来亚设立了各种形式、不同级别的立法会议，但殖民地总督和各级驻扎官对殖民地和保护国的重大问题，始终拥有绝对的决定权。英国的分区统治制度使马来亚长期处于分裂状态。

在英国统治期间，马来半岛的居民以马来人为主体，但沿海港口也有一些异邦国王、客商。19世纪以来，随着马来亚外贸业、锡矿业和橡胶业的迅速发展，以及对大批劳工的迫切需求，外来移民迅速增加，马来亚逐渐发展成为以马来人、华人、印度人三大民族为主的多元种族地区。据统计，1938年，马来亚总人口为523万多，其中马来人近220万，华人近220万，印度人74万多。

为了取得马来封建贵族的合作，调和各民族之间的关系，英国殖民政府曾与马来各邦苏丹签署协定，除了英国殖民者设立的各级立法会议和派出驻扎官之外，各马来土邦苏丹可以保持自己的宫廷结构，并直接统治辖区的马来人。殖民政府承认马来人是当地主人，承认和维护马来人在政治、经济和文化等方面的特权。政治上主要由马来人担任政府各级公务员；经济上规定非马来人不得占领马来人的保留地；在文化教育上则拨款建立了许多马来学校。殖民政府还通过各种舆论工具宣传马来人优先的观念，不仅软化了马来人的反抗情绪，还致使广大马来人，尤其是上层人物和知识分子，一直认为自己是马来亚当然的主人，理应享有比其他民族更多的特权，并把本族经济落后归咎于其他民族。这种思想对马来西亚后来的民族关系发展产生了非常大的影响。对于华人，英国殖民统治者最初设立甲必丹（头人）制度，由华人领袖担任甲必丹，管理华人事务。后来正式成立华民护卫司署，专司华人事务。经济上让华人当矿工、小业主及中间商，在中下层工商业中自由发展。对印度人，殖民政府主要通过其移民机构进行管理，经济上让印度人担任各个橡胶园的胶工。这种统治手法的结果是长期把华人、印度人与当地马来人隔绝，使马来亚三大民族极少来往，各自保留独特的经济领域、文化倾向和社会生活，华侨社会和印侨社会还因此长期保留其移民性质，与殖民政府分而治之政策和多元种族社会结构相适应。

英国的殖民统治引发了当地民众的不满，20 世纪初，马来亚掀起了反对殖民主义的斗争，但到第二次世界大战前，马来亚的政治运动具有明显的分散性、种族性和外向性。1904～1926 年，受埃及和土耳其改革运动的影响，马来人兴起了宗教改革运动。从 1926 年起，新加坡的马来人开始注意当地马来人经济落后的社会问题，在海峡殖民地率先成立了维护马来人经济地位的"马来人协会"。1937 年以后，在马来亚涌现了不少马来人协会，都以抵制华人、印度人的影响，保护马来人政治经济权益为目的。在印尼民族主义的影响下，曾有一些激进的马来人建立激进组织——马来亚青年联盟，抨击英国殖民统治，提出马来人与印尼人联合建立独立国家的主张，但追随者不多。华人的政治运动主要是围绕中国的政治运动展开的。受中国的政治运动影响，1906 年同盟会在新加坡等地建立支部，组织声援中国的辛亥革命。1912 年后，中国国民党在马来亚活动，主要是建立华文学校。中国共产党原来与国民党在马来支部共同活动。1927 年建立南洋共产党，1930 年正式建立马来亚共产党，先后组织过多次大罢工。1937 年中国抗日战争爆发后，华人各派组织投入到如火如荼的抗日救亡运动中。1938 年 10 月，南洋各国 45 埠 100 多名代表云集新加坡，成立了南洋华侨最高救亡领导机构——南洋华侨筹赈祖国难民总会（简称"南侨总会"），马来亚遂成为东南亚华人华侨抗日救亡的中心。战前也有些华人议员在立法会议争取华人的政治经济权益，但人数少、力量弱、影响不大。印度人的政治运动影响相对微弱，在印度民族主义影响下，曾成立一些小型协会，以维护印度人的经济利益，1941 年才出现较大的罢工和骚动，以致军警和罢工工人在雪兰莪发生冲突，当局宣布实行紧急状态。但是，上述三大民族的政治运动，其主要矛头都没有对准英帝国主义。直到太平洋战争爆发前夕，英国在马来亚的殖民统治基本上是比较巩固的。

二　日本的短暂占领

1941 年底，日本袭击珍珠港，此后便对英属马来亚发起进攻。当时，日军有 3 个师，兵力约 5 万人。马来亚的英国守军约 6 万人，加上后援 4

万多人，总兵力达 10 万人左右。战争前夕，英国的两艘主力舰"威尔士亲王号"和"击退号"也开抵新加坡。但由于武器装备相对落后、准备不足，1941 年 12 月 8 日，日军发动攻势后，英国守军溃败。日军第五师团和近卫师团在泰国的宋卡和北大年登陆后直插泰马边境，向玻璃市和吉打逼近；第十八师从吉兰丹的哥打巴鲁登陆，占领哥打巴鲁机场，沿东海岸直奔柔佛。12 月 10 日，英国的两艘主力舰未发一炮即被击沉。此后，仅一个月时间，日本占领了槟榔屿、怡保、吉隆坡、马六甲、新山等重要城镇。1942 年 1 月 30 日，马来半岛全部沦陷。2 月 8 日，日军强渡柔佛海峡，进攻新加坡。英国守军进行顽强抵抗，当时"华侨抗日动员总会"和政府也组织了 1000 多人的"华人义勇军"参与战斗。2 月 15 日，新加坡的英国守军投降，日军占领了马来亚全境。

日军侵入马来亚后，对当地人民烧杀抢掠，无恶不作，加上歹徒助纣为虐，社会秩序极为混乱，马来亚进入历史上最黑暗的时期。同时，日军在新加坡设立军部，并任命昭南特别市（新加坡）市长以及马来亚 10 州知事管理各地事务，但最高权力掌握在军政部长手中。1942 年 3 月，日本关闭驻新加坡的总领事馆，在新加坡派驻日本人任市长进行管辖，并把马来亚分为 8 个省，任命日本人为行政官。在整个马来亚，日本建立了军政监部，并宣布将新、马并入日本。

为了掠夺战略物资，控制马来亚的经济，日军采取了诸多措施。一是在各地进行"大验证"，将居民集中起来，逐个甄别，认为是抗日分子的就枪杀，被害者达数万人。二是推行安居证和连坐制度，并成立警务局，建立庞大的警察队伍，防范和镇压人民的反抗。三是加紧灌输"大东亚共荣圈"思想，重开各种小学，推广学习日语运动。四是对马来亚的锡矿、橡胶园、港口等主要经济部门实施垄断，导致橡胶和锡矿的产量大幅下降，市场上的商品奇缺、物价上涨。

同时，日军宣布承认马来亚各州苏丹的特殊地位，招募马来人为各级官员和警察，成立各种马来人的社会宗教组织。日军也积极促进印度人的反英民族主义，释放被俘虏的印度军人，倡导建立印度独立联盟、印度民族军和自由印度政府，但同时又征集印度人修筑泰缅公路，死者无数。日军始终把华人看作敌人，不仅横征暴敛，血腥镇压，而且还有意挑拨马华两大民族的关系，专门用马来人警察部队镇压以华侨为主的抗日部队，并散布华侨掠夺马来人财富等言论，致使两大民族矛盾越来越尖锐。

日本对马来亚的统治时间不长，却对战后马来亚的政治发展产生了极其重要的影响。其一是反英情绪高涨。一方面是英军战败威望扫地，"英国人不可战胜"的神话迅速破灭。另一方面，日军投降前夕，许诺使马来亚在"大印尼"内独立，激起了马来亚人民极大的反英情绪和民族独立意识，使战后英国企图恢复和加强殖民统治的努力遭到挫败，民族运动形成高潮。同时在抗日的武装斗争过程中，马来亚的民众在抗日武装的动员下组织起来，开展对日斗争，涌现出各民族和政治集团自己的政治领袖和政治组织，为战后争取独立的斗争做了必要的准备。其二是民族矛盾激化。由于日本军政府故意挑拨马华两大民族的关系，散布"华人掠夺马来人财富"的言论，并专门用以马来人为主的警察部队镇压以华侨为主的抗日部队，为战后民族矛盾的激化埋下隐患。其三是政治意识提高，华人政治力量壮大。战后各类华人政治组织不断出现，并且非常活跃，马来亚共产党领导的以华人为主的马来亚人民抗日军是战后初期一股重要的政治力量。

日军的暴行和黑暗统治引起马来亚人民的激烈反抗。最初反抗日军的是马来亚共产党和新加坡沦陷前夕被解散的"华侨义勇军"。他们开始组成零星的游击队，后来在马来亚共产党领导下联合组成"马来亚抗日人民军"，共8个支队，人数多达7000人，分别在雪兰莪、森美兰、北柔佛、南柔佛、霹雳、西彭亨、东彭亨和吉打等地活动。后来，他们与潜入马来亚的英军"136部队"建立了联系，定期得到各种武器弹药和其他物资援助，战斗力增强。马来亚人民抗日军与日军作战300多次，击毙打伤敌人官兵6000多人，有力地打击了日本侵略者，是马来亚抗日战争的主力。到1945年日本投降时，马来亚人民抗日军已成为一支强大的军事力量，马来亚共产党也成为当时最大的政党。参加抗日斗争的还有中英两国联合组建的"136部队"，以及"136部队"在霹雳北部募集的一支被称为"皇家马家军"的马来人游击队，但人数不多。此外，还有一些中国

国民党的武装以及自发组建的队伍。不少老百姓也自发地抵制日军的统治，如拒绝送小孩到校学日语，拒绝替日本人工作，为抗日军队提供情报和粮食等。

三　英国重返马来亚与马来亚的独立

第二次世界大战结束后，英国人虽迅速地再次取得马来半岛及沙巴、沙捞越的统治权，但当地人民的民族主义兴起，要求独立的呼声相当强烈。这是二战之后国际上的普遍现象。英国人为了回应当地人的要求，就在 1946 年成立"马来亚联盟"（Malay Union，此前也译作"马来亚联邦"），将马来半岛的各州全部纳入，新加坡除外。但"马来亚联盟"计划随即遭到马来人的反对，因为英国人不仅没有赋予马来人统治地位，而且赋予华人和印度人合法的公民权。马来人认为自己是原住民，又有苏丹统治的传统文化和历史，在经济上却处于弱势地位。而华人在经济上处于优势，又有公民权，马来人因此担心被华人统治，不断向英国人抗议。英国人顺应马来人的要求，在 1948 年 2 月将"马来亚联盟"改组成立了"马来亚联合邦"（Persekutuan Tanah Melayu），明确马来苏丹统治的自主权，以及保障马来人权益的特别条款。但是"马来亚联合邦"受英国人保护，马来人虽然争取到较多权益，但仍未获得独立，因此，当地的马来人和华人继续争取独立。马来亚共产党也反对"马来亚联合邦"，他们主要的政治诉求是推翻帝国主义及华人应获得平等的权益。

1. 马来亚联盟计划

1945 年 8 月 15 日，日本宣布投降。同日，盟军宣布在马来亚建立军政统治。10 月 10 日，英国政府在国会透露了对马来亚的战后政策，即"马来亚联盟计划"。随后，英国派使团奔赴马来亚，强迫各州苏丹签约放弃权力。1946 年 1 月 22 日，英方正式公布《马来亚和新加坡关于未来的宪法的声明》。这个文件的封面为白色，又称为"白皮书"。在这个文件中，英国正式提出了"马来亚联盟计划"，其主要内容有三个方面。一是新加坡与马来亚分离，新加坡成为单独的英国皇家殖民地，其余地区包括原马来联邦、马来属邦和槟榔屿、马六甲等地合并组成中央集权的

"马来亚联盟"，以总督为最高行政官员，下设行政和立法两个议会，各州设州议会。二是"马来亚联盟"的公民权将授予所有在联邦境内或在新加坡出生的人，以及居住了 20 年的移民。今后的外来移民只要居留 5 年后就可获得公民资格。这些公民享有完全平等的权利，包括可进入行政机关服务的权利，且不受种族或信仰歧视。三是各邦的苏丹除保留王位外，将战前的一切地方统治权移交英国政府。在总督管理下，苏丹主要负责主持处理宗教事务的各邦的协商委员会工作。

英国殖民当局推行这一计划的目的，就是企图将战前间接的保护国马来亚变成直接统治的殖民地，以加强对当地的统治。而新加坡与马来亚分离，既是为把新加坡建成英国在远东的中心殖民地，又可割断新加坡共产党对马来亚的影响和新马之间的相互支援，还可保持马来人在马来亚联盟中对华人的人口比例优势，继续推行"分而治之"政策。

2. 马来亚联合邦成立

"马来亚联盟"计划很快遭到普遍反对，但有关各方反对这一计划的态度是不一样的。马来亚共产党及其他政党和群众组织强烈要求民族独立，反对恢复殖民统治，反对新加坡分离。苏丹和贵族领导的大部分马来人代表本民族的利益，反对剥夺苏丹的权力和给予非马来人平等的公民权。印度人则批评该计划没有立即提供一些自治措施，以及将新加坡排除在外。其中，马来人的反抗最激烈，遂掀起第一次民族运动高潮。1945年 12 月，马来亚爆发了第一次万人抗议示威，各地成立了马来人协会。1946 年 3 月 1 日，各地的马来人协会领袖聚集吉隆坡，宣布苏丹被迫签订的协定无效。同年 4 月 1 日，即"马来亚联盟"成立之日，马来人发起全面的"不合作运动"，抵制马来亚联盟计划，包括拒绝出席成立典礼、撤走各级协商委员会的马来人成员、拒绝缴纳地税、警察辞职和暴力袭击英国人等。面对马来人的第一次反抗浪潮，英国殖民者被迫让步。1946 年 5 月 11 日，马来民族统一机构（巫统）成立。经过英国政府代表、苏丹和巫统领导人多次协商，决定以"马来亚联合邦"取代原来的"马来亚联盟"。

1946 年 7 月 25 日，英国宣布成立一个由 6 名英国官员和 6 名苏丹

与巫统的代表组成的工作委员会，负责起草新的计划。当年 12 月 23 日，英国当局同各地苏丹经过多次密商并对白皮书做了修改后，抛出"马来亚政制建议书"。这个文件封面是蓝色的，被称为"蓝皮书"。"蓝皮书"与"白皮书"的区别在于：以"马来亚联合邦"代替原来的"马来亚联盟"。马来亚联合邦仍然实行马来亚与新加坡的分离，但由高级专员取代总督。在联合邦中恢复了苏丹被剥夺的权力，在中央除行政、立法议会外，增设苏丹议会，规定苏丹是各州名义上的首长，任州行政议会主席，允许苏丹宫廷统治继续存在。承认马来人的特权，提高了取得马来亚公民资格的条件，规定自动获得公民资格的人除马来人之外，还有在联合邦境内出生的第二代印度人和英籍华裔，其他人要获得公民权需住满 15 年以及符合语言等有关条件。这使非马来人要获得公民权不仅条件更为苛刻，而且取消了原来的出生地原则。显然，英国政府是通过损害非马来人公民权利来获得马来人的政治妥协。这也是巫统成立后获得的第一次巨大政治胜利，巫统由此赢得了广大马来人的信赖和支持，成为马来人当然的政治代表，并自此长期得到马来人的倾力支持。这也成为巫统长期在马来西亚政坛占据权威地位的保证，也是以巫统为首的执政联盟"国民阵线"数十年在马来西亚执政并组建强势政府的保证。

"蓝皮书"公布后，除封建苏丹和大资产阶级表示拥护外，新加坡和马来亚的各族人民均表示坚决反对。"马来亚联合邦"酝酿期间，马来人激进派和华人反对派都进行了强烈的抵制，并成立"全马联合行动委员会"，华人商会还于 1947 年 10 月发起罢市活动，但均无济于事。1947 年 12 月初，英国国会不顾新加坡和马来亚人民的反对，通过了"马来亚联合邦法案"。1948 年 1 月，英国总督和各州苏丹在《马来亚联合邦协定》上签字，同时英国总督分别和各州苏丹签订州协定。1948 年 2 月 1 日，"马来亚联合邦"正式成立。由英王委派的原总督改任高级专员，同时任联合邦行政议会和立法议会的主席。实际上，由英国人独掌大权的马来亚殖民地性质并未改变，苏丹宫廷统治继续存在。

3. "剿共"战争及其影响

战后，马来亚共产党及其领导的民族独立运动一直是英国殖民统治的严重威胁，为了削弱马共的力量，殖民政府不久就解散了马来亚人民抗日军和马共在各地建立的行政机构，袭击马共机关并逮捕马共成员，还颁布了种种限制马共开展工人运动的法令。为了全面扼杀民主力量，1948 年 6 月，英国殖民政府借口 3 名欧洲种植园主被杀，宣布实行紧急状态，自此开始了持续达 12 年之久的"剿共"战争。

紧急状态实施后，马共及其外围组织被宣布为非法，其他政党及群众组织慑于形势，也纷纷停止活动或陆续宣布解散。马来亚的政治运动从此一蹶不振。殖民政府原以为两周内就可以把共产党及其领导的武装力量消灭掉，但紧急状态直到殖民者最后从马来亚撤走也没有结束。战争的继续给殖民政府的人力、财力造成很大的压力，特别是占人口几乎一半的华人对政府的反共持漠视的态度，居住在森林边缘的"垦民"对共产党给予支持，为他们提供情报、物资和兵员，使马共在 1948～1949 年获得很大的发展。

从 1949 年起，殖民政府开始采取一系列措施，争取华人的支持和削弱马共的力量。殖民当局一方面通过推行"移民新村"运动，即迫使居住在森林边缘的居民搬迁到特别划定的地点，集中建立了 600 多个新村，以断绝马共游击队的经济来源和与群众的联系，当时被迫搬迁的共有 60 多万人。另一方面，支持华人成立政党和倡导种族协调，以寻求华人的支持和马华两族关系的改善。1949 年 2 月，以陈祯禄为首的马华公会成立。马华公会成立之初，以集资安置新村居民和争取华人平等公民权为主要任务，后来发展成为马来西亚重要的政治力量。1949 年 1 月，殖民政府还倡导成立了马华亲善委员会，后又扩大为社群联络委员会。

殖民当局拉拢华人、争取华人支持的政策对马来人政治组织也产生了影响。在殖民当局争取华人的压力下，巫统创始人及主席拿督·翁也提出了应当吸收非马来人加入巫统的建议，但引起巫统部分党员的不满，他们退出巫统，另建伊斯兰党。拿督·翁本人也于 1951 年 9 月退出巫统，另建独立党。巫统主席一职转由东姑·拉赫曼担任。

从白皮书到蓝皮书,马来亚各族人民形成了带有强烈民族性的政治组织,并在这些政治组织带领下掀起民族运动高潮,迫使殖民当局做出妥协和让步。这种变化发展,标志着殖民统治的丧钟已经敲响,争取独立的斗争揭开了序幕。

4. 马来亚独立

1951年4月,马来亚联合邦改组了行政部门,实施部长制和议会制。高级专员任立法议会议长,并任命11名政府部长。其中前巫统主席拿督·翁等5人分别担任内政、教育等部门的部长。他们是非官方部长,只向高级专员负责。1951年12月至1952年2月,殖民当局在联合邦的3个市和19个大镇举行地方一级的立法议会选举。地方选举也受到英国人的严密控制。因此,这些选举措施对促进民族自治的作用十分有限。但选举毕竟活跃了马来亚的政治,并促使巫统和马华公会组成联盟。

在地方选举竞选过程中,以拿督·翁为主席的独立党呼声最高。由东姑·拉赫曼任主席的巫统则因拿督·翁分裂出去而衰落。马华公会因其影响局限在华人社团,也明显处于下风。在这种形势下,为反对拿督·翁的独立党,巫统、马华公会的地方支部在1952年2月的吉隆坡选举中暂时结盟竞选,在选举中获得12席中的9席,压倒呼声最高的独立党,取得意想不到的胜利。这样,两党在其他地区选举中也实行结盟并获成功。不久,巫统和马华公会正式组成联盟,以一个强有力的政治力量登上马来亚政治舞台。这使拥有20万~30万会员的马华公会正式卷入马来亚政治运动,并使衰落的巫统重新兴旺壮大。随着1954年12月印度人国大党加入联盟,马华印联盟党正式成立。

马华印联盟党的成立,使极力阻碍马来亚独立的英国殖民政府突然面临一个强大的政治对手。从此,马来亚各派政治力量重新组合,民族独立运动日趋高涨。举行联合邦立法会议选举的问题开始提上了议事日程。经过马来亚人民的不懈努力和斗争,殖民政府于1955年7月举行联合邦立法会议选举。在这次普选中,联盟党获得52个选举席位中的51席,加上规定经多数党同意而由高级专员指派的5席,以及在指定议员中的联盟成员,联盟党在立法会议中占了绝对优势,成为联合邦的执政党。1955年8

月 4 日，联盟党作为执政党组成新政府，享有自治权。联盟党领袖、巫统主席东姑·拉赫曼出任马来亚联合邦首席部长兼内政部长，但英国人控制着马来亚联合邦的实权。此时的马来亚联合邦还不是一个独立的国家。尽管如此，自治政府的成立毕竟是马来亚迈向独立之路的一个里程碑。

新政府成立不久，执政联盟提出两年内独立的主张。1955 年 12 月至 1957 年 5 月，以东姑·拉赫曼为首的联合邦政府代表团多次前往伦敦，同英国政府谈判独立、独立后的制宪以及马来亚与英国关系等问题。1956 年 3 月 6 日，迫于全世界不可逆转的非殖民地化潮流，英国政府同意马来亚联合邦于 1957 年 8 月 31 日在英联邦内独立，双方为此签订了一项包括国防、财政、公务员马来化及制定宪法等问题的协定。由于马来人和华人两大族群已经存在政治、经济及教育文化上的差异，为了确保各自的利益及权益，英国就协调两大族群制定共同可以接受的宪法，如此就可以独立自治。随后，双方指派一个宪法委员会负责草拟马来亚独立后的新宪法。新宪法的起草工作由英国、澳大利亚、印度和巴基斯坦的有关专家组成的委员会负责。该委员会于 1956 年 6～10 月开展工作，形成了宪法草案，经过一些修正之后，马来亚立法机关采纳了这一草案。1957 年 5 月下旬，马来亚与英国就《马来亚联合邦宪法》的内容与形式等问题达成原则协议，然后开始宪法草案的通过程序。首先是分别在各州苏丹议会和联合邦行政议会上通过了宪法草案。然后，联合邦立法议会于 1957 年 7 月 11 日通过宪法草案。经由英国国会上下两院先后通过之后，《马来亚联合邦宪法》的制定程序方告结束。

1957 年 8 月 27 日正式公布了新宪法，该宪法于 1957 年 8 月 31 日马来亚联合邦独立后开始生效。宪法规定，联合邦为议会制君主立宪制国家，由选举产生的联合邦最高元首作为国家政治、军事和宗教的最高领袖。最高元首由"统治者议会"（相当于苏丹议会）从 9 个州的苏丹中根据资历挑选，任期 5 年，不得连任。最高元首应按内阁的意见行事，同时还应保障马来人的特殊地位。由众议院和参议院组成国会，由众议院多数党领袖出任总理，组织政府。参议院设 38 名议员，其中 22 人由 11 个邦的议会选举产生，另外 16 人由最高元首任命。参议员任期 6 年，每 3 年

有半数离任。众议院由各个选区选出的 100 名议员组成，其权力类似英国的下议院。司法系统由 1 名首席法官和最高法院、经议会确认的各级法院组成。最高法院的权力包括解释宪法和处理州与州之间的争端。各州首脑是苏丹或州元首（槟榔屿、马六甲、沙巴、沙捞越），各州的行政长官由州务大臣或首席部长担任，两次大选间隔不得超过 5 年。宪法还规定伊斯兰教为国教，马来语为国语。1957 年 8 月 31 日，马来亚联合邦正式独立，结束了英国 100 多年的殖民统治，马来亚人民揭开了历史发展的新篇章。这时，马来西亚全国人口是 627.88 万，其中马来人为 312.55 万，华人 233.38 万，印度人 69.62 万，分别占人口总数的 49.78%、37.17% 和 11%。

第三节 组建马来西亚

当"马来亚联合邦"在马来半岛获得独立之际，英国人仍然统治着新加坡、文莱、沙巴及沙捞越地区，而这些地区大多具有相似的族群结构和背景，具有合并的客观条件。尤其是 1948 年 2 月"马来亚联合邦"的成立使新加坡与马来亚分离，这成为该地区长期存在的问题。1957 年 8 月马来亚联合邦独立，马来亚人民重新掌握了决定自己命运的权利，也为实现新马合并创造了条件。当时，新马合并是两地许多政治家的愿望。马来亚首任总理东姑·拉赫曼在 1961 年就起了一个念头，即将马来亚联合邦与新加坡、沙巴、沙捞越和文莱（后三者位于加里曼丹）联合起来，共同筹组建立"马来西亚联邦"。1961 年 5 月 27 日，拉赫曼总理在新加坡外国记者协会的宴会上称，马来亚联合邦是个小国，不能永久地、单独地处于经济上孤立的状态，而与英国的其他殖民地——新加坡、沙巴、沙捞越和文莱合并，将扩大和巩固其经济基础。实际上，拉赫曼主张建立马来西亚联邦，不乏共同对付共产党、减少新加坡独立后华人在马来半岛影响力扩大的意图。但拉赫曼的设想提出后，并未获得积极回应，甚至出现不少反对的声音。

新加坡支持加入马来西亚联邦。自从 1948 年与马来亚分离后，新加坡基本维持原有政治结构，单独成为英国的直辖殖民地，最高执政者为英王委任的总督。1951 年，新加坡设市，市政委员改由选举产生的市参议员组成，民选议员也逐步增加。1953 年英国政府任命由乔治·雷德尔主持的委员会创定新的宪法草案。该委员会草拟的宪法于 1955 年实施。"雷德尔宪制"的要点是：设立由 32 名议员组成的立法议会，其中 25 名议员由选举产生；成立民选政府，原来的行政议会改为部长会议，由 3 名对总督负责的当然部长（Ex Officio Member）和 6 名对立法议会负责的部长组成，部长会议主席由英国总督担任，首席部长由多数党或党派联盟的领袖担任，当然部长负责财政、外交、国防和治安。此新宪制没有改变英国殖民统治的性质。1955 年的选举产生了由劳工阵线领导人戴维·马歇尔为首席部长的政府。1956 年，因在与英国政府谈判新加坡自治要求时，双方未能就安全问题达成一致，马歇尔辞职。他的继任人林有福于 1957 年与英国在安全问题上达成协议，于是新加坡实施了一部新宪法，此宪法同意新加坡自治。依据新宪法，1959 年 5 月新加坡举行选举，李光耀领导的新加坡人民行动党获得议会 51 个议席中的 13 席，成立了以李光耀为总理的新政府，新加坡自治邦宣布自治，但仍是英国殖民地和英联邦的成员。李光耀及其支持者很快意识到新加坡的经济与地理特征所赋予的任务，需要重新与马来亚合并。因为当时新加坡的转口贸易在减少，人口却在增加，新加坡需要外来投资，并依靠英国海军和港口服务业的收入支撑经济发展。此外，刚刚执政的李光耀也深受左派压力，若能借助更大的力量打击内部左派分子，也是可行政策。因此，李光耀积极响应东姑·拉赫曼的提议。然而，李光耀的人民行动党在是否加入马来西亚联邦的问题上产生了分裂。反对者在立法议会中对政府提出了挑战，他们认为新加坡若加入马来西亚联邦，将失去自主性，而且华人的权益将不保，会成为马来亚的附庸，主张婆罗洲（今加里曼丹）独立后再合并。有人干脆反对合并，有些地方甚至出现暴乱和反抗。李光耀在 12 天的议会辩论中获胜。1961 年 9 月，新加坡就是否加入马来西亚联邦举行了公民投票，结果 71% 的选民投了赞成票。

沙巴、沙捞越和文莱苏丹国对建立马来西亚联邦的态度比较复杂。沙

巴和沙捞越原属文莱苏丹国，历史悠久。1839 年，英国殖民者詹姆斯·布鲁克来到沙捞越，并在第二年参与镇压发生在沙捞越地区的反对文莱苏丹的暴动。暴动平息后，布鲁克迫使文莱苏丹封他为沙捞越统治者。不久，沙捞越脱离文莱独立。1886 年，英国为对抗法国和德国在东南亚的强有力竞争，决定把沙捞越和北婆罗洲（沙巴）置于英国保护之下。文莱苏丹国虽不断受西方殖民者蚕食和打压，领土范围不断缩小，但一直存在。1888 年，英国迫使文莱苏丹签订了保护条约，文莱也步沙巴、沙捞越后尘，成为英国的保护国。1941 年 12 月，日军占领了沙巴、沙捞越和文莱地区。二战后，英国殖民者恢复了殖民统治。1946 年 7 月，英国政府宣布沙捞越和沙巴同为英国直辖殖民地，设总督进行殖民统治，对文莱苏丹国则实行委派高级专员的保护国殖民统治。当建立马来西亚联邦的计划提出时，沙捞越、沙巴和文莱虽然仍是英国的殖民地，但都在 50 年代先后开始了向民选自治政体过渡的发展阶段。由于意识到自己在政治和经济等方面的落后，婆罗洲人对加入马来西亚犹豫不决。沙巴致力于恢复经济，既没有政党，也没有选举制度，仍处于家长式的统治之下，直到1961 年，官方委员仍控制着行政和立法机构。沙捞越则直到 1959 年 12月才举行首次普选，在议会的 45 名议员中有 24 名由殖民政府指定，而非直接选举产生。文莱苏丹则在 1958～1959 年才得到英国殖民当局移交的行政权。1959 年文莱颁布宪法，规定立法会议的 33 名议员中有 16 名由选举产生，这 16 个议席全被阿扎哈里领导的人民党获得，成为文莱议会中的第一大党。虽然文莱苏丹赞成加入马来西亚，但阿扎哈里领导的人民党坚决反对。由于上述原因，在 1961 年 7 月召开的婆罗洲政治领导人第一次会议（亚庇会议，也称哥打基那巴卢会议）上，马来西亚计划被宣布为"完全不能接受"。亚庇会议后不久，英联邦议员协会又召开了马来亚—婆罗洲小组会议，婆罗洲领导人的对抗情绪开始缓和，经过说服，他们同意组织一个旨在从各个方面审查马来西亚计划的"马来西亚团结协商委员会"，但文莱只派观察员参加。

1961 年 8 月，东姑·拉赫曼与李光耀达成原则协议，为马来亚政府与英政府之间的协商开辟道路。经协商，各方组织了一个英马委员会，对婆罗洲人是否愿意加入马来西亚进行调研。1962 年初，经过在沙捞越和沙巴两个月的巡视后，该委员会提交了一份报告，一致赞成沙巴、沙捞越加入马来西亚，但主张有 7 年的过渡期。马来亚方面却主张事不宜迟。此后，在伦敦再度进行讨论时，马来亚方面的意见取得胜利。1962 年 7 月 31 日，东姑·拉赫曼和英国政府签订协定，规定英国在北婆罗洲、沙捞越和新加坡的权力将于 1963 年 8 月 31 日马来西亚联邦成立时完成移交。鉴于东马和西马之间在政治和经济发展上，以及在教育方面存在显著的差别，协定还同意任命一个双边政治委员会，做出宪法上的安排，以保障婆罗洲各州的特殊利益。如婆罗洲各州反对把伊斯兰教列为国教，反对以马来语作为唯一的官方语言，要求确认婆罗洲各州本地民族的特殊利益等。根据协定，沙巴、沙捞越和新加坡均以州的名义和马来亚联合邦合并，组成一个新的联合邦，称为"马来西亚"。英国政府撤销了英国女王在沙巴、沙捞越和新加坡的宗主权与司法权。英国政府和马来亚联合邦政府签订的防务互助协定扩大到马来西亚，英国政府继续使用新加坡军事基地，协定于 1963 年 8 月 31 日生效。

在文莱，由阿扎哈里领导的人民党的目标是鼓吹婆罗洲上的三国沙巴、沙捞越和文莱组成一个联邦。为此，阿扎哈里寻求印尼的支持。1962 年 12 月 7 日，文莱发生叛乱，阿扎哈里自封为"北加里曼丹国"总理。在英国军队镇压下，叛乱得以平息。但文莱苏丹从这件事中意识到，自己的石油收入和政治利益受到了挑战。此后经过长时间的反复谈判、民意调查和公民投票等程序，1963 年 6 月，各方代表在伦敦举行会谈，但在文莱问题上，特别是如何处理石油财产和税收以及苏丹地位问题上没有达成协议。文莱最终未加入马来西亚联邦。

对于马来西亚的成立，周围国家产生了不同反应。早在拉赫曼总理公开提出成立马来西亚的主张时，印尼和菲律宾就表示反对。印尼总统苏加诺有意将沙捞越并入印尼的版图，因为沙捞越的达雅克人与印尼加里曼丹的达雅克人属于同一种族，且生活在同一大岛——加里曼丹岛上。印尼认为，沙捞越应属于印尼，而马来西亚的成立是英国早已策划的新形势下的殖民计划，目的是包围印尼。菲律宾马卡帕加尔总统（前总统阿罗约的父亲）则宣称沙巴是菲律宾领土的一部分，反对成立马来西亚。马、菲、印尼三国外长曾于1963年6月举行会谈；7月，三国首脑在马尼拉举行会议，但分歧依然很大；8月，印尼宣布与马来西亚断绝一切经济关系，并掀起对抗马来西亚的运动。随后，东姑·拉赫曼与印尼总统苏加诺、菲律宾总统马卡帕加尔再次举行会谈，同意邀请联合国小组调查婆罗洲人民对马来西亚的态度。1963年9月，联合国小组在巡视了沙巴和沙捞越后，提出了支持马来西亚的报告。拉赫曼立即决定尽快组建马来西亚。

在各种因素的考量下，并经过拉赫曼总理多次向英国解释并据理力争，马来西亚联邦终于在1963年9月16日成立。其成员包括马来半岛的11个州、新加坡、沙巴及沙捞越。在这个问题上，拉赫曼总理功劳卓越，因此他被尊称为马来西亚的"国父"。但在马来西亚成立的翌日，拉赫曼总理宣布马来西亚与印尼、菲律宾断绝外交关系，同时宣布全国进入军事状态。直到1966年苏哈托上台以后，印尼才宣布取消与马来西亚的对抗政策，两国关系实现正常化。同年，马科斯总统领导的菲律宾政府与马来西亚恢复外交关系。

马来西亚联邦的成立圆了拉赫曼和李光耀的政治梦想，但双方进行实际的政治合作时，发生了政治权益的竞争与纠纷。新加坡不仅与拉赫曼领导的马来人有摩擦，也与马华公会的华人有摩擦，而且这些问题不仅无法通过协商解决，反而有持续扩大的趋势。这是因为，除了马来西亚各民族之间的发展不平衡，矛盾与冲突较深，对独立后马来西亚的政治发展产生了深刻影响外，李光耀希望在马来西亚政府里能拥有一些有利的席位和预算，但拉赫曼政府不可能完全满足新加坡的要求。此外，李光耀领导的人民行动党是较激进的社会主义政党，而且又是以华人为主。拉赫曼邀请新加坡加入马来西亚联邦，不仅希望扩大政治版图，而且期待稳定的新加坡，也能有助于马来西亚的政治稳定。但事实是，新加坡加入马来西亚后，其政治形势日趋稳定，但李光耀过多的政治诉求，却造成马来西亚的政局不稳定，因此，拉赫曼深感痛苦。如果新加坡不是马来西亚的一部分，马来西亚政府则无照顾新加坡的义务。因此，在权衡利弊之后，拉赫曼终于要求新加坡退出马来西亚联邦。李光耀别无选择，只好退出他所追求和期待的马来西亚联邦。1965 年 8 月 9 日，马来西亚议会在新加坡代表缺席的情况下以 126∶0 的投票结果同意马来西亚与新加坡分离。8 月 9 日，新加坡从马来西亚分离，并建立新加坡共和国。

第四节　当代简史

一　"5·13"事件与国民阵线成立

20 世纪 60 年代后期，马来西亚的种族矛盾日益尖锐，社会动荡不安。1969 年 5 月，马来西亚举行独立后的第三次大选。长时期的种族分歧和文化差异进一步加强了各政党的政治竞争和经济竞争。在 5 个星期的激烈竞选活动中，长期存在的民族紧张关系更加恶化。马来人怨恨华人，认为华人在文化上自高自大，蔑视马来人的语言、政治、宗教所具有的不可否认的卓越地位以及经济上的优越地位；而华人方面则要求实行民族政治平等，以此作为保护华人经济前途的唯一有效手段，反对把华人视为次等公民。选举中的争斗成为大选揭晓后爆发种族冲突的诱因。

在这次大选中，以巫统为首的马华印联盟失利，联盟在议会里的议席由 1964 年选举时的 89 席下降为 66 席，联盟中马华公会的 33 名候选人只有 13 人当选，而华人反对党——民主行动党（简称"民行党"）、民政党等获得的席位则有所上升，民行党获 13 席，民政党获 8 席。这样，在 104 个议席中，联盟党获 66 席，泛马伊斯兰党获 12 席。因此，联盟党仍可以组织中央政府，但其在大选中的失利和华人反对党力量的增强，使马来人充满危机感，情绪激昂。

5 月 13 日，大选结果公布后，当民行党和民政党的华人青年支持者一起举行胜利游行，向雪兰莪州务大臣拿督·哈伦在吉隆坡的官邸行进时，与愤怒的马来人发生冲突，并发展成为持续 4 天的骚乱，局势失去控制，华人的店铺和住宅遭到纵火和抢劫。骚乱很快从吉隆坡蔓延到其他地方，从冲撞到杀人放火，持续了半个月。据有关统计，在 1969 年 5 月 13 日至 7 月 31 日的冲突中，各族死亡共 196 人，受伤 367 人，被警方拘捕

及被法庭起诉的共 9143 人，失踪 37 人，财物损失巨大。这场马来西亚历史上罕见的种族冲突被称为"5·13"事件。

1969 年 5 月 13 日当晚，总理东姑·拉赫曼宣布雪兰莪州进入紧急状态。第二天，最高元首宣布全国进入紧急状态，中止国会民主。第三天，东姑·拉赫曼在巫统激进派的压力下，宣布成立以敦·拉扎克为主任的国家行动委员会，负责全国行政事务，拉扎克实际上接管了全国权力。其间，马华公会曾一度退出政府，马来人全面控制政权。

1970 年 8 月 31 日，最高元首公布国家原则，重申伊斯兰教是官方宗教，要求人民效忠元首，维护宪法，不议论敏感话题。9 月 21 日，拉赫曼总理下台，拉扎克于当天就任总理，这样国家政权转移到第二代马来人手中。为避免悲剧重演，确保马来人的特殊地位，拉扎克决定恢复民选议会，结束国家行动委员会的统治，但坚持立即通过宪法修正案。1971 年 2 月国会重开，宪法修正案通过。修正案规定，禁止在议会内外公开讨论可能引起种族冲突，或对政府的意图不信任的问题，否则作为非法煽动罪论处。同时规定，禁止质询 1957 年宪法中有关国语、马来族特殊地位、马来统治者地位和主权及公民权等条文，取消议员在议会内的言论不受司法管辖的权力，赋予最高元首权力，以直接谕令大专院校给马来人和土著一定比例的名额。有关法令使马来人的特权确认和扩大。慑于新颁布法令及早已实施的《国内安全法》《警察法令》等，民主政治的发展陷入沉寂。尽管"5·13"事件的导火索是选举，但一些马来人认为其根源是马来人与华人在经济上的发展不平衡。因此，马来西亚政府从 1970 年开始推行扶持马来人的"新经济政策"。该政策为期 20 年，目标是消除贫困，重组社会，要求把马来人的股权占有率从 1970 年的 2.4% 提高到 1990 年的 30%。到 1990 年，西马股权有限公司的股权分配应是土著占 30%、非土著占 40%、外资占 30%。为了推行新经济政策，政府强行采取各种强有力的干预措施，对马来西亚的经济发展和社会变化产生了深刻的影响。

马华印联盟党在 1969 年大选中失利，反映了马来西亚的人心向背，也暴露了联盟结构的薄弱。随着反对党不断与联盟党组织州级和中央联合政府，联盟党领袖开始重新考虑竞选策略。总理敦·拉扎克提出，由各政党组成"国民阵线"（简称"国阵"）共同管理国家。1974 年 6 月 1 日，国民阵线正式注册，取代马华印联盟党，其成员包括巫统、马华公会、印度人国大党、伊斯兰党、民政党等 11 个政党。其中，巫统占首要地位，马华公会和印度人国大党的地位相对削弱。其政治主张是：消除贫穷，在种族和谐、团结的基础上建立一个和平、廉洁、公平与繁荣的马来西亚。国阵的组织方式是各成员党平时仍独立存在，由各成员党主席组成国民阵线最高理事会，作为国阵的最高执行机构，定期研究国内外形势及应当采取的政策，以吐故纳新的方式处理成员党与国阵之间以及成员党之间的问题。国阵设主席和秘书长，长期由巫统主席和巫统署理主席分别担任。

国阵的成立加强了执政党的地位和控制全国局势的实力，对确保马来西亚政局稳定意义重大。由于阵容强大，实力雄厚，国阵在 1974 年的大选中首次参选就旗开得胜，获得 154 个席位中的 135 席以及 60% 的得票率，成功避免了 1969 年大选出现的局势失控情况。此后，国阵在历次大选中均获胜，至今仍是马来西亚的执政党联盟。国阵的建立进一步巩固了巫统在政党联盟的核心地位，而马华公会则从三党联盟中的第二大党成为多党联盟中的大党之一，地位明显削弱，巫统一党独大的局面由此形成。

二 马哈蒂尔时期的马来西亚

1976 年 1 月，马来西亚第二任总理敦·拉扎克病逝，侯赛因·奥恩继任总理。1981 年，侯赛因因健康原因辞去总理职务，其副手马哈蒂尔出任总理、国防部长、巫统主席、国阵主席等职，马来西亚进入了马哈蒂尔时代。

20 世纪 80 年代马来西亚的经济、政治和社会发展出现新的问题。由于世界经济的影响，这个时期马来西亚的经济起伏很大，1985 年出现独立以来首次负增长（ -1% ）。1986 年经济增长率处于 2% 的低水平。当时，投资不力，企业倒闭，工人失业，金融市场混乱，社会动荡不安，各种新旧矛盾激化，并引发出严重的政治社会事件。

巫统分裂，并被宣布为非法是这一时期最引人注目的政治事件。在

20 世纪 80 年代经济衰退及一连串金融丑闻的冲击下，巫统领导层的斗争日益激化，马哈蒂尔的领导地位受到严重挑战，政局的稳定也受到威胁。首先对马哈蒂尔提出挑战的是副总理慕沙·希塔姆，结果以慕沙·希塔姆于 1986 年辞职而告终，马哈蒂尔在党内的权威暂时得以维持。在 1987 年 4 月的巫统选举中，东姑·拉沙里又与马哈蒂尔竞争主席职位，结果，拉沙里获 718 票，马哈蒂尔获 761 票。马哈蒂尔仅以微弱多数票勉强保住主席职位，在党内的权威受到严重削弱。为阻止党内反对派势力继续发展，马哈蒂尔利用继任巫统主席的有利时机，迅速采取果断措施，清除了在中央政府里各级巫统组织中任要职的反对派人物，拉沙里本人也被迫辞去了贸易及工业部长之职。反对派则向法院提出上诉，以部分巫统支部没有注册为理由，要求宣布巫统的党内选举无效，巫统的分裂公开化。1988 年 2 月 4 日，巫统因少数基层组织未经注册参加选举而触犯社团注册法令，被最高法院宣判为非法组织。1987 年 1 月 24 日，第 38 届巫统大会及其选举也被宣布无效。主要执政党被宣布为非法组织，这在世界政治史上是罕见的。这是马来亚独立以来发生的最严重的政治危机。但以马哈蒂尔为首的主流派立即以"新巫统"名称重新申请注册，2 月 15 日获准，翌日正式成立了"新马来民族统一机构"（亦称"新巫统"）。马哈蒂尔相继任新巫统主席、国民阵线主席、政府总理。他以果断的措施解决了这场政治危机，成功地维护了政局的稳定。

以拉沙里为首的反对派被排斥于新巫统之外，他们于 1989 年 5 月获准注册成立另外一个名为"四六精神党"的新政党，巫统正式分裂。四六精神党宣称以 1946 年成立的巫统党纲的基本精神、斗争宗旨、组织与活动原则等为准绳，发扬其作风与传统，故而得名。该党此后成为新巫统的主要对手之一，但一直未能对新巫统的执政地位构成实质性挑战。此外，当时国阵还受到"华小高职"等事件的冲击。"华教"问题历来是马华两族争议的主要问题之一。20 世纪 80 年代中期出现的经济衰退使社会动荡不安，各种新旧矛盾激化。1987 年 9 月，教育部派出大批不懂华文的人员到多所华文小学担任校长、副校长、校长助理等职务，被华人社会视为通过行政命令迫使华文小学变质，引起华人朝野政党和各界人士的强烈抗议。10 月 11 日，马华公会、民政党、民行党等华人社团成立"华团政党行动委员会"，通过全面解决"华小高职事件"的原则和立场，强调华文小学是教育机构，应由懂华语的人担任行政职务，语文必须是华文。委员会要求政府在 12 月 31 日前解决问题，否则将展开挽救华文小学的全国行动。朝野政党与主要华人社团联合一致，这在当代华人历史上是罕见的。10 月 15 ~ 17 日，各地发生华文小学罢课的事件，马华两族之间对抗情绪加剧。10 月 18 日晚，吉隆坡秋查路的枪杀事件（实际与种族矛盾无关）引起了全国恐慌，谣言四起，险些酿成第二次"5·13"事件。后来，政府实施《国内安全法》，扣留 100 多人，封闭报馆、禁止集会等，并承诺改变华小高级职务派遣方案，才平息了这场风波。

与此同时，马来亚共产党向政府缴械投降。1989 年 12 月 2 日，马来西亚与泰国同马来亚共产党在泰国南部的合艾市签署两项关于在泰、马边境地区和马来西亚境内停止一切武装活动和实现和平的共同协议，结束了 30 多年的国内战争。1990 年 10 月，马来西亚政府又同北加里曼丹共产党的最后一批武装人员达成协议，结束了武装斗争。这些成果的取得有利于国内稳定，为马来西亚经济腾飞和现代化提供了较好的环境。

经过 20 世纪 80 年代后半期的政治危机，马来西亚进入了顺利发展时期，政局稳定，社会安宁，马哈蒂尔和国民阵线政府的威信越来越高。巫统的执政地位更加巩固。首先，在经济上，随着国际经济形势的变化，外资大量涌入，以及政府的各项决策实施，马来西亚经济从 1987 年开始复苏并迅速发展，1990 年经济增长高达 9.8%，此后几年均保持在 8% 以上。20 世纪 90 年代初，政府先后推出第六个马来西亚五年计划（1991 ~ 1995）、第二个马来西亚远景计划纲要（1991 ~ 2000）和"2020 宏愿"（1991 ~ 2020）等发展计划，要求努力奋斗，保持经济的高速增长，在 2020 年前把马来西亚建设成为先进的工业化国家。

政治上，新巫统的地位不断加强。为壮大自身力量，新巫统自成立以来大力发展新党员。在除去反对派的牵制力量之后，新巫统内部更加团结，加上奉行各项宽松务实的经济、政治、社会政策，社会矛盾得以缓和。新巫统威望大增，党员发展工作成效显著。到 1991 年 11 月，党员总

数已增至 170 万人，分布在全国 9000 多个基层组织中，还在沙巴州建立了自己的组织。此外，新巫统还建立健全了党内组织机构，设立中央最高理事会、州联络委员会、区部（按国会选区划分）和支部 4 级组织。最高理事会由 25 人组成，下设 7 个工作局，即政治局、财政局、经济局、教育局、宗教局、文化及社会福利局、劳工和工会事务局。此外，还设有纪律委员会、新闻与选举联络委员会等。新巫统每年召开一次全国代表大会，中央机构每三年改选一次。

1988 年 10 月 28 日，新巫统召开全国代表大会，决定将以马哈蒂尔为首的最高理事会的任期延长至 1990 年 12 月，其间不搞选举。1990 年 12 月 1 日，新巫统第一次进行中央机构改选，马哈蒂尔蝉联主席，原署理主席加法尔·巴巴蝉联署理主席，保持了中央领导层的稳定。1993 年 11 月 4 日，新巫统进行中央换届选举，马哈蒂尔蝉联主席。46 岁的财政部长、原副主席安瓦尔·易卜拉欣以绝对优势当选为署理主席，同时升任副总理，成为马哈蒂尔的接班人。大会还选出了丹斯里·慕尤汀等 3 位副主席和 25 位最高理事会成员，一大批年轻人进入领导层。1996 年 10 月，巫统举行换届选举，马哈蒂尔和安瓦尔连任。1997 年，新巫统获准使用旧名称。这样巫统又成为马来西亚的主要执政党。

其次，国民阵线政府的统治地位进一步巩固，政局保持了稳定。在 1990 年马来西亚大选中，国民阵线在下议院 180 个议席中取得了 127 席，占总席位的 71%，比上届选举中的 140 个席位有所减少。不仅马华公会没有起色，连巫统也只得 71 席，比 1986 年的 83 席减少了 12 席。而反对党的席位却从 1986 年的 29 席增加到 53 席，增加了 83%。四六精神党与伊斯兰党一起牢固地控制了吉兰丹州，成为新巫统的主要威胁之一。但国阵的地位依然牢固。在 13 个州立法议会中，除在沙巴和吉兰丹两州败给反对党外，在其他 11 个州均取得多数席位而执政。这样，国民阵线政府在经历了 80 年代的严峻考验之后，90 年代初已进一步巩固了统治地位。四六精神党取代巫统地位的可能性越来越小。

为了扭转 1990 年大选的不利局面，国阵采取了许多措施，如对华校实行开放政策等。加上 90 年代上半期经济持续高速发展，马中关系迅速发展等原因，马哈蒂尔总理和国民阵线政府的威信越来越高，其执政地位更加巩固。1995 年 4 月，在马来西亚第 9 次全国大选中，国民阵线取得压倒性胜利，在下议院 192 个席位中取得 161 席，占总席位的 84%；国阵得票率为 63.3%，创历次大选的最好成绩。在同时举行的州议会选举中，国阵获得 394 个席位中的 338 席，大大超过上届的 257 席，从而得以在除吉兰丹以外的各州执政。马哈蒂尔本人连续第四次就任总理。1996 年 5 月巫统 50 周年党庆时，四六精神党集体回归巫统，巫统力量更为壮大，从而有效地维护了政局稳定和社会安宁。马哈蒂尔的威望如日中天，被人们称为马来西亚的"工业化之父"。其副手安瓦尔在 1993 年的选举中以绝对优势当选巫统署理主席，被认为是马哈蒂尔最适合的接班人。国阵被认为是不可战胜的。

外交上，随着对外交往的日益扩大，马来西亚政府在多种场合旗帜鲜明地维护本国和亚太发展中国家的利益，在国际事务中反对强权政治和霸权主义，主张建立合理的国际政治经济新秩序，受到发展中国家的赞许，国际威望不断提高。

1997 年金融危机爆发，对马来西亚经济造成严重冲击；1998 年，安瓦尔被捕则对马来西亚政局产生了极大影响。1998 年 9 月 2 日下午，马来西亚副总理安瓦尔仍像以往一样工作。当晚 8 点，马新社与电台同时播发了总理府的声明，称安瓦尔已被革除副总理和财政部长职务。次日深夜，巫统宣布撤销安瓦尔署理主席的职务，并将其开除出党。9 月 3 日，媒体报道安瓦尔曾涉及同性恋、企图引诱他人妻子、接受 6000 万林吉特贿赂款等问题。警方透露安瓦尔曾试图干扰警方调查，拟将此案提交律政司署，安瓦尔面临被逮捕的危险。随后，与安瓦尔关系密切的 6 人先后被捕。9 月 20 日晚上，在安瓦尔于群众集会上发表演讲、引发示威群众与警方冲突后，其在家中被捕。检方随即起诉其 10 项罪名，其中 5 项是舞弊罪，5 项为"非自然性行为罪"，这在信奉伊斯兰教的马来西亚是不可饶恕之罪行。有关控罪于 11 月 2 日由吉隆坡最高法院审理，历时 77 天，召集 40 多名证人。1999 年 4 月 14 日，法庭做出判决，判定安瓦尔舞弊罪成立，入狱 6 年，服刑从当天算起。按照马来西亚法律，安瓦尔要到

2005年4月14日才能出狱，而且出狱后5年内不准从政。

"安瓦尔事件"在国内外引起巨大震动。美、英等国媒体多次进行报道，许多国家和国际组织的代表要求旁听对安瓦尔的审判。1999年4月，安瓦尔被判处6年徒刑后，菲律宾总统埃斯特拉达对此表示"感到悲伤"。新西兰外长发表声明称审判令马来西亚和国际社会感到不悦。后来，国际社会一直非常关注安瓦尔的境遇。2000年9月，安瓦尔因另一项"非自然性行为罪"被判入狱9年，引起国内外人士的抨击。安瓦尔事件造成的直接后果之一，就是马来西亚国内原有的政治改革呼声，因这一事件转化为轰轰烈烈的政治改革运动，简称"烈火莫熄运动"（Reformasi）。从被革职的翌日开始，安瓦尔就不断向民众发表演讲，其发表的"七点宣言"成为后来政改运动的初步纲领。从此，政改运动从当初的口号变成一个有明确目的的运动，后来提出了要求马哈蒂尔下台的口号。政改运动的最重要结果之一，就是催生了以安瓦尔妻子旺·阿兹莎为首的"人民公正党"（简称"公正党"）。该党于1999年4月4日成立。安瓦尔不是党员，却是该党的精神领袖。该党吸引了大批安瓦尔的支持者，到1999年底进行大选时，据说该党已有40万人。他们发起"烈火莫熄"运动，长期进行街头示威，国内政局激烈动荡。此外，国阵还面临反对党结盟的挑战。公正党和马来西亚老牌反对党——伊斯兰党、民主行动党、印度裔的人民党组织了"替代阵线"，全面对抗国阵。由于安瓦尔事件，巫统内部元老派与少壮派的分歧表面化，部分巫统党员退党，加入公正党和伊斯兰党，不少党员思想陷于混乱。1999年大选前夕，反对党的制约和经济衰退的形势，使国阵在大选中处于非常不利的地位。国阵因此采取各种竞选策略，包括推举巴达维为副总理，维系党和政府的团结；增设人权委员会、提出减税和加薪，缓解民怨；大打发展牌和稳定牌，大力发展经济；选择经济明显好转、青年选民还没有投票权的最佳时机进行大选等。1999年11月20日，国阵突然宣布将在11月29日举行大选。

11月30日，第十届大选结果揭晓，国阵再度获胜，赢得193个国会席位中的148席，掌握了3/4以上的席位，实现了该党控制国会2/3以上席位的预期目标，马哈蒂尔再度以多数党领袖身份蝉联总理。反对党联盟仅获得 42 席，另一反对党沙巴团结党获得其余 3 席。但是，由于经历了安瓦尔事件和严重的政治、经济危机，与金融危机前的政治形势比较，大选后的马来西亚政局已经发生深刻的变化。这次大选因此也被称为马来西亚政治发展的"分水岭"。变化突出表现在巫统失去马来人的绝对支持。1999 年大选后国阵的国会议席减少了 16 席，巫统不仅没有夺回马来人聚居的吉兰丹州政权，还失去了执政多年的马来选民密集的登嘉楼州的政权，多个巫统的部长、副部长落选，一些获胜部长的选票也大大减少。据统计，巫统仅获得了 47% 的马来人的选票，而反对党获得的马来人的选票却超过 50%。代表巫统竞选的伊斯兰教学者、政党领袖纷纷落败，而伊斯兰党获得空前胜利。选举结果说明，马来选民出现了大分裂，马来人不再像以往那样一边倒支持巫统，巫统作为马来人的代言人和保护者的政治地位以及在伊斯兰教事务中的领导地位和权威均开始出现动摇。

三　后马哈蒂尔时代的马来西亚

2002 年 6 月 22 日，在巫统代表大会进入尾声之际，党主席马哈蒂尔突然宣布辞去党和国阵（执政联盟）主席职务，并情绪激动，泣不成声，顿时引起 2000 多名代表的惊慌，巫统领导人更是纷纷冲上前去劝阻，致使大会一度中断。30 分钟后，巫统署理主席、内阁副总理巴达维宣布马哈蒂尔已接受众人挽留。但 3 天后，巫统又郑重地宣布马哈蒂尔将在 2003 年 10 月后辞去所有党政职务，副总理巴达维将在 16 个月后，接任总理、巫统及国阵主席职务。这使马来西亚政局产生巨大震动，引起国内外的普遍关注。

巴达维出生于马来西亚华人聚居区槟榔屿的一个巫统世家，母亲有华人血统。他性格温和、谦逊，作风民主，享有"廉洁先生"的美名，在党内元老派和少壮派中都有较高声望。他从政多年，曾担任过多个党内和政府要职，有丰富的政治经验，被誉为政坛的"常青树"。曾参加过反对党的政治家詹德拉说："多数马来西亚人将接受他作为马来西亚的下一任国家领袖，因为他体现了诚实、善良、公平的价值观。他不是终日标榜宗教的人，但心里却是虔诚的教徒。"但也有舆论认为，巴达维虽然被确定

为马哈蒂尔的接班人，但巫统内部却是暗流汹涌，未来16个月的过渡期，仍有很大变数。人们普遍担心巫统发生权力之争影响稳定。第一，曾有舆论称巴达维缺乏强硬手腕，没有管理经济的经验，基层势力薄弱，有可能受到巫统副主席纳吉、泰益或其他资深领袖的挑战。当时国内媒体纷纷指出巴达维接班后，最大的挑战将来自他如何挑选副总理。巫统有三名副主席，即国防部长纳吉、国内贸易和消费者事务部长慕尤丁及前雪兰莪州务大臣泰益，根据传统，巴达维必须从他们之中挑选一名副手。第二，人们还怀疑在伊斯兰党可能转向强硬路线的局势下，巴达维能否带领巫统抗衡伊斯兰党的攻势。第三，随着伊斯兰党新领导人上台，推行强硬的伊斯兰路线，巫统与伊斯兰极端势力的斗争也会更加激烈，双方将在地区议员补选和下届大选中一争高下。第四，安瓦尔的案子还没有最后终结，一些根据"内安法令"逮捕的伊斯兰极端分子尚未审判，他们的支持者也可能伺机而动。这些因素都有可能造成政局不稳定。2003年10月31日，马哈蒂尔辞去党政职务，巴达维副总理接任总理及国阵、巫统主席，政权平稳过渡，巴达维延续马哈蒂尔的既定内外政策，同时加强政府的机构整顿和廉政建设，强调全民分享政治权力和经济发展成果，受到民众的普遍欢迎和支持。

2004年3月，马来西亚提前举行第11届全国大选，国阵创下历届大选的最好成绩，赢得219个国会议席中的199席和505个州议席中的452席。巴达维蝉联总理，执政地位进一步巩固。这次胜利的主要原因除巴达维本人的形象清廉、开明外，还有马来西亚经济的恢复和反对党伊斯兰党的极端主张失去民心。

巴达维自2003年11月1日接替马哈蒂尔出任总理以来，向世人展示了其杰出的治国才能。对内他秉持"廉洁政府"和"温和穆斯林可建多元种族民主国家"的思想，大刀阔斧地惩治贪污腐败，革除司法舞弊，带领巫统和国民阵线赢得历史性的大选，并于2004年9月2日出人意料地释放了被拘押6年的前副总理安瓦尔，引起国际社会广泛关注。对外他向世人展示了"刚柔并济、灵活务实"的独特风格，强化与中国的友好关系，逐步化解马哈蒂尔在位时与美国的积怨，成功营造了马来西亚的新局面。

第一，顺应民意，惩治腐败。在马国政坛，巴达维奉公守法、清廉正直的形象深入人心。他担任总理后，更以"廉洁政府"为理念，强化肃贪工作，提高国人对政府的信心。马哈蒂尔执政期间喜搞形象工程，常以亲疏任人，在其任期届满时，马哈蒂尔仍批准由关系户承包该国历史上最大的基建项目——涉及38亿美元的铁路改造工程，引起民间非议。巴达维上台后，狠刹任人唯亲风气，以"效果难以确定"为由，果断搁置了该项目。同时，政府斥资1700万林吉特（约445万美元）成立了东南亚第一所反贪污学院，2003年底加入了联合国反贪污公约，随后筹建了国家公共道德学院，并在警察系统建立了忠诚委员会，监督执法犯法行为，大力健全高效、透明的政府管理机制。为打击民怨较大的贪污腐败行为，巴达维顶住压力，不惜触动马哈蒂尔在位时的元老，成功挖出了前土地及合作发展部部长卡西塔·加德丹在内的一批贪官，以贪污罪起诉了前国营钢铁公司董事长谢英福，指控其于1994年通过一家空头公司，将7640万林吉特（约2000万美元）转移到国外。该案成为巴达维上任以来查处的涉案金额最大的贪污舞弊案，极大地震慑了贪污分子，也大大增强了外资企业的投资信心。2004年2月，曾于上年以"财政政策不透明"为由宣布取消对马来西亚投资的美国加利福尼亚公共雇员退休系统宣布，将重新考虑向马来西亚投资，标准普尔信用评级机构也提高了对马来西亚政府债券的信用评级。

第二，争取民心，赢得大选。巴达维一上台，即面临团结和带领巫统赢得2004年3月的全国大选的重任。马哈蒂尔在位期间，因罢黜安瓦尔并将其下狱治罪，引起国内外舆论哗然，伊斯兰党乘机坐大，成为该国最大的反对党，并导致巫统在1999年大选中遭遇严重的执政危机。巴达维执政后，利用政府和巫统掌握舆论主导权的优势，坚决回击伊斯兰党，呼吁国民拥护巫统关于走温和穆斯林路线的主张，建设一个"以伊斯兰教为国教，多元种族和谐相处的民主国家"。为加强对舆论的控制，巴达维果断撤换了对在野党反击不力的《新海峡时报》主编。各主流媒体大量报道"伊斯兰教国情侣在公开场合牵手将受处罚""伊斯兰教国国民将无

法享受沙滩浴"，以生活中的小事揭露反对党的极端思想，争取选民。在强大的舆论影响下，多数国民均认为，反对党的主张不符合民众维护社会稳定、延续经济繁荣的呼声，纷纷在大选中投票支持巫统和国阵。在全国大选中，伊斯兰党遭遇"滑铁卢"，国会议席由原来的27席锐减为7席，党主席阿卜杜拉·哈迪·阿旺丧失了在国会中的席位，公正党（党主席为安瓦尔之妻旺·阿兹莎）则失去了所有的国会议席。而国阵则以近90%的绝对优势赢得全部219个国会议席中的198个，并夺回对登嘉楼州的控制权。

第三，促进马中战略合作关系长足发展。随着近年来中国经济的迅猛发展，巴达维深刻认识到华人在政治和经济上的重要性，尤其考虑到华人与中国的紧密联系，采取了比前任更为灵活、宽松的华人政策。2005年中国春节期间，巴达维返回华人聚居的老家槟榔屿给乡亲拜年，给华人留下良好印象。巴达维宣布削减华商应缴税额、增加政府补贴、为华文学校增加拨款，并允诺重新审核华文小学改用英语授课问题，并在马中经济大会上强调"华人是沟通大马和中国的桥梁，我希望他们更加积极地发挥作用"。马哈蒂尔执政时期，中马在政治、经济和文化领域均保持良好关系。巴达维上任后，更加重视中马关系，称"马来西亚需要学习中国的发展经验"。为配合马来西亚提出的"2020宏愿"，巴达维在2003年9月上任前即专程访华，与中国签署了农业、经贸、科技、旅游、能源等领域的合作协议。2005年5月31日为中马建交30周年纪念日，巴达维再次访问中国，这是巴达维赢得大选后出访的第一个非东盟国家，充分显示了对中国的重视。这表明中国在巴达维的外交战略中占有不可替代的重要地位。访华期间，巴达维承认中国的"自由市场经济地位"，并与中方达成进一步拓宽合作领域的共识。2005年8月底，中国和马来西亚签署了《国防与安全合作备忘录》，标志着双方政治互信和军事合作迈上历史的新台阶。

第四，马美关系趋于稳定，改善大马外部生存环境。前总理马哈蒂尔个性鲜明、敢作敢为，得到包括中国在内的发展中国家支持，但也引起美国的不悦。与马哈蒂尔相比，巴达维比较讲求外交技巧，外表斯文却绵里藏针。上台初期，巴达维在公开场合对美出语谨慎，使西方媒体失去炒作话题。2003 年初，巴达维之子被媒体披露"可能参与"利比亚核武器部件走私案，立即引来西方媒体关注，不少人担忧马美又将有一场风波。然而，巴达维却采取"以理服人、避免争吵"的策略，先是宣布成立独立调查组，继而公布调查结果，以事实说话，让西方媒体无话可说。随着伊拉克局势恶化，美军虐囚丑闻曝光，布什总统急欲获得国际社会特别是伊斯兰国家支持，这时巴达维又于 2004 年 7 月下旬不失时机地出访美、法、英三国，对美允诺"参与伊拉克战后重建"、将向伊派遣一支大规模医疗队。此举对美国犹如雪中送炭，小布什对巴达维的印象大为改观。巴达维虽然做出一些政策调整，但仍坚决维护不结盟原则和伊斯兰世界、伊斯兰宗教的核心利益。访问美国时，巴达维虽然表示马来西亚将参与伊拉克重建并派出医疗队，但表示"不会派维和部队前往伊拉克"。同时，马来西亚还以不结盟运动和第十届伊斯兰教会议组织两个主席国的身份，主动扮演第三世界代言人和伊斯兰国家代表的角色，称"伊斯兰教没有鼓吹极端主义，因为伊斯兰教是生活的一部分"。巴达维称，冷战后不结盟运动不断面临新挑战和新问题，必须根据形势调整政策，保持其活力，在国际事务中发挥更重要的作用。巴达维认为美国的单边主义损害了不结盟运动的利益，必须坚决反对，否则不结盟运动将会被边缘化。

2008 年 3 月 8 日，马来西亚举行第十二届全国大选，国阵与在野党角逐 222 个国会议席和 505 个州议会议席。这是自巴达维 2003 年 10 月接任总理以来的第二次全国大选，也是前副总理安瓦尔恢复议员资格前，执政党面临的形势最严峻的一次选举。3 月 9 日，大选结果公布，执政党经受了 30 年来最大败绩，政坛风暴在所难免。在国会选举中，国阵获得 222 个国会席位的 140 个，失掉国会 2/3 多数席位地位，比 2004 年大选少 58 席，包括新闻部长再努丁在内的 4 名部长、11 名副部长和 7 名政务次长落败。其中巫统获 79 席，比 2004 年少 30 席；马华公会获 15 席，比上届大选减少半数；印度人国大党仅获 3 席，主席三美维鲁惨败。反对党方面，人民公正党赢得国会 31 席，成为最大反对党；民行党 28 席，伊斯兰党 23 席，共计 82 席，比 2004 年大选多获 62 席，仅差 30 席就可加入执政联盟。在州议会选举中，国阵仅获得 505 个州议席的 307 个席位，失去

槟榔屿、雪兰莪、霹雳、吉打、吉兰丹 5 个州的执政权。其中巫统获 239 席，比 2004 年减少近 70 席；马华公会获 31 席，减少 45 席；印度人国大党获 7 席，减少一半还多；反对党获得 196 席。

2008 年 3 月 19 日，巴达维宣誓就任总理，并公布内阁名单。国阵各成员党共有 64 人出任 27 个部门正副部长。主要政党巫统、马华公会、民政党及国大党入阁代表明显比上届减少，仅获 24 名部长及 27 名副部长。东马沙巴、沙捞越国阵成员党由于在大选中立下汗马功劳，获 4 名部长及 8 名副部长，比上届大选后所获官职增多。与上届内阁相比，巫统部长从 20 人减至 19 人、副部长从 18 人减至 17 人；马华公会部长人数与上届持平，但副部长则从 9 人减至 6 人；国大党部长人数维持上届水平，但副部长由 3 人减至 2 人；民政党失去仅有的 1 名部长，副部长也由 3 人减至 2 人。

2008 年大选后，马来西亚政局出现动荡。第一，马来王室伺机干扰政权，企图东山再起。马哈蒂尔统治时期，曾于 1983 年、1993 年两度启动宪法修正案，废除国家元首的国会立法权、免控权和部分豁免权，全面打击苏丹势力。巴达维政府时期，王室势力有所抬头。在 2008 年大选之前，马来苏丹曾多次阻碍政府运作。在 3 月国家和州议会解散前后，总理巴达维曾亲赴新山皇宫会见柔佛州苏丹，要求撤换柔佛州务大臣阿都干尼，但柔佛苏丹力挺阿都干尼。这是王室第二度保住阿都干尼的地位。大选过后，多名苏丹干扰州政府筹组，致使王室与巫统关系产生波澜。在玻璃市州，虽然国阵重新执政，但当地统治者"拉惹"（Raja）不同意巫统推荐的州务大臣人选，反而利用当地巫统派系分歧，拉拢州议员另立人选。东部海岸的登嘉楼州苏丹、时任国家元首米赞·扎伊纳尔·阿比丁不满原任大臣依德里斯，不顾国阵大多数议员意愿，委任阿末·赛益取代依德里斯出任州务大臣。在中部的雪兰莪州，王室反对委任非伊斯兰教徒出任副大臣，要求州政府的马来裔行政议员必须达到半数，此举不符合宪政，也有碍民选政府权限。

第二，部分马来人倒向反对党。从"308 大选"（3 月 8 日大选）国阵的支持率可看出，马来西亚的种族政治根基受到冲击。据统计，各族选民对国阵的支持率大跌，华裔从 65% 跌至 35%，印裔从 82% 跌至 47%，马来人也从 63% 下滑至 58%。马来人支持率下滑意味着有相当部分的马来人已倒向反对党，这是 30 多年来马来人最严重的一次分裂。此外，在 2009 年 1 月的登嘉楼州的补选也是如此。虽然补选前民意调查显示华人选民倾向伊斯兰党，但该党在补选中却依靠马来票取胜。舆论认为，这再次表明马来西亚选民越来越懂得评估政府的表现。

第三，巫统分裂。大选后，多名巫统领袖对党内提名的"配额制"产生严重分歧。包括国际贸易和工业部部长、巫统副主席慕尤丁在内的多名柔佛州和沙巴州巫统领袖公开表示支持废除配额制，重新进行权力分配；而以巫统宣传主任、乡村与区域发展部长莫哈末泰益，巫统最高理事、企业与合作社发展部长诺奥玛等为首的巫统党员则主张保留配额制，党内分歧显现。同时，巫统两个派系的斗争白热化。一方是以前总理马哈蒂尔和前财长东姑·拉沙里为首的反巴达维派。该派频频炮轰巴达维政权傲慢，控制主流媒体，压制批评，嘲讽巴达维的女婿凯利影响国阵候选人名单，指责巴达维把整个国家纳入一个家庭的管治中，呼吁巴达维效仿第一、二任巫统主席，为败选负全责，交权下台。马哈蒂尔的儿子慕克力也促请巴达维辞职。4 月 1 日，马哈蒂尔与雪兰莪前州务大臣莫哈末基尔同台举行巫统大选败绩点评讲座，力挺副总理纳吉布、巫统副主席兼贸工部长慕尤丁出任巫统主席和署理主席。5 月 19 日，马哈蒂尔退出巫统，以示不满。9 月 17 日，巴达维迫于各方压力，与副总理纳吉布调换兼职部门，纳吉布出任财政部长，巴达维出任国防部长，在内外交困中交出财政大权，为交权铺平道路。9 月 18 日，巴达维在巫统最高理事会上受到包括马哈蒂尔派在内的所有倒巴达维势力的围攻，巫统副主席慕尤丁促请巴达维交权。9 月 25 日，巴达维宣布党内领导人选举推迟至 2009 年 3 月。10 月 8 日，巴达维宣布放弃竞选连任巫统主席，将于 2009 年 3 月 31 日交权于纳吉布。但支持巴达维派系的巫统势力则极力抵抗。副总理纳吉布多次表示支持巴达维政权，实现权力转移有序进行，确保党的利益不受影响。内政部长哈米德也坚决拥护巴达维，全力协助总理完成工作。面对安瓦尔的进攻，哈米德义无反顾地支持巴达维，协助警方调查安瓦尔的鸡奸案。此外，巫统控制的两大报业集团——"马来西亚先锋报集团"和

"新海峡时报集团"也各持立场。由巫统保守激进派系控制的《马来西亚先锋报》热衷于报道"权力转移计划",频频批评巴达维;而巴达维派系主导的马来文《每日新闻》和英文《新海峡时报》则低调处理不利于国阵和巴达维的新闻,鲜有批评内容。除巫统内斗外,国阵成员党也开始分裂。2008年9月17日,沙巴进步党宣布退出国阵,成为"308大选"后第一个倒戈的国阵成员党。进步党的退出是意料之外、情理之中的事。实际上,进步党对国阵的不满由来已久。早在2008年6月18日,该党就曾表示支持向巴达维投不信任票,推翻政府。此后,国阵便把该党摒除在外,连续多次拒绝邀请该党出席国阵最高理事会和管理委员会,此举成为沙巴进步党退出国阵的导火索。此外,进步党还对国阵未能处理好中央与地方关系心存怨恨。该党主席杨德利曾谴责国阵滥用中央和州政府经济资源,企图以分化策略打击沙巴进步党、鼓动进步党党员和领袖破坏该党。杨德利要求政府正视沙巴问题,包括归还沙巴20%的石油税及纳闽地区,检讨政府在沙巴推行的不公平的联邦法令,解决沙巴非法移民问题等。

第四,反对党咄咄逼人,扬言"变天"。4月1日,马来西亚三个在野党人民公正党、民行党、伊斯兰党组建"人民联盟"(Pakatan Rakyat)(民联),向入主中央政府之路迈进。与巫统激进势力主张"马来主权"(Ketuanan Melayu)至上的政治理念不同,民联主张"人民主权"(Ketuanan Rakyat),坚持多元种族路线,主张废除"新经济政策",深受民众欢迎。大选后,最大反对党——人民公正党顾问、前副总理安瓦尔宣称已经拉拢到"足够"的国阵国会议员,人民联盟最迟可在2009年9月16日夺取中央政权。8月26日,安瓦尔赢得巴东埔国会议席补选,当选国会议员。安瓦尔出任人民联盟主席,成为反对党实权领袖,启动"9·16变天计划"。为对付安瓦尔"变天",总理巴达维强力谴责反对党收买国会议员,并于6月底再次以"鸡奸罪"指控安瓦尔。9月,巴达维实施对国阵议员的24小时"约束",安排部分国阵后座议员"出国考察",防止反对派拉拢。安瓦尔"变天"计划胎死腹中。

第五,华人政党面临痛苦转型。马华公会在大选中竞选40个国会议席和90个州议席,结果仅赢得15个国会席位和31个州议席,遭遇惨败。

大选后，马华公会总会长黄家定宣布对马华败选负责，决定不再担任部长或任何官职。马华公会高层也开始反思马华公会在国阵中的地位。在 10 月党选中当选副总会长的廖中莱建议国阵将署理主席职位增加到两个，其中一个由马华公会领袖担任，以更有效地反映各成员党的重要性和代表性，彻底改善施政方针和党政机关结构。马华公会中央代表、槟榔屿前巴东拉浪州议员陈德钦则呼吁领导层与巫统谈判，争取更有实权的副总理职位。马华公会中央领导层针对未来政治发展趋势，提出以"转型"作为马华公会政治斗争的大方向，坚持"单一种族政党和多元种族路线"政治理念，以"民主、民权、民生、民愿"为四大核心价值，朝向"全民共治，各族分享"的大方向转型，回应民众的求变信息。10 月 18 日，马华公会举行党选，原副总会长翁诗杰以 1429 票当选总会长；曾在 2008 年元旦因性爱光碟丑闻辞职的卫生部长蔡细历当选署理总会长。翁诗杰担任马华公会总会长后，马华公会形成"翁诗杰派"和"蔡细历派"。此后，翁派频频在不同场合攻击蔡细历，马华公会高层出现分裂。10 月 20 日，马华公会举行代表大会，蔡细历在大会中就党选期间发生的"争斗事件"表态，称不会影响他与翁诗杰的合作；11 月 10 日，翁诗杰在《政海独白》发表专栏文章，猛批蔡细历是活跃在闪光灯下的"道德败坏者"。之后，蔡细历多次在马华总部发表言论，企图缓和与翁诗杰的关系，但也指责翁不应以忙于国家和政党事务避而不谈"翁蔡合作"，翁蔡之争一度进入白热化。

2009 年 3 月 24～28 日，巫统举行最高理事会，选举新一届领导班子。副总理纳吉布不战而胜当选巫统主席，并于 4 月 3 日宣誓就任马来西亚第六任总理。纳吉布出生于 1953 年 7 月 23 日，父亲是马来西亚第二任总理拉扎克。在 1976 年他父亲过世的那一年，就首次递补其父亲的席位而当选国会议员，成为马来西亚最年轻（23 岁）的国会议员。1978 年，纳吉布就任能源咨询及邮政部的副部长。之后，纳吉布历任政府要职，包括教育部副部长、财政部副部长及部长、文化青年及运动部部长、国防部部长和副总理。纳吉布虽从政资历丰富，却面临马来西亚最严峻的政治及经济挑战。这与其父亲的经历颇为相似。拉扎克总理上任时，也面临巫统

及国民阵线在 1969 年选举中的挫败。他上任后全力推动造福马来人的"新经济政策"。纳吉布总理也是在巫统及国民阵线遭受 2008 年 4 月选举的空前挫折的情况下上任的。但当时其父亲面对的是马来人的不安全感，因而大力提倡马来种族主义。如今纳吉布面对的却是华人对执政党的不满。在 20 世纪 70 年代，拉扎克总理有马来人的支持，如今纳吉布却面对分裂的马来人群体。此外，当时拉扎克所处的国际环境较为有利，因为正值全球经济发展。但如今纳吉布面对的是全球经济的不景气，马来人及华人都要求改善经济。纳吉布面临的挑战更为严峻。

在危难关头，纳吉布果断采取改革措施。第一，一改巫统独大格局，建立高效、亲民政府。纳吉布上台后，提出建立"一个马来西亚""以民为先、以表现为主"的内阁，展现马来西亚政治的"新思维"。即主张种族团结，相互尊重与信任，不让任何一个民族掉队，改变马来人优先的种族政治格局；倾听民意，关注民生，消除贫穷，提高全民实际收入，让全民参与国家政治进程，扩大全民讨论空间及平台，为此纳吉布专门开通博客与民众交流。另外，纳吉布承诺政府将修改 40 项重要法令，让权益回归人民；政府不可滥权，不可采取居高临下的态度，要以实际行动满足人民要求，特设绩效制评估、总理府部长监督、总理亲自审查的新政府行政监督机制。

第二，采取多项措施应对经济衰退。一是设立经济顾问理事会。理事会直接向总理汇报工作，负责向政府提供独立及客观的专业咨询服务，以克服经济危机。二是任命经验丰富者掌管财经官职。新内阁中，纳吉布亲任财长，其第二财长、国际贸工部长和经济策划局长均在巴达维和马哈蒂尔内阁中担任副财长，从政经验丰富。此项任命有助于加大经济刺激配套的执行力，保证各项工程如期推动，应对经济衰退。三是推出刺激经济配套网站，民众可在网站查询前两次经济刺激计划的执行情况，监督政府财政，提供咨询意见。

第三，缓和民族情绪和种族矛盾。纳吉布上台后宣布撤销对反对党主管的两家新闻刊物的停刊令，缓和反对党的对抗情绪，争取马来人支持；与此同时，宣布释放 13 名根据内安法逮捕的疑犯，并称政府将对内安法进行全面审查，这是马来西亚首次对颇有争议的内安法进行反思检讨。此外，新政府撤销 30% 土著股权限制，以吸引更多投资、人才、技术，并制造就业机会。为此，政府开放 27 个服务业次领域，规定上市公司可持有超过 30% 股份，外商在马来西亚投资可不必再与马来人为合作伙伴。同时，纳吉布还多次表示将对保护马来人权益的新经济政策实施改革。

第四，理性处理南海问题。2008 年 3 月 5 日，即将卸任的马来西亚总理巴达维突然访问南海，登陆南沙群岛的弹丸礁（马称"拉央拉央岛"）和光星仔礁（马称"乌比乌比礁"）宣示"主权"。中马关系顿时紧张。中国外交部发言人称，中国对南沙群岛及其附近海域拥有无可争辩的主权，希望有关国家切实遵守《南海各方行为宣言》，不要采取可能使争议复杂化、扩大化的行动，共同维护南海地区的和平与稳定。纳吉布上台后，表示愿继承先父对华传统，妥善处理南海问题，努力提升中马关系。首先，积极改善与国内华人的关系。就任总理前，纳吉布访问华人最大报刊《星洲日报》，向华社表示善意，争取华人支持；就任总理后，纳吉布访问吉隆坡唐人街，受到华人热烈欢迎。而后，他又开通华文博客，积极与华人交流。同时，巫统网站也增设华文栏目，向华社传达巫统和国阵的政策信息。此外，在新内阁中，纳吉布任命民政党主席许子根为总理府部长，监督政府绩效制和处理种族问题。其次，重视汉语教育，掀起中文教学改革。纳吉布表示中国已成为经济强国并将日益强大，汉语正成为重要国际语言，鼓励马来西亚人学习汉语，以在全球化趋势下增强马来西亚的竞争力，扩大经商网络，增加就业机会。4 月，政府批准新纪元学院使用中文教学，掀起了马来西亚历史上首次高等院校中文教学改革。最后，积极处理南海问题。纳吉布借中马建交 35 周年之际访华，为推动中马关系发展做出贡献。他表示愿以"搁置争议、共同开发"原则处理南海问题，加强双边合作，扭转中马贸易下滑趋势。

在"一个马来西亚"政策的指导下，纳吉布又连续推出了经济转型计划和政府转型计划，全面推进政治、经济改革。在纳吉布的第一任期内（2009～2013），马来西亚局势稳定，经济也逐渐从 2008 年国际金融危机中恢复，但马来民族主义情绪普遍高涨。马来人保守派甚至组建了"土著权威组织",以捍卫马来土著的政治、经济和文化权利,这使得纳吉布的诸多经济政策未能全面有效执行。但纳吉布仍然坚持推进改革,其中最引人关注的是 2012 年 4 月 17 日,国会正式通过《2012 年安全罪行法案(特别措施)》,取代一直颇受争议的《1960 年内安法令》。新的安全法旨在加强执法单位的情报协调,以建立快速反应机制,尤其是在应对涉及国家安全的事故,如恐怖威胁时,更需要这类法令保障国人的安全。

2013 年 5 月,马来西亚举行全国大选。国阵在 222 个国会议席中获得 133 席,继续执政,反对派人民联盟仅获 89 席,未能赢得执政权。此后,人民联盟在安瓦尔领导下与国阵的斗争进一步激化。2013 年下半年至 2014 年,双方围绕多个地方议席的补选展开了激烈的角逐,国阵在补选中略占优势。2014 年起,人民联盟中的伊斯兰党持续推动在吉兰丹州实施所谓的伊斯兰教刑法(Hudud),引起人民联盟的内讧和全民的反对,反对派实力因此受到削弱。加之 2015 年初,政府以"鸡奸罪"逮捕反对派领袖安瓦尔,反对派遭受沉痛一击。但同年 3 月,巫统亦开始内讧。马哈蒂尔指责"一个马来西亚发展有限公司"(纳吉布为该公司顾问委员会主席)财务巨额亏损,给政府造成重大损失,要求纳吉布辞职下台。随后,美国《华尔街日报》爆料,约 7 亿美元从"一个马来西亚发展有限公司"的账户流入纳吉布的私人账户,引起全国的反纳吉布运动。为稳定局势,纳吉布于 7 月 28 日改组内阁,撤换了包括副总理慕尤丁在内的多名内阁部长及总检察长阿都干尼,由内政部长扎希德出任副总理。同时,纳吉布还通过巫统各级支部大搞党内团结。反对派则持续向纳吉布施压,马哈蒂尔甚至参加了 8 月的民众反政府游行。但纳吉布凭借党内主要力量和关键内阁部长的支持,最终稳定政局。与此同时,反对派联盟分裂加剧。9 月,人民联盟解散,成立了由人民公正党、民主行动党和从伊斯兰党分裂出来的国家诚信党组成的"希望联盟",继续与政府对抗。"希望联盟"在人民公正党主席旺·阿兹莎领导下,在国会发起了对纳吉布的不信任投票,但不信任投票动议最终未能在国会启动。2016 年 1 月,"希望联盟"在吉隆坡签署协议。在新协议下,"希望联盟"3 党领袖同意摒弃"异中求同"原则,明确任何决定须建立在共识之上,尤其要加强在共同决策、政治团结、纠纷处理、共同政纲、大选进程、政府及反对党路线图和结盟有效性等方面的合作。2 月 29 日，马哈蒂尔宣布退出巫统，进一步对纳吉布施压，企图逼迫纳吉布退位。而纳吉布则继续排除异己、巩固政权，与反对派针锋相对。2016 年 6 月，巫统最高理事会决定开除前副总理、巫统署理主席慕尤丁及马哈蒂尔的儿子——穆克利兹的党籍，并冻结副主席沙菲益·阿达的党籍。同时，政府决定停止资助马哈蒂尔的首要领导基金会。至此，反对派势力遭到进一步打压，纳吉布政权暂时稳固。

第五节　著名历史人物

一　奥恩·加法尔

拿督·斯里·奥恩·加法尔（Dato' Sir Onn bin Ja'afar）1895 年 2 月 12 日出生于柔佛，曾任柔佛州的州务大臣，是现马来西亚核心执政党巫统的创始人。加法尔十分关心马来人疾苦。从事记者工作期间，他撰文关注马来人的生活，并不时发表言论抨击柔佛苏丹易卜拉欣的政策失误，最终被苏丹易卜拉欣驱逐出柔佛。1936 年，加法尔回到柔佛，并与安瓦尔·阿卜杜勒·马立克等人携手于 1946 年 5 月创建了马来人自己的执政党巫统，并亲任巫统主席。但此后，加法尔主张巫统不仅仅是马来人的政党，应向所有马来西亚人开放，引起巫统内部的不满。加法尔因此于 1951 年 8 月辞去巫统主席职务，离开巫统，自建马来亚独立党、国家党。1962 年 1 月 19 日，加法尔在柔佛去世。加法尔的儿子侯赛因·奥恩后来担任了马来西亚的第三任总理，孙子希沙慕丁·侯赛因是纳吉布内阁的国防部长。

二　东姑·阿卜杜勒·拉赫曼

东姑·阿卜杜勒·拉赫曼（Tunku Abdul Rahman）1903 年 2 月出生于吉打州，是吉打州第二十五世苏丹阿卜杜勒·哈密德·哈利姆·沙之子。拉赫曼早期在曼谷求学，后赴剑桥大学深造。1925 年，拉赫曼从剑桥大学毕业，后在父母的要求下重返英国学习法律专业。1930 年，拉赫

曼参加法律专业考试，但名落孙山。1931 年，拉赫曼返回马来亚，在吉打州公共服务局就职，1938 年担任南吉打州公共务局副局长。1939 年，拉赫曼再次参加英国律师的资格考试，最终获得通过。20 世纪 40 年代后，拉赫曼逐步走向政坛。1949 年，拉赫曼担任巫统吉打州主席，1951 年被任命为巫统主席。1954 年联盟党成立后，拉赫曼出任联盟党主席。1955 年，拉赫曼作为马来亚联合邦谈判理事会代表，率团赴伦敦与英国人就马来亚独立问题举行谈判。同年，拉赫曼出任马来亚的首席部长兼内政部长。1956 年，拉赫曼出任国内安全和国防部长。1957 年马来亚联合邦独立后，拉赫曼担任联合邦首任总理（Ketua Menteri），1963 年马来西亚成立，拉赫曼担任首任总理（Perdana Menteri），并兼任文化、青年和体育部长，直到 1970 年退位。拉赫曼被誉为马来西亚的国父，1990 年 12 月逝世，享年 87 岁。

三　敦·阿卜杜勒·拉扎克

敦·阿卜杜勒·拉扎克·侯赛因（Abdul Razak Hussein）1922 年 3 月 11 日出生于彭亨州，少年时期曾在著名的霹雳州江沙马来学院就读，后获奖学金在新加坡莱佛士学院攻读。1950 年在英国考获法律学位，是一名合格的律师。他于 1950 年参加巫统，并且被选为巫统青年团团长。1951 年出任巫统副主席。1955 年，参加马来亚首次全国大选。1956 年，作为联盟代表团代表前往英国，与英国人就独立问题展开谈判。1957 年马来亚独立后，拉扎克任副总理，兼任乡村发展部长、国防部长。1969 年"5·13"事件后，国家进入紧急状态，拉扎克出任国家行动委员会主任。1970 年 9 月 22 日，拉扎克接替拉赫曼出任总理。巫统在拉扎克的领导下，采取了一系列新政策，积极推动国民教育政策，宣布"新经济政策"，旨在 20 年内建立起一个马来人的经济社会。1974 年，拉扎克领导成立了执政联盟"国民阵线"。在外交关系方面，拉扎克奉行中立不结盟政策。1974 年 5 月，他率领马来西亚代表团正式访问中国，签署两国建交协定。1974 年 7 月，拉扎克领导国民阵线在第四次全国大选中赢得 154 个国会席位中的 135 席，并在州议会的 360 个席位中赢得了 215 席。这是拉扎克的辉煌成就。1976 年 1 月 14 日，拉扎克在伦敦治疗白血病时逝世。

四 敦·侯赛因·奥恩

敦·侯赛因·拿督·奥恩（Tun Hussein bin Dato' Onn）1922 年 2 月 12 日出于柔佛豪门世家——奥恩家族。其父奥恩·加法尔是巫统创始人，祖父加阿法·哈吉·穆哈默德是柔佛州第一任州务大臣，姐夫敦·阿卜杜勒·拉扎克是第二任总理，儿子希沙慕丁是纳吉布内阁的国防部长，侄子纳吉布 2009 年任总理。奥恩的妻子苏海拉·诺哈是马来亚首任下议院议长丹·斯里·穆罕默德·诺哈·奥马尔的女儿。而苏海拉·诺哈的姐姐拉哈·穆罕默德·诺哈则是第二任总理拉扎克的妻子。奥恩 27 岁步入政坛，1950 年当选巫统秘书长。1969 年出任教育部长。1973 年出任副总理。1976 年 1 月 15 日接替病故的拉扎克出任马来西亚第三任总理。由于身体原因，1981 年 7 月交权于其副手马哈蒂尔。1983 年出任马来西亚国际伊斯兰大学校长，1990 年 5 月去世。

第三章

政　治

马来亚曾被英国统治 100 多年，其独立过程英国也介入颇深，因此马来西亚成立后所实行的政治制度深受英国影响而采取议会内阁制。其内阁政府由掌握议会过半席位的政党或政党联盟组成，国家元首由苏丹担任。但马来西亚与英国世袭君主不同。英国王室只有一个，其君主由一个家族世袭。而马来半岛有多位苏丹，其国家元首由 9 个马来苏丹轮流担任。马来西亚也因此成为当今世界上国王（也就是苏丹）最多的国家。另外，虽然马来西亚实行联邦制，但马来西亚联邦政府与各州的关系又不同于美国，其政治体制具有突出特点。

第一节　宪法

马来亚联合邦独立前，英国殖民者已于 20 世纪 50 年代通过了一些具有宪法性质的法案，这些宪法性文件是由宗主国一手炮制并强制实行的，是英国用来维护其殖民统治的工具。二战结束以后，包括马来亚在内的整个东南亚地区民主解放运动空前高涨，而殖民力量受到很大削弱。为了麻痹人民的反殖、反帝意志，维护英国在这个地区的殖民统治，英国于1945 年 10 月派特使前来马来亚，与各州的苏丹密谋签订有关新政制的协议。1946 年 1 月 22 日，英国正式公布了《马来亚和新加坡——关于未来的宪法声明》白皮书，其主要内容是要把战前分散的"海峡殖民地""马来联邦"和"马来属邦"的行政管理权集中起来，组成一个英属殖民地的"马来亚联盟"，新加坡则从战前的"海峡殖民地"中划分出来，成为

英国的直辖殖民地。马来亚联盟和新加坡都以英王委任的总督为最高统治者，且接受英国在东南亚的最高总督的管辖。马来亚联盟设中央政府，以英国总督为最高统治者，下设"行政会议"和"立法会议"，总督是这两个"会议"的主席，拥有最后的决定权和否决权。各州苏丹仅保留处理宗教事务和习俗的权力。凡在新加坡、马来亚联盟出生或居住一定期限的人，都可以获得公民权。英国企图通过政制"改革"，强行对新、马实行分治，加强中央集权统治，镇压战后新、马各地发展起来的革命力量，抑制人民要求独立的呼声。因此，白皮书一出笼就遭到各族人民的反对，就连封建苏丹和大资产阶级也怀着各自的动机参加了反对白皮书的斗争。处境孤立的英国殖民统治者被迫改变政策，同封建势力勾结起来。1946 年 7 月 25 日，英国宣布成立一个由 6 名英国官员和 6 名马来人（苏丹和巫统的代表）组成的工作委员会，负责修订新政制方案的工作。

1946 年 12 月 23 日，英国同各地的苏丹经过多次密商，对白皮书进行了一些小小的修改，又抛出一个所谓《马来亚政制建议书》的"蓝皮书"。蓝皮书用"马来亚联合邦"取代了以前的"马来亚联盟"，恢复了上个文件中苏丹被剥夺的权力，规定苏丹是各州名义上的首长，任州的"行政会议"主席，准许设立"苏丹会议"。此外，适量增加了联合邦立法议会议员的名额。英国改派高级专员统治马来亚联合邦，新加坡则仍然作为英国的直辖殖民地，同联合邦分开。从内容上看，蓝皮书是白皮书的翻版。因此，蓝皮书公布后同样遭到新、马各族人民的坚决反对。1947 年初，英国不顾人民的反对，通过了"成立马来亚联合邦法案"。1948 年 1 月，英国总督和各州苏丹在"马来亚联合邦协定"上签字。当年 2 月 1 日，马来亚联合邦正式成立，将总督改为高级专员，由原英王委派的总督担任，他同时是联合邦行政会议和立法会议的主席。

1951 年 4 月，联合邦政府开始实行议会制，高级专员任"立法议会"议长，并任命了 11 位政府部长。1953 年 8 月，巫统和马华公会在吉隆坡举行联合大会，要求马来亚联合邦在英自治领域内独立，联合邦立法议会于 1954 年（后经谈判改为 1955 年）举行民选。随后，巫统、马华公会和印度人国大党结成"马华印联盟"。1955 年 7 月 27 日，联合邦立法议会举行大选，马华印联盟在 52 个议席中赢得 51 席，8 月 4 日组成由联盟党领袖东姑·拉赫曼任联合邦首席部长兼内政部长的新政府。但实际上英国人仍然掌握着联合邦的实权，马来亚联合邦还不是一个独立的国家。

1955 年 12 月至 1957 年 9 月，以东姑·拉赫曼为首的联合邦政府代表团多次前往伦敦，与英国政府谈判有关独立、独立后的宪制与马英关系等问题。1956 年 3 月 6 日，双方签订了一项协定，准许马来亚联合邦于 1957 年 8 月 31 日独立，同时指派一个宪法委员会负责起草马来亚独立后的新宪法。1957 年 5 月下旬，双方就马来亚联合邦宪法的内容与形式等问题达成了原则协议，联合邦立法议会也于 7 月 11 日通过。经由英国国会上下两院先后通过，《马来亚联合邦宪法》的制定程序由此宣告完成，并于 1957 年 8 月 27 日正式公布，8 月 31 日马来亚联合邦独立后开始生效。该宪法规定，设立联合邦最高元首作为政治、军事和宗教的最高领袖，由"统治者会议"（相当于"苏丹会议"）从 9 个州的苏丹中选举产生（不连任）；设立两院制的议会及由多数党议员组成的内阁；各州设立州政府，州首脑是苏丹，各州由州务大臣或首席部长管理行政；以伊斯兰教为国教，以马来语为国语。

1963 年 9 月 16 日，马来亚联合邦 11 个州同沙捞越、沙巴、新加坡组成"马来西亚联邦"。但仅两年多后，1965 年 8 月 9 日，新加坡就脱离了马来西亚，单独成立"新加坡共和国"。马来西亚成立后，沿用 1957 年《马来亚联合邦宪法》，改名为《马来西亚联邦宪法》，其后在 1963、1970、1971、1984、1987、1993、1994、2005、2007 年多次进行修订。1993 年 2 月，马来西亚议会修改宪法，取消了各州苏丹的法律豁免等特权；1994 年 5 月通过宪法修正案，主要内容是最高元首必须接受及根据政府的建议执行公务。2005 年 1 月，马议会再次通过修宪法案，决定将各州的供水事务管理权和文化遗产管理权移交中央政府。

马来西亚现行宪法是 2007 年修订的联邦宪法。该法由 14 章（共 183 条）和 13 个附表组成，全文约 10 万字。由于历史的原因，该宪法受英美两国宪法的影响很大。在政治制度方面受英国的影响最深。宪法中的若干重要原则，如责任内阁制、下院多数党领袖组阁、国会两院的权力分配等

均效仿英国的制度。至于联邦制度方面，如联邦与各州的权力划分，上院议员代表各州而不是代表贵族等则是受美国影响。

马来西亚宪法确认了马来西亚的国家制度和社会制度的根本原则，规定了马来西亚的政体、国家结构形式、公民的基本权利和义务、国家机关的组织与活动的基本原则、制定法律的基本原则和程序等，具有最高的法律效力，是一般立法的基础。这部宪法内容广泛，涉及面广，主要有以下内容。第一章是联邦的州、宗教和领土，共4条，明确规定伊斯兰教为国教，宪法是联邦的最高法律。第二章是公民的基本权利，共9条，规定公民享有言论、集会、结社、宗教信仰等自由，以及在法律面前人人平等。第三章规定了公民资格的取得与丧失（共18条）。第四章（共38条）是关于中央国家机构的规定。第五、六章（共26条）是关于各州、联邦（中央）与各州关系的规定。其余各章是有关财政、选举、司法机关、统治者特权等的规定。至于附表的内容，主要有正副最高元首的选举资格、选举程序，"统治者会议"的组成、议事规则，中央与地方职权的具体划分及州宪法应增补的条款等。根据1963年的联邦协议规定，东马的沙巴和沙捞越两个州的政府享有移民、教育、劳工等方面的自主权。联邦政府在立法权力、行政权力分配上大于州政府，有权统一财政预算、进行土地及联邦调查，并对各州政府的活动进行指导、监督等。各州有自己的州宪法及立法机构（立法议会）。州政府由首席部长或州务大臣与多名行政议员组成。州政府有一定的自治权，在土地、财政以及民事服务等方面有相当的权力。

第二节　国家机构

一　国家元首

马来西亚实行君主立宪制，最高元首和州苏丹分别是国家及州的立宪君主。最高元首是国家权威的象征，名义上拥有立法、司法和行政的最高权力，是国家最高权力的执行者，对内对外是国家的最高代表。马来西亚有 13 个州，宪法规定正副最高元首由"统治者会议"从西马 9 个州的世袭苏丹中按年龄、就任年限秘密投票选出，轮流担任，任期 5 年，不得连任。如果最高元首在任期间过世，或因其他因素不能担任时，新的最高元首不能接任，必须从头开始算，也是任期 5 年。当"统治者会议"选举产生国家最高元首之后，应立即另外再选举产生副最高元首，以辅助最高元首的工作，并在其请假或不能任职时代理其职位。副最高元首的选举过程与最高元首相同。1957 年 8 月 31 日马来亚联合邦独立时，为了保障马来人的政治统治权，当年的宪法规定马来苏丹是国家最高元首。实际上，马来苏丹从 1895 年就开始举行马来人统治者会议，而且是定期举行，其主要任务就是选举产生一位最高统治者。1946 年马来亚联盟成立时，英国人未将这个传统列入宪法，引发马来人强烈不满。英国人于是在 1948 年重新改组成立马来亚联合邦时，恢复了马来人的统治权，正式确立宪法保障马来人的统治地位。

最高元首拥有立法、司法和行政的最高权力；是联邦武装部队最高司令，有权委任武装部队参谋长、警察总监和武装部队委员会成员；有权任命总理（但只能任命下院多数党领袖），联邦法院的首席大法官，大法官及高级法院法官；任命审计长、总检察长及马六甲、槟榔屿、沙巴和沙捞越 4 个州的州元首，但任命高级官员要按照总理和内阁的意见。同时，最高元首还有权下令召开、解散或拒绝解散国会；有权召开专门涉及统治者的特权、地位、荣誉和称呼的统治者会议；批准国会通过的法案及拥有最高赦免权；宣布国家处于紧急状态等。最高元首还是其所在州、联邦直辖区、马六甲、槟榔屿、沙巴和沙捞越州的宗教首领（其他 8 个马来州的宗教首领为本州苏丹，马来西亚没有全国性的宗教领袖）。总之，国家元首的地位居于国内一切人之上，不得在任何法院对之提出诉讼；其配偶的地位仅次于最高元首，居于国内一切人之上。但宪法第 40 条规定，"最高元首在根据宪法或联邦法律行使职权时，除本宪法有规定的外，应依照内阁或在内阁一般权力下的部长咨询行事"。宪法还规定，最高元首不得担任营利性质的职位，不得从事商业活动，除进行国事访问外，未经统治者会议同意，不得离开本国领土 15 天以上。

最高元首一般居住在首都吉隆坡的国家王宫中。这里草坪如茵，繁花似锦，马来风格的皇宫和身着民族服饰的卫队，常吸引过往游客。最高元首诞辰日是国家重大节日，要举行盛大的庆典和册封仪式，册封全国做出贡献的人。对于一般臣民来讲，能得到最高元首册封的勋爵（勋爵称号一般有"敦""丹·斯里""拿督·斯里""拿督"等），是生命中莫大的荣幸与骄傲。马来西亚现任最高元首为吉兰丹州苏丹穆罕默德五世（2016 年 12 月 13 日就任）。他于 2011 年 12 月 13 日就任第 14 任最高元首，2012 年 4 月 11 日登基。他是第二次担任该职务，上一次担任最高元首是在 1970 年 9 月至 1975 年 9 月。巧合的是，哈利姆一任最高元首时，当时的政府总理是拉扎克，而其二任最高元首时，内阁政府总理则是拉扎克的儿子纳吉布。

最高元首由统治者会议选出。统治者会议由玻璃市、吉打、霹雳、雪兰莪、森美兰、柔佛、吉兰丹、登嘉楼和彭亨 9 个州的世袭苏丹和马六甲、槟榔屿、沙巴和沙捞越 4 个州的州元首组成。会议无固定时间，凡经最高元首或会议成员 3 人以上请求开会时，掌玺大臣应立即召集会议。统治者会议的职权包括：选举或解除联邦最高元首或副最高元首（马六甲、槟榔屿、沙巴和沙捞越 4 个州的州元首因是最高元首任命，所以均无选举权和被选举权）；决定是否同意将任何宗教活动、仪式、典礼推广至联邦；决定是否批准任何法律或对任何委任提出意见；对国家政策、宗教等问题进行审议，对伊斯兰教问题有最终裁决权。审议时应请总理、各州首席部长（或州务大臣）与会，听取意见。凡是直接影响统治者特权、地位、荣誉与称号的法律，须经统治者会议同意，否则不得通过。最高元首任命最高法院院长、审计长、选举委员会委员、公务员委员会委员等职务时，须与统治者会议商议。有关代行元首职务的法律，须经统治者会议同意。统治者会议行使职权的方式，原则上要会议成员过半数以上的出席者同意后，由掌玺大臣加盖御玺完成。

二 行政机构

马来西亚中央政府的行政权力来自内阁制的国会（类似英国），但中央与地方的关系又属于联邦政府的体制（类似美国），所以中央政府就是所谓联邦政府。联邦政府的领导者就是内阁总理，但马来西亚华人大多使用"首相"称呼。马来西亚的联邦政府由在议会中占半数以上议席的多数党（或政党联盟）组成，是制定和执行国家政策的最高行政机构，集体向议会负责。政府首脑为内阁总理，由最高元首任命，原则上应是下议院多数议员所信任的议员。历届总理均为巫统党主席（巫统主席一般兼任执政联盟国民阵线主席），各部长由总理向最高元首推荐。现任政府内阁成员均为下议院或上议院议员。马来西亚宪法规定总理必须是下议院议员，且其对下议院的控制权必须得到最高元首承认。马来西亚的行政大权掌握在政府总理手中，他是联邦最高行政首长。在经国家元首任命后，由其组成内阁，代表国家开展内政和外交活动。当总理失去下议院的信任时，必须宣布内阁集体辞职。这时有两套方案可供元首选择。一是从下议院中选取一位得到多数信任的议员，由他负责组建新一届政府，如若成功，即由元首任命其为新总理，然后由新总理提名内阁成员，由元首任命，即产生新一届内阁。二是宣布解散议会，在60天内举行大选。在后一种情况下，前一届内阁要承担"看守内阁"的职责，即继续工作直到产生大选结果。这时国家元首会任命新一届总理，由其组成新一届内阁。

马来西亚联邦政府采用责任内阁制形式，内阁是最高行政机关，直接向议会负责。内阁的组成由议会中占多数席位的政党决定，即在每次议会大选后，最高元首都授权多数党的领袖组阁，并根据总理提名任命其政府的正副部长等成员。内阁须定期向议会报告工作，内阁成员通常都必须是议会议员，他们一方面在内阁担任行政工作，一方面在议会参加立法工作。

马来西亚自建立以来，获得选举胜利的都是一个政党联盟——"国民阵线"（国阵）。因此，马来西亚的内阁成员都来自国阵。"国阵"的前身是"联合阵线"，这个政党于1951年成立，目的是联合三大种族的政党，共同参与及获取1955年的选举胜利。"联合阵线"1974年改组为"国民阵线"，仍以三大种族的政党为基础，但同时也开始接纳其他政党加入。之后，由于三大种族的政党各自分裂，马来西亚成立的政党越来越多。2008 年 3 月国会选举后，国民阵线的成员党达到 13 个，除三大政党——巫统、马华公会、印度人国大党外，还包括其他地区的政党，例如马来西亚人民运动党、人民进步党、沙巴人民党、沙巴联合党、传统土著联合党、沙捞越联合人民党、沙捞越民主进步党等。国民阵线所属政党众多，而且经常变动，有些政党原本是反对党，然而又加入国民阵线成为执政党。但无论如何，三大种族的政党仍是最主要的成员。由于马来人是主要族群，巫统又是最大的政党，其成员担任内阁部长的人数最多。

马来西亚的行政体系共分三个等级，即联邦政府、州政府和地方政府。联邦政府机构由总理府及各部门组成。现任联邦政府总理为纳吉布，2009 年上任，2013 年大选后连任，任期至 2018 年结束。副总理艾哈迈德·扎希德·哈米迪（Ahmad Zahid Hamidi，也译作阿末扎希），2015 年 7 月内阁改组前为内政部长，内阁改组后出任副总理兼内政部长。

州政府由州元首及各相关部门组成。在有世袭苏丹的 9 个州，世袭苏丹（森美兰州的统治者被称为"严端"［Yang di-Pertuan Besar］，玻璃市州的统治者是"拉惹"［Raja］，其余 7 个州为苏丹）即为州元首。州元首名义上享有立法、行政和司法的大权，但实际权力由州务大臣（Menteri Besar）掌握。在没有世袭苏丹的马六甲、槟榔屿、沙巴和沙捞越，州元首由最高元首任命，名义上享有立法、行政和司法的大权，但实际大权掌控在首席部长（Ketua Menteri）手中。各州拥有独立的立法权和行政权，州内的 3 个主要机构为州议会、州行政议会或州内阁、州政府秘书处。州的立法机构为州议会（Dewan Undangan Negeri），每个州属将根据人口和发展程度的不同划分若干州选区，通过选举制度直选州议员，获得最多议席的政党将成为执政党，组织州行政议会或州内阁，州议会的最高负责人为议长。州的行政机构为州行政议会（Majlis Mesyuarat Kerajaan Negeri；半岛州属）或州内阁（Kabinet Negeri；婆罗洲州属），一般称为州政府，它是由州议会中占有最多议席的政党组成。州行政机构的最高负责人为州务大臣或首席部长，之下设有 4～10 个行政议员或部长职，州政府同时拥有土地资源和地方政府的支配权。州政府秘书处（Setiausaha Kerajaan Negeri）隶属州政府，主要负责州政府的行政管理工作，同时也负责州政府与联邦政府以及州政府与地方政府之间的协调工作。

马来西亚各州都有自己的宪法，拥有较大的地方自治权，州苏丹和州元首是各州最高权力的象征，拥有较大的权力。宪法规定，除最高元首和最高元首后是至高无上的以外，各州的统治者高于所有人，而各州统治者在本州应高于其他州的统治者。联邦必须保证统治者有权依照本州宪法的规定继承、保有、享受及行使州宪法赋予他的权力和特权；但是任何州的统治者继承权纠纷，均由该州宪法所规定的机关按规定方式解决。州统治者的职权主要有：拒绝或同意解散州立法议会的请求；请求统治者会议召开只讨论统治者特权地位、荣誉与尊严或宗教行为、礼仪或典礼等事项的专门会议；作为伊斯兰教领袖的职权或涉及马来人习俗的职权；指定继承人、配偶、摄政或摄政委员会；按马来惯例授予衔级、称号、荣誉、尊严及其他有关职权；规定王室宫廷法规。州元首（亦称"州长"）由最高元首同首席部长协商后任命，任期4年，但可随时向最高元首提出辞呈，最高元首有权根据该州立法议会，以全体议员的2/3以上多数通过的要求予以解职。但马来西亚的联邦制与一般联邦国家的不同之处在于，宪法虽然赋予各州自主性，但是实际上这种自主性很薄弱，中央政府对各州仍拥有较大控制权，这种控制权主要表现在立法控制、行政控制、财政控制三方面。按照马来西亚宪法规定，联邦议会有权制约州议会的权力，州的宪法与法律，凡是与联邦宪法和法律相抵触者，一律无效。在行政方面，内阁设有区域发展部、地方政府部等，统一领导和协调各州、中央直辖区和地方政府的工作。各州的财政及预算经费，大多需要联邦政府的辅助。此外，由于国民阵线一直都是联邦政府的执政党，长期拥有各种资源的分配权和使用权，因此，各州政府大多需要配合联邦政府的政策，否则其发展就会受到影响。但是实际执行中，也有许多复杂的情况。如立法方面，也有州议会、直辖区议会实行与联邦政策法律差异较大的法规。例如1999年国家和地方议会选举后，当时马来西亚最大的反对党伊斯兰党（2004年后成为第二大反对党）控制了登嘉楼州议会的多数席位，随后任命州政府并推行较为严厉的伊斯兰教沙里亚法，联邦议会和联邦政府虽有不满，却难以干涉。

　　州政府之下为地方政府，但地方政府的设置权力属于联邦政府。一般情况下，联邦政府会根据各州的具体情况设置地方政府，因此马来西亚各州的地方政府情况不大相同。地方政府根据各县的人口与发展程度不同，可分为隶属州政府的市政局/市政厅、市议会和县议会，和隶属联邦政府的特别地方政府等。

　　2016 年 6 月，纳吉布宣布改组内阁，新一届内阁名单如下：

总理	纳吉布	旅游和文化部长	穆罕默德·纳兹里
副总理	扎希德	能源、绿色科技及水务部长	马克西姆斯
财政部长	纳吉布（兼）	国际贸易及工业部长	慕斯塔法
内政部长	扎希德（兼）	国际贸易及工业部第二部长	黄家泉
第二财政部长	甘尼	种植工业及原产品部长	马袖强
交通部长	廖中莱	农业及农基产业部长	艾哈迈德·沙比利
国防部长	希沙慕丁	乡村及地方发展部长	伊斯迈尔·萨布里
总理府部长	贾米尔·基尔	科技与创新部长	威尔弗莱德
总理府部长	约瑟夫·克房伯	工程部长	法迪拉
总理府部长	约瑟夫·恩图鲁	人力资源部长	里查德·里欧特
总理府部长	刘胜权	青年及体育部长	凯里
总理府部长	沙希旦	城市福利、住房及地方政府部长	奥马尔
总理府部长	南茜	高等教育部长	伊德里斯
总理府部长	拉赫曼	教育部长	玛德兹尔
总理府部长	魏家祥	自然资源与环境部长	朱乃迪
总理府部长	阿扎丽娜	联邦直辖区部长	阿德南
通讯及多媒体部长	穆罕默德·沙烈	国内贸易、合作及消费事务部长	哈姆扎
卫生部长	苏巴拉马年	妇女、家庭及社区发展部长	罗哈妮
外交部长	阿尼法		

三　立法机构

　　马来西亚政府制度借鉴英国的做法，实行三权分立，三权即立法、司法及执法权。联邦议会也称国会，是马来西亚的最高立法机构，由上议院和下议院组成，联邦的立法权属于最高元首和议会。这两个议院的功能和组成方式各有不同，大多是沿袭了英国的议会制度。1963 年 9 月 16 日马来西亚联邦成立后，新加坡、沙巴、沙捞越原有的立法机构就成为该地区的立法机构，但是根据宪法规定，另外再选举产生联邦国会议员并加入在吉隆坡的联邦国会，同时享有与其他各州平等的权利和义务。1969 年 5 月 13 日马来西亚发生严重种族冲突后，拉赫曼总理宣布戒严，并解散国会及政党，停止一切选举和政治活动。因此在 1969 年至 1971 年 2 月，马来西亚是由"国家行动委员会"所领导，负责人就是当时的副总理拉扎克。1971 年 2 月以后，国会才依照宪法正常运作。

上议院，即国家院（Dewan Negara，马来语直译），是马来西亚议会的组成部分之一。上议院共有 70 名议员，其中 26 名议员由全国 13 个州的州立法机构选举，每州两名代表；另外 44 名议员由最高元首根据总理推荐，在公共事务、商界、工农、自由职业、文化、社会服务行业中的卓越者或少数民族、土著代表中任命，其中 4 名为联邦直辖区（吉隆坡 2 名、纳闽 1 名、布特拉加亚 1 名）的代表。上议院议员年龄须在 30 岁以上，通常任期为 3 年，最多连任两届（6 年），其任期不受下议院解散的影响。上议员可在总理的建议下被最高元首任命为内阁部长，但不能担任总理（总理必须是下议院议员）。上议院设正副议长各 1 人，均从上议员中选举产生。副议长的职责是在议长缺席时代行议长职责。截至 2015 年 7 月，上议员共 52 名，空缺 18 名。

下议院，即人民院（Dewan Rakyat，马来语直译），是马来西亚议会权力的来源，也是行政权力的基础。依据马来西亚宪法，下议院议员由人民选举产生，通常任期 5 年，可连选连任。下议院议员年龄须在 21 岁以上，不能兼任上议员。如议员死亡、辞职或被解雇，须在议员所在选区进行补选。一般情况下，下议院人数依照各州的人口比例选举产生，每 10 万人产生 1 名，因此人数较多的州就产生较多的下议员。下议院设议长 1 人，副议长 2 人。议长可从议员或非议员中选举，主要职责是主持会议，确保会议遵循议会常规进行，有权惩罚违反议会常规的议员。

如果议长从非议员中选出，就成为议会的增补议员，但无权担任总理、部长、副部长和议会秘书长。副议长只能从议员中选举产生。两名副议长在议长缺席时轮流行使议长职责。目前，下议院共有222名议员，由2013年3月全国大选产生。截至2015年6月6日，222名下议员中，133名来自执政联盟国民阵线，87名来自反对党联盟人民联盟，2名来自独立人士。

议会在最高元首的召集下举行会议。通常，会议召开的间隔时间最长不能超过半年。议会开会时，一般情况下，上议院所需时间为一周，下议院为两周。如遇到讨论预算案的会议，时间则需5~6周。议会决定一般由简单多数表决通过，但涉及取消马来人保留地等重大事项需2/3多数通过。议会受法律的特殊保护，任何法庭无权过问议会召开的任何会议。议员在议会发言时享有司法豁免权，享受相应补贴和津贴，55岁后可领取退休金。

在程序上，上下议院都有权提出法律议案。事实上，大部分议案由内阁部长提出，其一般会先就提案征得内阁批准，然后提交议会讨论通过。各项法案在下议院通过后，须交上议院审议通过，然后呈交最高元首批准。法律议案在上下议院都要经过三读程序。以下议院为例，一读，即相关部长向下议院全体议员递呈法律议案文本，下议院议长宣读法律议案的各级标题，此后进入二读和三读程序。二读，即全体议员仔细研读法律议案文本，就法律议案的优缺点及其可能给国家和社会带来的影响进行辩论，这是法律制定的关键阶段。此后，法律议案将送交相关委员会审查。委员会将对法律议案中需要修改的地方进行修改。三读，即将委员会修改后的法律议案提交全体议员，由议员投票通过议案。

上议院拥有法律修改建议权，但无权否决法案，仅能提出修改意见，或是在特定条件下将法案搁置一个月（预算方案只能搁置一个月）或最长一年通过。如果上议院要对某项法案进行修改，须将法案发回下议院，由下议院考虑修改。下议院有权修改、赞同或否决上议院的法案修正案。如果下议院否决修正案，下议长需任命一个三人委员会起草一份否决原因说明，递交上议院。法案经上下两院通过后，将呈送最高元首御准。最高元首同意并在议案上盖章后，议案成为正式法律，并将刊登在政府宪报上。

除了立法权外，下议院还拥有财政监督权，以及对政府进行监督、质询、弹劾或提出不信任案的权力。但上议院没有对内阁投不信任票的权力。一旦总理失去下议院的信任，必须宣布内阁集体辞职。这时最高元首可从下议院中选取一位获得多数信任的议员组建新一届政府，最高元首任命其为总理，或是宣布解散议会，并在 60 天内（西马）或 90 天内（东马）举行大选。但此时，前一届内阁将承担"看守内阁"的职责直到选举结束，选出新的总理。迄今，马来西亚历史上还未出现过议会对总理进行不信任投票的事件。

四　司法机构

马来西亚受英国统治时间较长，法律制度属于英美法系。1795 年，荷兰人占领马六甲，1818 年英国人接管。在荷兰人统治时期，没有制定出特别的法律，在英国人接管后，才将英国法律制度带进马六甲，到 1855 年，整个英国法律制度被推行到马来亚。由于英国法律制度并不完全适合马来西亚，所以目前的法律是做了一些修正的，以尽可能与当地的民俗风情相结合、相适应。比如，为了符合伊斯兰教徒的宗教信仰，对马来人的婚姻习俗（一个丈夫允许娶 4 个妻子等）在相关的法律制度方面做了相应的调整和修改。与正宗的英国法律制度相比较，马来西亚的法律制度带有更符合该国国情的浓厚的宗教色彩，并兼顾了马来西亚三大主要民族群体——马来人、华人、印度人的一些传统文化习俗，因而被马来西亚人民所尊重和接受。1957 年独立后，马来西亚逐渐建立完善的法律和法院体系。

马来西亚司法权由各级法院职掌。法院系统一般分为初级法院、地方法院、联邦法院（最高法院）三级，同时还有特别法院，如伊斯兰教法庭、少年法庭、劳动仲裁法院、劳工法院、军事法院等。

初级法院受理数额小、标的额不超过 2.5 万林吉特的经济纠纷。受理轻微刑事案件，即判刑 5 年以下的，以及处罚款、罚金的案件。

地区性法院受理标的额不超过 25 万林吉特的经济纠纷和普通刑事案件以及判处死刑以下的刑事案件。联邦法院为马来西亚的最高法院，各类案件均可申请受理，具有终审权。但通常先办大案，后办小案。对刑事案件有权判处死刑，适用绞刑，且秘密进行。如不服可以向国家最高元首上诉。

联邦法院设立于 1985 年 1 月 1 日，在此之前马来西亚案件需上诉到英国枢密院。1985 年，马来西亚的联邦法院获得终审权。1994 年 6 月 24 日，最高法院又被重新命名为联邦法院。同时，在联邦法院之下，设立了上诉法院、高等法院。高等法院根据地域分工可分为马来亚高等法院（负责西马）、沙巴和沙捞越高等法院（原称婆罗洲高等法院，负责东马）。各州设有地方法庭和推事庭。另外还有特别军事法庭、伊斯兰教法庭。联邦法院由院长、2 位首席大法官和 4 位其他法官组成，行使 4 种权力：①上诉管辖权，即受理来自上诉法院、高等法院的上诉；②唯一初始管辖权，即认定议会或州立法机关制定的法律是否有效，裁决州政府之间或联邦政府与州政府之间的争端；③移送管辖权，即解决高等法院移送的有关宪法问题；④咨询管辖权，即对国家元首移交的有关宪法条款问题，在公开场合阐明自己的观点。

马来亚高等法院、沙巴和沙捞越高等法院，各由一个首席法官主持。在初始管辖权方面，高等法院具有无限权力，但通常只审理下级法院管辖权之外的刑事、民事案件。在马来半岛各州，法官与陪审团一起审理死刑案件，而在马六甲和槟榔屿，则一起审理各种刑事案件。在沙巴州和沙捞越州没有陪审团，法官与两个以上的法官顾问一起审理死刑案件。对下级法院的刑事、民事判决不服可上诉至高等法院。

上诉法院于 1994 年 6 月 24 日建立，是联邦法院与高等法院之间的中间法院，给予诉讼当事人更多的上诉权利。上诉法院由院长领导，设 9 个法官，管辖权主要有：①受理针对高等法院行使初始管辖权判决的刑事案件的上诉；②在高等法院受理针对民事法院刑事问题判决的上诉后，受理对高等法院判决的上诉；③在高等法院受理治安法院刑事案件判决的上诉后，受理对高等法院判决的上诉，但只限于法律问题；④受理索赔标的金额超过 25 万林吉特的民事案件或在上诉法院许可下受理金额小于 25 万林吉特的民事案件。

民事法院的民事管辖权主要有：①对有关机动车辆事故，地主与租户纠纷和扣货还债等所有民事诉讼拥有无限管辖权；②对争议金额或标的金额不超过 25 万林吉特的所有其他诉讼的管辖权。对民事法院判决不服可上诉至高等法院。

推事法院只设 1 名独立判案的推事法官。在西马 11 个州有 2 个等级的推事法官：一等和二等推事法官。一等推事法官拥有审判最长量刑不超过 10 年或只罚款的案件的管辖权；二等推事法官可以审判量刑不超过 12 个月或只罚款的案件。此外在民事纠纷方面，一等推事法官还可审理争议金额不超过 2.5 万林吉特的案件。对推事法院的刑事、民事判决不服，可上诉至高等法院。

地方法院或土著法院是沙巴、沙捞越州特有的司法机构。它们拥有审理违反本地法律和习俗（包括穆斯林法及其习俗）案件的管辖权，诉讼当事人一般都是土著居民。对本地法院判决不服可上诉至本地上诉法院，该法院由一个高等法院法官主持。此外，这两个州也有民事法院、治安法院、少年法院等，管辖权限与西马一样。

马来西亚行使检察权的是政府律师。其主要职责是决定在哪级法院起诉犯罪嫌疑人，并有权提出量刑意见。马来西亚 13 个州，有 150 名左右的政府律师，他们有专门的机构、办公楼。对国家工作人员的腐败案件，由直接隶属于首相的廉政公署负责侦查。这一点与中国香港和新加坡相似，都沿用了英国法律体系。

第三节 政党与团体

政党是现代国家的产物，是获得政治权力的最主要工具。马来西亚根据宪法实行多党制的政党制度，但实际实行的并非典型的西方多党制，而是一种由几个政党联合组成政党联盟执政的制度。这种政党联盟形式最早出现于 1955 年 4 月马来亚联合邦独立前，当时的巫统、马华公会和印度

人国大党为谋求马来亚的独立成立了"马华印联盟"。1957 年马来亚联合邦独立后，"马华印联盟"即成为执政党；1965 年 4 月，为壮大力量，马华印联盟同东马两州的"联盟党"结盟，组成了"马来西亚联盟党"；1969 年 5 月，马来西亚联盟党在大选中失利后，马来西亚政府组建了一个新的政党联盟，即"国民阵线"，从此在历次大选中都稳操胜券，执政至今。国民阵线当初成立时有巫统、马华公会、印度人国大党等 10 个政党，后来政党的数目偶有增减变动，目前共有 13 个成员党。在国民阵线内部，各成员党保持相对的独立性，但受由各成员党主席组成的"国民阵线最高理事会"领导，国民阵线的主席一般由巫统主席兼任。在大选中，各成员党以共同的政治主张和竞选宣言参加竞选，以加强团结和战斗力，这使得国民阵线成为马来西亚最强大的执政党联盟。

一　政党发展简史

20 世纪 90 年代初期，马来西亚注册政党有 40 多个，其中由 13 个政党组成的"国民阵线"联合执政。马来西亚出现政党比英国、美国晚一二百年。早在英国人殖民统治期间，就有政党出现，也有类似政党的各种政治组织和团体，它们都有特定的政治诉求。但在英国人殖民统治期间，大多数政党及政治性组织的宗旨都是为争取政治、社会及经济利益的保障。在英国殖民统治时期，马来半岛政党的另一特色是与马来人、华人、印度人三大族群相关，早期成立的政党和政治组织都以族群为基础。此外，在人口集中居住的几个地区，例如槟榔屿、吉隆坡、柔佛、沙巴、沙捞越等地区，政党又具有地区特色。这些政党及组织在马来亚独立之后，就成为当今各政党的基础。

马来西亚最早成立的政党是马来亚共产党，于 1930 年 4 月成立，其余政党都是二战结束以后陆续成立的。这一时期的政党都有一个共同的特点，即与摆脱英国殖民统治、争取民族独立斗争有关。马来亚独立以后，特别是马来西亚成立后，已有的政党大多继续发展及转型，或与其他的政党整合，各个政党如雨后春笋般蓬勃发展。仅 1971～1991 年，新建立的政党就有 30 个左右，相当于现存政党的 3/5。这一阶段政党大量涌现的原因之一,是马来亚独立后,随着代议制的建立,资产阶级各派势力争夺中央或地方议席及政府职位,都得通过政党来实现。马来西亚宪法规定,中央及地方政府都是由取得联邦下议院及各个州立法议会多数席位的政党及政党联盟来组织,所以,要想夺取国家权力或在政府中有一个位置,首先自己必须是一个政党的成员。

自独立以来,马来西亚的政党经历了许多变化,其发展和制度演变主要有以下几个阶段。

第一,三大党"联盟"时期(1955~1969)。马来半岛在1955年7月举行了首次联邦立法议会选举。三个主要族群的政党在1954年成立"联盟党",并首次参加1957年7月的选举,获得胜利,因而就成为执政党。联盟中最大的执政党——巫统就成为马来亚最重要的执政党,其领导人就成为内阁总理。这一时期,三个主要政党分别代表三大族群,又正逢马来半岛争取独立建国及独立后的治国,其责任相当重要。这三个政党对内要相互团结合作及妥协,对外不仅要维护自己族群的利益,还要照顾到广大马来人的要求,在这之间很难取得平衡点。此外,三大政党还要与英国人交涉,争取马来半岛的完全独立。经过三大政党领导人的通力合作和艰苦斗争,终于促成马来亚联合邦在1957年8月31日独立。马来亚独立后,三大政党面临内部难以解决的族群问题。这一时期,三大政党在国会中获得绝大多数席位,优势明显。尽管三大政党内部也有矛盾和争议,但为了确保执政,三大政党仍是紧密联盟。此外,由于反对党仅有"泛马伊斯兰党"较有实力,且其影响力局限于吉兰丹州,对执政联盟不具有制衡的功能,因此这一时期的马来亚是联盟党独大。1963年马来西亚成立之后,原来在东马地区的沙巴、沙捞越政党,也正式成为马来西亚的政党,包括原来的政党和新成立的政党,如土著联合党、沙捞越人民联合党、沙捞越人民党、沙巴党、沙巴全民联合党、沙巴进步党、人民进步党、自由民主党等。但是这些政党在当时既没有加入执政联盟,也没有加入反对党阵营。

第二,政党激烈斗争时期(1969~1986)。1965年新加坡退出马来西亚引发两国关系紧张,尤其是1969年"5·13"事件后,执政党与反对

党的关系严重对立。"5·13"事件的导火索就是刚成立的华人政党——民主行动党和民政党获得大胜，而联盟党的得票率仅有48.5%。这引发马来人不满，进而爆发种族冲突。1970年拉扎克任总理后，为了扩大联盟党的实力，巩固统治基础，逐步与较强大的反对党联合组成中央和州政府。随后，沙巴及沙捞越的政党开始卷入西马的政治斗争，西马的政党也开始向东马扩展，试图与东马的政党有所联合或结盟。1970年，联盟党与沙捞越人民联合党组成沙捞越州政府；1972年2月，与民政党在槟榔屿组成州政府；1972年3月，与人民进步党在霹雳州联合组成州政府；1973年1月，与伊斯兰党联合组成州及中央政府，从而为国民阵线的建立打下基础。1974年6月，为适应大选需要，"马来西亚联盟党"各成员党与上述沙捞越人民联合党、民政党等政党正式成立"国民阵线"，执政至今。反对党中，民主行动党、伊斯兰党、四六精神党、沙巴团结党等有较大影响，其他政党多为影响不大或地方性的政党。由于"国民阵线"对反对党采取较严格的政策，因此在其后的几年间，反对党经常与执政党发生碰撞，在执政党的强力控制下，反对党的声势受挫。

第三，国民阵线独大时期（1986～1995）。从1986年的大选开始，执政的国民阵线开始扩大其成员，从原本的4个扩增到10个以上，在1986年的大选中，就有11个政党加入国民阵线，上述东马地区的政党大多加入执政联盟，包括土保党、沙捞越人民联合党、沙巴人民党、沙巴团结党、沙巴人民团结党、沙巴进步党、进步党、民主党等。东马的政党加入国阵，最大的好处就是可以分享执政资源，对当地的开发和建设有所帮助。由于国阵的扩大，因此在1986年、1990年、1995年的大选中，国阵的席位在国会都可以超过2/3，拥有绝对权力，可以通过法案及修改宪法。

但马来西亚反对党势力不甘示弱，特别是伊斯兰党以宗教的名义，争取广大穆斯林的支持。在这期间，以巫统为核心的国民阵线与反对派联盟"人民阵线"（曾包括民主行动党、伊斯兰党、四六精神党、沙巴团结党等）的斗争一贯激烈。20世纪80年代末，原巫统领导人拉扎利在与马哈蒂尔竞争失败后，带领部分旧巫统成员组建"四六精神党"，并加入"人民阵线"，1990 年与吉兰丹州苏丹一起，帮助伊斯兰党在大选中夺取吉兰丹州政权。原国阵成员沙巴团结党也在 1990 年大选前夕投入了人民阵线的怀抱，向政府提出严峻挑战。在这期间，反对党在 1990 年的大选中颇有斩获，民主行动党和伊斯兰党共获得 27 个国会席位，沙巴团结党成为反对党，获得 14 席。另外新成立的反对党——四六精神党获得 8 席。但当时反对党并未结盟，未对国阵构成威胁，国阵仍是独大。

20 世纪 90 年代初期，巫统主导的联邦政府对反对党阵营进行了一连串的打击，使其处境日益被动。马哈蒂尔曾拒绝伊斯兰党领导的吉兰丹州政府参加中央与州政府的联席会议，撤销对该州政府的财政补贴，劝阻外资向该州投资。1991 年政府援引内安法，逮捕了沙巴团结党多名官员，并增派军队以"防止分离主义倾向"；1992 年颁布《沙巴州木材出口禁令》，严重打击了主要依赖资源出口的该州经济，同时争取沙巴州其他政党的议员加入巫统。由于国阵势力强大，20 世纪 90 年代以来国家经济迅速发展，大多数人民坚决支持政府，政府的地位不断得到巩固，马来西亚政局基本保持稳定。1997 年东南亚金融危机爆发以来，马来西亚的伊斯兰教极端势力再度活跃，马哈蒂尔严格处置向他发起挑战的副总理安瓦尔，引起许多马来人不满，他们转而支持伊斯兰党，马哈蒂尔的威望有所下降。

第四，国民阵线面临挑战时期（1999 年至今）。从 1999 年起，马来西亚的政党制度发生重大变化，由于反对党效仿国阵，开始结盟，不再单打独斗，对国阵的压力增大。这其中的催化剂是 1998 年马来西亚前副总理安瓦尔被罢黜，引发巫统分裂。安瓦尔的妻子旺·阿兹莎与民主行动党和伊斯兰党在 1999 年的大选中组建"替代阵线"，正式与国阵对抗。反对党通过结盟，果然在 1999 年的大选中获得成果，共赢得国会 42 个席位，其中最大反对党伊斯兰党获得 27 席，并且夺取了石油资源丰富的登嘉楼州的执政权。而国阵在此次大选中获得 148 个席位，远低于 1995 年大选的 162 席，其执政地位开始受到冲击。

与此同时，政府加大对反对党的打击力度。2001 年 6 月以来，政府逮捕了多名伊斯兰极端分子，其中包括伊斯兰党领袖聂阿兹的儿子。马哈

蒂尔指责伊斯兰党支持恐怖分子。"9·11"事件后，政府怀疑他们与"基地"组织有联系，使其在民众中的支持率骤然下降，组织内部分化；并对安瓦尔势力进行坚决打击，使他东山再起的希望渺茫。2001年5月，沙巴人民正义党解散，并入巫统。2002年1月，反对党沙巴团结党重返国民阵线。2002年4月，非政府组织反对政府继续使用内安法令，政府逮捕了6人，反对党和民众数百人以绝食抗议，引起西方国家的关注。2004年，反对党在大选中遭遇严重挫折，仅赢得21席，得票率36.1%，而执政的国阵在大选中获得198个国会席位（共219席），得票率高达63.9%。在此次大选中，民主行动党并未加入"替代阵线"，主要原因是其对伊斯兰党主张建立"伊斯兰国"持不同意见。

2004年大选失败后，反对党积极调整策略，实施更多的亲民政策，并对执政党的贪污腐败穷追猛打，这使巫统的形象在民众中急剧下滑。同时，由于刚刚交权的马哈蒂尔对新总理阿卜杜拉·巴达维颇为不满，因此自2005年以来，马哈蒂尔不断向巴达维逼宫，最终致使巫统内讧，这对巫统造成了严重的影响。2008年3月，马来西亚举行全国大选，以人民公正党、民主行动党和伊斯兰党为首的反对党取得空前胜利，获得222个国会议席中的82席（占有率36.9%），得票率为46.7%；而国阵仅获得140席（占有率63.1%），得票率仅为50.27%。这是自马来亚独立50年来，国阵首次在国会中的席位未超过2/3（1969年大选除外），丧失通过重大法案和修改宪法的权力。大选后，三大反对党随即结盟，组建"人民联盟"与政府对抗。2009年4月，纳吉布上台。巫统和国阵在纳吉布的带领下开始了全新的改革。改革核心是以人民为先，重视人民的利益，全面推进改革。在"一个马来西亚"政策推动下，马来西亚民众获得了诸多实惠，纳吉布的支持率也一度飙升。但民众对巫统长期执政的不满已根深蒂固，这使得国阵在此后的大选中并未获得民众的坚定支持。2013年5月，纳吉布发起了其任内的第一次全国大选。结果国阵获得222个国会席位中的133席，而"人民联盟"获得了89个席位，比上届大选有所增加，国阵遭遇了2008年之后的再次"惨胜"。但此后朝野各党陷入激烈的斗争，"人民联盟"领袖安瓦尔因鸡奸罪于2015年初被逮捕。2015

年 6 月，"人民联盟"因反对伊斯兰党推动伊斯兰刑法而最终走向解体。同年 9 月，人民公正党、民主行动党和从伊斯兰党分裂出来的国家诚信党组成的"希望联盟"，继续与政府对抗。"希望联盟"在人民公正党主席旺·阿兹莎领导下，在国会发起了对纳吉布的不信任投票，但不信任投票动议最终未能在国会启动。2016 年 1 月，"希望联盟"在吉隆坡签署协议。在新协议下，"希望联盟" 3 党领袖同意摒弃"异中求同"原则，明确任何决定须建立在共识之上，尤其要加强在共同决策、政治团结、纠纷处理、共同政纲、大选进程、政府及反对党路线图和结盟有效性等方面的合作。

二　主要政党

马来民族统一机构（The United Malays National Organization）　简称"巫统"（UMNO）。马来人政党，其前身是成立于 1946 年 5 月 11 日的"老巫统"。当时的领导人是奥恩·加法尔（Onn Jaafar），其成立的目的是联合马来人的力量，共同反抗由英国人在 1946 年 4 月 1 日成立的马来亚联盟，争取马来人的专属权利。因此，巫统成立的主要诉求是唤起以马来人为中心的民族主义，争取在马来半岛的统治权力。巫统的政治形态和主张，是认为马来人是马来西亚的主人，应该是马来西亚的合法统治者。巫统原本并不是一个政党，而是一个政治组织。1957 年，马来亚联合邦独立后，巫统参与其中，后来成为执政党的重要一员，最终转变为现代的政党组织。

巫统的发展历程并不平坦。由于其领导人奥恩·加法尔主张巫统成员应包括马来人及非马来人，遭到多数人反对。1951 年，其退出巫统，成立"马来亚独立党"。之后，由东姑·拉赫曼接任为巫统领导人。在 1955 年选举之前，巫统内部再次分裂。分裂出去的势力成立了"泛马伊斯兰党"（后改名"伊斯兰党"）。马来西亚独立以来巫统一直是该国的主要执政党，也是全国最大的政党，20 世纪 80 年代末拥有党员 14 万人，均为马来人。1987 年在巫统举行党内领导人选举之际，时任总理、巫统主席马哈蒂尔在连任巫统主席的竞选中受到了东姑·拉扎利的挑战。巫统因此

分为 A、B 两队。A 队由马哈蒂尔领导，而 B 队由东姑·拉扎利率领，包括时任副总理兼巫统署理主席穆沙·希塔姆。马哈蒂尔最终在党选中以 43 票（761：718）的微弱优势连任巫统主席。此后，反对派提出巫统有 30 个支部并未注册，巫统被告上法庭。1988 年 2 月 4 日，马来西亚高等法院以巫统"有 30 个支部未经注册而成立"为由，宣布该党为"非法团体"，并裁决"1987 年 4 月 24 日第 38 届巫统大会及选举无效"。1988 年 2 月 13 日，马哈蒂尔立即向社团注册官申请成立"新巫统"，于 2 月 15 日获准注册。新巫统于 2 月 16 日正式成立。东姑·拉扎利则成立了"四六精神党"，与新巫统继续抗争。新巫统的党纲与老巫统的党纲没有多大区别，主要内容是维护马来西亚的主权和独立，尊重宪法和捍卫宪法所规定的基本原则，特别是关于国教（伊斯兰教）、国语（马来语）、马来人特权、马来统治者的权力等。新巫统致力于创建一个团结与强大的马来民族，继续执行"新经济政策"，促进马来人经济发展，创造一个以马来文化为主的国家文化。新巫统成立以来，大力发展党员，到 1991 年 11 月，其新老党员已经增至 170 多万人，分布在全国 9000 多个支部中。1996 年，"四六精神党"重返新巫统。1997 年，新巫统获准使用旧名"巫统"，后一直延续至今。

巫统由中央最高理事会、州联络委员会、区部（按国会选区划分）和支部 4 级组成。最高理事会成员由 25 人组成，下设 7 个工作局，即政治局、财政局、经济局、教育局、宗教局、文化及社会福利局、劳工和工会事务局。此外，还有纪律委员会、新闻与选举联络委员会等。巫统每年召开一次全国代表大会，中央机构每 3 年改选一次，选出 1 名主席、1 名署理主席（第一副主席）、3 名副主席、25 名最高理事会成员。该党所属的青年团（巫青团）和妇女组织在全国有一定的影响和活动能力，这两个机构的团长或主席由选举产生。截至 2015 年底，巫统共有党员 352.87 万人。现任巫统主席为总理纳吉布，兼任执政联盟国民阵线主席。

马来西亚华人公会（Malaysian Chinese Association） 简称"马华公会"（MCA）。1949 年 2 月 27 日成立，原名"马来亚华人公会"，马来西亚成立后改为现名，是马来西亚最大的华人政党。马华公会代表和保障华人的政治、经济、文化等利益，促进各民族亲善。其组织机构、政治纲领与巫统类似，由中央委员会、州联络委员会、区分会与分会4级组成。中央委员会下设7个工作机构，包括政治局、教育局、经济局、文化局、工农组、纪律委员会等。每年召开一次全国代表大会，中央机构每两年选一次。

马华公会的成立与对抗马来亚共产党有关。20世纪40年代，马来半岛有许多华人加入"马来亚抗日联盟"，其中有些华人领袖被吸收加入国民党的军队，有些甚至担任将军或校级军官，如陈祯禄、李孝武等，这些人后来都成为马华公会的创始人。二战后，英国人返回马来半岛，遇到马来亚共产党的对抗，于是英国人支持马来半岛的右派华人——国民党成员及其支持者组织马华公会，对抗左派马共分子。1951年，马华公会正式宣布成为政党。次年，马华公会与巫统结盟。1954年，印度人国大党加入马华公会与巫统的同盟，组建了联盟党，参加1955年大选。马华公会在此次大选后获得联盟党分配的15个席位。1955年大选后，马华公会与巫统的矛盾日渐突出，马华工会内部的分歧也公开化。1959年，马华公会领导人林苍祐因不满巫统对国会席位的分配，最终离开马华公会，于1962年成立联合民主党。联合民主党后来解散，林苍祐与劳动党领导人合作建立了民主行动党。1969年大选后，马华公会与民主行动党的矛盾左右着华人政坛，马华公会内部的权力斗争也一直持续不断。如1969年的"5·13"事件，就是因为华人对马华公会的作为不满，转而支持1966年成立的民主行动党，引发马来人的不安及妒忌，因而爆发了暴力冲突事件。1980~1990年，马来西亚政府陆续出台歧视性教育政策，华人大多认为马华公会并未力争保障华人权益，因此转而支持其他政党。马华公会因此在此后的多次大选中表现平平。1995年大选赢得30个席位、1999年赢得29个席位、2004年赢得31个席位。2004年后更是直走下坡路。2008年的大选中，马华公会遭遇空前挫败，仅获得15席。最令马华公会难堪的是，在华人较多的地区如吉隆坡、槟榔屿、雪兰莪等，马华公会都输给了反对党——民主行动党，该党实际上已经成为马来西亚华人的代言人。马华公会不得不认真考虑改革问题，比如吸收其他族群参加等，以争

取支持。2008 年大选后，由于马华公会严重内讧，内外形象受损，致使其在 2013 年大选中进一步惨败，仅获得 7 个席位。这是马华公会自成立以来最为惨烈的失败，马华公会也首次在大选后没有入阁。

马来西亚印度人国大党（Malaysian Indian Congress） 简称"印度人国大党"（MIC）。1963 年马来西亚成立以前称"马来印度国大党"。1946 年 8 月 2 日成立，20 世纪 90 年代初有党员约 55 万人，均是马来西亚印度人，自称代表马来西亚印度人的利益。其政治纲领、组织机构与马华公会近似。印度人国大党设有政治、经济、教育、组织及纪律、青年、妇女等 14 个委员会，每年召开一次全国代表大会，中央机构每两年改选一次，选出主席和署理主席等职位。所属青年、妇女组织活动不多，影响不大。印度人国大党当初成立的目的并非争取印度人在马来半岛上的权益，而是争取印度脱离英国的统治而独立。事实上，马来印度国大党是印度国大党在东南亚的分支。二战结束后，海外的印度人团结在国内的印度国大党周围，共同争取印度的独立。印度独立后，马来印度国大党的目标转向与马来人及华人合作，共同争取马来亚的独立。1954 年，马来印度国大党与巫统、马华公会共同成立"联盟党"，获得 1955 年首次大选胜利，马来印度国大党成为执政党的成员。后来又一直在国民阵线中作为执政成员之一，长期以来，印度人国大党成为印度裔在马来半岛的唯一代表。该党一方面要争取印度人的权益，同时又要注重维护马来人的特权和统治地位。由于马印国大党人数较少，其族群色彩也不如华人鲜明，因此争议和冲突都比较少。该党在过去的 30 年中只有一位领导人，他就是三美维鲁（Samy Vellu），他善于交际与谈判，在印度人与马来人之间成功地取得双方的平衡点。自 1979 年担任该党领导人迄今，三美维鲁长期领导印度人国大党，他也是该党在马来西亚内阁中最重要的代表。

新世纪以来，印度人国大党中也出现许多不满的声音，认为本党没有很好地维护自己族裔的权益。马来西亚的印度人在 2008 年的大选中转而支持反对党联盟，使得印度人国大党遭到空前挫败，仅获得 2 个席位，比 2004 年大选减少 6 席。印度人国大党的主要人物三美维鲁、两位副总会长、妇女部长及青年部长全部落选。当选的国会议员都没有内阁部长的资历，他们在印度人的社群中也不具有重要地位及影响力。因此，2008 年大选对印度人国大党是较大冲击，今后如何再度取得代表印度人的地位，将是最重要的发展及议题。2013 年大选后，印度人国大党获得 4 个席位，起色不大。

民主行动党（The Democratic Action Party） 原名"马来西亚人民行动党"，是新加坡人民行动党在马来半岛的分支，也是李光耀在马来半岛的代言人。民主行动党是在新加坡退出马来西亚后于 1965 年 10 月成立，并于 1966 年 3 月 18 日正式在马来西亚注册成为政党。党员以城市工人、职员为主，华人占 70% 左右。该党的政治主张是：建立马来西亚人的马来西亚，为所有马来西亚人争取一个更公平合理的多元种族的马来西亚，提倡政治民主、社会工业民主、经济文化民主，奉行议会民主。但目前其主要支持群体是华人，而且主要支持群众所在地区都是在华人较多的城市，包括吉隆坡、雪兰莪、槟榔屿及霹雳地区等。该党成立的背景主要是当时新加坡和马来西亚都面临纷扰不安的种族问题，民主行动党希望能通过建立一个包容各族群及尊重各族群平等的马来西亚，缓和族群的对立。因此，民主行动党的元老不仅有华人，还有马来人和印度人。当时其支持群体也有住在都会区的马来人和印度人。1969 年民主行动党第一次参加国会议员选举，就获得大胜，却引发马来人的嫉妒和愤恨，引发"5·13"种族冲突。1978 年以前，该党的势力只限于西马地区。之后在东马建立两个支部，发展成为全国性政党。党的机关刊物为《火箭报》。在 20 世纪 70 ~ 90 年代，民主行动党没有明显的发展。面对巫统的强势领导和严格控制，诸多政党发展都停滞了，甚至被迫解散或转而加入执政的国民阵线。但民主行动党始终保持反对党的地位和角色。1987 年，马来西亚政府发起"茅草行动"，民主行动党领导人林吉祥被捕，但民主行动党仍坚持积极扮演反对党角色。长期以来，民主行动党是马来西亚拥有最多国会议席、最有群众实力的反对党。在 1999 年的大选中，民主行动党表现不理想，其领导人林吉祥甚至落选。但在 2004 年的大选中他再次当选国会议员，并再度成为反对党领袖。2004 年大选后，民主行动党成为马来西亚第一大反对党。在 2008 年的大选中，反对党大胜，民主行动党赢得 13% 的选

票，并获得 28 个国会议席（共 222 席），这是民主行动党空前的胜利。2008 年 4 月，民主行动党与另外两个反对党——伊斯兰党、人民公正党正式建立"人民联盟"。大选之后，人民联盟不仅在国会议席上获得更大胜利，在各州的地方议会选举中也有不凡表现，共赢得 5 个州议会的选举胜利，包括吉兰丹、吉打、霹雳、雪兰莪、槟榔屿，因此，现在这 5 个州被称为"人民联盟州"。2013 年，民主行动党在大选中获得 38 席，成为最大反对党。民主行动党最著名的领导人就是林吉祥。他从 1969 年起一直担任秘书长职务，1999 年转任该党主席，一直到 2004 年。此后的党主席是卡巴星，他是一位马来人律师，出生于华人较多的槟榔屿，曾因 1987 年参与"茅草行动"被捕入狱，因此非常反对马哈蒂尔，同情安瓦尔，并与其结成同盟长期与政府对抗。林吉祥的儿子林冠英长期为民主行动党奋斗，2008 年其领导的民主行动党在槟榔屿州议会选举获得大胜，共赢得 19 个议会议席（共 40 席），与伊斯兰党、人民公正党组成联合政府，成为槟榔屿州的执政党，林冠英成为槟榔屿州的首席部长，开启了他的政治新历程及确定了他在民主行动党的领导地位。

伊斯兰党（Parti Islam Malaysia，PAS） 又译"回教党"，其原名是"马来西亚伊斯兰党"。其政治主张是建立一个以伊斯兰教义为主要原则的马来西亚。它的伊斯兰教义来自较传统保守的伊斯兰教经典，包括《古兰经》《圣训》等，以有别于巫统所主张的文明化的伊斯兰教义。伊斯兰党于 1951 年 8 月 23 日从巫统分裂出来后成立，曾称"泛马伊斯兰党"，后改现名。党员多为马来族穆斯林，宗教色彩浓厚。该党党章规定只有伊斯兰教徒才能加入该党。其领导人多为阿訇、伊斯兰教教师、官僚政客等，同苏丹、地主关系密切。在西马北部各州（特别是吉兰丹州）有一定势力。伊斯兰党的最初成立与 1947 年"泛马伊斯兰教会议"有关，其主要目的就是追求及保护马来伊斯兰教徒的权益，当时的巫统被认为比较温和，没有妥善保护马来教徒的权益，于是泛马伊斯兰教会议的召开，就是要团结马来人及伊斯兰教的力量。由于他们与巫统不同，意见及言论较激进，因而就在 1948 年 3 月 17 日成立"马来伊斯兰党"，后来参加 1955 年的选举时，改名为"泛马伊斯兰党"，之后于 1970 年又改名为

"马来西亚伊斯兰党"。伊斯兰党自从 1955 年参加选举之后，1974~1977 年曾加入国民阵线。1977 年 9 月，因党内发生分裂，部分领导成员另组"伊斯兰教阵线"（即"回教阵线"），不久，该党被开除出国阵，再度成为反对党，此后一直是反对党。1959~1978 年、1990 年至今，伊斯兰党在吉兰丹州成为执政党，也曾在登嘉楼州短期执政。1972 年 12 月，该党宣布同"马来西亚联盟党"组织各州联合政府。组织结构分为 4 级，与巫统相似。1992 年 8 月该党第 38 届党代会通过议案，决定在吉兰丹州实施伊斯兰刑事法。虽然执政的巫统也代表马来人和伊斯兰教，但伊斯兰党的旗帜更加鲜明，属于伊斯兰教的传统及基本教义派，所以与巫统有所区别。在 20 世纪 60~90 年代，伊斯兰党的影响虽有起伏，但其势力大多数时期局限在北部的吉兰丹州和登嘉楼州，其在联邦国会中的议席也只有一位数，少于民主行动党的席位。因此，伊斯兰党虽然成立较早，是历史最悠久的反对党，但其实力却不如民主行动党。伊斯兰党于 1999 年 11 月大选后获得吉兰丹州和登嘉楼州执政权，并取代民主行动党成为第一大反对党，当时有党员 80 万人。在 1999 年大选中，伊斯兰党与民主行动党和人民公正党共同筹组"替代阵线"，伊斯兰党在这次选举中获得空前的胜利，共赢得 27 个国会席次（共 193 席），成为国会最大的反对党，伊斯兰党的领袖成为反对党的领袖，1999~2003 年为马来西亚最大的反对党。但在 2004 年的选举中，民主行动党再次赢得较多席位，其领导人就成为反对党领袖，伊斯兰党降为第二大反对党。此后，伊斯兰党积极调整政策，转而向非伊斯兰教徒示好，表明其并非排斥其他种族及宗教，而是希望团结其他种族与宗教的人，共同追求平等与自由。伊斯兰党的努力在 2008 年的选举中奏效，在大选中其与人民公正党、民主行动党组成"人民联盟"，终于在联邦国会赢得空前的胜利。此外，伊斯兰党还在吉兰丹州获得大胜，赢得州议会 38 个席次（共 45 席），该党在吉打州和登嘉楼州的州议会选举中也大有斩获。因此，在 2008 年选举之后，马来西亚的政治局势发生重大变化，显示伊斯兰党调整政策成功。伊斯兰党目前的领导人是哈迪·阿旺（Hadi Awang），他从 2003 年开始担任该党的领导人至今。

人民公正党（People's Justice Party） 前身是国民公正党，1999 年 4 月 4 日成立，前副总理兼财政部长安瓦尔的夫人旺·阿兹莎（Wan Azizah wan Ismael）任主席，宗旨是：联合各政党和非政府组织的力量，抗衡执政党的势力，争取公正；主要诉求是反贪污及追求社会公益。旺·阿兹莎于 2003 年将国家公正党改组，并与马来西亚人民党共同筹组成立"人民公正党"。国家公正党在成立后就参加了 1999 年的大选，并获得了 5 个国会议席（得票率 11.67%），若与其他两个反对党的总得票率计算，3 个反对党在当时所组成的"替代阵线"中共获得 40.21% 的得票率，成绩显著。尽管在 2004 年的大选中，由于选区的划分不公平，造成改组后的人民公正党仅获得一个国会议员的席位，但人民公正党所带动的反对势力已经成气候，并在 2008 年 3 月的大选中获得更大胜利，人民公正党一举获得 31 个国会议席，成为拥有席次最多的反对党，其党魁成为反对党领袖。自 1999 年筹组"替代阵线"到 2008 年成立"人民联盟"，人民公正党、民主行动党、伊斯兰党已经形成一个有实力的反对党联盟，其意识形态是反对 1971 年的"新经济政策"，并主张推行一个没有种族歧视的经济政策，这个政策赢得了华人与印度人的好评。所以，尽管人民公正党是以马来人为基础，但近年也积极吸收非马来人精英加入该党，特别是华人和印度人，以强化其超越种族的立场。此外，人民公正党大本营虽然在西马，却也在东马积极扩展势力，而且已经有所收获，对执政的国民阵线构成相当大的威胁。

马来西亚民政运动党（Malaysia People's Movement Party） 简称"民政党"。1968 年 4 月 15 日成立，由"统一民主党"和部分"马来亚劳工党"党员联合组成（马来亚劳工党成立于 1952 年，1958 年曾与人民党合组社会主义阵线，1965 年 12 月分裂，1969 年后被当局查封，1972 年停止活动）。20 世纪 90 年代初有党员 16 万人，成员以华人为主，是一个有影响力的政党。党纲强调非种族性、温和社会主义、宪政民主三项基本原则，主张建立一个为全体人民服务、民主、和睦、团结的马来西亚。该党在槟榔屿有较大的势力和影响。1969 年，该党在槟榔屿立法议会获得多数席位，组织州反对党政府。1972 年与"马来西亚联盟"在该州组织联合政府。1974 年参加"国民阵线"。民政党每年召开一次常年代表大会，中央机构每 4 年改选一次。

人民进步党（People's Progressive Party） 1953 年成立，原名为"霹雳进步党"，1955 年改现名。该党是多民族政党，在霹雳州有一定势力，曾组织过该州政府。主张中立并同一切不同社会制度的国家建立和发展友好关系，每个公民都有平等的权利等。1972 年 5 月，该党与马来西亚联盟党在霹雳州组织联合政府，1974 年加入"国民阵线"。

沙捞越土著保守联合党（Parti Pesaka Bumiputera Bersatu Sarawak） 1973 年 1 月 5 日由原土著党和保守党合并而成，后加入国民阵线。党员主要是达雅克族和其他土著民族。该党主张保卫和维护沙捞越土著民族的利益，促进沙捞越各民族间的亲善和睦，代表土著民族中贵族及地主的利益。

沙捞越人民联合党（Sarawak United People's Party） 1959 年 6 月 4 日成立，参加该党的既有华人和其他土著民族的工人和农民，也有资本家和政客。成立初期的奋斗目标是反帝、反殖，争取沙捞越独立，或通过与文莱、沙巴联合争取独立。曾一度反对成立马来西亚。马来西亚成立后，成为该州的反对党。1970 年在中央和地方议会选举中，该党改变主张，表明支持成立马来西亚，但对联邦政府的组成办法仍予以保留，主张自行决定州的事务。1970 年与沙捞越联盟党联合组织州政府。1974 年加入国民阵线，成为马来西亚的执政党之一。

沙捞越国民党（Sarawak National Party） 1961 年 4 月 10 日成立，成员多为伊班族，成立初期，反对沙捞越加入马来西亚。1962 年改变主张，转为支持马来西亚。党主席宁甘是"沙捞越联盟"的创始人之一。1966 年 7 月因与中央政府发生冲突，宁甘被免去州首席部长职务，于是该党愤而退出执政联盟，成为州内的反对党，在州内有较大影响。1970 年和 1974 年分别在州议会获得 12 和 18 个议席，一度成为州议会中最大的反对党。1976 年 3 月 21 日，该党又宣布重新参加国民阵线。1983 年以来，该党领导层发生派系斗争，有的宣布退党另组其他政党。

沙捞越达雅克族党（Sarawak Dayak People's Party） 1983 年成

立，领导成员多是当年退出沙捞越国民党的要人。1984 年 1 月宣布加入国民阵线。1987 年 3 月，沙捞越州 3 个国阵成员党（土保党、人联党和国民党）的领导人召开"国阵联委会会议"，并通过决议，将达雅克族党开除出该州的国阵，从而使达雅克族党成为该州的一个反对党，却仍是马来西亚国民阵线的一个成员党。

沙巴民族统一机构（United Sabah National Organization） 简称"沙统"。1961 年 12 月 24 日成立，党员以伊斯兰教徒为主。该党的宗旨是：通过加入马来西亚而争取沙巴独立，捍卫并实现沙巴各民族特别是土著民族的特殊地位。维护和加强沙巴各民族的友好关系，维护沙巴的风俗习惯和文化，主张宗教自由，建立、保卫议会民主政府的基本原则，支持和捍卫联合国宪章。1962 年沙统和沙巴华人公会以及马印国大党联合组成"沙巴联盟党"，成为沙巴州执政党。1974 年 6 月加入国民阵线。1975年沙统内部发生分裂，部分领导成员另组人民团结党。1975 年，沙统对修改国阵的章程等问题持有异议，宣布退出国阵，1976 年又重新加入国阵，1984 年 5 月 17 日，国阵最高理事会再次把它驱逐出国阵，1986 年 6月 14 日又被重新接纳为国阵成员。1986 年 11 月 29 日，沙统举行特别代表大会，通过决议，"决定解散并与巫统合并"，"把巫统的势力扩展到沙巴"。1990 年 10 月，沙统再次决定并入巫统。沙统领导人都是当地有名的大资本家、大地主及其代表人物。

沙巴团结党（Parti Bersatu Sabah） 1985 年 3 月 5 日注册成立，是以卡达山人为主的多民族政党。创始人都是当地执政的人民党领导层中的退党分子。该党一成立，即于同年 4 月参加沙巴立法议会议席选举，并取得多数党席位（25 席），从而取代人民党成为沙巴州的执政党。后在历届国会及地方议会议席普选中，该党都取得压倒多数席位。1985 年 4 月在沙巴州选举中获胜，并组织了州政府。1985 年 4 月 22 日，该党申请参加国民阵线，1986 年 5 月被吸收。由于与马哈蒂尔为首的中央存在严重的政治、经济矛盾——因提出增加州政府石油收入、在州内建立电视台和设立大学等要求被中央政府拒绝，于 1990 年 10 月 15 日大选前夕退出国阵，加入反对党阵线。该党提出恢复沙巴权益，包括索回目前是联邦直辖区的布拉安岛（即纳闽岛），检讨石油分配权益，实现"马来西亚协议书"的条文和精神，反对巫统渗入沙巴等。1994 年 1 月，该党在州选举中以微弱优势获胜，继续执掌沙巴州。稍后因内部矛盾导致许多州议员跳槽国阵或自组政党，沙巴团结党失去执掌州政权所需的多数议席，州政权重回国阵手中。1999 年 3 月，沙巴团结党在沙巴州选举中失利，国阵蝉联执政。2001 年 11 月，团结党最高理事会通过决议，申请加入国阵。2002 年 1 月，国阵同意接纳沙巴团结党。

伊斯兰教阵线（Pan – Malaysian Islamic Front） 又称"回教阵线"。由 1977 年从伊斯兰党中分裂出来的领导人筹组，1978 年获准注册成立，成员多是马来族伊斯兰教徒。党的纲领是为了"改变马来人，特别是吉兰丹州马来人的命运而建立一个坚强的政治中枢"。主张土著在国内拥有政治权利，团结所有马来人，实现伊斯兰教团结和纯洁的原则，建立防共堡垒。该党主力在吉兰丹州。1978 年在州立法议会选举中击败伊斯兰党，与巫统联合组织州政府，1980 年 3 月参加国民阵线，1986 年，因不满国阵中央的有关安排，抵制该年大选。1989 年 5 月 28 日，该党宣布退出国阵。

四六精神党（Parti Melayu Semengat 46） 由前巫统领导人拉扎利、拿督·拉益士耶汀（前外长）等人筹组，1989 年 5 月 5 日获准正式成立。该党宣称以 1946 年成立的巫统党纲基本精神、斗争宗旨、组织与活动原则为准绳，发扬巫统的光荣传统。20 世纪 90 年代初，有党员约 80 万人，都是马来人。1990 年该党参加国会和地方议会普选，分别获下院和西马各州议席 8 席和 19 席，并同伊斯兰党联合组织吉兰丹州（反对党）政府。为适应未来同国民阵线夺取中央和地方权力斗争的需要，该党于1990 年 10 月同民主行动党、印度人进步阵线、大马人民党、哈民党、大马印裔回教徒大会党、大马统一党的领导人协商筹组"人民阵线"。1992年 4 月 28 日，"人民阵线"获准注册成立。1993 年 7 月 27 日，该阵线召开首届会议，委任四六精神党主席拉扎利为"人民阵线"主席，7 个成员党的主席担任副主席。署理主席为拿督·拉益士耶汀，秘书长是拿督·苏海米·卡玛鲁汀。

三 政治体制的特点

第一，社会精英主导政治，使理性温和成为政治主流。马来西亚政局与东南亚其他国家相比，之所以总体上保持平稳，一个重要原因就是在马来西亚政坛上始终聚集着一批受过英式教育的社会精英。这批社会精英通过各种渠道聚集在文官系统内，逐步参与和塑造了马来西亚的政治生活。自1955年的首次大选后，英国殖民当局在马来亚的统治开始具有一些民主形式，主要表现为一些马来亚政治活动家开始崭露头角，并逐步成为一支新的政治力量，但英国殖民当局依然对这些精英的政治参与有种种限制，以保证使原有文官能有更大的权力。这种政策执行的结果是英国式的精英主义成为马来亚最重要的遗产，而且这种观念上的遗产比其他任何一种英式的遗产都更为强烈和持久。这种精英主义主要包括强调马来亚精英的身份并保留他们的社会地位和特权。由于这批精英有群众基础并有众多的追随者，所以他们对稳定马来西亚的政局、平衡负面影响、执行更加中庸温和的政策发挥了巨大作用。

马来西亚政治精英在很大程度上不仅影响着政府的决策，也改变着政治结构。文官系统的官员是马来西亚政治精英的一部分，因为他们的观点和愿望通常极大地影响着政府的决策。政府中永久性的秘书和各部部长的秘书熟知政府整个结构和工作的相关知识，而主要的助理秘书或类似的人员由于具有提供决策的必要技术和行政经验，因而他们的政策建议最终会成为实际的政策。在执政党与反对党之间，政治精英事实上构成了马来西亚政坛上的第三股势力，而其巨大的影响力则在无形中平衡着执政党与反对党之间的冲突和矛盾，使各种政治力量的斗争不至于由于一方的过于强大而破坏"政治游戏规则"。

第二，政党结成"生存共同体"，以联合执政的方式维系政党的生存。在独立之初，马华印联盟只包括巫统、马华公会与马印国大党；1969年以后，执政党联盟开始逐步扩大执政基础，在更名为国民阵线后，吸收了10余个相对独立的政党加盟。这就使其具有相对广泛的社会基础。当然，巫统与新巫统始终在联盟党或是国民阵线中起主导作用。这种联盟的执政党性质使其不能根本改变宪法的民主结构，同时也不妨碍其高效、统一地行使联邦政策。

第三，经济发展对政治的取向影响非常明显。经济发展所引起的社会变化应能构成一个坚固的支持民主政治机构的社会基础，不断增长的财富和日益复杂的阶级构成十分有利于民主的进程。但从另一种角度看，这种巨大的变化对于政治的发展影响明显。只有一个具有强大权威的政府，才有可能控制社会因急剧发展所引起的族群关系紧张并消除大众对经济现状的不满，提供一个相对安定的社会环境。在一个拥有多元种族的社会中，只有一个强有力的政府才能更加有效地缩小发展差距，也更能维护社会的安定。马来西亚在其发展的最初阶段，也就是从独立开始的将近 20 年的时间内，经济发展并没有带来预期的社会稳定与民主政治，因为经济发展的成果大部分被外国的投资者和华人所获得，而马来人为主的乡村地区并没有从这种发展中得到多少好处，这是造成 1969 年骚乱的主要原因。马来西亚政府在 1969 年以后采取的"新经济政策"就是为了提高马来人在经济发展过程中的受益份额，减少与其他族群的差距。新经济政策从长远的角度看是为了减少社会冲突，取得真正的社会和谐。这种政策具有长远的好处，但从短期来看，客观上对其他种族的既有利益形成挑战，但是其他族群终究会认识到这样做符合各族群和谐相处的长远共同利益。

第四，在民主和威权之间寻求平衡，形成具有本国特色的民主机制。由于延续自殖民地时代的文官系统的存在，马来西亚的政治发展具有一种半民主化特点。马来西亚宪法规定国家事务需照章办事。马来西亚最显著的政治特点就是反对派的合法存在。在大多数发展中国家，政治上的反对派很难具有真正的政治活动力，但在马来西亚，反对派尽管没有执政的可能，却能够长期合法存在，并具有比较广泛的政治影响力，这是伊斯兰教世俗化和民主化后的显著特征，也是马来西亚政治体制的成功之处。尽管国民阵线政府采取了一系列措施来巩固地位，但整个制度根本不可能转向完全的专制体系。以国民阵线为首的执政党联盟的确能够保证选举胜利，但反对党势力也在不断增长。他们已经能够获得大约 40% 的选票，在1989 年巫统分裂后，反对党在 1990 年的大选中获得了 47% 的选票。在州

一级的选举中，执政党的失利也是常见的事。更何况国民阵线只是一个选举联盟，其对内部的控制并不稳定，各个政党之间经常展开竞争。这使马来西亚政治制度向更加威权的方向发展成为不可能的事情。

第五，多元种族社会决定了各族群之间只能合作、协商和妥协。虽然马来人控制着政府，却不能忽视其他种族的利益。政治制度本身也鼓励种族之间合作。如在与伊斯兰党进行竞争时，巫统不得不依靠非马来人的选票才有可能获得多数。由于一些极端的马来人政党争夺马来人选票，巫统已经意识到只有与国民阵线的其他政党保持合作，才有可能保持执政党地位。执政联盟的这种性质，使其内部不可能具有一种绝对一致的力量来推行专制政策。这样，巫统在执行偏向马来人的政策时，也会在一定程度上考虑非马来人的利益。

第六，政治运作反过来对经济和社会发展也有明显的影响。急速的经济增长往往加强政府的执行力，而各种族关系的紧张也可以加强这种趋势，以便政府能够保持社会安定。政府的行为仍然受少数民族社会和中产阶级的制约，商业阶层作为一种平衡性的力量，仍然发挥重要作用，而华商的力量在马来西亚社会中仍处于重要地位，马来人的商业阶层在很大程度上依附于政府。因此，马来西亚的政治体系屈从于同时产生的民主与威权的压力。一方面，政府保持着强大的权力以维护马来精英的权力和政治稳定；另一方面，政府也同时面对着社会的各种平衡制约力量，因而不能够为所欲为，定期举行的选举，也使政府时时感受到来自民众的压力。因此，在马来西亚的政治体制中，威权和民主并不是对抗性的，而是相互补充和支持的，这是马来西亚成功的经验之一。

马来西亚的政治发展是否最终还会向着更加民主化的道路前进是令人关注的问题。第三世界发展的一般规律是，经济发展推动了社会发展，而社会中产阶级力量的增强使得他们不断提出民主的要求，并最终促使整个社会的政治体制发生变革。如果马来西亚按这种规律运行，它可能会逐步走向更加开放、民主、中庸的社会。尽管最后的发展趋势尚无法准确预测，但马来西亚的经验至少向我们证明，一个以权威和民主相结合的政治体制，是能够既保持经济高速发展，又维护社会和谐的，因为这种体制比单纯的独裁或民主的体制具有更大的弹性和自我纠错能力，未来马来西亚的政治制度将是一个能够让社会各阶层、族群的利益得到公平和有效表达的政治形式，是一个能将整个社会联结在一起的黏合剂，那时，马来西亚的民主在东南亚地区的意义和作用就值得重新审视和评估。也许，这种"管理型的民主"才更适合东方国家的国情，从这个角度看，马来西亚的政治发展在地区乃至世界都具有某种积极的普遍意义。它表明发展中国家的发展，不仅在工业化方面会形成和西方发达国家不同的特点，而且在政治方面也会形成自己的独有形态，这种形态可能仅是一种过渡形式，但它可以作为一种文明形态长久地延续下去。它不会对民主的基本原则提出严峻挑战，而只会用自己的方式证明：工业文明和人类社会的和谐，可以通过完全不同于西方的途径实现，西方的模式并不是一切民族都必须机械效仿的模式。事实已经证明，人类的文明是一种多元文明的并存，伊斯兰文明和现代文明可以一体化共存，而由发展中国家在现代化过程中所创造出的政治模式，非但不会激发所谓"文明的冲突"，反而会促使 21 世纪的人类社会更加丰富多彩、和谐安康。

第四节　主要政治人物

一　马哈蒂尔

敦·马哈蒂尔·宾·穆罕默德于 1925 年 12 月 20 日生于吉打州，曾就读于阿卜杜勒·哈米德苏丹书院。日本侵占马来亚期间，曾经营咖啡、水果摊档。1947 年进新加坡爱德华七世医学院深造。1953 年在新加坡马来亚大学医科毕业，获医药及外科学士学位，曾任伊斯兰学生会主席。1953～1956 年先后在槟榔屿、吉打州和玻璃市州医院当医生。1954 年参加巫统。1957～1964 年开私人诊所。1964 年当选国会议员。1965 年任马来西亚驻联合国代表。1965～1969 年任巫统最高理事会理事。1968 年任第一届高等教育委员会主席。在 1969 年大选中落选，并被指责违反巫统党纪而被开除出党。1972 年 3 月恢复巫统党籍，6 月再次恢复巫统最高理事会理事职位。1973 年当选巫统副主席。1976 年 3 月出任副总理兼教育部长。1978 年 1 月改兼贸易和工业部长，同年 9 月当选巫统署理主席。1981 年 6 月当选为巫统主席，同年 7 月 16 日出任第四任总理兼国防部长，2003 年 10 月退位，执政 22 年。马哈蒂尔的治国思想主要有以下四个方面。

第一，维护马来人的特殊政治地位和经济利益。1981 年上台后，马哈蒂尔一直致力于改变马来族群的思维和精神，提升教育和经济水平，规定大学里马来学生比例须占 55%，续推"新经济政策"，拟通过缩小城乡及种族差距，推进全民团结和发展经济。在马哈蒂尔统治下，马来西亚各种族经济发展不平衡的现象得到纠正。到 20 世纪 90 年代初期，马来人在企业中的股份大幅增加，并出现了一大批马来人大企业家；马来人子女上大学已成为普遍的事。但马哈蒂尔也经常教育马来人，不要只是依赖政府的优惠政策，要保持和发扬刻苦学习、勤奋工作、诚实守信的精神，努力学习现代化科技知识，迎接全球化和信息科技的挑战。

第二，推行温和的华人政策。进入 90 年代，马哈蒂尔提倡推行"新发展政策"，增加华人在政府职位中的比例，鼓励公平竞争。针对国内长期存在的民族问题，马哈蒂尔多次强调马来西亚是一个多种族和多元宗教的国家，必须促进全民团结，才能使国家繁荣昌盛；呼吁各族人民相互尊重，以"容忍"的精神来实现国家发展目标。同时，政府也鼓励华人发展经济，吸收华裔政党马华公会入阁，允许华人学校、华文报纸和电视存在，对华人的合理要求做出不同程度让步，政府决策时也能考虑到所有种族、宗教团体的利益，因此华人也长期支持政府。

第三，重视社会稳定，提倡维护亚洲价值观。马哈蒂尔认为政治稳定是发展经济的前提，主张把一切不利于社会安定的不良倾向消灭在萌芽状态。他认为西方的现代化国家存在许多弊端，反对全盘西化，主张发展经济的同时保留亚洲价值观。因此，他对社会上出现的自由化倾向和不稳定因素保持高度警惕，不断采取强硬措施巩固政府地位，维护社会稳定。他主张建立廉洁高效的政府，消除官民对抗现象，要求巫统成员密切联系群众；加强对报纸电视等机构的管理，控制新闻报道等；及时平息党内出现的分裂、学生上街示威等不稳定迹象等。

第四，把发展经济作为治理国家的首要目标。1990 年，马哈蒂尔提出伟大的经济发展纲领性规划"2020 宏愿"，欲使马来西亚成为"全面发达国家"。具体目标是：国内生产总值每 10 年翻一番，年均经济增长率达到 7%；2020 年时人均国民收入达到 1.2 万美元。但 1997 年亚洲金融危机的爆发，打破了马哈蒂尔的宏伟梦想。但他拒绝国际货币基金组织（IMF）的有条件的援助，积极进行经济自救，收到明显效果。其经济政策包括四个方面。一是扩大制造业基础，优化经济结构。马哈蒂尔提倡改革和调整落后的工业结构，大力发展重工业，建立了炼钢和水泥等产业，以及完整的电子工业体系和以汽车制造业为核心的工业体系。同时鼓励外向型产业的发展，实现出口市场多元化；推动国有企业私营化，大力发展私有企业；大力发展旅游业，扩大国外旅游市场；改善投资环境，大规模引进外资。他还亲赴世界各国推销产品，签订了大批的销售合同，被称为"国家头号推销员"。二是重视发展信息科技产业，大力引进科学技术。马哈蒂尔提议创建了著名的"多媒体超级走廊"，与美、日等跨国公司合作开展电子出版、软件开发、国际网络等服务。马哈蒂尔重视科技引进和改进，同时立足改造企业，改革科研体制，以适应大量引进高科技的需要。他还鼓励中小企业采用高精尖技术，逐步带动国家主要产业从劳动密集型转向技术密集型。三是重视农村经济的发展，提高人民的生活水平。他在发展工贸方面对农村进行大幅度政策性倾斜，把经济发展重点放在农村，以农村为依托推进工业化，进而达到消除贫困、全面振兴国家经济的目标。1997 年金融危机后，政府拨款用于增加人民收入、提高教育水平及建设民宅。四是维护经济自主权，实行经济自救措施。1997 年金融危机爆发后，政府最初也采纳 IMF 的建议，提高利率，紧缩银根，整顿金融市场，成立专门机构清理银行债务，但未见成效。1998 年 7 月，马哈蒂尔亲自挂帅，放弃与 IMF 的合作，开始实行自救的经济复苏计划。自1998 年 9 月 1 日起，他又实施有选择的货币管制政策，将美元对林吉特的汇率固定在 1:3.8。

外交方面，马哈蒂尔对外提倡独立自主、反霸自强精神、树立国际正义形象，积极开展经济外交和东盟、亚太外交政策，倡导中立和不结盟，大力推行向日本学习的"向东看"政策，谋求成为第三世界的代言人。其外交思想主要有以下特点。一是推动东南亚一体化进程，力争在地区事务中发挥作用。马哈蒂尔主张推动东盟自由贸易区的建立，提出建立"东亚经济集团"和"东亚经济核心论坛"等理念，促进地区经济一体化。反对西方干涉东盟事务，积极推动越南、老挝、柬埔寨、缅甸等国加入东盟；不断加强与东盟国家的双边合作，力争在地区事务中发挥重要作用。二是提出"向东看"政策，积极加强与日本的经济合作。马哈蒂尔对日本的经济发展经验推崇备至，多次赞扬日本、韩国、中国台湾人的工作精神及管理经验，积极提倡向他们学习，以促进马来西亚经济腾飞。他几乎每年都要到日本访问，并希望日本在亚洲政治事务中发挥重要作用。1997 年经济危机爆发后，马哈蒂尔亲自到日本求援，但对日本经济长期衰退、在经济危机中未能发挥作用深感失望。马哈蒂尔还提倡加强与欧美等发达国家的经济联系，积极吸引西方国家外资，并向这些国家推销马国产品。三是关注中东局势，支持伊斯兰国家的反美斗争。马哈蒂尔密切关注中东国家局势，积极发展与其他伊斯兰国家的关系。他坚决反对南非的种族隔离政策，呼吁巴勒斯坦人应受到公平的待遇，反对美袭击伊拉克。20 世纪末，他多次提醒伊斯兰国家避免"进行相互残杀"和迫害，表示可派维和部队去波黑地区，认为马来西亚有责任对同胞"履行责任"，保护世界其他国家的伊斯兰教徒，认为美"为阻止塞军在科索沃进行人权迫害而轰炸南斯拉夫是正确的"。四是大力发展对华关系。马哈蒂尔反对将中国视为地区安全的"威胁"，指出中国的崛起是必然趋势，马中关系的进一步加强对东南亚局势稳定有重要意义；世界经贸的重心将转移到亚太地区，中国的作用是不可忽视的；马中都是发展中国家，在政治上有许多共同利益。因此他主张积极与中国发展政治经济合作关系，1985 年以来，他多次访华，与中国签订了多项重要的政治经济合作协定，希望和平解决南中国海争端。五是反对西方霸权，敢于向发达国家的不合理行为做斗争。马哈蒂尔是一位激进的反殖民主义者，他对西方价值观念的影响始终保持警惕，多年来经常批评西方国家在政治、经济、文化等领域对发展中国家一些不公正的做法。特别是在人权、贸易壁垒等问题上，他立场鲜明，强烈反对西方一些国家的霸权主义行径，被许多国家推崇为"第三世界的英雄"。1997 年金融危机爆发后，马哈蒂尔对西方金融投机家兴风作浪进行猛烈抨击，指出这是新殖民主义行径，因此他在西方政界和媒体眼中是个极端的民族主义者。他还指责美国"妄图以东帝汶独立来分裂印尼"，反对澳大利亚在东帝汶独立的事件中"指手画脚"，批评联合国在东帝汶问题上表现得"无能"。2001 年"9·11"恐怖袭击发生后，美国发动阿富汗战争，马哈蒂尔认为美国对伊斯兰国家采取武力报复行动"无济于事"。

二 阿卜杜拉·巴达维

敦·拿督·斯里·阿卜杜拉·艾哈迈德·巴达维，1939 年 11 月 26 日出生于马来西亚槟榔屿威斯利省一个颇有名望的伊斯兰教家庭。祖父惹兰·阿卜杜拉·艾哈迈德·巴达维是著名的乌里玛（穆斯林学者或宗教、法律权威），在当地伊斯兰信徒中有"圣嘴"之称，至今其家乡仍有一条道路以他的名字命名。父亲艾哈迈德·巴达维是巫统的创建者之一，曾亲手创办武吉参丹伊斯兰教中学。巴达维从小就受到严格的家庭教育，长期的乡村生活使他从小懂得节俭，为赚取零用钱，经常与小伙伴到村子附近的山间采摘山果并挨户兜售。小学毕业后，巴达维就读于其父亲创办的伊斯兰教中学，接受严格的伊斯兰教育。1960 年，巴达维以优异成绩考入马来亚大学深造，主修伊斯兰教，后获得伊斯兰教学士学位。

从 1964 年大学毕业至 1981 年，巴达维历任公共服务部助理秘书，总理府国家行动委员会助理秘书，文化、青年与体育部总监及副秘书长，联邦国土部秘书及副部长。1981～1999 年，先后出任总理府部长、国防部长、教育部长、国家经济执行委员会副主席、外交部长等要职。1999 年 2 月，被正式任命为副总理兼内政部长。同时，其党内职务也一路飞升，从 1978 年首次参选国会议员开始，先后任巫统卡帕拉—巴塔斯支部负责人、伯尔丹地区支部负责人和最高理事会委员，并于 1987～1990 年、2000～2003 年，两度出任巫统副主席。2002 年 6 月 22 日，马哈蒂尔宣布辞职，

并表示将把权力交给巴达维，随后巫统最高理事会接受了其辞呈，并将交班时间确定为 2003 年 10 月 25 日伊斯兰教会议组织峰会之后。2003 年 10 月巴达维接任总理职务后，带领巫统和国阵在 2004 年的大选中获得空前胜利，国民阵线在国会的 220 席位中，共获得 198 席（占 90%），国民阵线得票率为 63.9%。2008 年 3 月大选后，巴达维领导的国民阵线受到较大冲击，致使其在 2009 年 4 月交权于纳吉布。

受伊斯兰教温和派教义和马哈蒂尔"维护发展中国家权益"等思想的影响，巴达维的施政理念崇尚种族平等、国家团结和维护本国的发展权。在内政问题上，他认为马来西亚是一个多元种族社会，各种族和平共处、共同分享国家权力是国家及政党成功的基石，因此必须根据自己的国情决定国家政策，反对伊斯兰党关于"建立单一伊斯兰教国家"的主张和西方无限制的政治自由化，认为那样做只会造成国家混乱，民族分裂，人民生活水平倒退；在经济方面，主张吸取金融危机教训，对自由经济加以限制，以经营"马来西亚有限公司"理念处理经济问题，"使国有经济和私有经济在必要的监督下，共同分享自由市场带来的好处"；在国际事务中，认为必须维护发展中国家的权益，国与国之间应在国际法的框架下解决存在的争端，反对使用武力或以武力相威胁。巴达维对伊斯兰教极端势力持反对态度，认为他们的主张和行为背离伊斯兰教的宗旨，是对伊斯兰教义的亵渎。巴达维对马中关系相当重视，从政多年来他多次访华，并曾在担任外交部长期间主持过对华经贸谈判工作，熟悉对华事务，对中国政府和人民抱有友好的感情。对于西方一些国家别有用心地抛出"中国威胁论"，巴达维认为中国的发展"不具有军事、政治和经济威胁"，相反为本地区发展提供了良好的契机，为东亚经济注入了新的活力，中国的经验值得马来西亚学习。

三　纳吉布

拿督·斯里·纳吉布·敦·拉扎克，1953 年 7 月 23 日出生于马来西亚彭亨州，系彭亨王室成员四贵族之一，其父是马来西亚第二任总理拉扎克，姨父是第三任总理侯赛因·奥恩。1976 年，父亲去世后，纳吉布

"代父从政"，23 岁便涉足政治，成为马来西亚历史上最年轻的国会议员。同年，纳吉布当选巫统青年团（巫青团）北根分部主席和巫统执行委员会委员。马哈蒂尔时期，纳吉布开始进入巫统高层，1981 年当选巫统最高理事会成员，1982 年成为巫青团副主席，6 年后出任主席。1993 年，纳吉布当选巫统副主席，步入政治生涯高峰期，并于 1996 年和 2000 年两度蝉联。2004 年，在前总理阿卜杜拉·巴达维的支持下，纳吉布当选巫统署理主席。2009 年 3 月 26 日，纳吉布接替巴达维执掌巫统，4 月出任第 6 任马来西亚总理，2013 年大选后连任。

纳吉布早年在吉隆坡圣·约翰学院完成小学和中学教育，后赴英国留学。1974 年毕业于诺丁汉大学，获工业经济学学士学位。毕业后回国，先后就职于国家银行和国家石油公司。纳吉布自小深受西方教育熏陶，思维开阔。担任部长期间，纳吉布敢于把握时机实施改革，先后推行国民体育政策，举办东南亚运动会；倡导国防现代化，购买先进军事装备；推动教育产业化，主张与国外联合办学。担任总理后，纳吉布又掀起大规模政治、经济改革，重现"马哈蒂尔主义"。

第一，改变巫统独大格局，建立高效、亲民政府。纳吉布上台后，提出建立"一个马来西亚、以民为先、以表现为主"内阁，展现马政治"新思维"。主张种族团结，强调各种族相互尊重与信任，不让任何一个民族掉队，改变马来人优先的种族政治格局；倾听民意，关注民生，消除贫穷，提高全民实际收入，让全民参与国家政治进程，扩大全民讨论空间及平台。承诺政府将修改 40 项重要法令，让权益回归人民；政府不可滥权，要用实际行动满足人民要求，特设绩效制评估、总理府部长监督、总理亲自审查的新政府行政监督机制。

第二，采取多项措施应对经济衰退。一任期间，设立经济顾问理事会。该理事会直接向纳吉布汇报，负责向政府提供独立及客观的专业咨询服务，以克服经济危机；任命经验丰富者掌管财经官职。财政部推出刺激经济配套网站，民众可在该网站查询前两次经济刺激计划的执行程度，监督政府财政，提供咨询意见。二任期间，纳吉布又在诸多反对声中实施"消费税"，对增加国家收入起到重要作用。在 2015 年政治斗争最激烈的

马来西亚

时刻，纳吉布又果断改组内阁，撤换重要部门的经济官员，让更可靠的亲信掌管经济，稳定国家经济发展。

第三，缓和民族情绪和种族矛盾。宣布撤销对反对党主管的当地两家新闻刊物的停刊令，缓和反对党对抗情绪，争取马来人支持；与此同时，宣布释放13名根据内安法逮捕的疑犯，并称政府将对内安法进行全面审查，这是马来西亚首次对颇有争议的内安法进行反思检讨，获得民众好评。此外，新政府撤销了30%的土著股权限制，以吸引更多投资、专才、技术及制造就业机会。为此，政府开放了27个服务业次领域，规定外商在马投资可独立持一定比例的股份。同时，纳吉布还多次表示将对保护马来人权益的新经济政策实施改革。

四　安瓦尔·易卜拉欣

安瓦尔·易卜拉欣，1947年出生。20世纪60年代，安瓦尔是马来亚大学的学生领袖，当时已表现出领导才华。1971年创立"马来西亚伊斯兰教青年运动"组织，1972～1976年担任"马来西亚多元种族青年理事会"主席，1974年担任"马来西亚伊斯兰教青年运动"主席。1971～1979年，安瓦尔以"愤怒青年"的形象崭露锋芒，甚至马哈蒂尔的著作《马来人的困境》也成为他批判社会的重要参考。1981年，马哈蒂尔接替侯赛因·奥恩，成为马来西亚第四任总理。1982年全国大选前一个星期，马哈蒂尔宣布安瓦尔这名前"马来西亚伊斯兰教青年运动"的领袖加入巫统，这也为他铺下一条步入政坛的康庄大道。

加入巫统后，安瓦尔立即参加大选，攻下槟榔屿唯一的伊斯兰党堡垒区——峇东埔国会选区，随后被委任为总理府副部长。1982年9月，安瓦尔在巫青团团长职位竞选中，以183票对173票击败原任团长拿督·苏海米，当选团长。1983年，他被委任为文化、青年及体育部长；1984年出任农业部长。同年，他再度竞选青年团团长时，以压倒多数的票数再次击败苏海米。1986年巫青团再次改选，安瓦尔又一次以压倒性多数票击败对手赛哈密。同年，安瓦尔出任教育部长。由于巫青团长是巫统当然的副主席，这使他更加接近权力核心。在1987年党选中，安瓦尔放弃巫青团长一职，改为竞选副主席。他和阿卜杜拉·巴达维、旺莫达当选为副主席。1990年，安瓦尔成为得票率最高的副主席。1993年巫统党选，最引人瞩目的是署理主席职位的竞选。最初安瓦尔宣布不会挑战原任署理主席嘉化巴巴，但是基层党员要求他竞选。结果，以安瓦尔为首的"少壮派"阵营横扫大部分高职，包括署理主席、三个副主席及巫青团长职位。1993年12月，安瓦尔出任副总理。

　　1997年，亚洲金融危机后，马来西亚的经济受到巨大冲击，政治斗争加剧。1998年9月，马哈蒂尔宣布撤销安瓦尔的副总理及财政部长职务。此后，安瓦尔因鸡奸罪获刑。1999年，安瓦尔的妻子创建国民公正党，代夫从政。2004年，阿卜杜拉·巴达维担任总理后，释放了安瓦尔，出狱后他继续进行政治斗争。2008年4月14日，安瓦尔被"解禁"恢复参选资格；8月26日，安瓦尔在槟榔屿巴东埔地区的国会议员补选中获胜，28日宣誓就任国会议员，正式成为反对党联盟领导人。2009年纳吉布上台后，安瓦尔遭到进一步打压。安瓦尔领导的反对党联盟不仅没有翻身的机会，安瓦尔本人也于2015年2月因鸡奸罪被判入狱，反对党联盟"人民联盟"也在其被捕后不久解散。2018年5月16日，安瓦尔获释。

第四章

经　　济

　　马来西亚是东南亚的重要国家，其经济总量、增长速度均居东盟国家的前列。马来亚独立前和独立初期其经济主要依赖农业和矿业。20世纪50年代末，政府把改造殖民地时期遗留的畸形单一的经济结构作为重要任务，决定加快发展制造业，逐步实现工业化，推动经济的全面发展。20世纪70年代以前，马来西亚经济发展严重依赖初级产品的出口。农业以经济作物为主，主要有橡胶、油棕、胡椒、可可、椰子等，水稻是重要粮食作物，但粮食不能完全自给。20世纪70年代以后，政府不断调整产业结构，大力推动出口导向型经济，制造业、电子业、建筑业和服务业发展迅速。从20世纪80年代末开始，马来西亚经济保持快速增长。根据马哈蒂尔总理制定的"2020宏愿"构想，到2020年马来西亚将成为"全面发达的工业国"。20世纪90年代中期，马来西亚的经济发展呈现光明前景。在1991～1995年的第六个五年计划期间，经济年均增长率为8.7%，通货膨胀率控制在4%以内，马来西亚被誉为"亚洲第五条小龙"。但经济的持续高速增长给国家的资源、基础设施和宏观经济政策调控带来巨大压力。1996年受世界市场电子产品需求减少的影响，马来西亚经济增长速度出现下滑，实际增长为8.6%，低于1995年9.5%的水平。

　　1997年金融危机爆发后，马来西亚经济受到沉重打击，马来西亚政府果断采取资金管制和固定汇率等措施，并积极扩大政府开支、促进内需、刺激经济增长，使马来西亚经济迅速扭转颓势，成为东南亚经济恢复较快的国家之一。21世纪的最初几年，政府积极稳定汇率、重组银行债务、扩大内需和出口，经济保持了较快速度的增长。由于马来西亚经济较

为依赖国际市场，尤其是当中、美、日、欧等大国和地区经济出现波动时，马来西亚经济受冲击较大。2008年全球金融危机以来，马来西亚经济波动明显。但随着经济转型计划重点项目的稳步推进，私人及外来投资大幅增长，马来西亚国内需求强劲，经济整体表现良好。2014年，GDP总量增至3380亿美元，增速6.01%，人均GDP为11009美元。2015年、2016年GDP增速下降，分别为5.0%和4.24%，GDP总量也下降至2963亿美元和2964亿美元。

第一节 概况

一 独立前的经济概况

历史上，马来亚以自给自足的自然经济为主。由于马来半岛的地理位置重要，部分地区处于重要的国际交通线上，原始商品生产和对外贸易比较活跃。公元初年，马来半岛的吉打地区就有热带竹林、香料和锡矿出口，半岛内地吉保山脉的金矿带有黄金开采。18世纪后期，英国殖民者入侵后，马来亚的经济被逐步纳入资本主义世界经济体系，自然经济逐渐解体。随着19世纪中叶锡矿的发现和20世纪初推广橡胶种植的成功，马来亚从此以锡矿、橡胶生产的单一经济模式参与殖民地的经济分工，发展成为世界最大的锡矿和橡胶的生产和出口国。二战前，马来亚锡矿年产量达8万吨，占世界锡产量的一半以上，橡胶种植面积也曾占世界橡胶总种植面积的一半以上，年产40多万吨。20世纪30年代世界经济危机爆发之后，国际锡矿和橡胶生产国组织所做的限产规定一度打击了马来亚的锡矿和橡胶业。二战中日军的入侵，更使马来亚的锡矿和橡胶生产受到严重破坏，胶林被毁、矿场废弃，锡矿和橡胶生产直到战后才得以恢复。

二战后，马来亚经济的其他行业有所发展，但锡矿、橡胶仍然是最主要的经济部门。据统计，1955年，马来亚有耕地221万公顷。其中，橡胶种植占2/3，年产量近64万吨，占世界橡胶总产量的40%。从事橡胶生产的工人超过30万，而主要粮食水稻的种植面积仅占耕地总面积的

16%，年生产大米仅 41 万吨，自给率只有 46%。矿产以锡矿为主，马来半岛锡矿产值占矿业产值的 80% 以上，年产锡 6 万吨，占世界产锡总量的 1/3 左右。制造业只有一些原料加工业、消费工业和机械修理业。除了少数外资企业外，大部分企业都是资金短缺、技术落后的小企业，且主要集中在马来半岛海岸的港口城市。

以锡矿和橡胶生产和出口为主的单一殖民地经济结构决定了对外贸易在马来亚国民经济中占据着重要地位。据我国学者的研究，马来半岛外贸总额占国民生产总值的 60% 以上，1955 年的外贸总额为 39.15 亿林吉特，其中进口额 15.43 亿林吉特，最大宗的进口商品是大米和其他食品，为 4.78 亿林吉特，占进口总额的 31%，其他进口商品还有各种消费品、机械设备、矿物燃料和化学品等。同年的出口额为 23.72 亿林吉特，最大宗的出口商品是橡胶，金额为 15.84 亿林吉特，超过进口总额，占出口总额的 67%。其次是锡，金额为 4.34 亿林吉特，占出口总额的 18%。两者共计占出口总额的 85%，其他出口商品还有椰油、棕榈油、铁矿石和菠萝罐头等。

这一时期，殖民者始终控制着马来亚的经济命脉，外国公司控制了 60%~70% 的出口及 75% 的进口贸易、70% 的橡胶园和 60% 以上的锡矿产业，以及大部分商业银行及主要的制造业和交通运输业。马来亚一直作为宗主国的原料（锡、橡胶）产地和工业品的倾销地，这种殖民地的单一经济结构成为制约马来亚经济发展的症结。

二　1957~1997 年金融危机前的经济

自 1957 年 8 月 31 日独立后，马来亚政府从英国殖民者手中接管了铁路与港口；将森林、矿藏、河流等资源也收归国有；成立了中央银行（国家银行），收回货币发行权。这些措施为发展民族经济奠定了基础。1956~1990 年，马来（西）亚先后执行了 7 个五年计划（2 个"马来亚五年计划"、5 个"马来西亚五年计划"）。1991 年开始实行第六个马来西亚五年计划。历次五年计划的主要目的都是改变经济结构，开发土地、自然与人力资源，建设并改善基础设施，提高人民的物质生活水平和缩小国民收入差距等。但每个五年计划又各有侧重。此外，政府还根据社会经济发展的现状和特殊需要，先后推出一些特殊的经济发展政策和中长期发展规划，逐渐形成了多元化经济发展战略，即发展制造业，逐渐实现工业化，带动全国经济发展；改善农田基本设施，重视农业多种经营，争取粮食自给；实现出口商品多样化，增加外贸收入等。

1956~1970 年是两个"马来亚五年计划"和第一个"马来西亚五年计划"时期。当时为了扭转锡、橡胶贸易衰退造成的困难，解决严重的失业问题，并减少对原宗主国工业产品的依赖，政府提出优先发展劳动密集型的替代进口工业、改变产业结构的政策。在农业方面，针对殖民时期遗留的问题，着重改善农田基本设施，建设排水灌溉工程，开发土地，增加种植面积，鼓励种植产品多样化。

1969 年"5·13"事件后，许多马来人认为马来人与华人的经济发展不平衡是事件爆发的根源。当时的调查数据显示，土著居民（包括马来人和土著少数民族）的收入远低于华人。1970 年全国贫困率为 49.3%，而土著居民的贫困率高达 64.8%。为扶持马来人发展经济，消除种族发展差距，马来西亚政府从 1971 年开始在继续推行五年计划的同时，实行"新经济政策"（也称"第一远景计划纲要"），目的是在 1971~1990 年，着力扶持马来民族和土著少数民族发展经济，实现"消除贫困、重组社会，建立一个公平合理、进步繁荣的社会的长远经济发展目标"。

"新经济政策"是马来西亚历史上一个重要的经济政策，其具体目标是：将贫困率从 1970 年的 49.3% 降低到 1990 年的 16.7%，同时重组社会结构、职业和股权结构。对职业结构的规定是，1970~1990 年土著人口在各经济部门所占比重为：在第一产业中的比率从 67.6% 降到 61.4%；在第二产业中从 38% 上升到 51.9%；在第三产业中从 37.9% 上升到 48.4%。其他民族的职业构成相应调整。股权结构规定为：1970~1990 年，土著、非土著和外资在西马有限公司股权中所占比例分别从 2.4%、34.3% 和 63.3% 改变为 30%、40% 和 30%，呈现均衡态势。新经济政策提出 1971~1990 年经济增长指标分别为：国内生产总值增长 8.0%，农林渔业 5.4%，矿业采掘业 3.8%，制造业 12.2%，建筑业 8.3%，服务业 8.5%。

当时替代进口工业的迅速发展已经使国内市场饱和，为了促进经济高速发展，马来西亚大力发展出口导向工业，后来又提出发展重工业和资源工业。为了实现"新经济政策"规定的社会发展目标，1976 年马来西亚进一步实施《工业协调法》，规定拥有 25 名工人和 25 万林吉特以上资本的制造业企业，必须让土著拥有 30% 的股权，所雇用的工人中土著应占50%。在此前后，政府还强调国家对经济的干预，成立各种国营公司，大规模地直接参与经济活动，以扶持土著经济的迅速发展。政府所办公司还不断收购外贸公司的股权，逐步控制了锡、橡胶行业与银行等经济部门，到 1990 年外资在西马股权的比重已经下降到 25.1%。为了实现新经济政策消除贫困的目标，帮助农村土著脱贫，政府还加快开展早已在进行的垦殖移民运动，截至 1987 年，马来西亚总共进行了 422 个垦殖计划，共开发土地 76 万公顷，安置垦民 11.17 万名。农业多元化在此期间也获得较大成功，油棕种植量居世界前列。

1971~1990 年实施新经济政策期间，马来西亚实行了 4 个五年计划。前 10 年，正值发达国家调整经济结构，转移劳动密集型企业，外资大量流入，加之世界经济持续发展、国际市场原料产品价格较稳定等因素，马来西亚经济发展相当顺利，国内生产总值年均增长达 7.8%。进入 20 世纪 80 年代，由于受世界经济衰退和原料产品出口价格下跌的影响，马来西亚经济发展起伏很大，1985 年出现经济负增长（-1%），1986 年也仅为 1.2%。但随着国际贸易条件改善和政府采取吸引外资和私人资本等措施，经济形势开始好转。1987 年后经济持续高速发展，年均经济增长率一直保持在 8% 以上。1990 年，外国在马来西亚的投资达到高峰，共计176 亿林吉特。国有资产的私有化也在不断进行。1990 年经济增长率达到9.8%。尽管新经济政策规定的目标大部分没有完成，但与过去相比，尤其是与其他亚洲国家相比，这 20 年马来西亚仍属于经济发展较快的国家。到 1990 年，马来西亚的贫困率已从 20 世纪 70 年代的 49.3% 下降到17%，土著股权比率从 1970 年的 2.4% 上升到 20.3%。

20 世纪 90 年代是马来西亚经济发展的重要时期。1991 年 2 月，马哈蒂尔总理宣布了"2020宏愿",其主要目标是到2020年使"马来西亚成为全面发达国家"。具体指标是:通过不断提高制造业在国内生产总值中的比例,使国内生产总值每10年翻一番,年均经济增长率达到7%;30年后人均国民收入增长4倍,达到1.2万美元左右。1991年6月,政府又颁布了《1991~2000年经济发展纲要》,又名《第二个远景计划纲要》,包括2个五年计划(六五、七五计划)。纲要规定,要以"新发展政策"替代原先的"新经济政策",主要目标是在今后10年内使国民经济总产值翻一番,国内生产总值年均增长率达7%,其中制造业、农林渔业、矿业、服务业和建筑业的年均增长率分别达到10.5%、3.5%、1.5%、7.5%和7.0%。

"六五计划"期间,马来西亚经济高速增长,国内生产总值年均增长率达8.6%。1990年经济增长率为9.4%,人均国民收入超过2000美元。1995年,人均国民收入已经达到5000美元。对外贸易由1991年的1953.277亿林吉特增加到1995年的3793.31亿林吉特。然而,正当马哈蒂尔总理向国会提交"七五计划",建议实行"高增长、低通胀"的经济方针时,一场突如其来的金融危机席卷东南亚,重创马来西亚经济。

回顾独立后至20世纪90年代末马来西亚的经济发展轨迹可以发现,马来西亚经济发展取得了不少成就。

一是经济持续高速发展,国家实力和人民生活水平大大提高。马来西亚经济年均增长率,20世纪60年代为6.5%,高于中等收入国家的6.4%;70年代年均增长率为7.8%,而同期中等和中上等收入国家的平均增长率为5.8%;80年代经济出现衰退,但年均经济增长率仍达5.98%,高于东盟国家平均5.2%的增长水平。特别是1988~1993年,马来西亚的经济增长率为年均8%以上,被誉为发展中国家的奇迹。经济持续高速增长使马来西亚经济实力大大增强,国内生产总值从1966年的94.15亿林吉特增加到2000年的3407.06亿林吉特。人均收入也从1966年的961林吉特增加到2000年的12883林吉特(约3390美元)。

二是单一殖民地经济结构得到改造,建立了适合本国国情的经济体系。制造业在国内生产总值中的比例从1960年的9%上升到1993年的

30%，工业门类也不断增加，电子产业成为重要出口产业。农林渔业在国内生产总值中的比重从 1960 年的 38% 下降到 2000 年的 8.8%，以橡胶为主的单一农业结构已转变为以橡胶、油棕为主，大米、可可、椰子、胡椒为辅的多元农业结构。锡矿生产在矿业中所占比重下降，石油和天然气成为矿业采掘业的支柱。出口商品构成有较大变化，主要出口产品有电子产品、制成品、石油、棕榈油、锡、木材、可可和纺织品。主要贸易对象是美国、日本、新加坡，分别占马来西亚 2000 年出口总额的 20.7%、12.8% 和 18%。工业制成品出口在出口总额中的比重从 1970 年的 10% 上升到 90 年代初期的 70%。

三是工业化程度有很大提高。政府鼓励以本国原料为主的加工工业，重点发展电子、汽车装配、钢铁、石油、化工和纺织品工业等。1996 年 11 月推出第二个工业发展蓝图（1996~2000），提出促进工业迅速向资金密集型和技术密集型转化，以提高工业产品的附加值，使工业在国内生产总值中的比重 10 年内提高到 38.4%。2000 年，制造业产值（按照 1997 年的不变价格）为 675.51 亿林吉特，同比增长了 17%。就业人数 245.5 万，占全国就业人数的 27%。

四是高科技产业迅速发展。20 世纪 80~90 年代，马来西亚建成了著名的"多媒体超级走廊"高科技园区，吸引了美国、日本等发达国家前来投资，开发软件工业和服务业等。2001 年 4 月公布的《第 8 个马来西亚计划》指出，今后马来西亚必须朝知识化经济方向发展，以便面对全球化和贸易自由化的挑战。随着多媒体走廊开发加速，马来西亚将发展成为全球多媒体的运营中心，而以信息和通信业为基础的中小型企业将得到开发，支持以知识为基础的经济发展。截至 2002 年 3 月，已有 644 家高科技厂商投资，远远超过预期的到 2003 年吸引 500 家高科技厂商投资的目标。

五是开发太空技术。这也是优先发展的项目之一。20 世纪 70 年代以来，马来西亚大力发展太空技术，包括通信卫星技术。由于有了通信卫星，马来西亚能与世界各地进行联系，接受全球的新闻和图像信息，帮助马来西亚预报天气、开发土地和监控自然灾害等。1988 年，马来西亚建

立了遥控科技中心，引进了先进的遥控感应系统。该中心设在敦·斯伊迈，主要是为了研究和开发与太空相关的技术，由于涉及范围很广，可以带动许多辅助产业。2000年，马来西亚建立了地球站，它是全世界20个地球站之一。2006年10月4日，马来西亚国家航天中心建成。时任总理巴达维在揭幕仪式上表示："马来西亚需要掌握各个领域的科学与技术，其中包括太空技术。否则，马来西亚就不能成为发达国家。"巴达维指出，国家航天中心的落成是马来西亚向着发达国家迈出的新的一步。"马来西亚不仅要成为太空技术的使用者，更重要的是要为太空技术的发展做出贡献。"该中心设在雪兰莪州的万津，装备有先进的卫星通信实验室，能与国际空间站进行联络，并观察空间站宇航员的活动。马来西亚首位宇航员于2007年搭乘俄罗斯宇宙飞船进入太空，并进入国际空间站。

马来西亚经济获得长足的发展主要原因如下。

其一，实施了正确的经济发展战略。独立之初，马来西亚政府为改变殖民地单一经济，根据本国工业落后、自然条件优越的情况，确立了实行工业化和经济多元化的经济发展战略，并根据经济发展需要不断调整具体的经济发展方向。工业方面，从1957年开始实行替代进口工业，大大减少了对外国工业品的依赖。当国内市场饱和，无法为工业发展提供必要条件时，政府即从1978年开始鼓励发展出口导向型制造业，以利用外资、技术和销售渠道，发展制造业。20世纪80年代又大力发展汽车、水泥和钢铁等重工业。1985年经济衰退后，为减少原料产品出口对国外市场的依赖，增加出口产品的附加值，政府要求发展以本地资源为基础的出口制造业。随后大力引导制造业向资本技术型转向，提高本国工业的竞争力。农业领域，采取鼓励种植油棕、可可与胡椒等措施，使马来西亚成为世界最大的油棕生产国，可可和胡椒的主要生产国。矿产方面，加快石油和天然气的生产，使其成为出口原料产品中最重要的项目，使马来西亚成为世界重要的天然气生产和出口国之一。

其二，大力吸引外资发展制造业。20世纪50~60年代，国外资本与本国资本一样可以按照有关条件享受新兴工业企业的税务优惠，促使国外投资从投资传统的初级产品产业部门转向新兴工业部门，大大促进了新兴工业企业的发展。1968 年，政府将《新兴工业法》修改为《投资鼓励法》，对出口企业采取税收优惠政策。20 世纪 70 年代陆续在多个州建立自由贸易区，利用优惠政策大量吸引外资，大力发展出口导向型制造业。80 年代又出台《投资促进法》，延长新兴工业企业的税务优惠年限，放宽对外资股权的限制，允许外商在一定条件下可拥有企业 100% 的股权，促使外资大幅增长。外资从 1986 年的 5.25 亿林吉特上升到 1990 年的 62.28 亿林吉特，5 年增长 10 倍多。这些措施大大促进了制造业的发展，并带动了其他经济部门的发展，有力地支持了全国经济的持续增长，使制造业成为马来西亚经济发展的火车头。

其三，利用有利的国际环境发展对外贸易。政府规定出口导向企业可以享受新兴工业的地位和各种税务优惠，出口原料产品的种植、开采和加工可以获得各种补贴，商品出口时还可以获得各种融资便利。政府还成立了各种官方或半官方的咨询中心、资料中心，为商品出口提供各种咨询服务；扩大了马来西亚商品的出口市场。出口的扩大有力地刺激了出口导向工业及原料产品出口的迅速增长，推动了全国经济的发展。

其四，重视基础设施建设。政府高度重视交通设施和电力、供水等基础设施的发展。在政府的发展资金中，约 20% 投入基础设施建设，进一步改造和扩建马来西亚的交通运输和电力、供水系统，使其质量和规模都得到较大提高。到 20 世纪 90 年代初，马来西亚公路总长已达 6.5 万公里，机场增加到 100 多个，其中有 4 个国际机场。巴生港等旧港进一步扩建，并建立巴西古当、关丹等新港，货运量随之不断增加。建立了许多新发电站，总发电量大幅增加。总供电量从 1982 年的 98 亿度增加到 1992 年的 319 亿度，10 年间增加了 2 倍多，电力供应一直比较充足，保证了马来西亚经济的发展。

其五，政局稳定和社会安宁。巫统作为执政联盟"国阵"的领导核心，长期在马来西亚的政坛上占据牢固地位，加之实施多年的新经济政策保证了马来人的优势地位，并尚未对华人经济造成严重打击，因此民族矛盾造成的社会动荡对经济发展影响较小。20 世纪 80 年代中期，经济衰退曾引发马政坛和社会剧烈动荡，但在执政党及政府的果断决策下，最终得到妥善解决，保证了经济的稳定发展和经济措施落实的连续性，使经济得以顺利向前发展。

但这一时期，马来西亚经济发展也存在一些问题。第一，人才、劳动力严重不足。由于向外移民和人才、劳动力流失，马来西亚过早进入全面就业阶段。20世纪90年代初，马来西亚面临严重的人才、劳动力危机，尤其是工程师等技术人才特别短缺，每百万人中只有400名科技人员，这导致产品成本增加，企业效益下降，甚至影响外商投资意愿。第二，基础设施需求日趋紧张。随着经济的发展，原有的基础设施已不能满足社会需要。主要港口和道路非常拥挤，电力也出现供不应求的趋势，工业用地短缺，这些都影响了外资的进入。第三，地区经济发展不平衡。土著居民主要集中在落后的西马东海岸及广大农村地区，大多数民众仍从事农业生产，土著的股权也低于30%的目标。城市与农村、西马东海岸与西海岸、西马与东马之间的经济发展也十分不平衡。第四，通货膨胀的压力日益增大。由于货币供应量较大，以及经济持续增长、气候影响某些食物上市、收入增加使购买力增强、进口货价高等因素的影响，1992年的物价涨幅达到4.7%。此外，制造业基础薄弱，出口额增长放慢，国际石油、橡胶等价格下降，农业发展缓慢等，都影响了马来西亚的经济发展。第五，经济增长过度依赖外资。1988～1994年，马来西亚总资产平均年增长17.8%，投资率也相应从1988年的26%一路攀升到1994年的40%。20世纪90年代中期投资率居高不下，加大了经济对外资流入的依赖，致使国际市场波动能对马来西亚经济造成相当大的影响，尤其是易受美日经济变化的影响。出口工业主要集中在电子产品生产行业，而该行业的产品零配件大多从国外进口，不利于经常项目收支情况的改善；而劳动力短缺、工资上涨带来产品成本上升，造成国际竞争力不强、出口下降。第六，外资流向不合理，加剧经济结构失衡。外资主要投向制造业领域，投入基础产业的不多；同时，政府对外资的流向无严格限制，致使许多外资流向房地产、证券等部门，加剧了经济泡沫；外资投向一般都选择经济发达地区，加剧了区域发展的不平衡。第七，汇率政策失当，中央银行监管不力。20世纪90年代，马来西亚开放资本市场，各类非银行金融机构迅速发展，银行业务范围大大拓宽，但中央银行不具备足够的能力与技术监管金融机构，没有采取独立措施引导金融机构的贷款投向，使经济运行风险增大。以上问题使马来西亚难逃 1997 年金融危机的厄运。

三 1997 年金融危机对经济的冲击

1997 年 7 月，东南亚金融危机爆发，马来西亚经济遭受沉重打击，林吉特对美元汇率下跌幅度曾达 46%，股市综合指数下挫过半，经济损失总计逾 2000 亿美元，当年人均收入由 1996 年的 4447 美元降至 4000 美元左右。面对金融危机，马哈蒂尔总理亲自挂帅，放弃与国际货币基金组织的合作，进行经济自救。他采取了降低利率、放松银根等一系列措施，刺激经济、稳定林吉特汇率，恢复投资者对市场的信心，保持金融稳定。1997 年 9 月 1 日，政府宣布实施外汇管制，美元对林吉特汇率被固定在 1∶3.8。在避免国际投机的威胁后，政府着手推出一系列刺激经济增长、恢复经济活力的措施，如调低利率；提高贷款增长；设立国家资产管理公司收购公司坏账；设立国家资本公司为银行注资；政府出面拯救财务受困的大公司，并选择建筑业、房地产业作为恢复经济活力的突破口；整顿金融领域，推行公司重组和银行合并。上述政策的实施遏制了经济继续恶化的势头。

1998 年，马来西亚国内生产总值增长率由上年的 7.7% 骤降至 -6.7%，制造业增长率由 1997 年的 12.5%，下降至 -10.2%。与此同时，进出口总额也分别下降 25.9% 和 6.9%。1998 年 7 月，政府颁布《振兴经济方案》，推行发展性的宏观经济政策和宽松的货币政策。1999 年，马来西亚经济逐步复苏，国内生产总值达 3003.40 亿林吉特，比上年增长 6.1%。2000 年，经济继续保持稳定增长势头，国内生产总值增加至 3407.06 亿林吉特。

1999 年 2 月，全球经济环境好转，马来西亚经济也逐步走上了复苏的道路。当年 2 月 15 日，政府宣布以撤资税（自即日起一年内撤离的外资须缴 30% 的营业税，一年后撤离则缴 10%）取代强制扣留外资的管制措施，外资开始回流。第二季度，马来西亚经济开始复苏，全年经济增长

5.4%。由于经济情况好转，政府开始谨慎地逐步放宽资金管制。2000年，马来西亚经济开始全面复苏，各项经济指数基本达到金融危机前水平。当年经济增长率达8.5%。2000年10月，政府取消了撤资税，但仍保留货币管制措施。

2001年，受全球经济不景气影响，特别是美国、日本和新加坡三国在"9·11"事件后经济陷入衰退状态，国际电子市场需求减弱，马来西亚经济增速随之放缓，制造业和对外贸易严重萎缩，全年国内生产总值增长率仅为0.4%。为此，政府多次额外拨款推动一系列基建计划，以刺激国内建筑业和相关行业的发展，并撤销了资金管制措施，放宽投资条件以吸引外资。2001年4月，政府还颁布了《第三远景计划纲领》和"八五计划"，规划了21世纪前10年的经济发展战略，以维持和促进经济的全面复苏和发展，迎接21世纪的新挑战。《纲领》主要是延续20世纪70年代的新经济政策，侧重扶贫济弱、重组社会，强调土著至少拥有30%的股权，增加土著专业人士的数目，塑造世界级企业家，以确保经济稳定增长。"八五"期间（2001～2005），政府拨款1100亿林吉特（约289亿美元），促进国家的经济发展，实现国内生产总值年均增长7.5%，保持低通胀率，人均收入从1.33万林吉特增至1.77万林吉特。马来西亚在这5年的发展重点是：稳定金融业、大力发展知识经济和信息科技、促进制造业高速发展、重组农业结构、发展农业现代化、推动出口创汇农业。2002年，马来西亚经济开始回升，国内生产总值增长率为4.2%，其中农业增幅0.3%，矿业领域增幅4.5%，制造业领域增幅4.1%，建筑业领域增幅2.3%，服务业领域增幅4.5%。据马来西亚中央银行统计，截至2002年底，马来西亚外债总额为1853亿林吉特（约487.63亿美元），其中短期外债额为252.7亿林吉特（约66.5亿美元）。2003年经济继续稳定增长。4月进一步放宽外汇管制。截至当年4月15日，马外汇储备1336.2亿林吉特（约351.6亿美元），可支付近5个半月的进口货物所需资金和4.2倍的国家短期外债。

此外，马来西亚政府还从以下方面推进增长方式的转变：（1）在继续吸引外资的同时，注意提高国内投资的比例，并注意改善投资的规模与结构；（2）加大对教育与科技的投入，提高人口素质，优化劳动力结构，为发展资本、技术密集型产业提供保证；（3）重视基础设施建设，为产业升级和优化打好基础，改善投资环境；（4）鼓励科技开发，促进技术密集型产业发展，加大对高新技术产业的投入，增强本国产品出口的竞争力；（5）积极开拓国内外市场，实行市场多元化战略；（6）加强金融监管与风险防范，保证金融业安全运营。总体上说，马来西亚经济在金融危机之后明显经历了三个时期：1997～1998 年遭受金融危机冲击、经济全面恶化；1999～2000 年实现一定的恢复和较高增长；2001～2002 年，经济实现短暂衰退后的逐步回升。在第一个时期，政府在应对金融危机的政策上经历了从紧缩性向扩张性的宏观经济政策的转变过程。在第二个时期，政府继续坚持扩张性的宏观经济政策，同时深化结构调整。在第三个时期，由于国际市场对电子产品需求量的减少和美国"9·11"事件的影响，马来西亚经济进入调整发展期。

四 近十几年来的经济发展概况

2004 年 3 月，巴达维带领国阵赢得大选并正式执政后，采取各种措施提高经济竞争力。一是通过稳定汇率、重组银行企业债务、扩大出口、引进外资、调整基础建设规模等政策，使经济保持健康中速增长。二是高度重视财政赤字问题，取消了一批耗资巨大的形象工程，将重点转向农业等基础产业建设，带动乡村发展。积极推动消费和投资，把私营经济作为国家经济增长的新支柱。三是确立新的发展领域，特别是教育、电信、旅游等服务领域和高附加值农业，重视发展生物技术产业，实施"生物谷"计划，实现经济多元化。四是调整基础设施建设规模，防止经济过热。五是扶持中小企业发展，提高技术创新。六是改善投资环境，加速引进外资。七是推动对外经济合作，争取创造双赢和多赢局面。上述政策取得一定成效，使经济保持较快增长。2005 年"八五计划"结束时，马来西亚国内生产总值增速已达到 5.6%。

2006 年，马来西亚经济继续保持强劲增长势头，经常账目盈余显著上升，公营事业转亏为盈，民间部门的投资和国内消费也双双上扬。2006

年 1 月林吉特升值 0.67%，创下自 2005 年 8 月以来单月最大升值幅度，而 2006 年上半年林吉特兑美元上涨 3.2%。出口持续带动经济增长，2006 年 2 月的贸易活动更进一步支撑林吉特走强，年增率上升 13.3%。全球对原材料的需求增加，使原材料出口比重高的马来西亚经济增长较快。林吉特升值减少了进口成本，减轻了油价上涨带来的影响。经济结构逐步改变，农业比重下降，制造业比重上升。政府鼓励发展以本国原料为主的加工工业，重点发展电子电器产业。马来西亚成为东南亚地区主要的半导体组件的产销国和汽车装配、钢铁、石油化工生产国。2007 年，马来西亚的 GDP 增长 6.3%。

　　然而，好景不长。2008 年，在席卷全球的美国金融危机的冲击下，马来西亚遭遇了 1997 年金融危机以来的第二次经济衰退。当年马来西亚经济增长率为 4.6%，比原定 5.0% 的官方预测减少 0.4 个百分点。上半年经济形势尚好，经济增长率为 6.7%；但从第三季度开始经济增长明显放缓，6~12 月经济增长率仅为 2.4%。自 2008 年 10 月以来，马来西亚政府推出一系列经济刺激计划和配套措施。一是公布增加 70 亿林吉特公共开支、扩大国内消费和增加可支配收入等 15 项配套稳定经济措施，具体内容为：扩大 2009 年财政赤字 4.8%，提供充足资金融资，免除钢铁和水泥关税，降低 7 种肥料进口关税，动用 15 亿林吉特吸引外资、2 亿林吉特兴建中廉价房、5 亿林吉特改善公共交通、4 亿林吉特发展宽频计划，雇员减交 3% 公积金等，同时承诺 7 年后允许外资拥有服务行业 70% 的持股权，放宽外国人购买产业的上限等。二是出台多项配套措施，放宽制造业执照申请，豁免包括钢铁产品、石油及化学产品等在内的 438 种原料及半成品进口税；贸工部特设招商团吸引外资，外贸发展局加强促销活动，特别是开拓新兴出口市场和加大对有自贸区协议的中日韩等国的贸易，鼓励私人界参与海外促销。此外，政府将检讨地方政府征收经商执照费，以降低经商成本。三是注资 50 亿林吉特吸购股价已被低估的股票，保护投资者利益。财政部、国家银行全面担保存放在商业银行、伊斯兰银行、投资银行以及国家银行管制的金融机构中的林吉特和外汇存款至 2010 年 12 月。国家银行继续确保金融运行条例符合现有市场需求，实施谨慎的风险管理体系，保证金融系统和市场有序运作。

　　与此同时，马来西亚积极拓宽与东亚和伊斯兰国家的经济合作，缓解经济危机。一是加强与越南、印尼的经济合作。越南工贸部部长武辉煌与马来西亚贸工部长慕尤丁会晤，越马两国政府同意在短期内重新修订两国于1992年签署的《投资保证协定》，鼓励马来西亚投资者前往越南投资，为两国有效应对经济危机提供保障。同时，印尼和马来西亚政府也同意重新审议1970年签署的《边境贸易协定》，加强双边贸易交流。二是与中国实现货币互换。中国人民银行和马来西亚国民银行于2009年2月8日签署800亿元双边货币互换协议，旨在通过推动双边贸易及投资来促进两国经济增长。三是与印度、澳大利亚和新西兰签署自贸协定。马印澳新自贸协议将大大促进双边贸易与经济发展，为衰退的经济注入活力。马来西亚还将与海湾合作理事会成员国商讨签署自贸协议。四是致力于打造全球伊斯兰金融中心。目前，马来西亚伊斯兰金融资产占国内金融总资产的17.8%，拥有东南亚最大的伊斯兰债券市场。截至2008年6月，马来西亚共发行660亿美元的伊斯兰债券，占全球伊斯兰债券的62.6%，成为国际上一个重要的伊斯兰金融市场。伊斯兰金融市场的发展在很大程度上缓解了国内金融市场的压力，为马来西亚摆脱危机奠定了基础。

　　2009年，马来西亚继续推动经济刺激计划。当年，纳吉布宣布了600亿林吉特的刺激经济预算案，这是马来西亚有史以来为振兴经济所动用的最大一笔款项，占国内生产总值的9%，2009年财政赤字也因此从4.8%扩大至7.6%。预算案提出了增加就业机会、减轻人民经济负担、协助私人界渡过难关和提高国内企业应对经济危机能力的四大目标，制定了加快"九五计划"中大型工程项目、提供中小企业营运资金贷款担保、兴建廉价房、实施燃油和食品补贴、降低房贷税及失业率和发展人力资源等多项措施。同时，政府宣布金融业开放，规定除商业银行继续维持30%的持股上限外，外资在马来西亚现有的投资银行、伊斯兰银行、保险公司及伊斯兰教保险公司的持股上限可从目前的49%提高到70%。政府将在年内再发出2张新的商业银行执照给予具备专长、有能力引进刺激特定经济领域发展的外资银行业者，同时发出2张新的伊斯兰银行执照以及2张新的

家庭伊斯兰保险执照。政府还将发出另外 3 张新的商业银行执照，给能为马来西亚带来显著价值的世界级银行。此外，在马来西亚的外资银行可于 2009 年内开设 10 家微型分行，在 2010 年开设 4 家分行，新批准的外资银行可开设 8 家分行。

2010 年，纳吉布继续大力推动经济改革，提出"新经济模式"，为未来马来西亚经济发展设定清晰目标：至 2020 年，马来西亚人均 GDP 将增长至 15000 美元，同时实现经济与环境的可持续发展、创造财富与兼顾社会的包容性发展。为此，纳吉布提出八大改革方案：鼓励私营领域发展，以带动经济增长；开发优质劳动力，降低对外劳的依赖；创造具有竞争力的国内经济；强化公共领域；实施公正透明且有利于市场的政策；扶持知识密集型产业；开拓经济增长来源；保持经济的可持续性发展。与此同时，纳吉布提出"经济转型计划"，重点关注 12 个国家关键经济领域的发展，即批发零售、旅游、商业服务、油气能源、电子电器、教育、医疗保健、棕榈和橡胶、通信设施、农业、金融服务业及大吉隆坡地区巴生河谷项目。为落实相关政策，政府提出 1380 亿美元的 131 项"切入点计划"，预计到 2020 年创造 330 万个就业岗位。

在以上一系列振兴经济配套方案的刺激下，马来西亚经济开始逐步复苏。2009 年，马来西亚 GDP 增速仅为 - 1.7%，但到 2010 年增速已达 7.2%，2011 年增速为 5.1%，2012 年增速为 5.6%。人均 GDP 也从 2009 年的 6634 美元增加到 2012 年的 9974 美元。但马来西亚的经济发展并非就此一帆风顺，2012 年以来，由于受全球经济增长乏力，尤其是美国量化宽松政策以及中国经济增速放缓等因素影响，马来西亚出口下降，与主要经济体之间的贸易减少，经济增长主要靠强劲的内需和投资。GDP 的增长也因此受到明显影响，2013 年 GDP 增速放缓至 4.7%，也是 2009 年经济逐步复苏以来首次跌破 5%。自 2014 年起，纳吉布政府稳步推进经济转型计划重点项目，采取积极措施稳定经济，改善民生，确保实现"2020 宏愿"。2014 年 1 月，全国实施最低工资标准；2015 年 4 月，政府开征 6% 的货品和服务税（GST）。尽管 GST 引发了诸多民怨，但此政策确实在较大程度上改善了政府的财政收支状况，为政府进一步投入基础设

施建设提供了可能。2014 年，马来西亚 GDP 增速恢复到 6%，但 2015 年
又出现波动，GDP 增速减少至 5%。同时，2015 年马来西亚的对外贸易
也出现下滑，外贸总额仅为 1.4656 万亿林吉特（3759.4 亿美元），同比
下降 15.2%。其中，出口 7799 亿林吉特（1999.6 亿美元），下降
14.6%；进口 6857 亿林吉特（1759.8 亿美元），下降 15.8%。贸易顺差
239.8 亿美元，增长 6.4%。从对外贸易的市场看，2015 年马来西亚的主
要贸易伙伴是中国、新加坡、欧盟、美国、日本、泰国。其中，中国与马
来西亚的贸易占马来西亚对外贸易总额的 15.8%，为马来西亚的最大贸
易伙伴；新加坡与马来西亚的贸易占 13.0%，为马来西亚第二大贸易伙
伴；欧盟与马来西亚贸易占 10.1%，为第三大贸易伙伴。从出口方面看，
新加坡、中国、欧盟、日本、美国、泰国为马来西亚的主要出口目的地。
其中，马来西亚对新加坡的出口占马来西亚出口总额的 13.9%，新加坡
为马来西亚的最大出口市场；马来西亚对中国的出口占 13.0%，中国为
马来西亚的第二大出口市场；马来西亚对欧盟的出口占 10.1%，欧盟为
马来西亚的第三大出口市场。从进口方面看，中国、新加坡、欧盟、美
国、日本、泰国为马来西亚的主要进口来源地。其中，马来西亚从中国的
进口占马来西亚进口总额的 18.9%，中国为马来西亚的第一大进口来源
地；马来西亚从新加坡的进口占 12.0%，新加坡是马来西亚的第二大进
口来源地；马来西亚从欧盟的进口占 10.2%，欧盟是马来西亚的第三大
进口来源地。投资形势略有好转，截至 2015 年底，马来西亚吸引外国直
接投资存量为 5076 亿林吉特，较 2015 年第三季度（5002 亿林吉特）略
有增加。直接投资存量比 2014 年底的 4675 亿林吉特增加 401 亿林吉特。
其中，制造业是外国直接投资的主要领域，约占外国直接投资的 43.6%；
其次是金融和保险业（22.1%），以及信息和通信业（9.3%）。对马来西
亚投资最多的三个国家分别是新加坡、日本和荷兰。

　　2016 年，马来西亚经济仍在波动之中。一季度 GDP 增速 4.9%，
高于去年同期的 4.3%。但对外贸易起伏较大。2016 年以来，马外贸
起伏波动较大，2~5 月份表现尤为明显。出口方面，1~6 月，马来西
亚出口总额为 3729 亿林吉特。其中 1 月出口额为 619 亿林吉特，但 2

月骤降至 567 亿林吉特，3 月上升至 666 亿林吉特，但随后连续两月下降，5 月一度低至 599 亿林吉特，6 月反弹至 664 亿林吉特。进口方面，1 月进口总额为 565 亿林吉特，但 2 月减少至 494 亿林吉特，3 月略有上升，但 4 月又下滑至 523 亿林吉特。截至 6 月 15 日，马来西亚外汇储备达 974 亿美元，可应付 8.1 个月的进口，以及 1.1 倍的短期外债。但纳吉布总理声称，2016 年国内需求受私人领域开销推动预计将增长至 4.3%，是经济发展的重要支柱。同时随着国际经济环境改善，出口将增长 3.2%，进口增长 3.4%。这是马来西亚 2014 年以来连续第二年增速放缓。国际货币基金组织预计，2017 年马来西亚 GDP 增速有望增长至 4.8%，仍难超过 5%。

第二节　农业

农业是马来西亚的传统经济部门，在国民经济中一度占有重要地位。20 世纪 70 年代以前，马来西亚以农业经济为主，依赖初级产品出口。1960 年农业（包括林、渔业）仍占国内生产总值的 38%。马来西亚农业生产长期集中于热带经济作物，主要有油棕、橡胶、胡椒、可可和热带水果等。20 世纪 70 年代以后，随着工业化程度的提高，农业占 GDP 的比重逐年下降。多年来，在政府的支持下，农业有了很大发展，耕地大大增加，并从原来以橡胶为主的农业结构发展到以油棕和橡胶为主，大米、可可、椰子为辅的多元农业结构。1992 年，马来西亚耕地总面积约 541 万公顷，其中橡胶生产占 33%，油棕桐占 41%，水稻占 12%，可可占 7%，椰子占 6%。其他主要产品还有胡椒、菠萝和茶叶等。农业在国内生产总值中仍占 17%，占总就业人口的 27% 和出口总值的 19%。

1997 年金融危机对农业的影响较大，1998 年农业增速为 -4.5%。1998 年 7 月，政府强调要大力发展农业，增加对自然资源的利用，促进经济恢复。但农产品价格不断下跌，到 1999 年 2 月，棕桐油价格已下跌 26%，大豆油价格也跌至 12 年来最低水平，橡胶价格跌至 30 年来的最低水平，使马来西亚橡胶业陷入困境。同期发生的"日本脑炎"事件，使马来西亚养猪业农民损失高达 1 亿林吉特，其他相关产业也受到影响。1999 年 6 月，政府再次鼓励农民将传统的小型种植改为大型商业种植，给予农民租借地契，采取限制进口乳胶、直接向小橡胶园主收购橡胶等措施。在一系列措施刺激下，1999 年农业产值增速转为 4.6% 的正增长，但农业在国民经济中的地位不断下降。2005 年农、牧、渔、林业总产值为221.42 亿林吉特，增长 4.8%，占国内生产总值的 8.45%。近年来，农业在马来西亚 GDP 中的占比有一定浮动，但总体维持在 7% 左右。2013年农业产值 559.1 亿林吉特，占 GDP 比重 5.2%；2015 年为 7.1%。目前，马来西亚的农业以经济作物为主，主要有油棕、橡胶、水稻、蔬菜、可可、椰子、胡椒等，产量和出口量居世界前列，其中橡胶、油棕和可可最为重要。粮食作物和温带蔬菜及水果产品需大量进口，年农产品进口额约 15 亿美元，占年度进口总额的 2% 左右。

一　种植业

橡胶业是马来西亚重要种植产业之一，是国民经济的重要组成部分，主要包括天然橡胶种植和橡胶制品生产两部分。马来西亚是仅次于泰国、印尼的全球第三大天然橡胶生产国和出口国，全球第一大橡胶手套、橡胶导管及乳胶线出口国，第五大橡胶消费国。马来亚各州大约从 20 世纪初开始大面积种植橡胶。1906 年，马来亚开始对外出口橡胶。当时绝大多数的橡胶园位于马来联邦四州。但那个时候，英殖民者并不鼓励种植橡胶，主要原因是英国希望马来人种植稻米，以满足其需要。为此，英国实施"史蒂文森橡胶限制规划"，排挤当地的橡胶工人，以实现西方人对橡胶的垄断，此规划一直实施到 1928 年才宣告结束。尽管此后十余年，橡胶价格大幅下跌，马来亚的橡胶产业受到进一步的打击，但橡胶产业的发展还是吸引了外国的大量投资。直到二战前夕，马来亚 4/5 的橡胶园都由欧洲人控制，本地的橡胶工人生计困难，此现象一直持续到马来亚独立。1957 年马来亚取得独立，政府开始重视橡胶生产，主要目标是保证马来亚成为世界主要的橡胶生产国和出口国，同时调整橡胶产业的结构，使当地的橡胶工人在橡胶生产中获得更多利益。

20 世纪 70 年代以来，由于马来西亚经济对橡胶的出口依赖过大，国际市场由于人造橡胶迅速增加因而对天然橡胶的需求减少，政府相机扶持其他产品生产，马来西亚的橡胶生产逐年下降。到 80 年代，橡胶仍然是主要的出口农产品，橡胶园的种植面积不断扩大。20 世纪 90 年代初期，马来西亚天然橡胶的产量和出口量占世界总量的 25% 和 30%，但此后橡胶的生产和出口持续下降。2002 年以来，随着国际市场对橡胶需求的增加、橡胶价格回升，马来西亚橡胶业开始复苏，2004 ~ 2005 年达到最好水平。2005 年，马来西亚橡胶种植面积 125 万公顷，橡胶产量 112.6 万吨，天然橡胶种植从业人员 30.2 万人，天然橡胶出口 112.77 万吨，较 2004 年增加 2.1 万吨，出口总值 57.9 亿林吉特，增长 11.3%，占马当年出口总值的 1.08%。天然橡胶主要出口国家为中国、德国、美国和韩国。2012 年，马来西亚的天然橡胶产量为 92.3 万吨，进口量 87.2 万吨，其中 57.2% 来自泰国；出口量 77.1 万吨，其中 39.7% 出口至中国。2013 年，天然橡胶产量为 83 万吨，同比下降 9.8%。年平均价格为每吨 7746.8 林吉特，同比下降 24.1%。橡胶出口 84.6 万吨，同比增长 9.7%，出口金额 70.3 亿林吉特，同比下降 10.6%，占出口总额的 1.0%。主要出口国家（或地区）为中国、欧盟、中东、美国、巴西和韩国等。近年来，马来西亚橡胶产量保持稳定。2015 年橡胶产量 72.23 吨，同比增长 8.0%。2017 年 1 ~ 4 月，橡胶产量 28.13 吨，同比增长 5.4 万吨。截至 2017 年 4 月底，马来西亚橡胶储备减少 9.7%，达 23.2 万吨。橡胶主要出口中国（49.1%）、德国（13.3%）、芬兰（5.1%）、伊朗（5.0%）、美国（4.2%）等。

除了橡胶外，油棕业是马来西亚另一个重要产业。马来西亚从 20 世纪 60 年代开始大规模种植油棕树。60 年代中期，政府规定 60% 的新耕地要种植油棕，并鼓励私人将老橡胶园、老椰子园改种油棕。70 年代，马来西亚一跃而成世界最大的棕榈油及相关制品的生产国和出口国，产量和出口量均占全球总量的 50%。80 年代，油棕种植面积和产量继续扩大，并超过了橡胶，成为最重要的出口农产品。1997 年，马来西亚的油棕栽种面积达 600 万公顷，年产棕榈油 800 万 ~ 900 万吨，只有 5% 供应国内，其余全部用来出口。1997 年，世界棕榈油产量 1746 万吨，马来西亚就占了 51.9%，其出口额占全球油棕贸易的 64%，成为世界最大的棕榈油生产和出口国。2005 年，马棕榈油产量及出口量分别为 1496.2 万吨和 1340 万吨，占全球棕榈油产量及出口量的 43.6% 和 52.4%，棕榈油及其制品出口总值为 74.8 亿美元，同比下降 9.7%；库存 160 万吨，增加了 7.38%。2012 年，马来西亚的油棕种植面积 508 万公顷，同比增加 1.5%；原棕榈油产量 1878 万吨。截至 2012 年底，马来西亚的棕榈油储量 263 万吨，同比增加 27.7%。2013 年，棕榈油产量为 1922 万吨，同比增长 2.3%。原棕榈油全年平均本地交易价格为每吨 2371 林吉特，同比下降 14.2%。棕榈油出口 1782 万吨，同比下降 0.4%，出口金额 417.7 亿林吉特，同比下降 21.3%，占出口总额的 5.8%。其中对中国出口 365 万吨，至此，中国已连续 12 年成为马棕榈油出口的最大目的地。其他主要出口市场还包括印度、欧盟、中东、巴基斯坦、美国和日本等。目前，马来西亚是仅次于印尼的世界第二大棕榈油及相关制品生产国，但出口量为世界最高，约占全球总量的 50%。

可可是马来西亚的又一重要经济作物，是仅次于棕榈油和橡胶的出口农产品。18 世纪早期，可可树从菲律宾传入马来西亚的沙巴州。1778 年，马来西亚开始广泛种植可可；1853 年开始商业化种植。1957 年独立后，马来亚并不重视可可种植，直到 20 世纪 70 年代以后，政府才大力发展可可种植。80 年代后期，可可产量急速增长，从 1986 年的 13 万吨增长到 1989 年的 25 万吨。1990 年，马来西亚的可可产量占世界总量的 10%，成为世界第七大可可生产国。但此后，马来西亚的可可产量逐年下降，主要原因是国际市场可可价格持续下滑及病虫害影响严重。1994 年可可产量 19.5 万吨，出口仅 10 万吨，价值 3 亿林吉特。可可的主要产区在沙巴，约占全国产量的 62%，马来半岛占 27%，沙捞越占 11%。2002 年底，可可的种植面积达到历史最低水平，为 51124 公顷；2011 年进一步减少至 20543 公顷。马来西亚政府计划每年增加 2000 公顷的可可种植面积，预计在 2020 年，可可种植面积将增至 4 万公顷，可可的年产量也将提高至 6 万吨。

除经济作物外，马来西亚政府也重视发展粮食作物种植。水稻是马来西亚的主要粮食作物。尽管马来西亚的气候条件优越，但长期以来稻米的

产量只能满足国内 60% 的需求。为增加稻米产量，政府采取各种措施，1991 年种植面积 68 万公顷，当年大米产量 135.3 万吨，自给率提高到70%，但仍需要进口 40 万吨大米。全国有 8 个水稻主产区，马来半岛产量约占 87%，沙巴和沙捞越各占 5% 和 8%。1994 年大米产量约 130 万吨，同比增长 1.5%，可满足 80% 左右的国内需求，已大大超过政府所要求的 66% 的大米自给目标。1994 年共进口大米 22 万吨。21 世纪以来，马来西亚政府重视稻米生产，水稻的产量不断增加。2010 年，稻米产量达到 160 万吨，但稻米年消费量为 230 万吨，近 30% 需从泰国、越南等国进口。据马来西亚国家统计局数据，2015 年，稻米产量达 332 万吨，同比增长 16.6%，在东盟国家中位居第 8。农业部计划与各州密切合作，开发 15000 公顷的废置稻田，有效扩大耕种面积。吉打州是马来西亚的主要稻米种植地，农业部将斥资 1 亿林吉特，把吉打州 5000 公顷的可耕种土地发展为"园丘式"稻田，实施规模化种植经营。目前，马来西亚已引入中国的杂交水稻技术，以增加稻米产量。

二 林业

马来西亚的森林资源极为丰富。20 世纪 70 年代初，森林面积 2343 万公顷，森林覆盖率分别为：西马 61%，沙捞越 79%，沙巴 82%。马来西亚盛产热带林木，树木种类超过 2500 种，但具有经济价值的仅 200 多种，已利用的约 70 多种，以龙脑香料为主，约占出口的 90%。马来西亚是世界热带硬木的主要生产和出口国，曾提供世界热带硬木消费量的25%。由于大量采伐使马来西亚热带硬木急剧减少，1978 年，政府实施国家林业政策，鼓励重种林木和保护森林资源。1992 年，政府宣布采取措施维持森林现状，并为之拨款 1000 万林吉特。据世界银行的数据，1994 年马来西亚的森林覆盖率达 67.1%，其中约 1900 万公顷是天然林，10 万公顷是人工复种林。21 世纪以来，马来西亚的森林覆盖率有所减少，2001 年为 65.3%，2002 年为 64.9%，此后几年都维持在 65% ~ 66%。2005 年起，森林覆盖率增加，2006 年为 64.3%，2008 年为65.8%。2010 年后，森林覆盖率首次超过 67%，达到 67.3%，2015 年增加至 67.6%，森林覆盖面积为 221950 平方公里。目前，马来西亚的森林可分为永久保存林、保护区林、转化林、人工林和经济林五类。

木材采伐业是国民经济的重要部门，1992 年马来西亚的原木产量为4351 万立方米，为历史最高水平，在美国之后居世界第 2 位。1994 年，原木产量约 3525 万立方米，出口 800 万立方米，出口额为 25 亿林吉特。原木产量下降的主要原因是政府为保护森林资源而采取许可制度，限制产量并严格控制盗伐。但木材仍是马来西亚主要的初级出口产品。21 世纪以来，马来西亚的原木产量保持下降趋势。2005 年，原木产量为 2240 万平方米；2007 年减少至 2205 万平方米；2009 年进一步下跌，减少至 1833万平方米；2010 年为 1780 万平方米；2013 年跌破 1500 万平方米，为1440 万平方米；2014 年为 1491 万平方米。目前，马来西亚是全球第十大家具出口国。原木主要出口日本、中国大陆和台湾地区，其中中国大陆占比 30%。锯木主要出口中国、欧盟和荷兰。胶合板主要出口日本、西亚、欧盟和中国。木制家具主要出口美国、英国、日本和澳大利亚。2013 年，木材业的出口额占马国内生产总值的 0.7%，为马来西亚带来 57 亿林吉特的收入，在木材制品中，单板、三夹板、木片及纤维板的出口额占2013 年出口额的 35%。

三　畜牧业

马来西亚的畜牧业主要包括鸡、蛋、猪、牛、羊以及乳品加工。养鸡业是马来西亚畜牧业中发展最快的行业，也是畜牧业的主要组成部分。马来西亚全国共有 3000 多家养鸡场和屠宰场，90% 集中在西马，主要在柔佛、霹雳和森美兰州。养鸡户多为华人，但马来人是鸡肉的主要消费群体。马来西亚的养鸡分为传统的分散饲养和大型商业畜牧场两种，目前以后者为主，其产量约占肉鸡市场的 60% 左右。马来西亚养鸡业比较发达，但饲料严重缺乏，绝大部分饲料原料需要从国外进口。每年马来西亚需要从中国等地进口 250 万吨左右的玉米。

养猪业在马来西亚处于发展阶段，目前以小规模饲养为主，大部分由华人经营。生产的猪肉和活猪大多对外出口，出口目的地包括新加坡、泰

国、老挝等国，但良种猪需要从澳大利亚、比利时、加拿大、荷兰、英国和美国等国进口。养猪场大多位于森美兰州、槟榔屿州、霹雳州、柔佛州和雪兰莪州。

养牛和养羊业在马来西亚较不发达。但由于马来人喜欢吃牛肉、印度人喜欢吃羊肉，因此马来西亚的大部分牛羊肉供给需要从国外进口。其中，牛肉的进口主要依赖印度，高品质牛肉则来自澳大利亚和新西兰。马来西亚养牛业主要是养肉牛，水牛和奶牛比例不高，且牛肉加工企业规模不大，相关的机械和设备需要从荷兰和德国进口。养羊业主要以养绵羊为主，主要的绵羊品种有无角道赛特、萨福克、罗姆尼、有角威特夏等，山羊的品种有安哥拉努比、阿尔卑斯、莎能和吐根堡等。2015 年，马来西亚的牛肉产量为 5.05 万吨，猪肉 21.6 万吨，羊肉 0.4 万吨，鸡鸭蛋 77.5 万吨，禽肉制品 161.3 万吨。

四 渔业

马来西亚海岸线长达 4800 公里，渔业资源丰富，沿海鱼类 1000 多种，其中有食用价值的约 250 种，渔民经常捕捞食用的仅 100 多种。其中，海鱼占 90%，淡水鱼占 10%，主要是马鲛鱼、鳗鱼、江鱼等。沿海还盛产虾、螃蟹，沿岸及河口一带产蚝及其他贝类。

政府一向十分支持渔业发展，并向渔民发放低息贷款用以购买设备。1991 年，马来西亚有渔民 8.4 万人，拥有机动船 3 万多艘，非机动船 2000 艘，鱼产量为 91.2 万吨。整个 90 年代，马来西亚的渔业处于一个低水平发展阶段，渔业产量增长缓慢，渔民人数略有减少。1997 年亚洲金融危机后，渔业产量开始保持稳定增长，渔民人数也有所提高。1999 年，马来西亚的渔业产量达 124.8 万吨，渔民人数为 8.4 万。2004 年，渔业产量增加至 133.2 万吨，水产养殖总量为 202.2 万吨，渔民人数增加至 8.9 万人。2006 年，渔业产量为 140 万吨，市场供应充足，部分生鲜和罐头海产品出口海外。其中，观赏鱼主要出口新加坡、荷兰和美国。

近年来，深海捕捞和养殖业有所发展。渔业捕捞包括近海渔业和深海渔业，以近海渔业为主。马来西亚政府将渔业捕捞的作业海域划分为

A、B、C1 和 C2 四个区域,其中渔业捕捞主要集中在 A 区和 B 区。水产养殖包括淡水养殖和海水养殖,以海水养殖为主。海水养殖包括池塘养殖、网箱养殖、扇贝养殖、蚌养殖、牡蛎养殖、海藻养殖等;淡水养殖主要包括池塘养殖、网箱养殖、水泥池养殖、矿区蓄水池养殖、围栏养殖等。2015 年,马来西亚的渔业上市量为 148 万吨,水产养殖总量为506 万吨。

第三节 工业

一 制造业

工业是马来西亚经济最主要的领域之一,产值占国内生产总值的1/3。其中,制造业最为重要。独立以来,在政府工业化战略的指导下,制造业发展受到特别重视,政府采取多种措施推动制造业的发展,如颁布各种投资法令,给予制造业企业各种税务优惠;大力吸引国内外私人资本投资,适时引导制造业沿着出口替代、出口导向和综合深入发展三个阶段循序发展。在政府的大力扶持下,制造业成为发展最快和最主要的经济部门,有力地推动了全国的经济发展。1971~1990 年,马来西亚制造业年均增长率达 10.3%,有些年份增长率高达 17%;1991~1992 年制造业连续保持双位数的增长水平,特别是出口导向型制造业,发展特别迅速。制造业在国内生产总值中所占的比重也从 1960 年的 9% 上升到 1992 年的 29%。1992 年,制造业安排就业人员 163.95 万人,占全国就业人数的 23%,制造业出口占出口总额的 69.8%。1993 年,马来西亚大型制造业企业已有2166 家,中小型企业则达 20 多万家。

20 世纪 90 年代以来,面对劳动密集型产品出口竞争加剧和国内劳动力紧缺,马来西亚于 1991 年推出第二个工业发展蓝图——《第二个远景计划纲要》(1991~2000),提出要促进工业迅速向资金和技术密集型转化,提高工业产品的附加值,到 2000 年使制造业在国内生产总值中的比重上升到 37%。1997 年发生的金融危机对制造业打击较大,1998 年制造业生产增长率从 2.66% 萎缩到 - 13.7%。1999 年 2 月制造业开始复苏增长，全年增长在 13% 以上。2001 年制造业的产值（按 1987 年不变价格）约为 700.07 亿林吉特，比上年增长 0.2%，约占国内生产总值的 32.8%，就业人数 267.02 万，占全国就业人数的 27.2%。2005 年制造业产值为 1553.34 亿林吉特，比上年增长 4.8%，约占国内生产总值的 31.4%，就业人数 299 万，占全国就业人数的 28.4%。2010 年制造业产值增加至 1924 亿林吉特，2015 年达 2638 亿林吉特。目前，制造业占 GDP 的比重大约为 25%。电子电器、石油化工、钢铁、汽车、机械等是主要的制造业门类。

第一，电子电器业。马来西亚的电子电器业是 20 世纪 70 年代迅速发展起来的，属于劳动密集型的出口导向工业。经过政府的大力扶植，目前，电子电器业已成为国内最重要的产业部门和经济发展的动力，年增长率最高时达 30% ~ 40%。它在制造业中的比重不断上升，已成为制造业的重要支柱之一。电子电器企业绝大部分设立在自由贸易区内，特别是槟榔屿和雪兰莪的巴生，集中了全国主要的电子电器企业。电子电器业的特点是以装配为主，从国外进口原件、组件和半成品，装配为成品后再出口国外。几乎所有的电子电器企业都是外来跨国公司在马来西亚设立的子公司。在外资中又以美国和日本的资本最多。在美国排名前 10 位的电子公司中，有 8 家在马来西亚设立了 1 家或多家企业。

马来西亚是重要的电子电器产品出口国，电子电器出口额一般占制造业出口的 60% 左右。20 世纪 90 年代以来，面对本地区其他国家电子产品出口竞争的挑战以及国际市场电子产品需求减少的双重压力，马来西亚政府对电子工业大力进行结构调整：减少半导体等电子零部件的生产，增加高附加值和高技术含量的整机出口。同时，在人力资源开发、技术投入上给予相应的支持。在第七个五年计划（1996 ~ 2000）期间，马来西亚提出建立"多媒体超级走廊"，主要是面向电子计算机和信息产业。另外，政府颁布了一系列优惠政策鼓励外资和内资企业投资信息产业，吸引了 232 家公司入驻该"走廊"，其中许多为国际性跨国公司。1999 年，电子产品出口额占马来西亚总出口额的 80%，有力地促进了经济的恢复。2000 年电器出口比上年增长了 18.5%。2001 年受世界电子产品需求的影响，电子产品占总出口额的比重下降 58.4%。2002 年进一步降至 55.8%。近年来，电子电器产品在马来西亚出口总额中的比重持续下降，2014 年出口额为 2561.5 亿林吉特，仅占出口总额的 33.4%，但仍为首要的出口商品。2015 年，电子电器产品占出口总额的 41%，仍然是最主要的出口商品。马来西亚三大电子电器产品为办公、自动化数据处理设备及零件，电话通信及音响设备，电动机械、设备、器具及零件。

第二，石化工业。马来西亚的石油化工产业是在 20 世纪 60~70 年代迅速发展起来的，现已成为马来西亚制造业的另一支柱。化工企业主要集中在吉隆坡等地，石油产品和化工产品包括煤油、液化天然气、柴油、汽油洗涤剂、化肥、涂料、油漆、化妆品等。20 世纪 70 年代，石化产品是制造业出口的主要项目，占制造业出口额的 31.9%，80 年代中期降到 11.6%，1990 年仅占 5%，为 28 亿美元。石化工业为马来西亚带来大量的外国直接投资，1998 年该领域投资额达 36 亿美元。据统计，石化行业是吸引投资最多的行业之一，1995~1999 年累计吸引投资 226 亿林吉特，其中外资占 59%。通过吸引外资，石化工业已成为制造业的支柱产业。2000 年，政府投资 36 亿林吉特发展石化工业，计划将马来西亚建成一个地区性石化中心。目前，马来西亚有 6 大炼油厂，生产能力达 52 万桶/天，在东南亚仅次于印尼成为第二大产油国。2001 年，石化行业出口达 98 亿美元，占总出口额的 10.9%。马来西亚液化石油天然气公司还与日本多家公司签订供气协议，从 2004 年起每年供应日本 160 万吨天然气。另外，马来西亚还与泰国共同投资 8 亿美元修建 360 公里长天然气管道，以解决油气供应和当地人民的就业问题。

第三，食品工业。食品工业的主要种类包括饼干、大米、面粉、饲料、奶粉、罐头等（还包括烟草和饮料），是马来西亚的传统制造业，早在二战前就有一定规模。在 20 世纪 60~70 年代发展进口替代工业时期，食品工业发展较快，后来虽逐渐放慢，但由于它是人民生活的必需品，仍在制造业中占重要位置。1985~1990 年，食品工业年均增长 5.8%。其存在的主要问题是生产技术水平低，原料很多依靠进口。虽然马来西亚食品目前尚不能自给，仍需大量进口大米、茶叶等，但同时也出口某些农产品，1990 年出口产值达 20 多亿林吉特，占制造业出口总额的 4.3%，出口产品包括罐头、奶制品、蔬菜、面粉、饲料等。由于地理环境优越，天然资源丰富，马来西亚成为国际食品业者热衷投资的市场，著名跨国食品企业雀巢、金宝汤等均在马来西亚投资设厂。随着全球贸易市场的进一步开放，马来西亚食品工业拥有广阔的发展空间，市场潜力巨大。目前，马来西亚加工食品已经出口到全球 80 多个国家和地区。马来西亚国家统计局的资料显示，2006 年，马来西亚食品出口额为 84 亿林吉特，比上年增加了 12%，主要出口产品包括咖啡、茶、可可、香料及其制品、鱼、水产甲壳类、软体动物类及其制品、食用品和调制品等，主要出口市场是新加坡、印尼和荷兰。2015 年，食品、饮料、烟草占马来西亚出口总额的3%。

第四，钢铁工业。马来西亚最早的钢铁工业是因锡矿而兴起的铸铁厂，二战后初期约有 200 多家。1956 年第一家钢铁厂投产，当年产量 400吨。20 世纪 80 年代以来，在政府的扶持下，钢铁发展处于上升阶段，钢铁工业占制造业的比重从 1981 年的 1.9% 提高到 1988 年的 2.9%；钢产量也从 1982 年的 26.5 万吨增至 1993 年的 195 万吨。1986 年，马来西亚钢铁消费量为 150 万吨，1990 年增加到 330 万吨，1996 年达到 810 万吨。由于马来西亚铁砂蕴藏量较小，钢铁工业的原料绝大部分依靠进口，到20 世纪 90 年代中期，全国约有 70 多家较大型的炼钢、轧钢工厂。1997年东南亚金融风暴使国内的建筑业和基建业受到沉重打击，钢铁消费量滑落至 460 万吨，降幅近 46%。在政府一系列刺激经济措施的影响下，从1999 年起，国内钢铁消费量开始回升，并处于上升趋势。2001 年，钢铁消费量增至 720 万吨，到 2004 年进一步增至 770 万吨。2004 年，政府批准了 32 个钢铁投资计划，总投资额 19.2 亿林吉特。2005 年，政府又批准了 19 个总投资额为 23.4 亿林吉特的钢铁投资计划，其中 94% 是本地投资。2007 年，随着第九个五年计划的启动，当地建筑业获得大发展，钢铁业也从中受益，国内钢铁价格稳步上扬，钢需求量明显增长。据东南亚钢铁协会数据，2006～2012 年的 7 年间，马来西亚本地钢铁消耗量增长 32%，但产量减少了 13.48%，出口下滑 47.15%，进口增加 42.7%。2012 年，马来西亚的钢铁产量为 600 万吨，位居世界第 25 位。当年，马来西亚的原钢消耗量是 526 万吨。此后几年，马来西亚的原钢消耗量逐年减少。2015 年这一数据已经跌至 384 万吨。

第五，车辆装配业。马来西亚汽车工业从无到有经历了三个阶段。一是 20 世纪 60 年代前的汽车整车进口阶段。二是 60～80 年代的散件组装阶段，主要是本地公司与外资合营，进口外国零件、组件，在本地装配和销售。三是 80 年代后的民族汽车工业起步发展阶段。国产车的诞生和发展是马来西亚车辆装配业的重要里程碑。1983 年，马来西亚启动自主品牌汽车生产国家项目——普腾（PROTON）汽车，该项目为本国汽车零配件行业的发展提供了机会。普腾汽车项目旨在以有竞争力的价格生产高品质的汽车，并在最大程度上提升国产化程度。普腾汽车先后与三菱、雪铁龙合作。1992 年，马来西亚政府宣布第二个国产车计划，即生产派洛多（PERODUA）汽车，以微型车为主。派洛多是目前马来西亚最大的汽车生产商，主要股东为马来西亚和顺公司和日本的大发、三井物产。到 1993 年，除国产客车外，马来西亚还有 13 个车辆装配公司，年总产量达 30 万辆左右。1996 年，普腾汽车成功收购了传奇跑车品牌——莲花（路特斯）；与此同时，马来西亚还推出国家摩托车生产项目，名为 MODENAS。随后几年，马来西亚又开始设立国家级的卡车及客车项目，以生产重型车辆。1999 年 6 月，马来西亚决定与日本丰田汽车公司合作，进一步发展汽车制造业。

自 1999 年以来，马来西亚汽车销售量逐年增加，当年，马来西亚的汽车销量在东盟国家中排名第一。2000 年，马来西亚的汽车需求旺盛，国产车销量大增，共销售 34 万辆，比上年增长了 19%。2001 年增加至 39.6 万辆，2005 年达 56.34 万辆。目前，马来西亚主要汽车生产企业包括普腾、派洛多，日本丰田、本田、日产，韩国起亚、现代，德国奔驰、宝马等。普腾汽车和派洛多汽车的产量占总产量的 70% 左右，国外品牌组装车约占 30% 左右。

近年来，马来西亚的国产汽车取得很大的发展，但面临的竞争环境越来越激烈，国产汽车所占的市场份额呈下降趋势。为继续保护国产车市场，加快发展本国的汽车组装业并成为东南亚的汽车组装中心，马来西亚政府多次出台新政鼓励汽车产业发展。如 2006 年 3 月 22 日，政府公布新的国家汽车政策，主要措施如下：简化国家税务结构，增加车辆定价透明度；核定进口车辆征税基数，防止低报漏税；降低进口关税，加速与东盟各国汽车工业的融合；设立工业调整基金，扶持汽车工业发展；控制发放新汽车生产准证，保证消化国内过剩产能；控制发放汽车进口准证，确定废除准证期限；严格控制准入汽车技术标准，确保车辆安全环保。2014年初，政府又出台《2014 年国家汽车政策》。该政策允许外国汽车厂商生产或装配发动机容量 1.8 升及以下的汽车。同时，新政继续为国产汽车提供"保护网"，包括继续支持和援助普腾汽车，进一步提升普腾汽车的品质、降低营运成本。此外，新政也致力于增加本地生产的汽车和零部件出口。马来西亚政府预计，到 2018 年底，国内生产和组装的汽车价格将降低 20% ~ 30%；到 2020 年，马来西亚将有能力出口 20 万辆以上的汽车，以及金额在 100 亿林吉特以上的汽车零部件。当前，马来西亚汽车制造业共雇用 55 万人，2014 年的汽车新政再提供 15 万个就业机会。预计到2020 年，汽车制造业 80% 的外国劳工将被当地熟练工人和半熟练工人取代。

第六，纺织成衣业。纺织成衣业是马来西亚的传统制造业，但独立以前规模小、水平低，20 世纪 60 年代纺织成衣业有了长足的发展。到 1988年，全国拥有 300 多家纺织和成衣公司，除了日本、中国台湾资本投资的公司外，仍以中小企业为主。20 世纪 90 年代，纺织及成衣厂增加至 486家，其中数家是在吉隆坡股票交易所的上市公司。1992 年，纺织成衣产品和电子电器产品出口共占制造业出口的 2/3。产品主要出口到美国、澳大利亚、欧洲国家、加拿大及中东，其中 40% 出口到美国。截至 1994年，纺织及成衣业所雇用的工人达 6.62 万人。当年，纺织业的生产总值为 20.9 亿林吉特。1998 年，纺织成衣业占制造业比重为 7%。纺织成衣业已跃升为仅次于电子业的出口工业，每年为国家赚取不少外汇，创造许多就业机会。目前，纺织成衣业主要面临来自邻国的竞争，如印尼、泰国、菲律宾、印度等。这些国家凭借充足的人力资源和低廉的工资，可以轻易打入纺织业市场，而且出口量与日俱增。近年来，马来西亚纺织行业发展较快，政府扶持纺织业发展，为投资人造纤维、织物、针织面料、特制服装、技术或功能性纺织品提供各种优惠政策，同时加大高科技和高附加值产品的投入。2014 年，纺织及成衣出口额达 31 亿美元。纺织及成衣出口额占马来西亚制造业总出口额的 2%。2015 年，政府出台新政，鼓励外资投资纺织项目，除投资马来西亚巴迪纺织外，外资企业投资其他纺织项目可以 100% 持股。预计在政府多项政策的鼓励下，2020 年，纺织品出口有望达到 75 亿美元。未来，马来西亚纺织及成衣业将聚焦于三大关键领域：高附加值时尚成衣产业、印染和后整理技术的提升、产业用纺织品的研究。其中，印染技术的提升被马来西亚业界看作纺织业发展的基石。目前，马来西亚有越来越多的专业人士投身于印染业，这一领域有充足的劳动力进行产业升级。此外，马来西亚政府正努力促进消费者对蜡染工艺的认知，让人们了解蜡染服装不仅是适合老年人的耐穿服装，年轻人同样也能够穿戴，以推动蜡染服装在年轻人群体中流行。

二　矿业

马来西亚矿产资源丰富。其中，锡矿是最重要的矿产资源，石油和天然气蕴藏量较丰富，此外，还有金、铁、钨、煤、铝土、锰等矿产。2014年，矿业占 GDP 的比重为 7.9%，总产值 656.5 亿林吉特。近年来，随着锡矿产量的下降，石油和天然气成为主要的采矿业门类。

锡矿。马来西亚的锡矿储量居世界第二，产量和出口量居世界前列。锡矿主要分布在西马，除槟榔屿外，其他各州都蕴藏大量锡矿。其中，锡储量最丰富的地区是霹雳州的吉打河谷地带和首都吉隆坡地区。由于霹雳州（霹雳的马来语 Perak，就是锡的意思）的锡产量占马来西亚全国产量的 60%，人们称之为"银光闪耀之州"，其首府怡保更是享有"世界锡都"的美誉。长期以来，锡一直是马来西亚的主要矿产品，在二战前曾创下年产 8 万吨的最高纪录，马来西亚成为世界上最大的锡生产国和出口

国，锡产量占世界锡产量的比例在当时高达 50%~60%。二战后，由于锡
产限制、价格多变、锡源枯竭等原因，锡产量长期徘徊在年产 6 万吨左
右，占世界锡产量的 30% 左右。经过一个多世纪的开发，马来西亚的锡
矿已经开采殆尽。20 世纪 80 年代以来，锡产业急剧衰退，特别是 1985
年 10 月 24 日国际锡市崩溃以来，大量矿场倒闭，采锡业从此一蹶不振。
1991 年仅产锡 2 万余吨，占世界锡产量的 15%，在世界各锡产国中的地
位已退居第四。它在出口额中的比重也从 1970 年的 20% 下降到 1991 年的
0.8%，当年出口值仅 7 亿林吉特，在五大初级产品出口中已退居末位。
1992 年，马来西亚从中国进口的锡矿相当于当年马来西亚进口总量的
17%。到 1997 年，马来西亚的锡年产量为 5070 吨，而本国需求量为 6586
吨，供不应求。受亚洲金融危机的影响，1997~1999 年马来西亚只从中
国进口少量的锡矿。亚洲金融危机后，随着经济形势的好转，马来西亚从
中国进口的锡量也逐渐增加。2000 年进口锡矿 23744 吨，主要来源地为
中国、秘鲁、澳大利亚、越南、玻利维亚；2001 年，马来西亚从中国进
口锡矿 5207 吨，占当年马来西亚锡矿进口总数的 22%；2002 年，出口锡
矿 2.06 万吨，出口主要国家和地区为欧盟、韩国、日本、印度、中国台
湾。马来西亚也从世界上最大的产锡国变为锡的消费国。2004 年和 2005
年，马来西亚的锡矿产量仅为 2700 吨和 2900 吨，与鼎盛时期 6 万吨的产
量已相差甚远。21 世纪以来，锡矿的储量和产量下降，在国民经济中的
比重也越来越低。2013 年，锡矿出口 3.6 万吨，同比下降 2.2%，出口金
额 25.3 亿林吉特，同比增长 4.8%。

石油和天然气。石油和天然气在马来西亚矿产资源中占有重要地位，
其天然气贮量占世界第 14 位，石油贮量占世界第 23 位。主要出口产品为
原油、化工产品、液化天然气等。马来西亚的石油主要分布在近海地区，
天然气主要分布在东马近海地区。20 世纪 60 年代，随着石油需求量的增
大，政府开始联合外资在近海地区开发石油和天然气，并于 1968 年正式
产油。1974 年，马来西亚国家石油公司（PETRONAS）成立。该公司致
力于加强与世界主要石油公司合作，以分享生产的方式开发马来西亚的石
油与天然气资源。1983 年，马来西亚正式生产天然气。1980 年，马来西

亚原油日产量 27.5 万桶，超过文莱成为仅次于印尼的东南亚第二产油国。1984 年，马来西亚国家石油公司开始分 3 个阶段（该计划最终在 1997 年 12 月完工）实施半岛天然气应用计划（PGU），将天然气输送给发电厂、工厂、旅店及住宅用户。

20 世纪 90 年代起，马来西亚的海上油气勘探工作日渐活跃，至今已钻探井 170 口，平均钻井成功率 42%。新发现油气田约 100 个，但油气田规模较小，年新增储量在 2100 万吨以下。自 2002 年起，马来西亚的石油勘探的重点集中在东部大陆架的深水区域，这要求马来西亚政府吸引更多的资金和先进技术。2003 年，马来西亚原油产量为 3687.8 万吨，出口 1791.3 万吨，进口 799.1 万吨，液化天然气产量为 1731.1 万吨。2004 年，马来西亚的石油产量达到 76.2 万桶/日的高峰，此后逐渐下降。相比之下，天然气产量不断增加。

纳吉布总理上台后，积极推动油气产业发展。2010 年，政府推出经济转型计划（ETP），预计到 2020 年，国家将投资建设多个油气及下游项目，包括提高海上油气田产量，以及建设边佳兰（Pengerang）、民都鲁的下游化工项目和全球首个浮动液化天然气（FLNG）项目。上述计划都已付诸实践，最先启动的是液化天然气下游项目和 FLNG 项目。目前，马来西亚国家石油公司正在建设两艘 FLNG 船。其中，第一艘船（PFLNG1）计划设在距离马来西亚民都鲁离岸 180 公里的 Kanowit 气田，设计能力为 120 万吨/年，可满足马来西亚海上小型气田生产之需，该项目预计 2017 年启动，届时有望成为全球首个投入运营的 FLNG 船，届时马来西亚的 LNG 出口能力将从 420 亿立方米/年增长至 500 亿立方米/年。2018 年，马来西亚国家石油公司将推出第二艘（PFLNG2），它将停泊在马来西亚沙巴离岸区，年生产能力 150 万吨。此外，马来西亚国家石油公司正耗资 20 亿美元，计划在民都鲁建设第 9 套 LNG 加工装置。此装置包括天然气接收设施、酸性气脱除、脱水和除汞单元、分馏和液化单元及相关公用工程设施，拥有液化和再气化双向功能。该项目计划 2016 年建成，总产能可达 360 万吨/年。同时，马来西亚国家石油公司还计划对该基地的 3 套 LNG 装置进行技术改造，预计 2019 年 1 月完工。若上述项目完成，民都

鲁地区总的液化能力将达到近 3000 万吨/年。此外，在第 11 个马来西亚五年计划（2016~2020）中，马来西亚政府计划从 2016 年开始批准新的天然气从业者进入当地市场，政府将不再垄断天然气供应。伍德麦肯锡预计，从 2016 年到 2020 年，马来西亚天然气产量将增加约 4250 万立方米/日。天然气过剩已是不可逆的趋势。

据马来西亚国家统计局统计，2014 年，马来西亚的油气总产值达到 1191 亿林吉特，比 2013 年增加 3.4%，同期油气产业吸引就业 17350 人，同比增长 6.1%。目前，马来西亚石油出口的主要市场是日本、泰国、韩国和新加坡；液化天然气出口的主要市场是日本、韩国、中国台湾，极少量销往美国。目前，马来西亚有三大石化工业区，分别位于东海岸的克尔蒂赫（Kertih）、彭亨的格宾（Gebeng），以及南方的巴沙古当—丹绒浪塞（Pasir Gudang-Tanjung Langsat）。三大石化工业区都拥有综合生产企业，包括裂解炉、合成气和芳烃等配合装置。工业区基础设施共用、拥有受培训的熟练劳动力，并有政府优惠政策的支持。

三　电力工业

马来西亚的电力工业是随着矿业的开采而发展起来的，在独立前已有一定规模。1957 年独立后，电力工业在政府的大力支持下，发展十分迅速，兴建了不少新的大发电站，总发电量也大幅度增长。20 世纪 50~60 年代，马来西亚的生活和工业用能源主要是电，也兼用一些木柴、木炭和煤。70~80 年代，马来西亚对电力的需求不断增长。1979 年，马来西亚颁布《国家能源政策》，设定能源供应、能源使用和环保三大目标。能源供应目标旨在使用最低成本开发当地可再生和不可再生能源，以确保提供足量、安全、合算的能源；能源使用目标旨在提高能源使用效率、抛弃无生产效率的能源消耗模式，尽可能多地向居民提供电力，该目标已通过"乡村电力化项目"得以实施；环保目标旨在减少能源生产、转化、运输、使用和消耗对环境的负面影响。

1986~1997 年，马来西亚的电力需求以 12%~15% 的速度增长。最大用电负荷由 1986 年的 2990 兆瓦增长到 1997 年的 9200 兆瓦。值得一提的是，尽管 1997 年亚洲金融危机席卷马来西亚，但该国最大用电负荷仍以 15% 的速度增长。1998 年，马来西亚全国发电量为 56.2 太瓦时，用电量为 49.1 太瓦时，人均用电 2260 千瓦时。2000 年以来，马来西亚政府大力兴建发电厂、水电站，装机容量快速增加。2000 年，马来西亚发电厂总装机容量仅 12937 兆瓦，到 2012 年总装机容量达到 26128 兆瓦，增幅 102%。马来西亚天然气储量丰富，成本较低，因此天然气发电占到马来西亚电力总装机容量的 1/2，其次是燃煤发电，占到 1/3，而水电及其他（生物质能、太阳能等）所占比重较小。从地区分布来看，马来半岛（西马来西亚）人口相对密集，经济发展较快，因此其装机容量占到全国的 83.5%。而东马来西亚（沙捞越和沙巴）地广人稀，经济发展水平较低，电力需求相对较少，其装机容量仅占马来西亚全国的 16.5%，且多为水力发电。目前，马来西亚的发电能源主要有石油、天然气、水力和煤炭 4 种。其中，58% 的电力来自燃油和燃气发电，33% 来自燃煤发电，9% 来自水力发电。马来西亚政府的能源利用政策是逐步减少燃油，促进利用天然气、水力和煤炭。

马来西亚的电力供应由国家电力公司主导，国家电网由西马电网和东马电网构成。其中，西马电网由国家电力公司管理，与新加坡和泰国电网相连；东马电网由沙涝越和沙巴电力公司组成。东马与西马电网目前尚未联网。马来西亚有三大电力公司。（1）国家电力公司（TNB），前身为 1949 年成立的中央电力局，1965 年更名为国家电力局，1990 年改为现名，负责西马的电力供应。TNB 是吉隆坡证券交易资本最大的公司，公司市值约 290 亿林吉特（约 76 亿美元），净资产 31 亿美元。TNB 拥有发电、输电和配电业务，并在金融、通信和制造领域投资，另有独立的研究机构"TNB 研究公司"（TNBR）和一所大学。2002 年 TNB 总收入 40.46 亿美元，净利润 2.98 亿美元，净利率 7.4%，装机容量 914.82 万千瓦，占全国装机容量 1402 万千瓦的 65.3%。（2）沙捞越电力公司（SESCO），前身为沙捞越电力供应有限公司，1963 年改为现名，负责沙捞越电力供应。1996 年，沙捞越有限企业集团控股前，该公司全部资产属于沙捞越政府。如今的 SESCO 是沙捞越政府控股（拥有 51.6% 的股权）的上市公

司，沙捞越有限企业集团控制 45%，其余 3.4% 由公司职工控制。截至 2005 年 6 月，沙捞越电力公司的总资产达 40 亿林吉特（约 11 亿美元），有 36 个发电厂，总装机容量 553 兆瓦，燃气轮发电机占 64%，火电、水电均占 18%。（3）沙巴电力公司（SESB），前身是北婆罗洲电力局，1963 年加入马来西亚后改为沙巴电力局，1998 年改为现名。SESB 是沙巴州唯一的公用事业电力公司，供电面积 74000 平方公里，截至 2004 年底总装机容量 785 兆瓦，其中 55% 的发电量从独立发电公司（IPP）购买。

目前，马来西亚的发电能力是 2.4 万兆瓦，需求量是 1.4 万兆瓦，电力能源除供本国使用外，还出口印尼、泰国等国家。但相关报告预计，到 2017 年，马来西亚的电力供需将达到临界水平。今后数年马来西亚对电力的需求大，年均电力负荷增长率将达 15%～21.5%。为缓解电力供不应求的局面，马来西亚政府计划在 2015～2020 年，新增 6 吉瓦发电能力，并计划引进核能发电，预计在 2030 年全国 10% 以上的电力供应来自核能发电。为此，政府成立了由能源、绿色科技与水务部和国家电力公司领导的"核能开发工程指导委员会"，负责核电开发计划。目前，该委员会正在对 2020 年后引进核电做可行性研究。研究计划包括 2008 年启动初步调查、选址和人力资源开发（30～40 名核工程师）工作，2011 年启动环境影响评估和设计工作，2012 年启动国际评估和管理工作，2013 年出台总结报告，2015 年动工建设。初步目标是在 2020 年后建立第一座核电厂，并在 2025 年左右，也就是第一座核电厂供电能力达到 2000 兆瓦时，动工建立后续的核电厂。2010 年 5 月，能源、绿色科技与水务部长表示，马经济理事会已原则上批准建立第一座核电厂。该电厂将由 TNB 着手推进，耗资 31 亿美元，计划装机容量为 1000 兆瓦，将于 2021 年建成投入使用。目前看，马来西亚核电开发计划面临的主要挑战有三：一是启动资金不足，二是能否得到公众认可，三是缺少通晓核电的专业技术人才。但核电项目进展并不顺利，政府预计到 2025 年才考虑启动核电计划。

近年来，马来西亚政府积极开展对外合作，与中、日等国加强电力合作。中国对马来西亚的电力市场介入逐步加深。2014 年 6 月，日本三井物产公司发布消息称，将与马来西亚的国营投资公司合资在马来西亚建设世界上最大规模的煤炭火力发电厂，年发电量将达到 2000 兆瓦，预计总投资达 201.3 亿元人民币。该发电厂主要的发电设备将采用日本东芝和 IHI 钢铁公司等日本企业制造的设备发电厂，计划 2018 年投入使用。投入使用以后，其发电总量将占马来西亚总电力的 10%。2015 年 11 月，中国广核集团有限公司（中广核）与马来西亚埃德拉全球能源公司（Edra Global Energy Bhd，简称埃德拉公司）在吉隆坡签署了埃德拉公司下属电力项目公司股权及新项目开发权（以下简称"埃德拉项目"）的股权收购协议。2016 年 3 月，埃德拉项目股权交割顺利完成。中广核在海外的清洁能源控股在运装机总量达到 884.3 万千瓦，成为中国在海外装机容量最大的能源企业之一，也成为马来西亚最大的海外直接投资者和第二大独立发电商。2016 年 4 月，中广核在吉隆坡宣布，决定在马来西亚设立"中广核东南亚公司"作为其东南亚区域总部，以进一步加强在本地区的开发和投资。中广核将继续在马来西亚进行清洁能源项目开发，并重点推进马六甲燃气项目，该项目规划总装机容量达到 200 万～240 万千瓦。2016 年 9 月，中国电力建设集团有限公司（中电建）宣布，正式在马来西亚首都吉隆坡成立亚太区域总部，以推动国际业务开展。这是继中广核后，又一家在马来西亚设立区域总部的中国大型国有电力企业。实际上，早在 1996 年，中电建的前身中国水电就进入马来西亚投资，曾经承建有东南亚"三峡"之称的巴贡水电站。

四 建筑业

建筑业是马来西亚又一重要产业，在国内生产总值中所占的份额一般在 4% 左右。20 世纪 70 年代以来，由于民众对房屋的需求增大，以及大规模的公共设施建设增加，建筑业增长率一直比较高。1977～1981 年，建筑业产值实际年均增长率达 14.3%，它在国内生产总值中的比重也从 1965 年的 4.1% 增长到 1981 年的 5%。20 世纪 80 年代后期，为刺激建筑业的发展，政府推出大规模廉价房建设的计划，加上经济快速发展引发的对厂房、写字楼、高级住宅等需求的增加，建筑业得以迅速发展。1989

年以来，建筑业连续几年保持较高速度的持续增长，进而推动了建筑材料制造业的发展。20世纪90年代后，随着政府对交通运输等基础设施的进一步整治扩建、多个石化工程上马，以及政府继续推行庞大的廉价屋建设计划，建筑业发展势头强劲。90年代初期，建筑市场蓬勃发展。私人和公共部门的强大需求、对经济增长的良好预期、房地产业的高利润和贷款相对容易等因素导致建筑业快速膨胀，产值年均增长14.8%。1994～1996年，建筑业产值平均增长15.2%。

1997年金融危机爆发后，房地产和建筑业受危机影响较深，许多大型建筑工程被迫取消。尤其是由于房屋供应过剩、基础设施停建，1997年建筑业产值只增长了10.6%，为90年代以来的最低增幅。1998年，建筑业停滞，出现23%的负增长，许多相关产业如建材贸易、采石业等都受到较大打击。为了刺激经济增长，政府后来又增加拨款援助大型建筑工程，建筑业因此有所恢复。

2000年以来，建筑业逐渐恢复。2000年和2001年的产值增长率分别为1.1%和3.4%。2001年，马来西亚的房地产市场出现中低价住宅需求旺盛，但其他类建筑需求下降的局面，建筑业受到一定影响。政府计划在"八五"期间建设61.5万套中低价房，缓解中低价房屋供不应求的矛盾。与此同时，政府继续发放30亿林吉特的财政振兴配套资金，落实各项基建计划。2003年以来，政府紧缩开支，许多大型公用设施工程缓建或停建，建筑业一直负增长。2004年，建筑业产值为19.1亿美元，占国内生产总值的2.9%，建筑业人才严重流失。据报道，2004～2006年，马来西亚建筑业低迷，国内至少有3万名建筑业工作者包括工程师、测绘师、工地督工等到国外工作或被迫转行。2006年，政府宣布执行第九个五年计划，启动部分政府工程和公共项目，建筑业开始缓慢复苏。2007年，建筑业外劳继续流失，大约只剩下25万人，而过去建筑业兴盛时期需要40万人。

2008年，政府为应对国际金融危机推出了67亿林吉特的财政刺激计划，对马建筑业起到了积极的推动作用。当年，建筑业产值增长率有所回升，达到3.9%，对GDP的贡献率为3.0%。纳吉布上台以来，建筑业得到新的发展。2009～2013年，建筑业产值保持增长态势。2011年，马来西亚开始执行外劳"漂白计划"，计划让拥有非法外劳的雇主（以建筑业居多）申请转为合法外劳，为期3年。若非法外劳不能按期"漂白"将被驱逐出境。受此计划影响，马来西亚建筑业出现一定程度的劳工荒，但建筑业受到经济稳定增长的拉动，增长迅猛。2013年，建筑业总产值为294.2亿林吉特，同比增长10.9%，占GDP比重的3.7%。2014年，建筑业产值增加到329.84亿林吉特，同比增长11.6%，占GDP的比重增加到3.9%。2015～2016年，马来西亚的建筑业受到房地产行业影响，继续保持增长。尤其是政府公布第十一个五年计划（2016～2020），大批基础设施建设项目上马，包括巴生谷地区的多条铁路和公路项目。但由于政府宣布冻结外劳，建筑业出现大面积的人力荒。2016年3月，马来西亚建造行联合总会在全国18个属会的万名会员陷入劳力短缺困局，不得不让外劳每天工作16个小时，缓解困境。

第四节 第三产业

一 交通运输业

马来西亚有良好的公路网，公路和铁路主要干线贯穿马来半岛南北，航空业较发达。马来西亚的交通运输设施在二战前就颇具规模。独立以来，随着工业化进程的加快，政府对交通运输业给予高度重视，并投入大量资金加以改建扩建，因而成为交通运输设施较好的国家之一。马来西亚的公路、铁路、海运、航空都较发达，形成以吉隆坡一带为中心的全国交通网。

公路方面。马来西亚的公路较为发达。西马的公路是在20世纪逐步发展起来的，到独立前公路干线约960多公里，加上通往各城镇村落的支线，公路长达9600多公里；东马的公路则相对落后。独立以后，由于政府大量投资兴建，逐步形成四通八达的全国公路网。到1990年，全国公路总长达64445公里，公路质量好，因此，目前马来西亚是东南亚公路最好最多的国家之一。西马的主要公路是纵贯半岛南北行和横跨半岛东西行的几条干线。由于公路交通方便，马来西亚车辆增加很快，1990年私人拥车率已达96%，是东南亚私人拥车率最高的国家。为进一步完善公路运输，1988年政府开始与私人公司合作，投资60亿林吉特修建"南北高速公路"。该公路全长800多公里，1994年2月全面通车，成为马来西亚一条主要公路。1993年政府提出数项公路建设计划，这些工程完成后，陆地交通系统将更加完善。在1996~2000年的第七个五年计划中，政府计划新建1.6万公里的道路。2003年时，全国公路总长达到7.59万公里。截至2005年底，注册交通工具1480万辆，其中89.9%为私人拥有，平均约2.1人拥有1辆。在巴达维和纳吉布政府任内，马来西亚的公路建设取得新进展。截至2012年，马来西亚公路总长18.3万公里。

铁路方面。马来西亚的铁路绝大部分在西马。1957年独立以来，政府对铁路的投资与日俱增，主要用于改善铁路设施，实现铁路现代化。1971年，全国铁路总长2313公里。20世纪90年代以后，面对越来越紧张的公路交通状况，政府决定投入巨资，扩建铁路。政府建造的双轨铁道衔接北海与新山，耗资约40亿~50亿林吉特。同时，酝酿10年之久的吉隆坡轻轨铁路系统计划也在1993年6月动工，它建成后极大地缓解了吉隆坡的交通阻塞状况。2003年，马来西亚的铁路总长2267公里，主要贯穿马来半岛。截至2013年，马来西亚的铁路营业里程超过1800公里，主要使用1000毫米米轨轨距。马来西亚半岛的铁路系统在北面连接泰国铁路，而南端则可通往新加坡。2015年以来，马来西亚正在积极推动铁路现代化和互联互通建设。一方面，积极推进马新高铁和马泰铁路建设。规划中的马新高铁全长约350公里，投资额超过100亿美元。其中，马来西亚南部铁路全长197公里，工程投资约22亿美元。据悉，中国铁路工程、中国铁建和中国交建三家公司联合投标马来西亚南部铁路项目已获得项目意向书。与此同时，马来西亚也积极推进与泰国的铁路互联互通。2015年12月，由泰国和马来西亚共同运营的一条"穿梭火车"正式开通，该列车将往返于泰国南部宋卡府最大的城市合艾和位于泰马两国边境的马来西亚小镇巴东勿刹之间，全长 60 公里。另一方面，马来西亚也注重引进中国技术。2015 年 7 月，中国铁路装备首个海外制造基地，中国中车旗下株洲电力机车有限公司（中国中车株机公司）东盟制造中心在马来西亚建成投产。马来西亚由此成为东盟第一个拥有轨道交通装备产品制造能力的国家。东盟制造中心具备每年新造 100 辆动车组并兼电力机车和轻轨车辆等全系列轨道交通装备制造能力。2015 年 9 月，由中国中车株机公司研制的米轨动车组列车在吉隆坡至巴东勿刹的 600 多公里南北线路上开通运行。动车组的运行使两地通行时间缩短为 5 小时，比以往交通工具减少约 7 小时。此列米轨动车组也成为世界最高速度米轨动车组。

　　海运方面。马来西亚的内河运输不发达，海运 80% 以上依赖外航。共有各类船只 1008 艘，其中 100 吨位以上的注册商船 508 艘，注册总吨位 175.5 万吨；远洋船只 50 艘，共有 19 个港口。近年来，政府大力发展远洋运输和港口建设，主要航运公司为马来西亚国际船务公司，主要港口有巴生、槟榔屿、关丹、新山、古晋和纳闽等。西马的港口较大，集中了大部分货运量，东马的港口较小，不少是木材进出口港，有些是内河港。其中，巴生港为马来西亚的最大港口，集装箱年处理能力为 500 万标准箱，也是东南亚的重要集装箱中转中心，可以停靠世界上最大吨位的货船。随着港口规模的扩大，马来西亚港口运载量也不断增加。1993 年，西马港总装货量为 2097 万吨，总卸货量为 3678 万吨。1998 年处理集装箱 1.809 亿吨，比上年增加了 5.9%。1999 年 5 月，政府提出希望把吉隆坡以西 40 公里的巴生港建成区域航运中心，与新加坡、中国香港竞争，采取了放宽外资对船务公司投资，方便办理有关手续等措施。2000 年，各港口的货物吞吐总量为 1.603 亿吨。2007 年 3 月，英国专业杂志《集装箱化》发布每年一度的全球港口集装箱吞吐量排名榜，在前 30 大港口中，2006 年有两个港口同时上榜的国家有两个，一个是马来西亚，另一个是美国。马来西亚的巴生港和丹戎·帕拉帕斯分别以第 16 及第 19 名入围。这两个港口年吞吐量合计超过 1000 万箱。2014 年，马来西亚水运 5.39 亿吨。目前，巴生港是世界第 12 大货柜港口，其货柜装卸量预计在

2020 年达到 1630 万的标准箱，几近饱和。马来西亚希望中国企业参与巴生第三港口建设。

空运方面。马来西亚航空业发展很早。1957 年独立后，政府对机场建设非常重视，每个五年计划都给予巨额拨款扩建和新建机场。民航主要由马来西亚航空公司（马航）经营，有飞机 110 余架，辟有航线 113 条，其中 80 条为国际航线。1996 年 11 月，第二家航空公司——亚洲航空公司投入运营。全国共有机场 37 个，其中有 8 个国际机场：吉隆坡、槟榔屿、马六甲、兰卡威、柔佛士乃、瓜拉登嘉楼、哥打基那巴卢和古晋国际机场。吉隆坡国际机场（KLIA）是世界上最大的现代化机场之一，位于吉隆坡市中心以南约 75 公里的雪兰莪州雪邦，是由日本设计师黑川纪章设计，耗资 105 亿林吉特兴建，1998 年 6 月 30 日正式启用，是亚太地区的空运枢纽。吉隆坡国际机场拥有 4 条飞机跑道设备，106 个停机坪、46 个登机口、86 个商店、28 个餐厅，设计运送能力为每年运载 2500 万乘客。截至 2004 年 6 月 30 日，马来西亚航空公司取得 23.99 亿林吉特的营业额，比上年同期增长了 46%，航线载客率上涨了 61.5%，本地航线载客率也增加至 71.8%，整体载客率上扬 62.6%，不过，货物运载率则下跌至 59.1%。马航目前每天拥有 499 个航班，每天将 4.8 万乘客运往六大洲 100 多个目的地。近年来，马航利润不断减少，长期处于亏本运营状态。2011～2013 年，马航三年净亏损达 77.5 亿元人民币。而 2014 年的两场空难更是将马航推到了破产的边缘。2014 年 3 月 8 日，从马来西亚首都吉隆坡飞往北京的马航 MH370 航班在马来西亚与越南空域交界处与空中交通管制中心失去联系，机上 239 名乘客和机组人员遇难。同年 7 月 17 日，马航 MH17 航班在乌克兰靠近俄罗斯边界坠毁，机上 298 名乘客和机组人员全部遇难。此后，马航进入舆论的风口浪尖，运营面临巨大困境，财政压力极大，濒临破产。根据《蒙特利尔公约》计算，马航两次空难将支付超 5 亿元人民币的损害赔偿。仅 2014 年一季度马航的亏损额就扩大 2/3，达到 8.6 亿元人民币。马航为此被迫重组。2015 年 9 月，马航重组完毕，改名新马航，并投入正式运营。新马航解雇了 6000 名职员，并削减了长途航班。

二 旅游业

马来西亚旅游资源丰富，各州、联邦直辖区都有大量自然和人文旅游景点，包括热带风光、美丽的海滨和各类名胜古迹，发展旅游业条件良好。1957 年马来亚独立后，政府为了发展旅游业，成立了旅游发展局，各州也成立了旅游协会和许多旅行社，旅游业逐渐在马来西亚发展起来。但直到 20 世纪 80 年代，旅游业发展都较为缓慢。20 世纪 80 年代后期，政府开始重视旅游业，采取多种措施促进旅游业发展，加强组织管理、增加财政拨款、扩大税务优惠、展开强大的促销攻势、改善客运交通系统、培训导游和酒店服务人员、增加旅游景点和活动项目等。

1990 年，马来西亚首次举办旅游观光年，主题为"魅力马来西亚，节庆之年"，取得巨大成功，当年赴马旅客数高达 750 万人次，外汇收入为 45 亿林吉特，占国家外汇收入的 5%。1994 年，马来西亚举办"魅力马来西亚，自然至上"的旅游年，吸引了世界各地的游客。1997 年东南亚金融危机后，马来西亚旅游业受到一定影响，但仍是仅次于制造业和油棕业的国家收入的第三大经济支柱和第二大外汇收入来源。1999 年，随着经济的复苏，旅游业出现复苏迹象，共有 620 万名游客在马来西亚消费了 107 亿林吉特，比 1998 年的人次增加 13%。此后，政府进一步加大对基础设施和旅游景点的建设投入和政策扶持，利用多种渠道宣传，旅游业发展迅速。马来西亚作为国际活动场所的声誉也日益提高，促使许多国家的一些部门选择它为举行会议、展览、运动、音乐会及文化项目的地点。

2000 年以来，到马旅游的人数每年都超过 1000 万人次。2003 年 3 月伊拉克战争爆发后，同为伊斯兰国家的马来西亚受到波及，赴马游客明显减少，旅游业一度受到冲击。当年 3～4 月爆发的"非典"疫情进一步对该国旅游业造成严重打击。面对严峻形势，政府提出多项措施，重点对旅游业进行扶持。如银行为旅游业经营者提供 10 亿林吉特的特别援助，减免旅行社的所得税等。在多方努力下，2004 年，马旅游业开始回升，当年游客数达到 1570 万人次，外汇收入 78 亿美元。2005 年，赴马外国游

客数达 1640 万人次，增长 4.6%。

近年来，马旅游业继续发展，但也遇到不少问题。2009 年，到马旅游的外国游客 2350 万人次，为马来西亚带来了 510 亿林吉特的收入。其中国游客首次突破 100 万人次，比 2008 年的 90 万人次有所增加。2010 年，政府拨款 8.9 亿林吉特，加速推动旅游业的发展，这些计划包括"第二家园"计划，提升基建、培训从业人员，利用网络进行促销，以及推出更多的吸引人的旅游产品和活动项目。当年赴马游客达到 2470 万人次，收入 583 亿林吉特。2012 年，马来西亚共接待游客 2500 万人次，较 2011 年增加了 1.3%，为马来西亚提供 14% 的就业岗位，总收益达到 1303 亿林吉特，其中外国游客创下的经济收益达 625 亿林吉特，本国游客创造经济效益 408 亿林吉特。2014 年，马来西亚举办主题为"马来西亚齐聚亚洲魅力"的旅游年，打出马来西亚旅游的王牌项目——"文化多样性"，希望依托马来西亚城市风光、历史古迹、海岛风情、生态自然，构成完整的深度旅游地图，全力将马来西亚打造成为世界旅游热门观光地。为此，旅游年将生活在马来西亚沙捞越和沙巴地区、濒临灭绝的长鼻猴作为吉祥物。当年，马来西亚共吸引 2740 万名游客，带来 654.4 亿林吉特的外汇收入。但由于受马航 MH370 客机失踪的影响，以及欧债危机对欧洲游客的影响，2015 年，到访马来西亚的游客有所减少，但仍然达 2570 万人次。纳吉布政府为进一步吸引游客，宣布从 2016 年 3 月 1 日至 12 月 31 日对中国赴马游客实行有条件免签（免签进入马来西亚的中国游客停留时间不得超过 15 天），希望借助豁免中国赴马来西亚的游客签证政策，力争吸引 800 万中国游客访问马来西亚。马来西亚旅游部门设定的目标是到 2020 年时，马来西亚能吸引 3600 万游客到访，旅游业创造 1680 亿林吉特的外汇收入。

目前，马来西亚旅游业占全国 GDP 的 7%，是第六大经济贡献来源。马来西亚旅游业的成功发展，主要得益于以下原因。一方面，不断完善旅游设施。除加强与航空公司、旅行社、酒店的合作外，政府也着力提高旅游景点周围配套设施档次，还将提升旅游工作者、导游及旅行社工作人员的素质当作重点来抓。规定今后马来西亚本土导游在更新执照时，必须通过社交媒体课程培训，以提高导游的服务质量。此外，政府还提出"我们是主人"理念，团结民众，使其成为推动马来西亚旅游发展的一部分，以提升马来西亚的国家形象。另一方面，马来西亚政府借助东盟旅游论坛等平台，在推动东盟区域内部短途旅游的同时，也与各成员国形成联动机制，以获得更大的国际影响力。为更好地合作，进一步发展和推广旅游文化，东盟成员国签订的相互承认协议将从 2015 年开始实施。同时，马来西亚政府在海外的推介也已初步获得了国际认可。世界知名旅游指导书《孤独星球》将马来西亚列入了 2014 年十大最佳旅游地，美国 CNN 旅游频道亦将吉隆坡列为世界第四大购物城市，并将马来西亚的 3 个原始岛屿和沙滩列入 100 个世界最佳沙滩中的前 50 名。马来西亚分为四大旅游度假区，即吉隆坡—马六甲旅游区、东部海岸旅游区、槟榔屿—兰卡威旅游区、沙巴—沙捞越旅游区。主要旅游景点包括国家清真寺、吉隆坡双子塔、独立广场、圣乔治教堂、黑风洞、云顶、热浪岛、马六甲古城、哥打基纳巴卢国家公园等。

三　金融业

马来西亚属于出口导向型经济，为促进出口产业的加速发展，规划和落实各项金融措施便成为政府发展金融体系的重要目标。为健全金融体系，政府不仅规划发展纳闽境外金融中心以引进国外资金，促进金融产业的国际化，同时为使金融体系多元化，也注重对包括银行、金融公司、证券、商品期货等各类金融机构的监督管理。马来西亚有两套并行不悖的金融体系，一套是传统的金融体系，另一套是独特的伊斯兰金融体系。

（一）传统金融体系

二战前，外资银行长期控制马来亚本地金融业，1957 年马来亚独立后，本地各种金融机构才迅速发展起来，到 1990 年已形成较为稳定而健全的金融体系，包括马来西亚中央银行、38 家商业银行、46 家金融公司以及外国银行办事处，各种信贷、储蓄、保险机构以及贴现所、股票交易所等。

1. 银行体系

马来西亚的银行体系主要包括三类，即中央银行、商业银行和外资银行。（1）中央银行。马来西亚国家银行（Bank Negara Malaysia）是马来西亚的中央银行，拥有管理和指导全国金融体系的全面法律权力。作为中央银行，其主要职责是发行货币、确保币值稳定；充当国家的银行和金融顾问；促进金融稳定和构建一个合理的金融结构，影响信用状况向有利于国家的方向发展。此外，对保险业进行监督管理。（2）商业银行。目前，马来西亚主要的商业银行有马来亚银行（Malayan Banking Berhad，Maybank）、马来西亚大众银行（Public Bank Berhad）、联昌国际银行（Commerce International Merchant Bank）、丰隆银行等。其中，马来亚银行影响最大。马来亚银行成立于1960年，总部位于吉隆坡，在马来西亚国内设有超过300家分行，在东盟10国和亚洲的主要国家都设有网点。马来亚银行是目前马来西亚最大的商业银行，在东南亚地区也具有较大影响力。2015年，马来亚银行的总资产为1650亿美元，净利润达17.5亿美元，全球各网点员工总数为4.5万人。联昌国际银行是马来西亚规模第二大的银行，拥有员工3.2万人，遍布东南亚各国，在中东设有联昌伊斯兰银行，在上海、纽约、伦敦设有代表处。（3）外资银行。马来西亚的外资银行较多，其数量远远超过国内的商业银行，较有知名度的外资银行包括中国银行马来西亚分行、中国工商银行马来西亚分行、中国建设银行马来西亚分行、汇丰银行马来西亚分行、美国银行马来西亚分行、德意志银行马来西亚分行、标准渣打银行马来西亚分行等。其中，中国银行于1939年在槟城设立了第一家马来亚分行，随后又分别在吉隆坡、芙蓉、怡保、巴都巴辖等地设立了分行。由于历史原因，上述分行于1959年停业。随着马中两国经济贸易交流的不断发展，马来西亚中国银行于2001年2月23日在马来西亚吉隆坡正式复业，实缴资本为8000万美元，经营全面的商业银行业务。中国工商银行马来西亚分行成立于2010年1月28日，总部位于吉隆坡城中城明讯大厦35楼，2010年4月28日揭牌营业。中国建设银行则是在2016年底才获得马来西亚的商业银行牌照。

2. 证券市场

马来西亚的证券市场主要由两大部分组成。（1）吉隆坡股票交易所（the Kuala Lumpur Stock Exchange，KLSE），主要为上市公司及投资交易人从事股票、债券及其他有价证券交易提供服务。1983 年，该所建立证券清算交割自动服务网络，1987 年建立股票及时报价系统，1988 年 11 月又建立第二板块，为发展良好且潜力较大的小企业（注册资本在 2000 万林吉特以下）上市筹资。1989 年 5 月引进计算机交易系统后，吉隆坡股票交易所成为东南亚最大股票交易中心，在世界排名第 15，在亚洲排名第 4，仅次于东京、大阪和中国香港。2004 年 4 月 14 日，吉隆坡证券交易所有限公司正式改名为马来西亚股票交易所。马来西亚股票交易所于 2005 年 3 月 18 日在马来西亚股票主板上市。2009 年 9 月，马来西亚股票交易所与芝加哥商品交易所建立世界战略合作伙伴关系。目前，马来西亚股票交易所是马来西亚唯一的股票交易市场，经营股票、期货、债券、衍生品等，分为主板市场和创业板市场。截至 2014 年 4 月，该股票交易所主板市场上市公司共有 814 家，创业板市场共有上市公司 109 家。（2）马来西亚证券委员会（Securities Commission Malaysia，SC），成立于 1993 年 3 月，致力于促进马来西亚证券及期货市场发展，为法人组织，归财政部管辖，负责核发证照，监管取得证照的交易和清算公司、人以及中央存保等机构以维持市场正常运作，每年需要向国会报告财务和业务情况。2009 年，马来西亚证券委员会与马来西亚中央银行联合成立亚洲财政研究院（Asian Institute of Finance），以开发国内和地区金融领域的人力资源。2010 年，马来西亚中央银行、马来西亚股票交易所和马来西亚证券委员会合作引进电子股票交易和电子分红系统。2013 年，马来西亚中央银行以及马来西亚证券委员会联合成立"财政投资评审机构"。该机构是一个国际性的、独立的质量认证和评审机构。

3. 外汇管理体系

马来西亚的中央银行和商业银行等负责外汇业务，同时政府还专门设立了纳闽境外金融管理局，负责管理该地的金融业，包括银行、保险、证券、信托及基金管理以及其他合资公司，目的是带动东盟东部经济增长区

的发展，将纳闽地区建设成为国际境外金融中心，目前约有 1600 家公司在该中心营业，包括信托公司、境外银行及保险行业。马来西亚关于外汇的管制措施，除对以色列、塞尔维亚适用特别管制外，其他国家基本上适用下列普通外汇管制：（1）直接投资限制。外汇管理局对外国人直接投资不要求提供特别许可文件。（2）资金汇出限制。除以色列、塞尔维亚币种外，当事人可用任何国家的钱币将资金汇出马来西亚。外国人投资所获的利益、股利、利息、租金、佣金等，都可经由商业银行自由换汇并汇出。外国人亦可将其课完税的投资收益及获利汇出。进口货物及服务准予自由换汇。（3）出口用途的资金限制。船上交货的出口金额超过 10 万林吉特，出口商须填通关表格。但出口是经由电子交换系统的，则免填此表格。出口商可依下列规定，持有部分外汇存于马来西亚指定银行内：平均每月出口金额超过 2000 万林吉特，可持有 1000 万美元；平均每月出口金额为 1000 万~2000 万林吉特，可持有 500 万美元；平均每月出口金额为 500 万~1000 万林吉特，可持有 300 万美元；平均每月出口金额少于 500 万林吉特，可持有 100 万美元。（4）公司账目管理。在马来西亚的外国公司分支机构，或在其境外的公司如以外币记账，无须马来西亚政府部门许可。每月呈报给政府的报告，可以不包括下列内容：从马来西亚出口的货物金额；马来西亚企业正进行贷款的金额；事前取得相关部门许可，准予公司在其账上出口的货物与海外进口的原料、零件及其他项目所应付的款项。政府借此促使马来西亚公司更多地从事附加值高的生产。如要获得上述许可，政府部门将要求公司每月报告营收并监督其公司账目。（5）外国企业借款限制。在未得到政府许可的情况下，外国企业在马最高可借到 1000 万林吉特，但银行信用贷款的 60% 须来自马来西亚银行体系。除了 12 个月内的贸易融资、担保及外汇限制外，换汇管制依照信用贷款的规定。借贷金额超过 1000 万林吉特的，政府将依照企业的需求目的及其在本国的信用状况，及资本金实力做出决定。原则上外国企业在马来西亚借贷的金额不得超过其资本金的 3 倍，不鼓励外国企业在马来西亚融资。（6）外币借贷的限制。马来西亚国民可从银行借贷外币，外国人累积借贷金额不超过 500 万林吉特，无须政府许可，但要提供相关财务资料及资金用途的说明。依据借贷条款，商业银行同意借贷后，可执行借款及利息的汇款工作。（7）外国账户限制。对于非马来西亚国民的外国人及其配偶、子女、父母等的国外账户，以及账户中的资金金额、外币数量等，马来西亚均无任何限制。

（二）伊斯兰金融体系

伊斯兰金融是一种特殊的金融体系，具有浓厚的宗教背景，遵照《古兰经》《圣训》等伊斯兰教义，严格遵循"禁止利息、禁止投机行为、禁止投资于伊斯兰教义不允许的产业，如烟、酒、猪肉、武器以及经营色情、赌博等行业"等原则，强调"风险共担，利益共享"原则：赢利时，交易者参加分享收益；亏损时，也要分担风险；禁止不当得利；禁止投机行为。一般情况下，有专门机构对伊斯兰金融机构恪守教义情况进行监督。伊斯兰金融产品主要有利润分享协议（Mudaraba）、股本参与协议（MusHarakah）、成本加利润销售合约（MurabahaH）、租赁合约（Ijarah）、伊斯兰债券（Sukuk）、伊斯兰保险（Takaful）、商品货币化融资协议（Tawarruq）、制造加利润许可协议（Istisna'a）等。现代伊斯兰金融始于20世纪60年代，1963年7月，埃及成立了全球第一家基于损益分享原则的伊斯兰银行。目前，伊斯兰金融业务已遍布全球各地，其中以中东和东南亚地区为主。马来西亚就是其中之一。马来西亚的伊斯兰金融系统包括伊斯兰银行、伊斯兰保险、伊斯兰外汇、伊斯兰资本市场等。截至2013年底，马来西亚的伊斯兰金融资产4233亿美元，占全球伊斯兰金融市场的25.53%。

1. 伊斯兰银行系统

马来西亚伊斯兰银行系统共有三种形式，即伊斯兰银行、伊斯兰商业银行和伊斯兰金融公司。马来西亚伊斯兰银行始于1983年。当年马来西亚政府颁布《伊斯兰银行法案》，规定中央银行负责伊斯兰银行的开设和经营业务。同年3月，第一家伊斯兰银行——马来西亚伊斯兰银行有限公司成立。1989年，政府制定《银行和金融机构法案》，进一步规范伊斯兰银行业发展。1997年东南亚金融危机后，伊斯兰银行金融系统小规模改组调整。1999年第二家伊斯兰银行——马来西亚土著知识银行有限公司

成立，该公司是由马来西亚土著银行和商业银行合并而来。迄今，马共有伊斯兰银行2家，分行136家。除伊斯兰银行外，马政府还积极调整伊斯兰金融系统机构，成立伊斯兰商业银行和伊斯兰金融公司。目前，马来西亚有24家伊斯兰商业银行，下设1663家分行，总资产达187亿林吉特。马来西亚共有18家伊斯兰金融公司，82家分公司和3家独立公司。金融公司下设招商银行5家和清算银行7家。截至2013年底，马来西亚的伊斯兰银行拥有总资产1703亿美元，占全球伊斯兰银行资产的14.02%，占马来西亚全国金融资产的21%。

2. 伊斯兰保险市场

1984年，马来西亚政府颁布《伊斯兰保险法》，同年11月29日成立第一家伊斯兰保险公司——马来西亚伊斯兰保险有限责任公司。1985年，时任总理马哈蒂尔为该公司揭牌，此后公司正式对外营业。1988年，马来西亚央行行长被任命为该公司董事长，这使伊斯兰保险公司置于央行的监管之下。1988年，第二家伊斯兰保险公司——国民伊斯兰私人保险有限责任公司成立。目前，马来西亚的伊斯兰保险业务分为两类，即家庭保险业务（伊斯兰生命保险）和一般性保险业务。截至2006年3月，马来西亚共有伊斯兰保险公司8家，保险资产占全国总资产的5.6%，业务占全国市场的6.7%。2009年以来，马来西亚的伊斯兰保险市场进一步壮大，截至2013年底，马来西亚的伊斯兰保险市场总资产85.96亿美元，占全球伊斯兰银行资产的30.88%，占马来西亚全国金融资产的10%。目前，马来西亚伊斯兰保险有限责任公司在马来西亚和全球伊斯兰金融市场影响较大。2013年和2014年，该公司荣获"Edge－十亿林吉特俱乐部"大奖。2013年、2014年、2015年和2016年，该公司在国际伊斯兰保险峰会上连续四次荣获马来西亚最佳伊斯兰保险公司称号。2016年，该公司荣获"Edge－十亿林吉特俱乐部"最佳上市奖（过去三年给予持股者最多回馈的公司），同时在全球伊斯兰金融颁奖典礼上获得最佳伊斯兰保险公司大奖。

3. 伊斯兰外汇和资本市场

马来西亚的伊斯兰外汇市场成立于1994年，是世界上最规范的伊斯兰外汇市场，经营范围包括伊斯兰期货贸易、银行间投资和伊斯兰银行的清算业务。而马来西亚的伊斯兰资本市场则在推动经济增长方面发挥着重要作用。截至 2016 年 8 月，马来西亚伊斯兰资本市场规模达 1.7 万亿林吉特，比 2006 年增加 3 倍多。目前，马来西亚的伊斯兰资本市场包括三种形式。

一是伊斯兰债券市场。伊斯兰债券指对特定资产或资产收益权的所有权，目前常见的伊斯兰债券有两类：一种是资产抵押债券，另一种是分账式债券。1990 年，"马来西亚壳牌"公司发行 1.2 亿林吉特的伊斯兰债券，成为全球伊斯兰债券的最初发行地。马来西亚伊斯兰债券市场主要经营中期伊斯兰债券和短期伊斯兰商业债券。与海湾国家不同的是，马来西亚允许无担保的伊斯兰债券，即只要发行人在发行债券时有足够的有形资产作支持，发行人就可发行债券。20 世纪 90 年代，马来西亚伊斯兰债券发行量较小，进入 21 世纪后逐步扩大。2006 年底，马伊斯兰债券规模达 420.2 亿林吉特，占债券发行总量的 55.4%。至 2008 年底，马来西亚苏库克债券（即伊斯兰债券）的发行量占全球发行总额（1036 亿美元）的 2/3，成为全球苏库克债券发行量最大的国家。2006 年，国库有限公司还发行可转换伊斯兰债券 27.5 亿林吉特，使马来西亚成为世界首个发行可转换债券的国家。2009 年纳吉布总理执政以来，马来西亚的伊斯兰债券市场有了进一步发展。2011 年，马来西亚政府投资机构国库控股宣布将发行 5 亿元人民币（合 7800 万美元）的伊斯兰债券。2013 年，马来西亚伊斯兰债券发行量达 5490 亿林吉特（约 1715 美元），自 2008 年以来，年均增速达 36%。2015 年 5 月，马来西亚宣布发行 15 亿美元的全球伊斯兰债券，以巩固马来西亚作为国际伊斯兰金融中心的地位。其中，总值 10 亿美元的债券为期 10 年，总值 5 亿美元的为期 30 年。目前，马来西亚的伊斯兰债券市场在全球居于领导地位。2016 年 1 月，中国房地产企业碧桂园在马来西亚发行以林吉特计价的伊斯兰债券，发行规模达 2700 万美元，期限为两年，利率为 6%。这是中资企业首次发行伊斯兰债券。

二是伊斯兰基金市场。马来西亚伊斯兰基金市场主要经营伊斯兰单位信托基金。至 2006 年时，伊斯兰单位信托基金已初具规模，经营公司达

100家，占马来西亚基金总数的24%。其中，50家为股票基金，18家为伊斯兰债券基金，19家是平衡基金，其余为货币市场基金、结构化产品基金和固定收益基金等。马来西亚伊斯兰基金市场潜力巨大。1997～2006年，伊斯兰单位信托基金的复合增长率达33.8%，超过整个基金产业15.4%的增速。2006年8月，KPJ保健有限公司发行房地产投资信托基金，并在马来西亚股票交易所主板挂牌交易，该基金已成为全球第一个伊斯兰房地产投资信托基金。此后，又陆续有11家房地产投资信托基金发行，发行规模超过30亿林吉特。迄今，马来西亚已有89支伊斯兰投资基金。截至2016年8月，马来西亚拥有世界第二大伊斯兰基金总资产。2017年1月，马来西亚发布伊斯兰基金和财富管理五年规划蓝图。依据该蓝图，到2021年时，马来西亚作为伊斯兰基金的全球枢纽地位将进一步加强，马来西亚将成为全球伊斯兰基金管理服务的提供者，同时也是伊斯兰基金投资的地区中心。

三是伊斯兰股票和证券市场。马来西亚伊斯兰股票市场发展迅速。截至2006年底，共有886支伊斯兰证券在股票交易所挂牌交易，占交易总数的86.1%。伊斯兰证券和股票总市值达5916.2亿林吉特，占股票市场总值的64.26%。2006年底，吉隆坡伊斯兰指数包括521支伊斯兰股票。截至2016年11月25日，共有672支伊斯兰证券上市交易，占马来西亚交易所挂牌证券的74%。2007～2016年十年间，马来西亚交易所推介了两项指数，监督符合伊斯兰教义的股项表现，即FTSE Bursa Malaysia EMAS Shariah指数（FBM EMAS Shariah）和FTSE Bursa Malaysia Hijrah Shariah指数（FBM Hijrah Shariah）。这两项指数是以结构性产品设计的，指数跟踪资金和ETF，或作为一项表现基准。其中，FBM EMAS Shariah指数是采用伊斯兰律法规范咨询委员会所设定的原则基准指数。组成该指数的公司其商业活动需遵守：金融服务不是以利息为基本、博彩业、生产或售卖非清真产品或相关产品、传统保险、根据伊斯兰教义不允许的娱乐活动、生产或售卖烟草为基本的产品或相关产品、股票经纪或股票交易涉及不符合伊斯兰教义股项，以及其他被视为不被伊斯兰教义允许的活动。

第五节　对外经济关系

一　对外贸易

对外贸易在马来西亚经济中占有重要地位。历史上，马六甲王国就凭借马六甲海峡的地理优势，对周边国家开展对外贸易，成为当时东南亚的贸易中心和交通枢纽。1957 年马来亚独立以来，对外贸易在马来亚及此后的马来西亚经济中扮演重要角色，外贸额不断上升。1966 年，马来西亚对外贸易总额 50.79 亿林吉特，1992 年时已攀升至 2050.98 亿林吉特，增长近 40 倍。与此同时，对外贸易总额与国内生产总值之比也从 20 世纪 60 年代的 75% 上升到 1992 年的 146%。1997 年东南亚金融危机后，马来西亚的对外贸易受到一定影响。1998 年，马来西亚的出口表现良好，第一季度的贸易顺差高达 124 亿林吉特，4 月份出口增长 44.5%，但进口增幅有所降低，仅增长 7.1%，这说明国内生产需求减少，显示经济步入不景气时期。1998 年，马来西亚外贸总额是国内生产总值的 200%，远远超过开放经济的标准，显示马来西亚对外贸依存度极大，对外贸易是其经济的重要支柱。

金融危机后，马来西亚的对外贸易总额不断增加，在经济中占有越来越重要的地位。从 1998 年起，马来西亚连续保持贸易顺差。21 世纪以来，对外贸易增长较快，2001～2008 年对外贸易平均增速在 25% 以上。2006 年，马来西亚对外贸易首次超过 1 万亿林吉特。2007 年对外贸易总额达 1.1 万亿林吉特。2008 年受国际金融危机影响，马来西亚外贸受到冲击。2009 年，马来西亚对外贸易额减少 16.6%。2010 年，外贸开始强劲恢复，外贸总额达 11686 亿林吉特，同比增长 18.3%，接近 2008 年危机前的水平。2011～2013 年，在全球经济总体不景气的背景下，马对外贸易仍取得较好的成绩。2012 年，马来西亚的对外贸易总额为 13095.5 亿林吉特，其中出口额 7021.9 亿林吉特，进口额 6073.6 亿林吉特。2013 年，外贸总额达到 13688.8 亿林吉特，同比增长 4.5%，创历史最高纪录。其中，出口额达 7198.2 亿林吉特，同比增长 2.4%，进口额 6490.7 亿林吉特，同比增长 7.0%。2014 年，外贸总额 14491.5 亿林吉特，再创历史新高，其中出口 7661.3 亿林吉特，进口 6830.2 亿林吉特，继续保持贸易顺差。2015 年以来，受全球经济不景气的影响，马来西亚对外贸易增幅明显放慢。2015 年，马来西亚对外贸易总额为 14660 亿林吉特，比上年同期增长 1.2%。其中，出口 7799.5 亿林吉特，增长 1.9%；进口 6856.5 亿林吉特，增长 0.4%。2016 年 1~7 月，马来西亚对外贸易进出口额为 8217.9 亿美元，其中，出口 4327.5 亿美元，进口 3890.4 亿美元。

（一）主要贸易对象国和地区

20 世纪 70~80 年代，马来西亚最主要的贸易对象是新加坡、日本、美国、欧共体和澳大利亚。90 年代以来，马来西亚与中国、韩国、东南亚国家的贸易量也不断增加。新加坡是马来西亚对外贸易的重要转口贸易港，经新加坡转口的贸易额年均达西马进出口总额的 40% 左右，新加坡因此成为马来西亚的最大贸易伙伴。1992 年，马来西亚对日本出口额占其出口总额的 13.2%，从日本的进口额则占马来西亚进口总额的 25%。但在马日贸易中，马来西亚的逆差越来越大，1993 年上半年达 88 亿林吉特。美国是马来西亚的第三大出口国，1992 年，马来西亚对美国出口额占其出口总额的 14.8%，从美国的进口额则占马来西亚进口总额的 15.7%。此外，马来西亚与英国、德国等欧共体国家的贸易关系也十分密切，与澳大利亚、韩国的贸易量也不断增加。

1997 年金融危机爆发后，马来西亚对日本出口减少，对美国出口增加，美国取代日本成为马来西亚第二大贸易伙伴。此后，新加坡、美国、日本一直是马来西亚的主要贸易伙伴。2005 年，马来西亚为世界第十八大贸易国，其主要出口市场为东盟、美国、欧盟、日本、中国和中国香港。2006 年，马来西亚对外贸易继续发展，进出口增速均比上年有较大提高。据马来西亚统计局数据，2006 年，美国、新加坡、日本和中国分别是马来西亚前四位的出口市场，合计占马出口总额的 50% 以上。日本、美国、中国和新加坡仍是马来西亚前四大进口来源国。2006 年，马来西亚从上述四国进口额占其进口总额的 49.5%。机电产品、矿产品、塑料橡胶制品和动植物油等是马来西亚的主要出口商品，合计占马来西亚出口总额的 70% 以上。进口方面，机电产品、矿产品、金属及制品和化工产品等是其主要进口产品，合计占马来西亚进口产品的 70% 以上。

2008 年全球金融危机以后，尤其是纳吉布执政以来，中国在马来西亚对外贸易中的比重逐步增大，并成为马来西亚的最大贸易伙伴。2014年，马来西亚的主要贸易伙伴为中国、新加坡、日本、美国、泰国等。马来西亚对新加坡、中国、日本、美国、泰国和中国香港的出口额分别占马出口总额的 14.2%、12.0%、10.8%、8.4%、5.3% 和 4.8%，合占马来西亚出口总额的 55.5%。而马来西亚自中国、新加坡、日本、美国、泰国和中国台湾的进口额分别占马来西亚进口总额的 16.9%、12.6%、8.0%、7.7%、5.8% 和 5.0%，合计为 56.0%。2015 年，马来西亚对新加坡、中国、日本、美国、泰国和中国香港的出口额分别占马出口总额的 13.9%、13.0%、9.5%、9.4%、5.7% 和 4.7%，合占马来西亚商品出口总额的 56.2%。同期，马来西亚自中国、新加坡、美国、日本、泰国和中国台湾的进口额分别占其进口总额的 18.8%、12.0%、8.1%、7.8%、6.1% 和 5.3%，合计为 58.1%。

（二）贸易结构

随着经济多元化的发展，马来西亚的进出口产品结构发生了深刻变化。初级产品的出口已从橡胶、锡矿两种发展到原油、木材、棕榈油、橡胶和锡矿 5 种，而且原油、木材、棕榈油后来居上，排前三名，橡胶退居第四，锡矿的出口已非常少。与此同时，工业制成品的出口也逐渐增加，所占出口总额比例从 1970 年的 10% 增加到 1992 年的 69.8%，而且早在 1988 年就超过初级产品的出口。20 世纪 70 年代，马来西亚的工业制品出口以石化产品、食品和木材制品为主。80 年代以来，出口商品则以电子电器产品、石化产品和纺织服装产品为主。1991 年，电子电器与纺织服装产品的出口已占工业制品出口的 60% 以上。1997 年，在马来西亚主要出口项目中，初级产品占了出口总值（2214.8 亿林吉特）的 20.1%，制成品占 78.9%，其他项目占 1%。其中，电器及电子产品占 51%，其他制成品占 13%，棕榈油占 5%，纺织品、原油和液化天然气各占 3%，木材占 2%。2005 年，电子电器占总出口的 49.6%、棕榈油占 5.3%、化学产品占 4.9%、木材产品占 4%、机械仪器占 3.4%、科学仪器占 2.3%、金属产品占 2%、橡胶占 1.1%。此后，马来西亚的出口商品结构基本定型，即机电产品、矿物燃料、机械设备、动植物油和塑料及制品为主要出口商品，合计占马来西亚出口总额的 70% 左右。机电产品、矿物燃料、机械设备、塑料及制品、运输设备为主要进口商品，合计占马来西亚进口产品总额的 70% 左右。进出口商品种类相似度较高。2014 年，马来西亚的机电产品、矿物燃料、机械设备、动植物油和塑料及制品出口合占马出口总额的 70.1%；其他主要出口商品还有橡胶制品、光学仪器产品、化工品、木材及木制品、钢铁制品、珠宝首饰和家具等。同期，机电产品、矿物燃料、机械设备、塑料及制品、运输设备的进口合占马进口总额的 59.7%。2015 年，机电产品、矿物燃料、机械设备、植物油、塑料及制品的出口合占马出口总额的 67.4%；而机电产品、矿物燃料、机械设备、塑料及制品、运输设备的进口合占马进口总额的 57.7%。

（三）外贸平衡

自独立以来，马来（西）亚的外贸基本处于出超状态，但容易受到世界经济的影响。尤其是在世界经济不景气时，马来西亚的贸易状况就会出现变化。如 20 世纪 80 年代初，随着世界经济的衰退，马来西亚几种初级产品价格逐步下跌，贸易条件恶化。1982 年，马来西亚外贸收支第一次出现 9.89 亿林吉特的逆差。1983 年后，随着政府采取诸多举措改善经济，马来西亚外贸又恢复盈余。到 1989 年时，盈余已达 133 亿林吉特。1997 年东南亚金融危机前，马来西亚又出现了贸易赤字。但从 1997 年 11 月起，马来西亚连续 14 个月的对外贸易获得盈余，全年出口增长达 12.2%，贸易盈余达 4.24 亿林吉特，占全球贸易总额的 1.4%。特别是制造业产品出口强劲，增速高达 13.1%，出口额为 1747 亿林吉特，占整个产品出口额的 78.9%。

金融危机后的 1998 年，马来西亚获得 584 亿林吉特的贸易盈余，贸易收支状况改善。世界贸易组织将马来西亚列为世界第十八大出口国和第

17 大进口国。这主要归功于采取固定汇率后，马来西亚产品出口竞争力更强，出口迅速增长，而进口增长缓慢。1998~2008 年，马来西亚连续10 年取得贸易盈余，2008 年贸易盈余达到 1005.3 亿林吉特，为 10 年来第二高的纪录。2009 年至今，马来西亚依然保持着较高的贸易盈余，总体保持稳定增长局面。2012 年，贸易盈余 948.3 亿林吉特，2013 年减少至 707.5 亿林吉特。但 2014 年，贸易盈余增加至 831.1 亿林吉特，2015年进一步扩大至 942.9 亿林吉特。2014 年，马来西亚前六大逆差来源地依次为中国、哥斯达黎加、中国台湾、法国、瑞士和沙特，分别为 71.2亿美元、33.6 亿美元、29.0 亿美元、22.3 亿美元、19.9 亿美元和 16.7亿美元。顺差主要来自日本、中国香港、新加坡、印度和荷兰，依次为85.3 亿美元、80.3 亿美元、70.7 亿美元、56.9 亿美元和 46.5 亿美元。2015 年，马来西亚前五大逆差来源国依次为中国、中国台湾、瑞士、韩国和沙特，逆差额分别为 71.7 亿美元、33.0 亿美元、17.2 亿美元、14.9亿美元和 10.6 亿美元。顺差主要来自新加坡、中国香港、日本、美国和印度，顺差额依次为 67.6 亿美元、65.2 亿美元、52.1 亿美元、46.8 亿美元和 42.3 亿美元。

（四）马来西亚参与的多边贸易机制

马来西亚重视参与多边贸易机制。马来亚于 1957 年加入《关税和贸易总协定》，是世界贸易组织（WTO）的创始成员国。自 2002 年起，马来西亚参与东盟自由贸易区建设，与其他东盟国家一道推动区域内部实现贸易零关税。截至 2013 年，马来西亚已与日本、巴基斯坦、新西兰、印度、智利及澳大利亚签署了双边自由贸易协定（FTA），并与土耳其和欧盟就双边自贸协定进行磋商，与伊斯兰会议组织（OIC）及发展中八国（D8）就开展贸易优惠安排磋商。作为东盟成员，马来西亚已与中国、日本、韩国、印度以及澳新（澳大利亚、新西兰）签署了区域自贸协定，并积极参与"区域全面经济伙伴关系协定"（RCEP）。2014 年，马来西亚与签有双边自贸协定国家的贸易总额达 9066 亿林吉特。其中，马来西亚对自贸伙伴的出口增长 4.7%，占马来西亚出口总额的 64.1%。2016 年初，马来西亚国会批准了"跨太平洋伙伴关系协定"（TPP），成为 TPP

成员中首个批准该协定的国家。马来西亚希望从 TPP 中获得更多贸易和投资的便利。

二　外国投资

自 1957 年独立以来，马来（西）亚政府就高度重视招商引资，外国企业也积极到马来西亚投资。1958～1968 年，西马的新兴工业企业已发展到 140 家，资本投资总额达 4.445 亿林吉特，其中外国资本达 2.605 亿林吉特，日本占 30%、美国占 28%、英国占 20%、中国香港与加拿大占 22%。马来西亚于 1968 年颁布了《投资奖励法》后，外国投资明显增加。1970 年，马来西亚引进的外资达 0.94 亿美元，1979 年达到了 8.73 亿美元。20 世纪 70 年代，马来西亚累计吸收外资 35.73 亿美元。此外，70 年代发展出口导向型工业时期，出口工业企业可享受新兴工业企业地位和税务优惠，因此，外资对出口导向型工业的投资迅速增加。到 1975 年底，接受优惠待遇的新兴工业企业的外资投资总额已达 12.73 亿林吉特，其中日本占 25.7%，新加坡占 18.8%，中国香港占 12.8%。

但到 20 世纪 80 年代初期，马来西亚政府奉行的新经济政策限制了外国资本的投资，使得马来西亚的外资大幅下降，1984 年仅有 0.1 亿美元。为了迅速扭转不利局面，马来西亚从 1986 年开始采取一系列扩大外商投资的优惠政策。1986 年 10 月 1 日，政府公布了新投资条例，大大放宽了外资持股比例，并提供了一系列优惠政策，从 1988 年起这股投资高潮开始向马来西亚流动。1990 年，马来西亚共吸引外资 70.4 亿美元，创历史最高纪录。制造业的外资投资额 1986 年为 5.25 亿林吉特，1990 年为 62.28 亿林吉特。其中日本、中国台湾和新加坡的投资占较大比重，主要集中在制造业部门，特别是当时国际市场容量较大的电器、电子产品和化学工业制品部门。但 1991 年以来，受海湾战争及马来西亚政府减少外商投资优惠等因素影响，外商投资又开始有所减少。1991 年引进外资金额为 64 亿美元，比 1990 年下降 9.1%。

20 世纪 90 年代以来，由于马来西亚国内出现劳动力短缺，工资与土地价格上涨，社会基础设施不足等因素，马来西亚政府对外商投资政策进行了调整，鼓励外资企业投资于资本与技术密集型产业部门；同时为了扩大税收来源，保证扩大社会基础设施与发展教育的财政资金来源，减少了对外商投资提供的税收优惠。因此，这一阶段外商投资额有所下降，欧美国家投资比重增大，日本与亚太新兴工业国家与地区所占的投资比重下降；制造业部门的外商投资重点从电器与电子产品、化工制品工业转向炼油、基础金属制品、能源、建材等工业。金融危机对马来西亚吸引外资有一定影响，1996 年获海外直接投资 67.86 亿美元（171 亿林吉特），1997年，美国投资最多，总额为 23.9 亿林吉特，日本次之，总额为 21.6 亿林吉特。投资领域包括石油、石油化工、金属组合产品、电子电器产品等。1998 年，美国继续是马来西亚最大投资国，投资额高达 64.33 亿林吉特。日本是第二大投资国，投资额为 18.68 亿林吉特。中国台湾是第三大投资者，投资额为 10.00 亿林吉特。新加坡是第四大投资国，投资额为 9.68亿林吉特。

进入 21 世纪，马来西亚经济逐渐从金融危机中恢复过来。近年政府加大吸引外资力度。2006 年吸引外资 202 亿林吉特，主要外资来源地为日本、荷兰、澳大利亚、美国、新加坡、德国和中国台湾，主要投资者有美国、日本、中国大陆、新加坡、荷兰，主要投资于电子电器、印刷出版、化工产品等行业。由于马投资法律体系完备，与国际通行标准接轨，各行业操作流程较为规范，加之其临近马六甲海峡，辐射东盟、印度、中东市场等独特的地缘优势，吸引了包括中国企业在内的各国企业在马开展业务。据马方统计，目前已有来自 40 多个国家的共 5000 多家公司把马来西亚作为其海外基地，马来西亚已成为外资到东南亚投资的重要选择之一。

受全球金融危机的影响，2008 年下半年至 2009 年，马来西亚吸引投资呈负增长趋势，2009 年马来西亚吸收的投资额仅为 326 亿林吉特，远低于 2008 年的 628 亿林吉特，但依然超过了马来西亚第三个工业发展大蓝图所设定的年投资额 275 亿林吉特。其中，外资达 221 亿林吉特，占总投资额的 67.8%。在马来西亚吸引的外资中，制造业中化工产品占首位，2009 年达 70 亿林吉特，主要来自日本、中国香港、美国、新加坡、中国台湾等国家和地区。其次吸引外资较多的为非金属矿产品，53 亿林吉特；

电子和电器，40 亿林吉特；其余依次为食品制造、金属制品、机械设备及塑料制品。为大力招商引资，纳吉布政府颁布了诸多新举措吸引外国投资，如宣布取消外资公司在马来西亚上市必须分配 30% 股权给土著的限制条件，将分配给土著的股权限制降低为 12.5%。此外，拥有多媒体超级走廊地位、生物科技公司地位以及主要在海外运营的公司不受土著股权分配的限制。同时，纳吉布还宣布开放 27 个领域，欢迎外商投资，不设股权限制。这 27 个领域包括计算机相关领域、保健与社会服务领域、旅游服务领域、运输服务领域、体育与休闲服务领域、商业服务领域、租赁服务领域、运输救援服务领域等。其中，在制造业、采矿业、拥有超级多媒体地位的公司、伊斯兰银行以及政府鼓励投资的五大经济走廊投资的外资可持 100% 股份。

在纳吉布政府的新政刺激下，近年来马来西亚的外资不断增长。2013 年，马来西亚制造业、服务业与初级产业共批准投资项目 5669 个，总额达 2165 亿林吉特，创历史新高。其中国内投资额 1570 亿林吉特，占 72.5%；外资金额 595 亿林吉特，占 27.5%。制造业共批准投资 521 亿林吉特，同比增长 26.8%。其中外资 305 亿林吉特，占 58.5%；内资 216 亿林吉特，占 41.5%。服务业批准投资 1447 亿林吉特，同比增长 17.7%。其中内资 1257 亿林吉特，占 86.9%；外资 190 亿林吉特，占 13.1%。初级产业共批准投资 197 亿林吉特，同比大增 418%。其中矿业投资额 188 亿林吉特，种植与原产领域投资额 3.3 亿林吉特，农业 5.6 亿林吉特。

2014 年总投资额达 2359 亿林吉特，同比增长 8%，创历史新高，其中本地投资额占 72.6%，外来直接投资占 27.4%。政府在 2014 年共批准投资项目 5942 个，预计可创造 17.8 万个就业机会。从投资领域看，服务领域占总投资额的 63.4%，制造业占 30.5%，原产业占 6.1%。服务业获批准的主要领域是房地产、公共事业、贸易分销、金融服务、酒店与旅游等，分别吸引投资额为 885 亿林吉特、91 亿林吉特、87 亿林吉特、69 亿林吉特和 67 亿林吉特；制造业吸引投资额同比增长 38%，获批准的制造业投资主要集中在石油产品、电子电器、化工与化学产品、基本金属产品、交通设备等，投资额分别为 160 亿林吉特、111 亿林吉特、108 亿林吉特、99 亿林吉特和 56 亿林吉特。从投资国别来看，2014 年最大外资来源地是日本，投资额达 109 亿林吉特，其次是新加坡，投资额为 78 亿林吉特，中国位列第三位，投资额为 48 亿林吉特，德国和韩国分列第四、五位，投资额为 44 亿林吉特和 15 亿林吉特，前五位共占外资总额的 74.2%。

2015 年，马来西亚吸引投资 1867 亿林吉特，比 2014 年的 2359 亿林吉特下滑了 21%。其中，本地投资额（DDI）1506 亿林吉特（占比 80.7%），外国直接投资额（FDI）361 亿林吉特（占比 19.3%）。2015 年，马政府共批准投资项目 4887 个，预计可创造 18 万个就业机会。从投资领域看，服务业投资 1082 亿林吉特（占比 58%），比 2014 年下降 29.5%；制造业投资 747 亿林吉特（占比 40%），比 2014 年增长 3.9%；原产业投资 38 亿林吉特（占比 2%）。服务业共批准 4150 个项目，主要领域是房地产、运输、金融服务、公共事业、全球机构、贸易分销、酒店与旅游等，分别吸引投资额为 269 亿林吉特、157 亿林吉特、154 亿林吉特、117 亿林吉特、82 亿林吉特、68 亿林吉特、54 亿林吉特；制造业共批准 680 个项目，主要领域是石油产品、天然气、电子电器、交通设备、非金属矿产制品等，分别吸引投资额为 270 亿林吉特、104 亿林吉特、89 亿林吉特、65 亿林吉特、37 亿林吉特。从投资国别（地区）看，制造业领域最大外资来源地是美国，投资额达 41.5 亿林吉特，其次是日本 40.1 亿林吉特，第三是中国香港 31.8 亿林吉特，中国大陆位列第四位，投资额为 18.7 亿林吉特，新加坡、韩国和中国台湾分列第五、六、七位，投资额为 13.9 亿林吉特、13.5 亿林吉特和 12.8 亿林吉特，前七位共占制造业领域外资总额的 79.5%。

马来西亚对外资的鼓励政策和促进措施还包括税负减免，分为直接税激励和间接税激励两种。直接税激励是指对一定时期内的所得税进行部分或全部减免；间接税激励则以免除进口税、销售税或消费税的形式出现。马来西亚投资激励政策以《1986 年促进投资法》、《1967 年所得税法》、《1967 年关税法》、《1972 年销售税法》、《1976 年消费税法》以及《1990

年自由区法》等为法律基础，这些法律涵盖了对制造业、农业、旅游业等领域投资活动的批准程序和各种鼓励与促进措施。

在制造业、农业、旅游业、环境保护、研究与开发、培训、信息与通信科技领域，马来西亚给予外国投资者的税收优惠措施包括：（1）对工业建筑业减免税收。给予为特定目的建造或购买建筑物而招致资本支出的公司，这些建筑物可用于制造业、农业、采矿业、基础建设、研究、经核准服务业的项目，以及经文化、艺术和旅游部登记的旅馆，这些公司可享有10%的初期减免以及3%的年度减免，以至支出可在30年内注销。（2）对基础建设行业减免税收。在沙巴、沙捞越和马来半岛东部走廊的公司也可享有100%的基础建设减免。合格的公司是那些从事制造业、农业、旅馆业、旅游业或其他工商活动者，合格资本的支出是被用于基础建设如永久性的结构包括桥梁、码头、海港与公路的重建、扩充与改善。（3）对环境保护投资实行奖励。应用环境保护设备的公司对该设备的资金支出享有40%的初期抵减和20%的年度抵减，总额在3年内抵消。（4）对建造或购买雇员宿舍的实行奖励。对马来西亚制造业和旅游业等的投资者，其建造或购买的雇员宿舍享有10%的特别工业建筑减免税待遇，为期10年。为雇员幼儿提供看护服务的开支享有为期10年的10%的特别建筑减免待遇。维修幼儿看护中心的现金或物质捐献，享有免税待遇。此外，还有出口、培训、从外国获取知识产权和信息科技应用等方面的诸多奖励政策。

在对外资的优惠政策方面，马来西亚政府制定了各种税收优惠和奖励政策，其中特别侧重于跨国公司企业的优惠。跨国公司如在该国办项目，尤其是已获得区域性经营总部资格的企业，可享受下列纳税优惠：（1）跨国公司区域经营总部为其子公司或有关公司提供服务所获得的收入，只征10%的所得税，所得税减免期为5～10年；（2）通过马来西亚金融机构贷款所得利息收入，只征10%的所得税，所得税减免期为5～10年；（3）在马来西亚进行技术开发研究而从其子公司或有关公司所取得的专利收入，只征10%的所得税，所得税减免期为5～10年；（4）跨国公司区域性经营总部从其子公司或有关公司取得的股息收入可免征所得税，所得税减免期为 10 年。马来西亚的各级政府机构和官员对招商引资非常重视，其工业发展局每年组织多次海外招商活动，并在世界 15 个大城市设有海外招商办事处。政府总理等高层官员亲自出马招商。

目前，在马来西亚，外商投资的领域主要有：（1）原材料加工业。主要是开发利用该国丰富的自然资源，即橡胶、木材、锡、棕榈油等。（2）高科技产业。包括微电子、电脑、生物工程、通信科技和材料科学等。（3）农业机械、农产品种植和加工以及家禽饲养等。（4）基础设施建设。在东南亚诸国中，马来西亚的基础设施建设可谓一枝独秀，不仅有四通八达的交通网络，而且在人才培训及后勤服务等方面都有十分优越的条件。但 20 世纪 80 年代中期，由于经济发展过快，基础设施建设显得相形见绌。如公路交通原本十分发达，但后来车辆增加速度已远远超过了公路建设速度。为改变这种基础设施落后的面貌，从 80 年代中期开始，政府加快了基础设施建设。在雪兰莪州雪邦耗资 76 亿美元兴建了大型国际机场，以缓解梳邦国际机场的运输紧张状况；出资 22 亿美元兴建连接新加坡和泰国的高速公路等。国营电力公司也从国外购置新的发电设备，供电能力由 80 万千瓦增加到 585 万千瓦。

外商投资的方式主要包括三种形式：（1）直接投资，即外商可直接在马来西亚投资设立各类企业，开展业务。直接投资包括现金投入、设备投入、技术合作及特许权等。（2）跨国并购，即外商可收购马来西亚本地注册企业的股份，并购买当地企业。（3）股权收购，即外国投资者或外国企业可收购本地企业上市。

具体而言，马来西亚政府对外资在马开设公司有许多规范性的规定。（1）关于公司结构的规定。1965 年公司法规定，有意经营业务的人士须向公司监管委员会登记。该法规定有下列三类公司：股份有限公司，其成员的个人承担只限于股票的面值与其所持有或同意认购的股份额；担保有限公司，即当公司清盘时，成员保证承担的债务，以公司组织大纲和章程指定的为限；无限公司，其成员的债务无限制。马来西亚最普遍的公司结构为股份有限公司。这类公司可分为私人有限公司与公众公司。股份有限公司可注册为私人公司。其组织大纲及章程包括：限制股份转让的权利；

限制其成员人数最多为 50 人，雇员及某些已离职的雇员除外；禁止邀请公众人士认购其股票及债券；禁止邀请公众人士存款于公司；公众公司可直接成立；另一方法是依 1965 年公司法第 26 条把私人公司转变为公众公司。此类公司可向公众人士限售股票，如果它已向证券监管委员会登记其招股计划书，或其一份招股计划书已于发出当日或之前提交公司监管委员会，公众公司可申请让其股票在吉隆坡股票交易所上市，但须遵守该交易所制定的条规。其后发行的证券（例如因有购股权或红股而发行，或因并购而发行者），则须获得证券监管委员会的核准。（2）关于公司注册手续的规定。欲在马境内注册公司的外国机构，须向公司监管委员会以表格提出申请，并缴付 30 林吉特以查明所拟议的公司名称是否可被使用。若可则申请将被核准，而所拟议的名称则由申请者保留，为期三个月。公司须在马境内维持一个注册办公处，作为保存依本法规定的一切文件。公司的印章及文件须以可读的罗马字母显示出公司名字及公司编号。公司不得从事本身股票的交易或持有其控股公司的股票。公众公司的每一股在公司的任何股东大会投票时仅有一票，但私人公司可规定其股东拥有不同的投票权。公司秘书须为已届合法年龄的自然人，其主要或唯一的住所在马境内，必须是一个指定团体的会员或已获得公司注册官发出的执照，公司也须委任一家获核准的公司审计师担任公司在马来西亚的审计师。此外，公司的董事至少 2 人，其主要或唯一的住所也在马来西亚，公众公司或其附属公司的董事一般年龄不可超过 70 岁，公司董事不必是股东。欲在马经商或设立分支机构、营销场所的外国公司，也须依据前述程序，向马来西亚公司监管委员会提出申请登记。申请者被核准后还要提交下列文件：一份经验证的原登记国的公司注册证书副本；一份经验证的公司组织大纲、章程或其他文件副本；一份董事名单，若有本地董事，还要提供一份阐明该董事权利的备忘录；一份任命状或委托书，授权一个或多个在马居住的人士代表公司接受送达的法律文书；公司代理人需依规定制作宣誓书。

第五章

军　事

马来西亚武装部队旨在保卫马来西亚国土完整和主权独立，随时应付一切可能发生的威胁。在国家内部发生动乱时，武装部队负责维持公共秩序，在发生自然灾害时给予援助，同时它也参与联合国维持和平部队的维和行动。马来西亚武装部队分为三个部分：马来西亚陆军、马来西亚皇家海军、马来西亚皇家空军。冷战结束以来，马来西亚开始逐步调整防务战略，逐渐把重点放在对外防御，尤其是海上防御方面。近年来，随着马来西亚经济的增长，马来西亚政府逐渐加大了对军队，尤其是对海空军的投入，使其面貌焕然一新。目前，马来西亚的武装力量正在向一支常规作战力量转型，大力发展海空军的现代化水平及陆海空三军立体作战能力，以应对非对称威胁和保持相对周边邻国的竞争力。

第一节　概述

一　军队发展简史

早在英殖民政府统治马来半岛期间，马来亚军队就已经建立了三个主要的军种。随着马来西亚成立和新加坡的独立，三个军种经过了几次重组和改革，但陆海空三军的编制保持不变。现代马来西亚军队是从"马来兵团"发展起来的。1933 年 3 月 1 日，英殖民统治者建立起"马来兵团实验班"（Skuad Percubaan Rejimen Askar Melayu），该兵团实验班是英殖民军队的组成部分，共吸纳 25 名马来青年。1935 年 1 月，"马来兵团实验班"扩展成为"马来兵团","马来兵团"是马来西亚陆军的前身。1938 年 1 月,"马来兵团"第一营(Batalion Pertama Rejimen Askar Melayu)成立。1941 年 12 月 1 日,"马来兵团"第二营(Batalion Kedua Rejimen Askar Melayu)成立。二战期间,"马来兵团"一营和二营在抗击日本侵略者过程中发挥了重要的作用。二战后不久,马来半岛因内乱陷入紧急状态,1950 年陆军部队的规模扩大至 7 个营,并组建了多种族的兵团。1952 年 9 月 1 日,陆军第一支联邦装甲兵团成立。1957 年马来亚独立后,陆军部队也随之发展壮大。1960 年,"马来军团"扩展至 8 个营。1963 年马来西亚成立后,马来兵团改名为马来西亚陆军。马来西亚陆军也是武装部队三军中唯一没有冠以"皇家"头衔的部队。

马来西亚皇家海军的前身是 1934 年 4 月 27 日成立于新加坡的具有雇佣军性质的"海峡殖民地后备志愿军"(Pasukan Simpanan Sukarela Tentera Laut Negeri-negeri Selat)。该志愿军于 1938 年建立槟榔屿分部,改名为"马来亚皇家海军志愿军"(Pasukan Sukarela Tentera Laut Diraja Malaya),军队人数达 1430 人。1942 年新加坡陷落后,150 名马来亚皇家海军志愿军的战士撤退至锡兰、印度、东非等地,二战结束后才返回马来亚。1947 年 4 月,马来亚皇家海军志愿军由于经费紧张宣布解散。在紧急状态时期,海军部队又恢复运作。1952 年,马来亚海军被英女皇伊丽莎白二世授予"马来亚皇家海军"(Royal Malayan Navy)的名号。1958 年 7 月 2 日,马来亚皇家海军部队把基地由新加坡岛迁移至马来半岛。1963 年 9 月 16 日马来西亚成立,马来亚皇家海军改名为"马来西亚皇家海军"。

马来西亚皇家空军的前身是成立于 1934 年的"海峡殖民地志愿空军部队"(Pasukan Simpanan Sukarela Tentera Udara Negeri-negeri Selat),1940 年改名为"马来亚空军志愿军部队"。1942 年,空军部队被解散;1950 年,空军部队复原。1958 年 6 月 2 日,马来亚国会通过"空军法令",恢复"马来亚空军志愿军部队"运作,并将恢复运作的空军部队命名为"马来亚皇家空军"(Tentera Udara Diraja Malaya)。1963 年 9 月 16 日,空军部队又易名为"马来西亚皇家空军"(Tentera Udara Diraja Malaysia)。但直到 20 世纪 60 年代中期,马来西亚军队的实力仍十分有限,军队总数仅为 3.3 万人，到 1971 年时才增加至 5 万人。20 世纪 80 年代中期，马来西亚军队的人数超过警察，达到 8 万人，1991 年达到 10.5 万人。

1997 年东南亚金融危机后，随着马来西亚经济逐步复苏，马来西亚政府投入大笔军费进行军队现代化建设，马来西亚军队建设随之进入新时期。"9·11"事件后，为提升打击恐怖分子的能力，马来西亚组建了一支由马来西亚军方司令部指挥的特种部队司令部。该特种部队司令部领导所有特种作战部队和第 10 空降旅。2002 年，马来西亚从美国采购了两艘鱿鱼级潜艇，以加强海军力量建设。马来西亚致力于建设东南亚地区处于领先地位的现代化海军。2003 年，马来西亚军队总数达到 11.8 万人，预备役 51600 人，人员规模有一定发展，但比泰国（22.5 万）、印尼（34.3 万）、新加坡（7 万常规部队、25 万预备役）的军队规模小。陆军仍是马来西亚军队的核心，空军和海军规模较小。2005 年，马来西亚的军事支出占 GDP 的 2.03%，军队发展的主要方向是建设"最小威胁力量"。在 2006～2010 年第九个马来西亚五年计划中，马来西亚军队发展开始转向将新的作战能力投入现役，强化战斗准备，并着力将马来西亚军队打造为一支均衡发展的常规部队，重点建设三个核心领域，即建设联合部队，发挥信息优势，加强水下、水面、地面、空中和信息领域的多维度能力建设。在第九个五年计划的刺激下，马来西亚的军备水平大幅提升。2011 年 3 月，马来西亚在首都吉隆坡举行了庆祝建军 78 周年的盛大阅兵式，陆军 PT－91M 主战坦克、英制蝎式轻型坦克、土耳其制 ACV300 战车、MK19 榴弹等先进武器悉数亮相。2015 年 6 月，马来西亚国防部长希山慕丁阐释马来西亚第十一个五年计划（2016～2020）中有关海军与空军的军备采购计划，该采购计划将立足支撑马来西亚军队的"四维作战转型计划"。

二 国防战略与政策

马来西亚的国防战略和政策是由马来西亚的地理和历史决定的。从地理上看，马来西亚地处东南亚中心，是连接中南半岛和马来群岛的枢纽。陆地方向，西马北部与泰国接壤，南部与新加坡接壤，与印尼的苏门答腊岛和爪哇岛隔海相望；东马则与印尼的加里曼丹和文莱接壤，与菲律宾隔

海相望。海洋方向，马来西亚拥有 4800 公里的海岸线和广阔的领海和专属经济区水域，所管辖的海域面积达到 14.83 万平方公里。马来西亚东面和北面临南中国海，西濒印度洋，且扼控连接太平洋与印度洋的咽喉——马六甲海峡，战略位置非常重要。尤其是马六甲海峡与其南部的巽他海峡和望加锡海峡共同成为沟通太平洋与印度洋的重要通道，是亚洲、非洲、欧洲、大洋洲之间相互往来的海上枢纽，交通位置十分重要，历来有"东方的直布罗陀"之称。马六甲海峡承担了全球航运 1/3 的任务，近年来每年通过海峡的船只约有 8 万艘次，是世界上最繁忙的海峡之一。而海盗和恐怖分子使马六甲海峡的安全形势日益严峻。如此独特的地理位置，使得马来西亚的国防必须海陆并重，陆上要注重维护与印尼、新加坡、文莱、泰国的边界安全，海上要维护南海的和平稳定以及马六甲海峡的安全。从历史上看，西马是马来西亚政治、经济、文化的中心，东马经济发展相对落后，且与印尼、文莱、菲律宾的关系一度紧张。1963 年，马来西亚成立之时，曾与印尼发生对峙，与菲律宾因沙巴的主权争端两度断交。自 1965 年新加坡从马来西亚分离后，两国关系至今也较为微妙。马来西亚与周边四国印尼、新加坡、菲律宾、文莱的关系决定了马来西亚须将维护周边稳定作为国防的重点。

基于以上因素，20 世纪 60 年代以来，马来西亚国防战略的核心是维护国内安全与稳定，这一任务主要由陆军负责，警察、海军和空军起辅助作用。军队防务的具体任务是驻守在马来西亚边界，特别是在紧急状态时期（1948 ~ 1960），对付马泰边界的马来亚共产党游击队，防止菲律宾南部分离主义武装入境，以及消灭在马六甲海峡上进行抢劫活动的海盗。20 世纪 80 年代后，马来西亚开始逐步调整防务战略，防务重点从维护国内稳定转向对外防御，特别是海上防御方面。具体而言，马来西亚的国防战略以南中国海为主要战略目标，优先考虑海空军建设与发展，加强海空军在南中国海的机动作战能力。冷战结束后，马来西亚的国防战略进一步调整，不仅关注国家主权、周边安全，也将地区的热点问题列为国防的重点。从国家主权看，国防重点是维护马来西亚的领土主权和完整，保护专属经济区利益，以及维护马六甲海峡和新加坡海峡的安全；从周边安全看，国防的重点是防范来自泰国、印尼、菲律宾、文莱，尤其是菲律宾的安全威胁，维护边界的和平稳定；从地区安全看，国防的重点是维护南海和平稳定，防止大国介入和干涉地区事务，打击地区恐怖主义和跨国犯罪。从政策角度而言，马来西亚倡导和平，强调军事外交。历史上，马来西亚曾提出将东南亚建成和平、自由、中立区，反对使用武力和威胁使用武力解决地区争端。同时，马来西亚也主张将东南亚建成无核区，反对大国将核武器对准东南亚，也反对东南亚国家发展核武器。2007 年 10 月，时任副总理兼国防部长的纳吉布在法国国际关系研究所发表演说，称要将马来西亚倡导的"军事外交"作为协助化解东南亚政治紧张局势的机制之一。他表示，这一方针已成为各方认同的外交行动，以确保区域和平与稳定。纳吉布指出，东南亚各国的国防部已经建立起紧密且直接的联系，以提高互信，化解纠纷。

在国际层面，马来西亚武装力量的主要任务是参与联合国维持和平的行动。迄今，马来西亚已经参与了刚果维和行动（1960～1962）、伊朗—伊拉克军事观察团的监督行动（1988～1991）、联合国过渡时期援助团监督纳米比亚举行的选举活动及其独立过程（1989～1990）、柬埔寨过渡时期联合国权力机构监督临时政府并协助举行选举和国家重建（1992～1993）、西撒哈拉公投的观察员（1991 年至今）、第二期联合国安哥拉核查团（1991～1995）、联合国伊拉克—科威特观察团（1992～2003）、联合国在柬埔寨的过渡权力机构观察组（1992～1993）、联合国在波斯尼亚和黑塞哥维那的保护部队（1993～1998）、联合国在利比里亚的观察团（1993～1997）、第二期联合国索马里行动团（1993～1994）、联合国驻莫桑比克行动团的观察组（1993～1995）等国际上多数重要的维和行动。

2003 年以来，马来西亚维和部队参与了在布隆迪（2004～2006）、西撒哈拉（2006 年至今）、苏丹（2005 年起）、利比亚（2003 年起）、东帝汶（2006 年起）等地的国际维和行动。自 1960 年至 2014 年 6 月，马来西亚共参加联合国维和行动 30 次，派遣 2.9 万人员参与。迄今，仍有932 人在达尔富尔、刚果民主共和国、黎巴嫩、利比亚、南苏丹等国参与维和行动。

第二节 国防体制和军事制度

一 军队指挥机构

马来西亚的国防体制较为复杂，一共有四个机构分享武装部队的管辖权。一是最高元首。根据马来西亚联邦宪法的规定，最高元首是武装部队的最高统帅，有权任命武装部队总司令，但最高元首对武装部队的最高统帅权是象征性权力。二是国家安全委员会。武装部队的实际指挥权掌握在国家安全委员会手中。国家安全委员会为国家安全最高决策机构，决定国防的战略、政策、规划及措施，其主席由内阁总理兼任，成员包括内阁有关部长、三军总司令及国家警察总监。三是国防部。国防部为最高军事行政机关，负责武装部队的建设和运转，如分配国防预算、提供装备和后勤服务、训练和补充兵员等。国防部由国防部长（文官）在总理的领导下运作，但必须服从国家安全委员会的决策和指示。国防部长同时兼任武装部队委员会主席，统管军队事务。四是三军总司令。马来西亚的武装部队由正规军和准军事部队两部分组成。正规军分陆、海、空三个军种，最高军事指挥机构为武装部队司令部，由武装部队总司令，即三军总司令领导。三军总司令是最高军事官员，但必须接受武装部队委员会的领导。换言之，三军总司令受国防部长（武装部队委员会主席）的领导。在三军总司令之下，分别设立三个军种的司令。武装部队总司令通过三个军种的司令部指挥和管理武装部队。武装部队司令部的日常事务由军阶为中将的将领领导，负责拟定草案、监督军事任务和协调三支部队的运作并直接向总司令报告。司令部分若干办事处：秘书处、军人事务处、防卫演习和行动处、防卫补给处、防卫策划处、电子防卫和通信处、公共事务处、后备部队处、卫生处等。

二 兵役制

马来西亚实行志愿兵役制，服役期 10 年，每年招收 2000 多名新兵。

但是自 2004 年以来，马开始实施具有义务兵役制特点的"国民服务计划"，规定年满 18 岁的公民无论男女都须参与这项带有强制性的军事训练计划。时任国防部长纳吉布指出，只要是马国公民，即使留学海外，也须参加该计划；除非医生证明其健康有问题，才可以豁免。如拒绝参加该计划，将被罚款 790 美元，或（并）处六个月监禁。该计划每年将投入 1.32 亿美元，每次为期 6 个月，其中 20% ~ 30% 的训练课程是基本的军事训练项目，包括基本射击、队列、升旗及遵守命令等。此计划旨在提高公民的纪律观念、塑造强壮的公民，以使国家拥有全方位的防卫能力，能够面对任何外来威胁，包括军事上或是其他方面的威胁。纳吉布强调，国民服务计划不是为应付外来威胁而特别设计的防范措施，而是为提倡爱国精神、塑造良好人格、鼓励国民团结、倡导大同价值观及公民意识。近年来，由于人员短缺和财政紧张，马来西亚也在探索一种新的兵役模式。2016 年 9 月，马来西亚国防部计划向公共服务部提起一个"21 年义务兵役计划"。如果该计划获得批准，那么马来西亚的军人将为国家服役 21 年，期间不得提前退役，除非达到法定退役年龄 60 岁。

三　军衔制

马来西亚实行军衔制，其军官军衔设置为 4 等 10 级。最高一等的军衔是"元帅"，此军衔一般为武装部队最高统帅即最高元首或是个别州的苏丹专属。其余三等分别为：将官 4 级（上将、中将、少将、准将），上将是目前马来西亚的最高军衔；校官 3 级（上校、中校、少校）；尉官 3 级（上尉、中尉、少尉）。在尉官之后是军官学员。

四　军费支出

据瑞典斯德哥尔摩和平研究所的数据，冷战结束以来，马来西亚的军费开支逐年增加。1988 年为 14.06 亿美元，1991 年就增加到 24.63 亿美元。1997 年亚洲金融危机后，马来西亚的军费开支略有下降，1998 年军费开支仅为 19.90 亿美元。2000 年以来，军费开支稳定增长。2001 年，军费开支达到 30.41 亿美元，占 GDP 的 2.1%。2003 年，军费开支首次突破 40 亿美元，达到 44.06 亿美元，占 GDP 的 2.6%。2008 年，军费开支再次大幅增加，达 50.82 亿美元，这也是自冷战结束以来，马来西亚的军费开支首次突破 50 亿美元。但受全球金融危机影响，2009 年后，马来西亚的军费开支连续四年小幅缩减。2014 年，马来西亚的军费开支为 49.19 亿美元，占 GDP 的 1.5%，接近危机前水平。2015 年，马来西亚军费开支达到 53 亿美元，占 GDP 的 1.5%，为历史最高值。但受经济下滑的困扰，2016 年，马来西亚削减军费开支，当年的国防预算仅为 45.49 亿美元，占 GDP 的 1.5%。国防预算中的大部分将用于"管理"，主要是支持现有项目以及支付工资；其余经费用于"开发"，包括采购及研发。纳吉布总理表示，将拨付 1.2 亿美元预算给联邦土地发展局的沙哈巴民防部队，维持东沙哈巴地区的地区安全，此外还将拨付 2 亿美元给马来西亚海事执行署用于采购巡逻船。

表 5 - 1　马来西亚的军费开支（2008~2016）

年份	军费开支（亿美元）	占 GDP 比重（%）
2008	50.82	1.9
2009	47.98	2.0
2010	41.91	1.5
2011	46.97	1.6
2012	44.80	1.4
2013	48.81	1.5
2014	49.19	1.5
2015	53.00	1.5
2016	45.49	1.5

数据来源：瑞典斯德哥尔摩和平研究所

第三节　武装部队

马来西亚武装部队由军事部队和准军事部队组成。其中，军事部队分为陆军、海军、空军三个军种。依据全球火力网的数据，2016 年，马来西亚现役总兵力为 11 万人，预备役部队 29.7 万人，符合服兵役年龄的人 1245 万。马来西亚的全球火力指数为 0.00679，排名 126 个国家中的第 34 位。

一 三军概况

陆军是马来西亚武装部队的主力，约有 8 万人，其编制是 1 个军团司令部、4 个师、1 个快速反应旅、10 个步兵旅、5 个炮兵团、4 个装甲团。依据全球火力网的数据，马来西亚陆军现装备坦克 74 辆、装甲车 1318 辆、牵引炮 184 门，多弹道火箭系统 54 个。坦克和装甲车包括"蝎子"轻型坦克，SIB-MAS 式、AML－60／－90 型和"白鼬"型装甲侦察车，KIFV 式、"突击队员"、"攻击者"、"神鹰"和 M－3 型装甲输送车。火炮包括 105 毫米、155 毫米牵引炮，81 毫米迫击炮，SS－Ⅱ型反坦克导弹，89 毫米、92 毫米火箭炮，84 毫米、106 毫米无坐力炮，35 毫米、40 毫米高炮，"标枪""轻剑"地空导弹和 SA－316B 型直升机。陆军的布防分为三个军区。第一军区防守联邦直辖区、雪兰莪、霹雳、吉打、玻璃市、槟榔屿，司令部设在吉隆坡。第二军区司令部设在沙捞越的古晋，防守沙捞越和沙巴。第三军区司令部设在马六甲，防守马六甲、柔佛、森美兰州、登嘉楼、吉兰丹、彭亨。陆军还设有由一支轻型观察直升机中队组成的航空兵部队，该中队共有 10 架 A109 直升机（原有 11 架，2014 年 2 月坠毁 1 架）。

海军是仅次于陆军的第二大军种。虽说是第二大军种，但其人数与陆军相差甚远，仅有 1.5 万人，其中军官 1450 人，装备有 60 余艘作战舰艇和 10 多艘辅助船只。海军以东经 109 度线为界，把本土和所属海域分为东西两个区设防，分别负责西马和东马海区的军事防务以及辖区内的舰艇活动。分界线以西为第一海军军区，司令部设在关丹；分界线以东为第二海军军区，司令部设在纳闽。海军基地设在卢穆特、关丹、伍德兰兹、古晋、纳闽岛。另外，在宜兰角也建有海军基地。马海军的主要使命是捍卫马领海和专属经济区安全，保证马六甲海峡和南中国海海上贸易通道区域的潜在威胁，确保马国家利益和国家安全。虽然马海军舰队的规模不大，但与周边邻国相比，马来西亚海军现役战舰导弹火力在东南亚仍排行首位。马海军力量主要由水面舰艇部队、海军陆战队、海军航空兵部队和潜艇部队等组成。水面舰艇部队是马海军的重要力量，主要有2艘潜水艇、2艘"莱库"级导弹护卫舰、4艘"海军大将"级和2艘"卡斯图利"级轻型护卫舰、2艘"穆西塔里"级海岸巡逻舰，以及8艘导弹艇、6艘巡逻艇、27艘攻击舰、4艘扫雷舰、2艘水温测量船、2艘两栖登陆舰和2艘多用途支援舰等。其中"莱库"级导弹护卫舰是马海军的主力，也是目前东南亚地区最先进的护卫舰。海军航空兵约数百人，装备有HAS－1型武装直升机。由于海军航空兵组建较晚，发展缓慢，目前的作战能力也相对较弱。但由于新购进了"超级山猫"－300型直升机和"海上大鸥"反舰导弹的陆续投入使用，这种状况得到一定程度的改观。此外，马空军从美国引进的8架F／A－18"大黄蜂"和从俄罗斯购买的18架米格－29战斗机，均可用于支援海上作战，战时可实施海、空协同作战行动。

空军实力与海军旗鼓相当，人数略少于海军，不到1.5万人。空军也以东经109度线为界分为东部军区和西部军区，下辖5个营，共有12个飞行中队和支援部队，有空军基地3处。具体包括：4个攻击战斗机中队，3个战斗机中队，1个侦察机中队，4个运输机中队，1个地空导弹中队。作战飞机227架包括"鹰"式、MB－339型和F／A－18D型攻击机，F－5型、米格－29型战斗机，B－200T型武装侦察机，加油机、运输机、运输直升机、教练机，部分PC－7型教练机具有作战能力，装备空空导弹。

二 军队现代化建设

1. 陆军建设情况

马来西亚重视陆军现代化建设，其陆军正在向一支常规作战部队转型。2007年7月，国防部副部长扎伊纳尔·阿比丁·金证实，马来西亚正计划采购大量的远程巡航导弹，包括考虑购买"布拉莫斯"巡航导弹。陆军通过采购高技术武器，旨在增强陆军的火力支援能力。近年来，陆军采购了巴西"阿维布拉斯"公司研制的"阿斯特洛斯"（Astros）Ⅱ多管火箭炮系统及捷克生产的"维拉"（VERA）雷达系统。这些武器是用于装备陆军炮兵第 52 团，以替换原配装的南非"迪奈尔"公司研制的 G5 式 155 毫米牵引型火炮。目前，马来西亚军的 G5 牵引型火炮共 22 门，根据重组和提高陆军火力的计划，所有的 G5 牵引型火炮将部署至余下的炮兵团中。

陆军特别重视坦克和装甲车的发展。近年来，陆军计划采购 8 门 120 毫米迫击炮，安装在土耳其 FNSS 防务系统公司的加长型装甲战车上；采购 40 辆 ACV-300 "阿德南"履带战车以及 85 辆西班牙 URO VAMTAC 高机动越野战车，以加强陆军已经装备的 211 辆"阿德南"履带战车力量，以满足非对称作战需求。此外，陆军还采购了 100 辆主战坦克，装备两个坦克团，订购了 257 辆 AV-8 装甲车。2014 年底，AV-8 装甲车开始生产，由马来西亚国内的防务技术公司（Deftech）制造，将取代目前使用的"秃鹰"（Condor）装甲输送车（APC）和"西布玛斯"（Sibmas）火力支援车（FSV）。马来西亚陆军正计划在 2016 年之前将第 1 步兵旅改为装甲旅，并将该旅从目前位于森美兰州芙蓉市（Seremban）附近的营地搬迁至波德申市（Port Dickson）附近的新营地。目前，马来西亚陆军正在考虑组建装甲旅。但马来西亚陆军只有一个配备了 48 辆 PT-91M 主战坦克的坦克团——第 11 皇家装甲兵团（11th Kor Armor Diraja），而通常一个装甲旅需要两个坦克团。依照当前计划，第 11 皇家装甲兵团将纳入装甲旅编制，陆军还将用 AV-8 装甲战车装备一个骑兵团，用 ACV-300 Adnan 履带式装甲输送车装备一个机械化步兵营，并配备必要的支援分队，从而实现装甲旅的改建。

陆军航空兵的现代化建设也是马来西亚陆军现代化建设的基本需求之一，尤其是 2013 年菲律宾的苏禄武装分子入侵马来西亚后，马来西亚对武装直升机的采购需求剧增。陆军原计划 2014 年成立一支攻击直升机中队和一支通用直升机中队。但由于财政紧缩，成立攻击直升机中队的计划被搁置。尽管如此，陆军仍努力武装其航空兵部队的 10 架 A109 直升机，目前已在部署在东马的 3 架马来西亚皇家空军的 S-61 "鹦鹉"（Nuri）

直升机舱门上安装了机枪，充当攻击直升机。同时，陆军也从中国订购了16套FN-6便携式防空导弹，并在未来几年内组建点防空和短程防空部队。

2. 海军建设情况

由于马来西亚领土被南海包围，且马六甲海峡地处战略要道，因此，马来西亚一直以来都较为注重海军力量的发展，马国防部也正在实施多项武器采购计划以增强海军实力。

冷战结束后，马来西亚的军费投入不断增加，政府对海军在维护马国家安全的重要性的认识进一步加深。同时，马国家军事战略由"防内"向"御外"转变，海军趁机提出积极的防御战略，明确其任务是做好军事准备和部署，在和平时期要保卫马来西亚的海洋利益，在战时要确保军事胜利。进入21世纪，随着1997年金融危机阴影的远去，马来西亚逐年加大了对军队尤其是海军的投入，海军面貌焕然一新。根据《军队20年（1990~2010年）发展计划》，马来西亚按照"质量优先"的原则，加速推进海上力量建设，力争到2010年建成一支在东南亚地区处于领先地位的现代化海军。近年来，海军不断从国外引进先进武器装备，努力提高其现代化水平。为了加强海上力量建设，马来西亚曾与英国达成意向性协议，从20世纪90年代开始分批从英国购买45亿林吉特的军事装备，其中主要是先进的战斗机和军舰，用于海、空军武器装备的更新换代。在最近几年中，马来西亚海军先后从意大利引进了4艘轻型导弹护卫舰，从英国购进了2艘"莱库"级导弹护卫舰，向德国订购了6艘MEKO-A100轻型导弹护卫舰（即巡逻艇），并计划从瑞典购买5艘CB-90型巡逻快艇。此外，为弥补兵种单一的缺陷，马海军已经向法国和西班牙订购了2艘"鲉鱼"级常规动力潜艇，加速组建潜艇部队。2001年10月11日，马来西亚同英国签约采购"海上大鸥"反舰导弹系统，该导弹系统将配备海军的6架"超级山猫"-300型舰载直升机。这些"超级山猫"直升机将部署在"莱库"级护卫舰上，其可携带大量的"海上大鸥"反舰导弹，并能够进行单枚发射，或迅速地在一个短间隔内将导弹全部发射出去。英国奥古斯塔·威斯特兰直升机制造厂于2003年开始向马海军交付6架

"超级山猫"舰载直升机。"海上大鸥"和"超级山猫"的加盟大大提升了马海军的反舰作战能力。2007年,马来西亚向韩国订购一艘"多用途战舰"。该舰由韩进重工负责建造,将装备最新型雷达装备和导弹防御武器,可搭载直升机、坦克、火炮、水陆两用车辆等各种重型装备,必要时还可转用作医疗船。2012年,马来西亚向法国订购6艘"追风"级轻型护卫舰。法国承诺在马来西亚建造上述护卫舰,并提出可根据马来西亚的具体需要修改设计图纸。首艘护卫舰将在2019年交付使用。据悉,此次订购的护卫舰排水量为3000吨,载员106人,可装备一门57毫米口径舰炮、反舰导弹、反潜鱼雷和一架EC-275型舰载直升机,最高航速48公里/小时,最大续航能力为21天。2016年11月,马来西亚皇家海军正式向中国购买4艘滨海任务舰(Littoral Mission Ships),这也是马历史性地向中国购买军事装备。马来西亚计划采购18艘滨海任务舰,以取代服役已超过40年的炮艇和快速反击艇。

海军的潜艇发展动向令人瞩目。东盟其他国家的潜艇一般都是二手的旧潜艇,技术落后,而马来西亚海军订购的两艘"鲉鱼"级潜艇具备世界级的先进技术。马海军在20世纪90年代以来一直努力寻求采购潜艇,1991年首次选派军官赴国外学习潜艇战术和技术。2000年,马政府正式批准了海军的潜艇购买计划。2002年签署了9.72亿美元的采购合同。马海军的第一艘潜艇在法国建造,2007年交付使用;第二艘在西班牙建造,2008年交付使用。马来西亚还耗资4亿美元在哥打基纳巴卢建立了塞潘加尔潜艇基地,这是继海军卢穆特基地外的第二大海军基地。此外,马来西亚海军还设有海军特种部队、海军防空部队,并与空军联合组建了快速反应部队,用于执行相关作战任务。2002年6月5日,马来西亚同法国和西班牙的两家公司签署了一项价值约10.8亿美元的军购合同,购买由这两家公司合作生产的2艘"鲉鱼"(Seorpene)级常规潜艇和1艘经过大修的法国"阿戈斯塔"-70型潜艇。据DCN称,在这两艘排水量1700吨的"鲉鱼"级潜艇上,将安装SUBTICS综合指挥、武器控制和声呐系统,武器方面将安装6具533毫米鱼雷管,共可装载18枚武器。第一艘"鲉鱼"在2009年3月交付使用,第二艘于2010年交付。"鲉鱼"级潜艇可执行包括反潜、反舰、特种作战和情报收集在内的多种任务，是当今世界最先进的常规潜艇之一，是近年马海军装备建设的一大亮点。2005年4月，马海军最新装备的德国造近海巡逻舰"吉打"号开始在马六甲海峡游弋，引起周边国家关注。2009年9月，马来西亚海军接收了第一艘CM-2000"鲉鱼"型潜艇，第二艘正等待法国交付。该潜艇以沙巴州的瑟邦加湾为基地，使海军有了全新的进攻能力。马来西亚成为第三个具备水下作战能力的东盟国家。舆论认为，"鲉鱼"级潜艇作为马海军装备的最先进舰只，将改变东南亚国家海军力量的平衡。尽管经费紧张，马海军仍计划组建一个"黑鲨"鱼雷和16枚MBDA公司SM39"飞鱼"反舰导弹。海军希望在未来能够扩大潜艇部队的规模，并有舰载反潜直升机的保护。因此，海军还计划采购6架"超级山猫"-300型反潜直升机。这可进一步增强海军航空兵的实力，使马来西亚海军的发展进入一个新的阶段，成为东南亚地区一支不可忽视的海上力量。

在水面舰队方面，海军装备了4艘意大利制造的"拉萨马纳"级护卫舰，以及2艘基于F2000护卫舰设计、装备"飞鱼"MM40布洛克2导弹的排水量为2300吨的"莱丘"级护卫舰，2艘由德国造的"卡斯图里"级护卫舰。海军还与BAE系统公司签署了一份意向书以采购2艘2400吨级的F2000第二批"杰巴"级护卫舰。另一项重大装备项目是"吉打"级下一代巡逻艇。马来西亚海军从1996年就启动了这一项目，计划基于MEKO-A100艇的设计建造27艘巡逻艇，目前该项目尚未完成。

目前，海军的重点项目是6艘第二代巡逻舰——频海战斗舰（SGPV-LCS）。第二代巡逻舰——频海战斗舰是"吉打"级下一代巡逻舰的后续舰种。名为频海战斗舰，但第二代巡逻舰其实是一种采用传统船体设计的舰艇。该舰长107米，排水量为3000吨，主炮为Mk3型57毫米舰炮，舰载作战系统是法国舰艇建造局的SETIS系统，包括法国泰雷兹公司的SMART-S Mk2 3D多波束雷达、莱因金属公司的TMEO Mk2-TMX/ EO雷达/光电跟踪和火控系统、泰雷兹公司的被动拖曳阵列声呐系统（CAPTAS）以及配有拖曳式线列阵声呐的反潜组件。此外，该舰还建有直升机飞行甲板和机库。按照计划，第一艘第二代巡逻舰——频海战斗舰将于 2017 年交付，其余舰艇将每六个月交付一艘。

3. 空军建设情况

2008 年是马来西亚空军成立 50 周年。经过多次战火的洗礼与建设，马来西亚已由昔日一支弱小的空中力量变成东南亚地区的空中强国。如今，马来西亚空军担负着保卫国家的重任，包括从空中防御到空中进攻，从支援陆军作战到空中运输和侦察监视等。为了保持其东南亚空中强国的地位和应对多种安全威胁，马来西亚空军正在不断强化其空中作战能力，加强空中侦察能力。

目前，空军现代化建设集中在两个层面。一是强化进攻能力。空军战斗机有英式"鹰"108/208、米格 - 29N/UB 与"大黄蜂"F/A - 18 战斗机。其中的 2 个中队的米格 - 29 战斗机担负着空中防御的任务，1 个中队的"大黄蜂"F/A - 18 战斗机担任进攻的任务，而"鹰"式战斗机则执行近距离支援。为加强空军战斗机现代化建设，空军已选择购买俄罗斯的多功能战斗机苏 - 30MKM。它既可实施空对空作战，还可对海攻击与对地攻击，支援陆军与海军作战。1994 年以来，马来西亚已经购买了 28 架"鹰"式战斗机，18 架米格 - 29N"支点"式战斗机，8 架 F - 180D"大黄蜂"战斗机，5 架新式 C - 130H 运输机，4 架山毛榉"空中霸王"，2 架 S - 70"墨鹰"式直升机，等等。2000 年以来，马又购买了 12 架"鹰"式战斗机，12 - 16 架 F/A18 战斗机，装备了一个米格 - 29 战斗机中队。2003 年，马空军向俄罗斯订购总价 9 亿美元的 18 架苏 - 30MKM 战机，使其成为继印度和越南之后亚洲第三个拥有最多苏 - 30MKM 战机的国家，美国和英国垄断马国战机市场的传统被打破。按照合同，俄罗斯于 2007 年 6 月开始向马来西亚提供歼击机，首批 6 架苏 - 30MKM 战机运抵位于吉兰丹州的空军基地，同时 4 名教练员也在俄罗斯相关人员的指导下进行训练，而另外 4 名飞行员正在俄罗斯接受训练。剩余 12 架飞机的前 4 架已于 2007 年 12 月 29 日在俄进行初步验收，其余的 8 架也已在 2008 年底前交付。苏 - 30MKM 是以专门供印度空军使用的苏 - 30MKI 型战斗机为基础研制的，可用于夺取制空权，使用制导和非制导武器对地面和水上目标实施打击。最后一批 6 架战机直到 2009 年 8 月才交付。目前，"鹰狮"、"阵风" 和 "超级大黄蜂" 战机都是马空军备选的采购机型。马尤其希望采购 F/A－18F "超级大黄蜂" 战机，并装备第二个多用途的战斗机中队，这样可以增强已经服役的 8 架 F/A－18D "黄蜂" 战机的作战能力。2013 年，马来西亚因财政问题冻结了多用途战机采购计划，决定不再购买新战斗机，转而 "租用" 战机。此后由于政府削减军事预算，马来西亚空军的采购计划一度搁置。

二是强化空中侦察监视能力。马来西亚海岸线长达 4800 公里，需要定期对其进行监视，空军所采取的一种方式就是进行空中侦察。马来西亚空军认为，在未来的空战中，夺取制信息权，优先发现对手是取得空战胜利的关键。因此，空军必须转变观念，即从过去只强调战机硬件标准，忽视空中侦察监视系统建设转变到将空中与海上侦察监视放在首要位置。为增强空中的侦察预警能力，空军计划斥资 11 亿美元购买至少 4 架空中预警机，构成国家整个空中侦察监视系统的中坚。在海上巡逻监视方面，马来西亚海上巡逻监视主要由 "山毛榉" 200 执行，但该机已明显落后。为加强海上的巡逻侦察，确保海域安全，空军拟购进新一代海上巡逻机。此外，为了改善防空系统力量不足的局面，空军需要建设一个全方位的雷达网络和装备中/远程地空导弹。目前已经选择了 BukM1－2、"紫苑" 30SAMP/T 和 "霍克" ——先进中程空对空导弹。空军还迫切希望采购 8 架低成本的空中预警和控制机，这是空军下一个采购的大宗项目。

此外，皇家空军正在升级 C－130 运输机和延长 15 架 S－61 "鹦鹉" 直升机（空军共有 28 架）的服役寿命。空军的 14 架 C－130 运输机将升级航空电子设备和导航系统并配备玻璃座舱，从而满足跨国飞行的需求。C－130 运输机的升级将分批进行，第一批升级 4~8 架所需的资金已经到位。

第四节　对外军事合作

马来西亚长期坚持与东盟国家、美国、英国、澳大利亚、新西兰等进行军事合作。近年来，为了加快海军现代化建设步伐，促进海军全面发展，马来西亚皇家海军坚持走出去、请进来，积极开展对外军事交流与合作，学习外国先进经验，不断提高自身综合能力。空军的对外合作也在积极进行。为提高空军飞行员的实战能力，马来西亚空军加大了与其他国家空军的联合演习，模拟空中实战，以演代训，全面提高空军的作战能力。近年来，马来西亚与外国之间的各类联合军事演习，呈现数量多、规模大、科目多的特点。有关专家分析指出，马来西亚通过上述一系列军事演习，旨在提高本国军队的战斗力，增强维护该地区军事安全的能力。马来西亚开展军事合作的国家和地区主要有东盟成员国、印度、英国、澳大利亚、新西兰、美国、中国、欧盟等。

一 与东盟国家的合作

马来西亚与东盟成员国之间广泛开展军事合作，如与印尼、新加坡、菲律宾、文莱等国举行双边军事演习、联合进行海上巡逻、共同反恐等。20世纪80年代以来，马来西亚与东盟成员国的军事合作频繁，自1982年以来，马来西亚每年都与泰国举行联合军事演习，两国还每年举行由国防部长主持的边界委员会年会，商讨解决两国边界安全问题，并制定共同应对措施。

马来西亚与印尼的军事合作日益加强，双方定期举行联合军事演习。两国最早的安全合作是共同维护边界安全，对付共同威胁。马来西亚和印尼为了共同镇压活跃在双方边界上的共产党游击队，于1966年签订曼谷协议，开展边境地区的安全合作，1972年又签订边界安全协定，以镇压北加里曼丹的叛乱。直到1986年末，两国边界上的反政府叛乱被彻底镇压下去，双方的军事合作转向其他领域。两国还共同对付"低烈度威胁"，维护海上安全。20世纪80年代中后期，东盟国家的"内乱"基本平息，但海盗、贩毒、走私、偷盗海洋资源、非法移民等"低烈度威胁"增加，尤其是马六甲海峡海盗猖獗，东盟的军事合作重点也相应地转向这里。马来西亚与印尼开展警察部队之间的联合训练，两国还制订了共同巡逻马六甲海峡的计划。此外，两国还举行海空联合训练，后来陆军也参加进来，双方还购置了一些军备与补给，共同使用维修设施。两国自1981

年以来，每 3~5 年举行一次三军联合演习。2006 年 7 月，马来西亚与印尼在印尼的西加里曼丹山口洋地区举行海陆空联合军事演习。舆论指出，两国举行演习旨在表明两国有能力联合采取军事行动，处理本地区的安全事务，其中包括维护水域安全。2010 年 3 月，马来西亚与印尼在马六甲海峡和马来西亚半岛开始了以反恐为主题的联合军事演习，共有 1243 名马来西亚官兵和 452 名印尼官兵参加了 7 个项目的演习。

马来西亚与新加坡海军自 1984 年开始举行代号为"马来坡拉"（Malapure）的联合军演，每 2 年一次。2013 年 2 月 25 日至 3 月 8 日，新加坡海军与马来西亚海军在新加坡樟宜海军基地进行"马来坡拉 2013"双边军事演习。双方共有约 540 名官兵参演。新加坡方面将派出第一艘 DCNS 公司建造的"可畏"级"超级"号护卫舰、第二艘"胜利"级"勇猛"号轻护舰、第二艘新加坡自造的"无畏"级"独立"号巡逻艇参与演习。马来西亚参演舰艇有"莱吉尔"号护卫舰及两艘"吉打"级近岸巡逻艇。2014 年 2 月 25 日至 3 月 6 日，马来西亚和新加坡共 700 名人员参与"马来坡拉 2014"演习。新加坡海军部队出动坚信号隐形护卫舰、胜利号导弹驱潜快艇、坚毅号巡逻舰以及"海鹰"海事直升机参与演习。马来西亚海军部队则派出"莱吉尔"护卫舰、卡斯杜里快艇及登嘉楼号巡逻舰。此次演习是"马来坡拉"双边演习 30 周年，受到两国的高度重视。

马来西亚、新加坡与印尼在防范海盗方面合作密切。1971 年 11 月，三国签订了关于马六甲海峡的公约，反对将海峡"国际化"，宣布三国共同管理海峡事务。1992 年初，三国商定开展联合反海盗行动，遏制马六甲海峡等通道上的海盗活动。三国的海军和警察部队开始汇编和分享有关情报，建立了交流网络，组织联合巡逻，扫荡海盗据点，并且在吉隆坡建立了反海盗中心，向航行在该地区的船只及军警通报海盗的活动情况。三国还协商建立了一个联合监视系统，以加强该地区海上航行的安全。三国联合打击海盗的行动是东盟迄今为止唯一的三边安全合作机制。2004 年 6 月，马、印尼、新三国海军达成成立三国联合巡逻部队的协议，成立一支特遣部队，专门负责在马六甲海峡巡逻，确保海峡安全。2004 年 7 月，由马、印尼、新三国海军 17 艘军舰组成的联合巡逻编队驶过马六甲海峡，旨在打击海盗、防范恐怖袭击的三国联合巡逻就此开始。此演习从每年 4 次发展到全年不间断。此外，三国海军司令部之间还建立了 24 小时热线，一旦有海盗或恐怖分子跨越边境，就马上通过电话联系，把追踪任务交给对方。2005 年 9 月，新加坡、马来西亚、印度尼西亚和泰国四国"空中之眼"联合巡逻活动正式启动，旨在共同维护马六甲海峡的安全。2006 年，新加坡、马来西亚和印尼军方在印尼巴淡岛签署了关于三国海军在马六甲海峡联合巡逻的正式合作协议，以加强对该海峡的安全保卫工作。

2016 年以来，马来西亚、印尼、菲律宾三国防务合作深化。2016 年 5~6 月，印尼、马、菲三方国防部长多次召开会议，探讨在苏禄海展开安全合作。7 月，三国防长同意建立苏禄海巡逻倡议（the Sulu Sea Patrol Initiative）。在此倡议框架下，三方同意进行协同巡逻、制定标准化程序、加强沟通交流（建立热线）、共享情报；8 月 1~2 日，三国防长在印尼巴厘岛举行会议，探讨建立苏禄海巡逻倡议的三边合作协定框架。据印尼防长介绍，目前三方同意进行协同巡逻。所谓协同巡逻，与共同巡逻有所区别，是指三方中的任何一个国家可以在自己领土一侧与其他两国进行巡逻。而共同巡逻则是指三方进行共同的跨国巡逻。同时，三国也同意允许彼此的军队跨国打击武装分子和恐怖分子，并举行联合海军演习。2016 年 12 月，三国考虑在苏禄海和沙巴地区建立高安全走廊，即在上述地区的东、西两个方向分别建立 5 海里宽的通道，每个通道之间设立 2 海里的缓冲区。一旦船只进入上述通道，需要向指定部门报告具体位置、行程、速度和到达的具体时间。

此外，马来西亚与文莱有防务合作协定，由马来西亚为文莱培训士兵，并让文莱的飞机进入马领空进行飞行训练，两国还定期举行军事演习。马来西亚和印尼自 1981 年以来，每 5 年举行一次三军联合演习。马来西亚和越南则建有海军热线。

二 与"五国联防组织"的合作

1971 年 4 月，马来西亚、新加坡与英国、澳大利亚、新西兰签署

《五国防御协定》（FPDA）多边协议。11 月 1 日条约生效，五国联防组织建立。该组织旨在商讨当马来西亚或新加坡遭受外部袭击或威胁时，签署协定各国采取一定的行动并给予军事援助，这实际上是一个类似军事同盟性质的条约。《五国防御协定》规定：任何签约国一旦受到攻击，成员国应相互协商，采取反击行动。五国定期召开军方高层会议和联合空间防卫会议，成立五国海军顾问团，建立新、马联合防空系统。该组织每 3 年定期召开国防部长会议，轮流在马来西亚和新加坡举行，并坚持举行一年一度的联合军事演习。防长会议是该组织的最高决策机制。联防军由澳大利亚空军少将负责指挥，指挥基地设于马来西亚北海空军基地。该组织也是新加坡和马来西亚联合防空系统的重要组成部分，是目前南太平洋地区仅次于美日澳联盟的第二大军事安全组织。但由于成员国之间普遍缺乏信任，以及它难以撼动亚太地区其他安全组织的地位，因此该组织在冷战期间就已有名无实。至今，五国联防组织仍较活跃，每年都举行例行演习与会议。自 1997 年起，五国联防组织举行"飞鱼"系列演习，每 3 年举行 1 次，演习旨在检验和提高"五国联防组织"成员国协同保卫马、新（加坡）海空域的作战能力，加强成员国之间的防务合作。1997 年，五国举行了有史以来最大规模的海陆空联合演习。2000 年，时任澳大利亚防长约翰·摩尔（John Moore）称，澳大利亚认为五国联防组织对成员国乃至亚太地区具有战略意义，它在亚洲发挥着独特的作用。2001 年 9 月，五国在马来西亚举行了一年一度的联合军事演习，旨在加强成员国海陆空军之间的联系，提高协调与合作能力。2004 年 6 月五国的国防部长召开非正式会议，提出加强对付诸如海事恐怖活动等非常规安全威胁问题。2004 年 9 月 10 日起，五国举行了为期 15 天的联合军事演习，其中海上反恐联合演习是五国联防组织成立 33 年来首次举行，其目的在于提高相互之间的协同反恐作战能力。2007 年 8 月 22 日，在第 11 届五国联防组织成员国军事领导人会议上，与会者支持成员国武装部队之间在人道救援、灾难救助与管理，特别是对海事安全等非常规安全威胁方面加强合作，当年还举行了代号为"苏曼卫士"的大型联合演习。2009 年 6 月 1 日，五国联防组织防长会议再次在马来西亚首都吉隆坡召开。

会议针对区域安全的课题进行讨论，重申五国联防及共同维护和平与稳定的承诺，表示五国联防须顺应大环境的变化及成员国的需要做出调整；重申五国联防在过去几十年在加强区域安全方面扮演重要角色，并同意它应继续成为区域安全架构的重要组成部分。2011 年 11 月 1 日，新加坡举行了五国联防组织成立 40 周年庆典，五个成员国的国防部长和飞机、士兵齐聚樟宜基地，此后五国举行了为期三天的联合演习。2015年 1 月 30 日，英国外交大臣菲利普·哈蒙德在新加坡南洋理工大学拉慈雷南国际问题研究院发表演讲时，称依据《五国防御协定》，英国有责任对协议成员国的安全和国防事务负责。2016 年 6 月，新西兰发表国防白皮书，称作为五国防御协定的永久成员，如果马来西亚和新加坡遭到攻击，新西兰将履行其义务。2017 年 6 月，五国联防组织召开第 10 届防长会议，发表部长级联合声明，马来西亚国防部长希山慕丁呼吁，五国联防成为亚洲反恐和反极端主义的平台。

三　与美国的合作

马来西亚未与美国签署军事条约，但曾派遣过军人到美国进行训练，并接受过美国的小额军事贷款，购买美国的军事装备。1950～1986 年，美国向马来西亚提供的军事贷款总计达 1.8 亿美元。马来西亚重视加强同美国的军事交流与合作。1992 年，马来西亚与美国达成了准许美国海军使用卢穆特海军基地修船厂的协议。另外，马美两国海军每年均举行联合军事演习，其中以"卡拉特"军演最具代表性。始于 1995 年的"卡拉特"军演是美国与东南亚国家举行的系列军事演习，演习的全称为"海上战备合作与训练"，主要演习科目有防空、反潜、水面作战和救援等。2003 年，马来西亚与美国举行的"卡拉特 03"演习是美国与其亚太盟国在东南亚地区举行的规模最大、演练科目最多、涉及范围最广、持续时间最长的演习。2007 年，时任马来西亚副总理纳吉布在出席"2007 年军事行动及法律大会"后，向媒体讲话称马来西亚与美国的军事合作关系良好，虽然有时采用方式不同，但拥有共同的目标。目前，马来西亚与美国的军事合作主要体现在反恐领域。2003 年以来，美国帮助马来西亚建立

东南亚地区反恐中心（2003），支持马来西亚建立地区反恐信息中心（2015）。2015年，美国提出海上安全倡议，将马来西亚列为重点资助国家之一。但马来西亚反对美国在本国或东南亚驻军，尤其对美国干涉内政和地区事务较为防备，因此两国的军事与安全合作除了例行的多边军事演习、训练及军售外，并无深入发展。

四　与英国、日本、印度的合作

当前，英国、日本、印度都不是马来西亚的主要军事合作伙伴。但马来西亚与英国的军事合作历史悠久，影响也较为深远。1970年英军撤离前，马来西亚主要依靠与英国的防务协定维护自身安全。1957年马来亚与英国、澳大利亚、新西兰分别签订了《马英防御条约》《马、澳、新（西兰）区域防御条约》，1971年又与英国、澳大利亚、新加坡、新西兰签订了《五国防御协定》，即"五国联防"条约。20世纪70年代初，随着英军从远东地区撤离，马来西亚转而奉行自主防务政策。马来西亚对外军事合作的重点也从英国转向亚太国家，但迄今英国仍是马来西亚武器的供应商之一。两国的军事合作主要在《五国防御协定》框架下进行，双边防务、军事合作不多。马来西亚与日本的军事合作并不密切，但自2015年马日双边关系升级为战略伙伴关系以来，两国的防务合作开始增强。2015年5月，日本与马来西亚同意加强防务联系，并就防务设施及技术转让开启相关谈判。两国将就防务设施建设开展合作。日本计划加强对马来西亚海上执法机构的支持，并开展海上安全合作。马来西亚与印度的军事合作主要集中在人员培训方面。2006年，纳吉布访问印度，两国领导人同意开展军事培训合作。2007年，马来西亚和印度签署合作议定，印度派遣教官、飞行员前往马来西亚北部空军基地参加两年的培训。

五　与中国的合作

马来西亚与中国是友好邻邦。2005年9月，两国签署《防务合作谅解备忘录》后，两国军方关系日益密切，互访不断。1999年10月，由护卫舰"韩都亚"号、多用途指挥支援舰"马哈旺萨州"号和巡逻艇"穆西塔里"号等舰艇组成的马皇家海军舰艇编队对中国广州海军某基地进行了友好访问。2000年7月，由"深圳"号导弹驱逐舰和"南仓"号大型远洋综合补给舰组成的中国海军出访亚非三国舰艇编队，对马来西亚进行了为期4天的正式友好访问。2002年8月，马海军"因德拉普拉"号登陆舰首次对中国上海进行了友好访问。2004年7月，由"英得拉·萨克蒂"号多用途指挥支援舰和"杰巴特"号护卫舰组成的马海军舰艇编队，又对上海进行了为期4天的友好访问。近年来，马来西亚正在考虑从中国采购一些武器装备，并希望中方能在苏式战机维修和飞行员培训方面提供帮助，因为俄罗斯供应的"米格"和"苏霍伊"战机在售后维修服务方面存在一定问题，且维修费用过于昂贵，配件供应过于缓慢。2008年起，马来西亚空军开始与中国的一些公司进行接触。2009年纳吉布上台后，两国务实合作增加。2014年12月，中国与马来西亚军方举行了"和平友谊－2014"联合桌面推演，双方就联合护航、联合搜救、联合解救被劫持船只和人道主义援助与救灾等课目进行图上推演，并交流军队参与人道主义援助与救灾行动的机制及经验。2015年9月，中国与马来西亚在马六甲海峡及其附近海域举行"和平友谊－2015"联合军演。2016年10月31日至11月6日，纳吉布总理访问中国，马方正式向中国购买军备。2016年11月22~25日，"和平友谊－2016"中国—马来西亚联合军事演习在马来西亚巴耶英达附近地域举行。演习以"人道主义救援联合行动"为课题，分为参谋部演练和实兵演练两部分，双方出动兵力约300人，其中中方195人，主要来自军委机关、南部战区和驻香港部队。演习中方导演由军委联合参谋部战略战役训练局局长李维亚少将担任，马方导演则由马来西亚联合部队总部助理参谋长卢万兹准将担任。中马参演兵力组成联合特遣部队，进行丛林生存、丛林追踪、室内战斗射击等多科目的联合训练和演练。

第六章

社　会

马来西亚是多元民族国家，马来人与华人关系问题一直是社会发展的核心问题。马来西亚历届政府均实施和谐的民族政策，并将经济发展作为国家和社会发展的要务。过去 20 余年，马来西亚经济实现了稳定增长，国民生活水平不断改善。按照计划，马来西亚将于 2020 年迈入高收入国家行列，人民生活水平将进一步提高。在推动经济和社会发展的同时，马来西亚也十分注重环境保护，坚持通过完善法律体系建设来保护环境，但空气和水资源污染仍是马来西亚环境保护面临的主要问题。

第一节　国民生活

马来西亚自独立以来，经济和社会得到一定发展，但在 1970 年新经济政策实施前，原有的族群经济模式变化不大，即马来人多从事农业生产，而华人从事工商业的较多。马来西亚国民的经济收入相对较低。1970 年后，政府采取诸多政策改善民生，马来西亚民众的工资收入显著增加，生活水平得到改善。

一　国民收入与生活水平

据 1970 年的人口普查，49.3% 的西马家庭生活在贫困线以下，即每月收入不到 200 林吉特，马来人的月均收入仅为 172 林吉特，远低于贫困线，而同期华人家庭的月均收入则高达 394 林吉特，印度人的月均收入为 304 林吉特。马来人的贫困率高达 64.8%，其次是印度人为 32.9%，华人仅为 26%。1970 年，马来西亚颁布新经济政策，明确政府要着力消除贫穷，重组社会。具体目标是到 1990 年，贫困率要从 1970 年 49.3% 减少到 16.7%，同时居民的职业和股权结构要反映人口的结构。马来人所拥有的 2.4% 股权要在 20 年中增加至 30%。在新经济政策刺激下，马来西亚经济取得了持续快速的增长，贫困率有所降低，马来人和华人的收入得到一定程度的提高，社会重组方面也取得了显著的成绩。依据国际货币基金组织的统计，1980 年，马来西亚的国内生产总值达 26.4 亿美元，人均 CDP 为 1900 美元。1983 年，国内生产总值突破 30 亿美元，达到 32.3 亿美元，人均 GDP 也首次突破 2000 美元，增加至 2159 美元。1985 年以后，新经济政策过于偏向马来人的效应显现，经济发展受到一定制约，马来西亚出现了经济危机。马来西亚居民的生活也受到较大影响。1986 年，马来西亚的人均 GDP 减少至 1838 美元。

1990 年，马来西亚实施新发展政策，在继续扶植马来人的基础上，政府开始注重培养马来人企业家的经营能力，经济得到进一步发展。从 1991 年到 2000 年，马来西亚的 GDP 增速达到 7%。1991 年，马来西亚国内生产总值达到 52.8 亿美元，人均 GDP 为 2845 美元，人民生活明显改善。到 1997 年亚洲金融危机前，马来西亚的经济发展和人民生活水平一度达到历史最高水平。以 1996 年为例，当年马来西亚的国内生产总值达到 1083 亿美元，这是马来西亚国内生产总值历史上首次超过 1000 亿美元，同期人均 GDP 也高达 5103 美元。马来西亚因此同泰国、菲律宾和印度尼西亚一道被誉为"亚洲四小虎"。1997 年亚洲金融危机后，马来西亚经济一度受到重创。1998 年，马来西亚经济负增长 7.4%，这是自 1985 年经济危机以来，马来西亚首次出现经济负增长。当年国内生产总值缩水至 775 亿美元，人均 GDP 减少至 3470 美元。经过四年的复苏，2002 年时，马来西亚的国内产值总值已经恢复到金融危机前的水平，为 1082.96 亿美元，人均 GDP 也从 1998 年的 3470 美元增加至 4380 美元。此后，从 2003 年到 2008 年，马来西亚的经济保持了稳定的中高速发展态势，国民生活水平进一步提高，2008 年人均 GDP 也突破了 8500 美元。

表 6 - 1　2003～2008 年马来西亚的经济和民生数据

	GDP 增速	GDP 总量	人均 GDP
2003 年	5.79%	1183 亿美元	4674 美元
2004 年	6.78%	1340 亿美元	5171 美元
2005 年	4.98%	1482 亿美元	5599 美元
2006 年	5.58%	1681 亿美元	6264 美元
2007 年	6.30%	2000 亿美元	7379 美元
2008 年	4.83%	2386 亿美元	8647 美元

数据来源：国际货币基金组织

表 6 - 2　马来西亚主要族群的家庭月收入（1970～2004）

单位：林吉特

	1970 年	1984 年	1990 年	1997 年	2004 年
马来人	172	852	940	2038	2711
华人	394	1052	1631	3737	4437
印度人	304	1094	1209	2896	3443

数据来源：廖小健：《战后马来西亚族群关系：华人与马来人关系研究》

表 6 - 3　马来人的贫困率（1970～2004）

单位：%

	1970 年	1990 年	1999 年	2004 年
马来人	64.8	23.8	12.4	8.3
乡村	58.7	21.8	14.8	11.9
全国	—	17.1	7.5	5.7

数据来源：廖小健：《战后马来西亚族群关系：华人与马来人关系研究》

2008 年全球金融危机爆发后，马来西亚作为外向型经济国家再次受到金融危机的冲击。但这次危机对马来西亚的冲击较小，仅仅一年后，马来西亚经济就恢复增长势头，人均国民收入也大幅提高。2009 年，马来西亚经济出现历史上第三次负增长，失业率也飙升至 3.675%，人均 GDP 为 7439 美元。纳吉布总理上台后，提出"一个马来西亚计划"，全面保障和提高马来西亚各族群的生活水平。2010 年后，马来西亚国民的人均

收入不断提高，并于 2011 年突破 10000 美元，达到 10655 美元，2014 年增加至 11009 美元。根据马来西亚国家统计局的调查，2009～2010 年度，马来西亚每户家庭月均总开支 2190 林吉特。其中，食物和软饮料月均消费 444 林吉特、烟酒月均消费 48 林吉特、服装鞋月均消费 75 林吉特、水电燃气月均消费 495 林吉特、家具房屋维修月均消费 89 林吉特、医疗月均消费 29 林吉特、交通月均消费 327 林吉特、通信费月均消费 124 林吉特、文化休闲月均消费 101 林吉特、教育月均消费 31 林吉特、在外用餐住宿月均消费 239 林吉特、其他月均消费 190 林吉特。2014 年，马来西亚的人均 GDP 为 11009 美元，通货膨胀率为 3.143%，物价上涨的主要原因是酒精、饮料、香烟和交通费用的上涨。2015 年，马来西亚经济增长减速，人均 GDP 也有所减少，为 9500 美元，2016 年预计将达 9546 美元。2016 年 3 月，世界银行发布报告称，马来西亚的极端贫困率下降至 0.28%，是过去四年来下降最快的国家。而在 1980 年时，有一半的马来西亚居民每天的收入不到 1.9 美元。依据纳吉布总理设定的发展目标，至 2020 年时，马来西亚的人均 GDP 将达 15000 美元，成为高收入国家。

表 6－4　马来西亚的人均 GDP、通货膨胀率（2008～2016）

	2008 年	2010 年	2012 年	2014 年	2016 年（预测）
人均 GDP	8647 美元	8920 美元	10655 美元	11009 美元	9546 美元
通货膨胀率	5.429%	1.720%	1.664%	3.143%	2.101%

数据来源：国际货币基金组织

表 6－5　吉隆坡超市部分食品参考价格（2015 年 5 月 10 日）

商品	单位	价格（林吉特）	商品	单位	价格（林吉特）
鸡肉	公斤	6.99	牛肉	公斤	16.89
香蕉	公斤	3.99	土豆	公斤	1.89
圆白菜	公斤	3.99	食用油	5 公斤	14.70
大米	10 公斤	24.00	洋葱	公斤	4.99

数据来源：中国驻马来西亚使馆经商处

二 就业、失业与社会福利

从就业角度看,冷战结束至今,随着经济结构的不断调整,服务业逐渐成为解决就业的最主要产业。2005 年,从事服务业的人有 560 万,占就业人口总数的 51%;到 2010 年时,从事服务业的人增加至 630 万,占就业人口总数的 52.1%。除服务业外,制造业是另一个解决就业的主要产业。2005 年,制造业为 310 万人解决了就业,占就业人口总数的 28.7%;到 2010 年时,从事制造业的共有 360 万人,占就业人口总数的 30%。排在服务业和制造业之后的是农业和建筑业,2005 年有 140 万人从事农业,占就业人口总数的 12.9%;从事建筑业的有 76 万人,占就业人口总数的 7%。到 2010 年时,从事农业的人略有减少,为 130 万,占就业人口总数的 11.1%;而从事建筑业的人增加至 76.5 万,占就业人口总数的 6.4%。2012 年,从事农业的人占就业人口总数的 12.6%,从事第二产业的人占就业人口总数的 28.4%,从事服务业的人占就业人口总数的 59%。这与 1957 年马来亚刚独立时的情景已大不相同了。

从失业角度看,马来西亚是一个失业率相对较低的国家。冷战结束以来,马来西亚政府致力于保障就业,努力降低失业率。1993 年,马来西亚的失业率一度高达 4.1%,但 1997 年时,失业率就已经降至 2.4%。但受 1997 年金融危机的影响,马来西亚经济遭受沉重打击,不少企业倒闭,失业率一度飙升。1999 年,失业率达到 3.4%。21 世纪以来,马来西亚的失业率大体保持在 3.5% 左右,其中 2000 年仅为 3%,为亚洲金融危机以来最低。2008 年,马来西亚再次遭受国际金融危机的打击,失业率再次攀升,15～24 岁的青年人失业率高达 10.9%。2009 年失业率高攀至 3.7%,为近 15 年来最高,2010 年,15～24 岁的青年人失业率增加至 11.3%。2011 年以后,纳吉布政府颁布刺激经济措施保障就业,此后失业率降低,2012 年,15～24 岁的青年人失业率降至 10.3%。2014 年,失业率降至 2%。2016 年 12 月,马来西亚的失业率为 3.5%,失业人数达 512200 人。

马来西亚政府没有设立专门的失业保障金或失业保险,其最主要的福

利保障制度是所谓养老保险或雇员供款基金。一般情况下，政府养老金部门会为国家公务员设定养老保险金计划，为其提供全方位的福利保障。在私营部门工作或是没有养老保险的公共部门雇员可享受雇员供款基金。该基金实际上是一个强制性的储蓄计划。在雇员退休前，如有需要可提取该基金用于购房、教育、医疗；退休后可以随时支取。此外，马来西亚还有一个叫作职工社会安全基金的福利。这是一种强调雇主责任的保险制度。凡月收入在 1000 林吉特（随国民收入水平调整）以下的雇员需要强制投保，保费由雇主承担。当发生职业伤害时，这项基金可用于医疗费用、致残补助、照护津贴和康复津贴等。在医疗方面，马来西亚实施国家健康服务计划，为全民提供免费或价格低廉的医疗服务。公民在公立医院看病需要个人自付的费用较低，一般只占医院运营支出的 3%。2009 年，纳吉布上台后提出"一个马来西亚"政策。在"一个马来西亚"政策之下设立的"一个马来西亚诊所"就是让民众花最少的钱享受高质量的医疗服务。此外，还有"一个马来西亚人民援助金"（Bantuan Rakyat 1 Malaysia）、"一个马来西亚商店"等。马来西亚政府从 2012 年起开始派发"一个马来西亚人民援助金"，旨在帮助生活困难的群体。2016 年，"一个马来西亚人民援助金"的发放标准是，月收入低于 3000 林吉特的家庭可获得 1000 林吉特援助金，月收入 3001～4000 林吉特的家庭可获得 800 林吉特的援助金，21 岁的单身公民可获得 400 林吉特的援助金。2017 年"一个马来西亚人民援助金"有所增加，月收入低于 3000 林吉特的家庭可获得 1200 林吉特援助金，月收入 3001～4000 林吉特的家庭可获得 900 林吉特的援助金，21 岁的单身公民可获得 450 林吉特的援助金。

三　住房政策

马来西亚政府早在 1966 年就实施了第一个住房规划，该规划将住房及其他社会福利设施列入优先发展计划。20 世纪 70 年代以后，马来西亚陆续出台了八个住房规划，注重在城市及乡村地区发展多种类型住宅，满足不同人群居住需要。马来西亚的住房分为三类，第一类是廉价房屋。廉价房屋一部分用于出售，即所谓"廉价屋"；一部分用于出租，即所谓

"廉租屋"。廉价屋是提供给月收入低于 1500 林吉特家庭购买的房屋。面积一般每套约 60~70 平方米，售价在 4 万林吉特左右，为商品房市场价格的 1/10。政府规定廉价屋因不能偷工减料，需配备必要的公共配套设施，如操场、幼儿园、医院、商店、社区会所、祈祷室等。廉价屋在购买之后，十年内禁售。廉租屋产权归政府所有，只出租、不出售。廉租屋主要用于安置非法木屋住户，解决低收入群体的住房问题。此种房屋一般建于市区的高层公寓（一般为 5~18 层），面积为 60~70 平方米，租金为每月 120 林吉特左右，不足市场租房价格的 1/10，租约每 3 年更新一次，由州政府和地方政府负责房屋的维修与保养。第二类是公务员住房。公务员可以居住政府提供的公务员住宅，户型多为小型别墅，也可以在市场上购房。租房的公务员每月可享受政府发给的房屋津贴。津贴足够支付当月房租。在市场上购房的公务员可向政府申请贷款。一般情况下，马来土著公务员可向财政部贷到房款的 110%，购房时还可享受 5% 的折扣；非马来人公务员只能贷到房款的 90%，贷款利率为 4%，最长还款期限为 30年。第三类是商品房。商品房建造以私人发展商为主。每个房产项目须申请执照，并按已批准的条款开发，一般在 24~36 个月内完工，否则会受重罚。2007 年，政府开始实行"先建后售"的方式，也称 10:90 付款方案，即购房者在签署购房合同时缴付 10% 的订金，订金存放于"托管账户"，开发商只有在交房后才能动用，其余的 90% 房款在房屋竣工后交付。一套吉隆坡市郊面积约 150 平方米的联排双层别墅，售价一般在 20万~30 万林吉特（约人民币 45 万~66 万元）；而一套地处市中心面积约150 平方米的二手公寓，售价一般在 14 万林吉特（约人民币 32 万元）。2016 年第三季度，马来西亚商品房的全国均价是每套 75390 美元。其中，首都吉隆坡最贵，每套 173902 美元，玻璃市州最便宜，为 34566 美元。此外，马来西亚还欢迎外国人到马购房和居住。2006 年 12 月起，马来西亚政府陆续放宽部分外资投资房地产市场条例，包括外国人可不经外资委员会批准即可购买 25 万林吉特以上的房屋，2010 年 1 月 1 日起变更为 50万林吉特以上。近年来，马来西亚政府又推出"第二家园计划"，鼓励所有邦交国公民在马来西亚长期居留。

第二节　社会管理

马来西亚是多民族、多宗教的国家。由于历史原因，马来西亚的社会治理始终围绕着"马来西亚人的马来西亚"还是"马来人的马来西亚"这个核心问题进行。历届政府采取诸多政策促进民族和谐，但马来西亚的社会管理一直面临两大难题。其一是族群关系问题，主要表现为马来人与华人的关系问题。近年来，马来人与印度人的问题也逐渐凸显。其二是激进穆斯林的问题。对于族群关系问题，马来西亚政府始终秉持着建立多元、包容社会的理念，推动构建和谐社会，但维持马来人的主导地位仍是历届政府的政策重点。对于激进穆斯林问题，马来西亚政府坚持世俗化政策，严厉打击伊斯兰极端思想、极端组织。

一　族群关系问题

长期以来，以华人和印度人为主的外来移民与以马来人为主的当地居民总的说来是和睦相处的。华人、印度人都保持着本民族的风俗习惯和文化特征，自己管理内部事务，与当地人友好地开展经济文化交往，共同为马来西亚的开发和建设做出贡献。但由于各民族在历史、宗教、种族、文化传统等方面的差异，在现实生活中所处的地位和受到的待遇不完全一样，因此，各民族之间也存在事实上的不平等。加之各民族都竭力维护自己的民族特征，坚持自己的生活方式和宗教信仰，因而往往导致民族关系的复杂、紧张与不和谐。其中马来人与最大的外来民族华人之间的矛盾由来已久，多年来，马来西亚政府一直积极采取措施缓和民族矛盾，增进民族团结，但问题仍然存在。

18 世纪，英国殖民统治者采取"分而治之""马来人优先"的政策，埋下了歧视和排斥其他民族的祸根。这使得原本就在宗教信仰、文化传统、生活习惯、经济活动等方面存在隔阂的各族群之间的误解进一步加深。马来人、华人和印度人的发展差异逐渐凸显，民族之间的矛盾逐渐积累并具有经济、政治竞争的含义。马来人多数从事农业、渔业等传统行业，长期停滞在自给自足的自然经济状态，经济发展逐渐落后。华人和印度人主要从事与资本主义生产方式相联系的种植园、采矿业以及相关商业和金融业，在经济发展上逐渐加快，创造和积累了较多的财富。随着经济实力差异的扩大，马来人、华人、印度人在受教育、掌握专业技术等方面也不可避免地形成差异。二战期间，日军占领马来亚，为扑灭抗日力量，挑拨马来人与华人关系，日军组织专门由马来人组成的部队同以华人为主的抗日武装作战。马来人因此优越感增强，认为自己是主人，理应享受更多特权，对华人的经济成就心理不平衡，认为是华人帮助英国人剥削马来人，造成马来民族经济落后，加深了民族矛盾。二战结束后，在马来亚争取独立斗争的过程中，英国殖民者导演了所谓"蓝皮书"和"白皮书"的宪政改革，推行马来人优先政策，限制和排斥外来民族，利用宗教信仰，阻碍两大民族的交流和融合，通过分离华人居多的新加坡和给予马来人种种特权，埋下了马来西亚民族不平等与民族冲突的隐患。

1957 年独立以来，马来西亚政府制定的民族政策强调给予马来人优待，对土著少数民族提供保护。马来西亚法律规定，马来语为国语；国家元首须由马来人担任；马来人有担任公务员的优先权，有获得奖学金、受教育和培训的比例保障；在各州的农村和城市地区为马来人提供保留地，不许非马来人占有；保证让从事经济活动的马来人得到执照或许可证；马来人拥有公民权，其他民族申请公民权要受到居住时间的限制，并且必须参加马来语考试；无公民权者不得竞选、参政。这些规定使马来人在社会生活中获得了优越的地位，各级政府公职的 4/5 和学校奖学金的 3/4 都为马来人获得，国家军队和警察的成员大多数也是马来人。

1963 年马来西亚建立不久，多元化种族社会的难题即已显现。1964 年，新加坡地区爆发马来人与华人冲突。马来西亚担心新加坡的人民行动党（华人政党）影响扩大，将威胁到马来人的统治地位，主张将新加坡分离出去。1965 年 8 月 9 日，新加坡从马来西亚分离，独立建国。随后，马来人与华人的矛盾加剧。1969 年 5 月，吉隆坡发生"5·13"冲突，历时半个多月，蔓延到许多地区，众多房屋店铺被烧毁，近 200 人死亡，400 多人受伤，其中大部分是华人。该事件的直接原因是非马来人政党在

大选中暂时领先，引起马来人社会的担忧和恐慌，根本原因是各族群之间政治、经济差异较大引发不满。

马来西亚政府为了扶持马来人，以消除族群间经济差异，降低居民贫困率，通过法律重申马来人特权地位，促进社会资产再分配。1971年"新经济政策"实施，马来人在经济上获得优先权。新政规定马来人在企业中的股份要达到30%。1974年，"巫统"建立执政联盟"国民阵线"并成为政府领导核心，开始了马来人在政治上占绝对主导地位的新时期。这些措施在一定程度上缓解了马来人的不满情绪，但也造成华人资本大量外流，直接导致经济衰退，并使民族矛盾进一步加深。

20世纪90年代初期，马来人的经济地位大幅提高，其持股率从1970年的2.4%激增至20%以上，马来人银行家在金融部门占据主导，在城市中居住和工作的马来人增多，巫统的地位也愈加巩固。1991年，马哈蒂尔总理针对经济中存在的问题，开始推行"新发展政策"，不再强调马来人的经济特权，转而主张不分民族进行"公平竞争"，并强调专家和能人治国，淡化政治、经济等各领域的民族色彩，增加华人在内阁中的比例。华人在政治领域的发言权增大，两大民族的矛盾得到缓和。1997年东南亚金融危机爆发后，马来人企业普遍受到冲击。马来人对政府的支持率下降。政府采取了一些扶持马来人的政策，引起华人的不满。华人反对推动中小学以英语讲授数学和科学课程，担心政府变相取消华语教学和改变华文学校的性质。这使马哈蒂尔在扶持马来人与争取华人选票上进退两难。1999年末，华人社团在大选前夕向政府施压，要求解决华文教育等一系列问题，引起巫统内部和部分马来人不满。在1999年大选中，巫统失去部分马来人支持。2000年8月，一些别有用心的人对某华人领袖关于"马来人特权应逐渐取消"的论断断章取义，大肆渲染，引起一场风波。此次事件的主因是金融危机后，马哈蒂尔呼吁马来人向华人学习，允许华人收购马来人企业，引起马来人担忧。

2003年10月，阿卜杜拉·巴达维出任总理，采取温和的民族政策，稳步推进经济改革和社会发展，并在2004年大选中赢得大多数马来人的支持，巩固了执政根基。但巴达维的政策也招致一些马来人和印度人的不满，民族矛盾逐渐突出。此后的四年间，巴达维不断受到马哈蒂尔等人的指责。2007 年 8 月 31 日，马来西亚印度人组织"兴都教权利行动力量"（Hindraf）向伦敦法院起诉英国政府，指出英国政府当年把印度人带入马来西亚做劳工并长期剥削他们，要求英国赔偿现居住在马来西亚的每位印裔民众一亿林吉特。10 月，四名"兴都教权利行动力量"成员参加反对拆除印度教寺庙的示威被捕。11 月 25 日，数千名兴都教徒在吉隆坡双子塔大楼外举行集会，希望通过英国驻吉隆坡的最高专员署向英女皇提交备忘录，遭到警方阻挠，双方爆发激烈冲突。警方出动直升机、封锁道路、使用催泪弹制止示威。冲突中导致至少 20 人受伤，400 人被捕。这是吉隆坡近年来爆发的最严重的游行示威。12 月，政府在内安法下逮捕"兴都教权利行动力量"领导人。2008 年 3 月全国大选举行，国民阵线失去2/3 的多数席位，华人、印度人与马来人矛盾愈演愈烈，一度影响马来西亚政局和族群关系。其中，最为典型的就是"华人寄居论"。8 月 23 日，马来西亚槟城巫统升旗山区部主席阿末·依斯迈发表华人"寄居论"，声称华人是寄居在马来西亚土地上的外人，因此华人不可能获得与马来人相同的权利。此言一出，立即在全国引起轩然大波，华人与马来人矛盾加剧，巫统面临执政危机。华人政党马华公会要求政府启动"煽动法"处理散布"华人寄居论"者；民政党则宣布断绝与槟城巫统的联系，民政党领袖许子根声称，如果阿末·依斯迈不道歉，民政党就考虑退出执政联盟。华人社会开始抵制槟城与阿末相关的饭店、油站。反对党领袖安瓦尔借机指责巫统，称民族问题是巫统在政治上惯用的伎俩。执政党高层对阿末·依斯迈的言论也非常重视。巫统主席、总理巴达维先后两次敦促阿末·依斯迈道歉。巫统最高理事会于 9 月 10 日取消阿末·依斯迈的巫统党籍 3 年。华人寄居论加剧了民族矛盾。马来人认为自己的地位不可动摇，彭亨王储东姑·阿都拉指出，王室在国家建设方面已经扮演有效角色，巫统应巩固马来王室的地位，进一步加强王室角色，捍卫马来人和伊斯兰教。马来人非政府组织则向四个华人政党马华公会、民政党、民主行动党和公正党提交备忘录，抗议华人质疑马来人的主权地位。数个马来人团体则要求举行"马来人前途全国大会"，讨论如何加强马来人的政治力量。

为平息争端，巴达维政府援引"内安法"，抓捕了包括著名博客写手拉惹·伯特拉、民主行动党国会议员郭素沁和《星洲日报》高级记者陈云清在内的"煽动种族情绪"的人士，并依法严办触及煽动问题的网站。外交部部长赖斯·亚丁建议政府制定《种族关系法令》以规定各方行为。印度人国大党建议政府建立种族关系委员会讨论与宗教、语言、文化以及种族关系相关的敏感话题。华人社会指责政府滥权，要把马来西亚变成一个"警察国"。马来人也对政府的举动表示抗议，总理府部长再益因不满巴达维滥用"内安法"辞职；国际贸工部长、巫统副主席慕尤丁促请巴达维提早交权；前总理马哈蒂尔力挺元老东姑·拉扎里竞选巫统主席，挑战巴达维。为维护巫统的统一和国家的稳定，巴达维于2009年4月2日正式辞去总理职务，副总理纳吉布出任马来西亚第六任总理。实际上，不仅是"华人寄居论"，2008年大选后，包括巫统青年团长凯利在内的马来人还发表过"种族输赢论"和"种族优越论"抨击华人社会，华人、马来人关系持续紧张。

纳吉布上台后，以"一个马来西亚"理念推动改革，提倡全民团结，公平对待各种族，建立一个更加包容、和谐的社会。纳吉布主张取消"马来人优先"的经济政策，并颁布措施撤销了27个服务领域中30%的土著股权限制，大刀阔斧地推进政治、经济改革。由于改革触及马来人的核心利益，激进分子对此极为不满，随即成立"土著权威组织"捍卫所谓土著利益，与政府针锋相对。纳吉布最终在重压之下放弃了废除马来人经济优先政策的计划。但"一个马来西亚"政策在经济、民生、文化教育等方面确实给予全国民众诸多实惠和现实利益，改善了民生，促进了民族和谐，获得了民众的好评。2013年5月，马来西亚举行全国大选，国民阵线虽赢得选举，纳吉布连任总理，但执政联盟所获得的国会席位再次下滑，巫统高层再次出现华人掀起政治海啸的言论。此后，马来西亚民族情绪高涨，马来人与华人矛盾凸显。2015年7月，一名马来裔青年在吉隆坡刘蝶广场一家手机店偷窃，被华裔店员发现后报警。当晚，这名马来嫌犯伙同7人重返手机店，殴打店员，引发冲突。随后各种消息在网络上传播，马来人指责华裔商家出售山寨版手机，华裔先出手殴打马来青年。

此后，数百名马来人在刘蝶广场示威，并在著名购物区武吉免登区追打华裔，警方逮捕 25 名涉事人员。实际上，这并不是一起种族冲突事件，但偷盗事件后，网络上恶炒马来人与华人矛盾，显示马来西亚的种族关系仍较紧张。这在两个月后的红衫军集会中得到印证。9 月，红衫军组织"马来人尊严集会"。集会期间，一些示威者企图闯入华人街和华人商区，少数华人被打，一度引发骚乱。为缓和种族矛盾、解决族群冲突，马来西亚政府决定重新审视民族和谐问题，酝酿推出《国家和谐法案》（*National Harmony Act*）。该法案将注重预防措施，旨在维护多民族国家的和谐与稳定。2016 年 1 月，《国家和谐法案》草案在征求了非政府组织和草根民众的意见后修订完毕，提交议会讨论。依据新的法案，政府将专门设立仲裁庭，审理涉及种族歧视以及侮辱性言行等案件。若法案通过，被告一旦罪名成立，轻者要向原告道歉，重者则必须完成 240 小时的社区服务工作。

二　激进穆斯林问题

马来西亚是伊斯兰教国家。伊斯兰教曾在国家和社会发展中发挥重要作用。20 世纪 20 年代，许多穆斯林参加了争取民族独立的斗争。一些著名的穆斯林领袖曾是巫统的重要成员。但当巫统主张给予非马来人公民权时，穆斯林之间产生了分歧。宗教激进分子从巫统分离出来，成立一个宗教机构"全国最高伊斯兰理事会"，1951 年又在此基础上成立了一个宗教性政党"泛马伊斯兰党"（1971 年改为伊斯兰党），此外还建有其他的伊斯兰组织，如"全马来亚穆斯林福利组织"。

1969 年以前，"泛马伊斯兰党"的影响十分有限，伊斯兰极端势力并未对政府构成威胁。20 世纪 70 年代，马来西亚掀起伊斯兰复兴运动，兴起了一些新兴的伊斯兰教组织，其中规模最大的是"马来西亚青年穆斯林运动"。该组织主张建立一个"基于伊斯兰原则"的社会，在全国实行伊斯兰教法，最终建立政教合一的国家。它的第一任领袖就是后来的副总理安瓦尔·易卜拉欣。该组织时常批评政府忽视伊斯兰教、实施非伊斯兰化政策，谴责政府的"内安法""新闻法"等法律违反伊斯兰精神，反对

政府的"新经济政策"，认为解决经济问题的主要办法不是"新经济政策"，也不是"向东看"，而是伊斯兰教法。

20世纪80年代初期，伊斯兰党重新组合，并调整相关政策，纠正了以往的种族倾向，进一步突出强调伊斯兰利益，主张建立伊斯兰国家。他们积极改善与非穆斯林的关系，同时也攻击政府的新经济政策和世俗化政策，批评巫统推行马来人优先的种族沙文主义和排外主义。谴责世俗化经济政策盲目追求物质利益，导致道德品质沦丧。这些思想对穆斯林社会有较大的煽动性，对巫统形成较大威胁。为避免伊斯兰党过度炒作伊斯兰问题，马哈蒂尔政府调整宗教政策，加强政府的伊斯兰色彩。自20世纪80年代中期以来，政府采取了一系列行动，包括吸收著名的伊斯兰领袖加入政府，如"马来西亚青年穆斯林运动"的领袖安瓦尔成为内阁成员。该组织副主席赛努尔·朱尼德担任巫统秘书长和内阁部长；扩大和加强官方伊斯兰机构的地位和作用，在已有"全国伊斯兰教事务委员会""马来西亚伊斯兰研究中心"的基础上，增设"古兰经研究所""伊斯兰传教和训练研究所""伊斯兰宣传基金会"等机构；倡导伊斯兰价值观、鼓励传统习惯、规章制度、方针政策伊斯兰化。马哈蒂尔指示研究如何以伊斯兰经济制度取代现行的西方经济制度。政府还大力兴建宗教设施，举办伊斯兰庆典仪式，要求公务员进修伊斯兰法律课程。

20世纪90年代以来，随着东南亚伊斯兰复兴运动的兴起，马来西亚的传统伊斯兰教势力开始活跃，其与巫统代表的温和伊斯兰势力的斗争日趋激烈。巫统主张建立一个世俗的、多元宗教和多民族和谐的伊斯兰国家，大力发展经济现代化，开展全方位的外交政策；但伊斯兰党主张以伊斯兰教义为行为法规，实行伊斯兰教法，以马来语为唯一官方语言；主张建立"马来人的马来西亚"，维护马来人的特权，反对与其他非马来人政党合作。两股势力长期存在尖锐的矛盾和斗争。由于两股势力分别处于政府和反政府联盟之中，各联盟都分别包括马来人、华人、印度人等以不同民族划分的政党，因此他们之间的斗争又经常与政党斗争、种族矛盾纠缠和重叠在一起，显得异常复杂。为打击伊斯兰党，马哈蒂尔曾拒绝吉兰丹州政府参加中央与州政府的联席会议，撤销对该州的财政补贴，指责该州有"民族沙文主义"和"宗教极端倾向",并建议外国投资者尽量避免涉足该州。1994 年,马哈蒂尔政府取缔极端组织"奥尔根组织",进一步打击伊斯兰激进势力。

1999 年发生的"安瓦尔事件"使马哈蒂尔的政治危机感加强,他一方面抨击伊斯兰党支持伊斯兰极端势力,加大对传统伊斯兰势力的打击力度,同时呼吁马来人团结起来,甚至提出要与伊斯兰党进行谈判。2001 年"9·11"事件爆发后,巫统大力宣传伊斯兰党与国内的圣战组织有关,使民众对伊斯兰党的奋斗目标产生怀疑,对伊斯兰党的支持率也下降。同时,政府逮捕了大批圣战分子,并以伊斯兰党领袖聂阿兹的儿子聂阿德里被逮捕为由,攻击伊斯兰党纵容姑息恐怖分子,公布圣战组织与伊斯兰党有联系,对伊斯兰党造成重大打击。2001 年 9 月 29 日,马哈蒂尔发表讲话,称马来西亚是伊斯兰教国。这对一直致力于将马来西亚打造为伊斯兰教国的伊斯兰党无疑是又一次打击。但马哈蒂尔并未解释何为伊斯兰教国。

马哈蒂尔下台至今,巴达维和纳吉布两届政府依然坚持世俗化的政策,严厉打击伊斯兰极端主义和恐怖主义,与主张推行伊斯兰教法的伊斯兰党矛盾尖锐。2004 年 1 月,巴达维政府在全国开展"文明伊斯兰运动",提出"文明伊斯兰十原则",即虔诚信仰真主、经济平衡全面发展、人民拥有独立自主的信念、重视学习新知识、政府具有公信力、有素质的生活、维护少数族群及妇女的利益、巩固文化的道德、保护环境、加强国防。"文明伊斯兰运动"坚持世俗化理念,照顾各族群利益,是对马哈蒂尔伊斯兰政策的延续,也有力地回击了伊斯兰党,树立了巫统作为伊斯兰代表的形象。实际上,不仅是巫统,就是华人政党以及反对党联盟内部也反对伊斯兰党在全国推行伊斯兰教法。自 2008 年大选以来,由于反对党联盟人民联盟中的人民公正党和民主行动党反对该联盟的另一政党伊斯兰党实施伊斯兰教法,因此人民联盟难以实现真正的联合,以对抗巫统领导的国民阵线。伊斯兰党内部也对实施伊斯兰教法产生分歧,双方的矛盾最终导致伊斯兰党分裂。2015 年 9 月,人民公正党、民主行动党与从伊斯兰党中分离出来的国家诚信党组建希望联盟,继续对抗巫统。伊斯兰党未

加入执政联盟，也未加入反对党联盟，依旧执意推动伊斯兰教法。近来，巫统与伊斯兰党的互动不断增多，民间一直流传着巫统与伊斯兰党探讨合作的消息。

第三节　医药卫生

马来西亚在建国前实行以公立医院为主的医疗福利体系。此后历经几十年的变迁与改革，逐渐形成了"国民健康服务"（National Health Service，NHS）的模式，向本国公民提供免费或收费低廉的医疗服务。

一　医疗机构和行政部门

自1957年独立以来，马来西亚一直维持二元化的医疗福利服务体系，即以政府医院为主的低收费医疗服务体系，以及以商业机构为主的高收费私立医疗服务体系。总体上，马来西亚的健康和医疗服务采取金字塔形的转诊模式，由政府、私立综合医院、地区医院、小区诊所、健康中心、助产诊所和一般私人诊所组成。最底部是基层医疗网络，包括公私立门诊诊所、妇幼诊所以及乡村健康系统（健康中心、次中心和助产诊所等），提供门诊、妇幼保健服务；而中层部分则由分布在全国各地的地区医院提供住院和康复治疗等服务；最高一层是各州的综合医院和专科医学中心（如国家心脏病中心），主要提供专科医疗服务。

国家卫生部是中央政府负责健康照护服务的主要单位，主要任务是制定统一的卫生政策和方案，以及各种专业程序和技术标准，并通过各级医疗服务体系提供民众各种医疗照护服务。在州一级，州政府医疗和卫生行政单位除了配合中央政府的政策与目标外，还可根据地方上的需求，制定符合实际情况的卫生政策。

除卫生部外，马来西亚联邦政府其他部门也提供健康照护的相关服务。教育部主要负责培训医疗服务人员和推动学校卫生方案，其中包括预防接种、实施口腔保健和营养方案等。环境科技部主要负责公共环境卫生，包括污水处理、毒物和危险物品控制等。人力资源部门主要是监督和执行职业卫生和安全政策，此外，还通过职工社会安全基金（SOCSO），提供职业灾害医疗和康复补助。社会福利部门则主要提供康复、老龄人群、毒品滥用者、精神病患者以及残疾人的机构照护。

独立以来，马来西亚的医疗卫生事业发展很快，缺医少药的卫生状况得到初步改善。20世纪80年代以来，马来西亚医疗卫生设施、医疗卫生教育和科研等发展成就显著。1970年，马来西亚平均每4320人拥有1名医生，1996年已提高到每2096人就拥有1名医生，2003年平均每1377人里有1名医生。截至2000年，马来西亚共有政府医院118家，病床35665张，此外还有3115家县乡级医务所。全国共有医生10196人，护士14614人，平均每1455人1名医生，每12756人1名药剂师，每11552人1名牙医。截至2016年，马来西亚共有政府医院139家，"一个马来西亚诊所"195家，健康诊所2837家，牙科诊所667家。但由于人口的持续增长，马来西亚医院的床位非常紧张。世界银行的数据显示，2012年，马来西亚每1000人仅占有1.9个床位，公立医院人满为患的事情较为普遍。

但马来西亚的医疗器械生产是短板。20世纪90年代，马来西亚所需的绝大部分西药和全部医疗器械产品均从国外进口。美国、日本和澳大利亚曾是马来西亚药品、医疗器械的主要供货国。由于马来西亚当时不生产医疗器械，故所有进口医疗器械所征关税很低（或不征税），马来西亚被西方视为最佳出口市场之一，发达国家竞相将本国产医疗器械新产品打入马来西亚市场。近年来，在马来西亚进口医疗器械产品的总金额中，美国产品的比重已从30%下降为2007年的近10%，这是各医疗器械生产强国在马来西亚市场激烈竞争的结果。近年来，马来西亚政府鼓励本国企业发展医用耗材及卫生材料生产。至2005年末，马来西亚已有21家医疗器械厂家，但规模普遍偏小，且其中75%的企业仅能生产医用橡胶制品，产量较大的产品有乳胶手套、医用橡胶管、安全套、内窥镜用橡胶管等。此外，还有一些医用缝合线、输液泵、注射器及针头等小产品。这些产品虽比中国的同类出口产品价格高，但马来西亚政府在税收上给予生产企业优惠，故上述产品在马来西亚市场上销路尚好。目前，马来西亚生产的医用橡胶制品（尤其是乳胶手套、安全套、手术手套等）已开始大量出口至越南、泰国、孟加拉国、老挝等国。但在一些技术含量较高的医疗器械产品生产方面，马来西亚至今仍为空白，如与牙科相关的医疗器械及齿科材料是马来西亚的主要进口商品之一。再如，马来西亚向美国进口高端医疗器械产品，如 CT 机、PET 机、MRI 机以及心脏起搏器、除纤颤器等心脏"介入治疗"电子器械和其他一些产品；向日本进口各种医用分析仪；向德国进口高清晰度 X 光机等产品。

至于医院常用耗材，如一次性注射器、消毒纱布、棉花、医用塑料制品、输液袋、输液瓶套、医用导管等，则多从中国等国家进口。20 世纪90 年代末以来，中国成为马来西亚医疗器械市场新的供货商。据马来西亚海关报道，中国在 2005 年已成为继美国、日本、德国之后，马来西亚第四大医疗器械、卫生材料供货国。近几年来国际市场油价飞涨，马来西亚财政实力大增。2006 年马来西亚进口的药品、医疗器械总金额高达 15 亿美元（其中医疗器械为 3.65 亿美元）。这一数字相当于越南、老挝、孟加拉国和柬埔寨 4 国进口药品、医疗器材的总和。马来西亚计划在今后几年更换国营医院里的陈旧设备、手术床、手术器械和部分医用仪器等硬件设施。

2008 年以来，马来西亚的医疗产业得到进一步发展。自 2010 年以来，马来西亚医疗器材产业协会成员对医疗器械制造行业的投入每年都大幅增长，2010 年投入 22 亿林吉特，2014 年增加至 42 亿林吉特。如此大量的资金投入使得马来西亚的医疗器械制造业迅速发展、医疗产品出口量猛增。2014 年，马来西亚最主要的医疗器械出口地是东盟国家、中国和日本，以上三个地区占据马来西亚医疗器械出口总量的 42.8%，北美与欧洲地区分别占 26.3% 和 25.6%。2015 年 1~4 月，马来西亚医疗器械出口额突破 48 亿林吉特，远远高于 2014 年同期的 42 亿林吉特。而 2015 年第一季度，医疗器械行业就获得 4.64 亿林吉特的 10 个项目，创造了 1663 个就业机会。2015 年 7 月，马来西亚投资发展局（MIDA）携手马来西亚医疗器材产业协会发布《2015 年医疗器材业前景报告》。报告指出，当前马来西亚医疗器械制造业正处于稳健发展之中，目前国内已经拥有 190 多家医疗器械制造商。随着马来西亚医疗水平的提升，周边国家纷纷到马来西亚看病就医。近年来，马来西亚掀起一股"医疗旅游"热潮。2016 年，马来西亚医疗旅游收入达到 10 亿林吉特。其中，最大客源来自印尼（占70%），其次是中国及印度。最受游客欢迎的 5 大医疗领域分别为心脏科、肿瘤科、骨科、试管婴儿及牙科与口腔护理。

二　筹资体制与支付体系

在全球医疗福利体系比较研究中，马来西亚被定义为"福利取向系统"。最主要的原因是政府在医疗福利财务中仍负主要的筹资责任，以保障为相当大比例的国民负担医疗照护成本，其医疗福利的主要财政来源包括三方面。一是靠一般税收作为政府医院体系的主要财源。由联邦政府卫生部直接编制预算，以一次支付预算的方式支付公共医疗福利体系的开支，其中包括运营预算和发展预算两部分。运营预算主要支付包括管理、公共卫生、医疗照护、支持服务等各项支出以及推广新政策。发展预算则主要用在培训、设备采购以及医院的设立和扩建方面。根据马来西亚卫生部的官方资料，来自患者的收费仅占政府医院运营支出的3%；相对而言私立医疗机构的经费则几乎全部来自昂贵的医疗费用。二是靠职工社会安全基金，这是一种强调雇主责任的社会保险制度。凡月薪 1000 林吉特（随国民收入水平而调整）以下的雇员必须强制投保，保费则由雇主全额负担。当发生职业伤害时，这项基金将提供雇员的医疗费用、致残补助、照护津贴及康复津贴等。三是靠私人保险公司。在"健康马来西亚"计划（一种政府鼓励私人保险公司开办的医疗保险方案）下，政府大力推动国民预付健康保险，基本上是一种与美国健康维护组织（HMO）相仿的商业保险计划。被保险人可以在特约的医院接受医疗服务，并直接由保险公司支付医疗费用，近年来这一方式颇为流行。此外，还有慈善医疗机构。慈善机构的挂号费一般是 1 林吉特。如果是特邀名医坐诊，则挂号费为 10 林吉特。药品免费，一般提供 3 ~ 4 天的用量。如果是特殊包装，须再加 1 林吉特包装费。住院或手术治疗要象征性地收取一些费用，但最多也就是几百林吉特。

三 医疗改革

马来西亚虽然拥有较为健全的医疗机构和相对完整的医疗筹资体系。但历届政府十分关注医疗行业，不断尝试和探索医疗改革方案。1983 年，政府在一项健康服务筹资研究中提出成立"国家健康安全基金"（National Health Security Fund）作为健康照护服务的另一种筹资手段的建议。这项基金是"全民健康保险方案"，所有的国民都可享有最低限度的健康照护服务。此方案提出后得到劳工团体和专业团体的广泛支持，但在商业保险公司的阻挠下作罢。

从 1986 年开始，卫生部制定了逐年降低政府医疗支出的计划，并鼓励民众动用公积金中的存款，购买私人健康保险计划，并可获得免税优惠。当时，美国友邦保险公司（American International Assurance，AIA）在马来西亚开办了第一个"医疗管理组织"，标志着该国"管理式照护组织"的确立。此后，各保险公司纷纷开办这种预付式的健康保险，其中包括国有的马来西亚国家保险公司以及健康照护国际（苏格兰）有限公司等，积极地抢占该国的健康保险市场。

医疗福利政策私营化的另一个例子是在 1992 年 9 月正式企业化的国家心脏病中心，其组织形态转变成国家心脏病中心有限公司。企业化后的国家心脏病中心虽然可以较为自主地制定收费标准，允许向病人收取一定额度的费用，但主要仍接受来自政府的补助。此后，医院私营化政策和企业化方案等纷纷出炉，但这些政策引起了学术界、劳工团体和医师协会等组织的反对，最终国家卫生部于 1999 年 8 月正式对外宣布放弃"政府医院企业化"的改革方案。此外，医师协会也草拟了"马来西亚：人人享有健康服务"（Health For All-Reforming Health Care In Malaysia）的政策建议书，建议政府开办全民健康保险，这项提议获得劳工和消费者团体的支持。与此同时，政府还通过了《私人保健设施及服务法令》，规定了包括保健设施水平管理和发展、保障病人权利、收费管理及收集有关资料等方面内容。根据卫生部的说法，该法主要目的在于管制保健管理机构和医院，杜绝医生违反其专业准则和伦理的行为。

2008年5月，《2006年私人保健设备及服务法令》生效，该项法令赋予卫生部特别是卫生总监更大权力，除了监督私立医院的服务质量外，也必须确保私立医院对病患收取合理的费用。倘若病患来自低收入阶层，卫生部可要求院方给予病患医疗费折扣或豁免缴纳特定费用。当地舆论指出，此举是马来西亚政府推动医疗改革的重要一步，对保障低收入民众享有同等就医机会具有积极意义。

在马来西亚，低收入民众都会优先考虑到政府医院寻求治疗。不过，由于政府医院病患众多，加上医生短缺，如果病患不幸身患急症，即便经济情况不允许，为得到及时治疗，也只有硬着头皮进入私立医院。私立医院可以弥补政府医院的不足，同时在需求日益扩大的情况下，私立医院为民众提供极大的便利。但正因为私立医院可以为病患提供专业、快速而方便的医疗服务，它在收费方面要比政府医院更为高昂。主要原因是，私立医院除了必须耗费巨资购置昂贵的先进医疗设备外，还要以相对优越的待遇从其他医院"挖人"，或留住已在医院内服务的专科医生，以致基本开销日益增加。在这种情况下，民众到私立医院诊治，必须付出高昂的医疗费。

一些私立医院为了牟利而罔顾病患的生命安全，过去曾发生私立医院因病患贫困而拒之于门外，或向病患征收不合理费用的事件。针对医务界存在的问题，马卫生部规定自2008年5月起，私立医院包括诊疗所，如发生病患未付抵押金而被拒医的事件，将被吊销执照，并按生效后的新条例处置，其他惩处措施包括将相关私立诊疗所提交国家医药理事会处理。马来西亚舆论指出，新规定的实施对需要紧急就医服务的民众而言无疑多了一重保障。卫生部管制私立医院收费，旨在杜绝漫天要价的事件。不过，由于私立医院规模不一、病患背景不同，基本开销也不一样，在这种情况下，似乎很难要求他们统一收费。每个病患病情有别，医生所开出的处方通常也会因个人病情不同而有异。另外，所有私立医院的收费标准都需获得马医药协会同意，但具体收取多少费用则有一定弹性。卫生部长蔡细历曾在国会指出，切除盲肠手术收费800～1500林吉特，相关医生向病患征收的费用有伸缩空间，此外院方也可向医生收取行政费，因此，卫生

部有权力修正不合理的医疗收费。有评论人士也建议，为私立医院及诊疗所收费规定一个最高限额，并清楚列明各种主要医疗费，让病人在接受医疗前有所准备，从而减少漫天要价的情况。为保障病人的权利，马来西亚医院投诉委员会机制也在不断完善。

2009 年，纳吉布上台后，投入 1000 万林吉特，推出了"一个马来西亚诊所"项目，即政府在全国主要城市建立 195 家诊所，为穷苦的下层民众提供医疗服务。民众只需要花费 1 林吉特，即不到 0.4 美元就可获得医疗服务。"一个马来西业诊所"项目是纳吉布推行的"一个护理项目"（One Care programme）下的配套项目，其目的是为民众提供最快、最便宜的服务。"一个马来西亚诊所"每天上午 10 点开门营业，到晚上 10 点歇业，每周 7 天都是工作日，无休息。目前，"一个马来西亚诊所"可进行病情咨询、简单的医疗实验项目、简单的外科包扎和清洗伤口，治疗发烧、感冒、咳嗽，为糖尿病、高血压、哮喘病人提供后续治疗，为转院前的急诊病人提供护理。迄今，"一个马来西亚诊所"运行状况良好，共有64 万民众享受了相关服务，民间反响较好。目前，政府正在推动"一个马来西亚移动诊所"（One Malaysia Mobile Clinic），以期待为更多的民众提供及时、快捷、便宜的医疗服务。

第四节　环境保护

冷战结束以来，马来西亚经济一直保持较高速度增长。马来西亚从一个农业社会转变成一个新兴的工业化国家。但随着对自然资源的大规模开发利用，尤其是对森林的过度砍伐，环境污染问题随之而来，主要表现为水资源污染和空气污染两类。从现实情况看，食品加工、橡胶和棕榈油生产、化工、电子、纺织等工业部门是造成环境污染的主要部门，工业废气和汽车尾气排放是空气污染的主要来源，而工业相对集中、人口密集的马来半岛西海岸是水污染比较严重的地区。

水资源污染是马来西亚在经济和社会发展过程中遇到的一个难题。20世纪 70 年代早期，棕榈油开采业是造成马来西亚水污染最严重的行业。

快速发展的棕榈油开采业严重污染了马来西亚的河流，尤其是半岛部分的河流。1977 年，马来西亚有 42 条河流被严重污染。随后的几十年，此情况不断恶化。根据马来西亚环境部门 1996 年的环境报告，1995 年，马来西亚共有 42 条河流被鉴定为清洁河流，61 条为轻微污染河流，13 条为严重污染河流。虽然马来西亚政府重视环境保护工作，但水资源污染问题一直没有得到妥善处理。2006 年，马来西亚的水资源污染问题日益严重，引起了内阁的高度重视。时任副总理纳吉布专门组织内阁小组会讨论河流污染问题，其主要原因是马来半岛七成以上的垃圾掩埋场都设在靠近河流的地带，致使附近的土壤水质受到污染，沿河流域环境的生态发展受到影响，附近居民的健康面临威胁。雪兰莪州巴生县的河流充斥着异味，民众在河流中发现许多河鱼翻肚死亡，而河流沿岸有不少海鲜店或游览景点，死鱼臭味影响游客食欲。同时，河流附近地区的居民也发现自来水有异味。2009 年，马来西亚环境部发布报告指出，民众的垃圾已经成为槟榔屿州河流污染的主要来源。马来西亚的水资源污染与工业化进程有重要关系，尤其是近年来，随着工业化的加速，水资源污染问题日益突出。如 2016 年，马来西亚的部分河流和近海海水变成红色，有专家指出河流水受污染主要是铝土矿开采所致。由于担忧环境受到进一步污染，马来西亚政府计划出台规范铝土矿开采的措施法令，并宣布在新法令出台之前暂停铝土矿开采工作。

空气污染是马来西亚在经济和社会发展过程中遇到的另一个突出问题。早在 20 世纪 90 年代中期，马来西亚气象部门和环境部门的监测数据就显示，1983 ~ 1991 年的空气污染平均指数比 1977 ~ 1982 年高。在此期间的大多数年份里，污染指数超标的监测站占所有监测站的比例为 25% ~ 50%。从 1980 年到 1991 年，这个比例有上升的趋势。近年来，尤其是随着印尼"烧芭"引发烟霾，马来西亚的空气污染问题日益严重，已经成为马来西亚环境保护中的难题。2014 年以后，马来西亚的烟霾问题尤为严重。如 2014 年 3 月，首都吉隆坡和雪兰莪州受到烟霾困扰，多个地区的空气质量受到严重影响，空气污染指数达到不健康水平。马来西亚国家安全理事会举行会议，研究烟霾问题的对策。2015 年 8 月，受印尼"烧芭"的影响，东马来西亚的沙拉越受烟霾影响最严重，马来半岛烟霾情况也恶化。马来半岛多个地区包括首都吉隆坡、雪兰莪、槟城及霹雳州等笼罩在烟霾中，其中雪兰莪州巴生港口及霹雳州曼绒的空气污染指数一度达到不健康水平。吉隆坡国际机场的能见度偏低，8 月 26 日清晨时段的能见度仅为 5 公里，到下午时降低至 3.5 公里，天空灰蒙蒙一片。马环境部网站资料显示，8 月 26 日巴生港口的空气污染指数（API）达到 101 点，曼绒则达 103 点。根据马来西亚的空气污染指数标准，0~50 点属良好水平，51~100 点属于中等水平，101~200 点属不健康水平，201~300 点为非常不健康水平，300 点或以上就是危险水平。9 月 14 日，马来西亚除了吉兰丹的丹那美拉、瓜拉登嘉楼及沙巴山打根以外的所有州都遭受烟霾袭击。在全国 52 座空气质量监测站中，共有 33 站测到空气污染指数破百，处于不健康水平，其中六个地区的空气污染指数超过 190 点，包括马六甲武吉南眉（191 点）、森美兰汝来（197 点）和波德申（194 点）、雪兰莪万津（199 点）和巴生港口（193 点），以及吉隆坡峇都慕达（191点）。马来西亚立即对巴生河流域及沙拉越首府古晋采取造雨除烟的措施。由于烟霾的影响，10 月，马来西亚政府取消了原计划在吉隆坡举行的马拉松比赛，并宣布 10 月 4 日西马所有学校停课两天。2016 年，马来西亚烟霾污染依旧，首都吉隆坡仍是主要受灾地区。

马来西亚政府重视环境保护工作，1960 年，马来亚制定了土地保护法，规范土地使用。20 世纪 70 年代以来，政府开始进一步采取措施，解决污染问题。1974 年 3 月，马来西亚颁布《1974 年环境质量法》，这是马来西亚历史上第一部完整系统的环境保护法令，其目标是防止、减轻和控制污染，涉及空气污染、噪声污染、水污染、工业废物等内容。环境质量法规定，新的工程在得到批准和实施之前要预先做出环境影响评估。法案颁布后，如有违反规定者，将依法处理。污染事故处理或赔偿的标准主要根据污染事故的性质、影响以及造成的后果来加以判定。空气污染、噪声污染、土壤污染、内陆水污染，视情况处以不超过 10 万林吉特的罚款或 5 年以下的监禁，或二者兼施；污水排放、油污排放、公开焚烧、使用有毒物质或特定设备进行生产，处以不超过 50 万林吉特的罚款或 5 年以下的监禁，或二者兼施。

《1974 年环境质量法》是一项全面性的立法。这项法律是环境管理的一次重大突破，它提倡使用全面的、综合性的方法来治理环境，为协调全国环境管理活动提供了法律基础。根据这项法律，马来西亚政府建立了环境局。环境局负责监督环境质量，评估新工程可能带来的环境影响，制定环境法规，实施政府批准的规章制度。环境局在全国各州都有实施环境保护的分支机构，主要监测大气、河流、海洋的环境污染状况。在《1974 年环境质量法》之下，马来西亚又出台了多项环保条例，包括涉及尾气排放的《1996 年环境质量条例》、涉及公开焚烧的《2000 年环境质量法令》以及涉及上诉的《2003 年环境质量法令》，此外还有《1978 年环境质量条例》（清洁空气）、《1979 年环境质量条例》（污水和工业废水）、《1987 年环境质量法令》（环境影响评估）、《1989 年环境质量法令》（废弃物处理）、《1989 年环境质量条例》（废弃物处理），以及涉及投资环境影响评估的《1990 年马来西亚环境影响评估程序》，涉及海边酒店、石化工业、地产发展、高尔夫球项目发展的《1994 年环境影响评估指南》。其中，《1987 年环境质量法令》规定，将土地面积 500 公顷以上的森林改为农业生产地，水面面积 200 公顷以上的水库或人工湖的建造，以及 50 公顷以上住宅地开发、石化与钢铁项目和水电站项目必须进行环境评估。1974 年后，马来西亚不断对环境质量法进行修订和补充，先后出台了环境质量法的 1985 年、1996 年、1998 年、2001 年、2007 年五个修订案。新修订的环境质量法扩大了环境执法部门的权力，加大了环境保护力度，如包括加大罚款，对污染物的排放实施更加严格的标准，有权力关闭污染严重的企业等内容。

在加快立法和严格执法的同时，马来西亚也注重实施清洁技术来加强环境保护。马来西亚国际贸易和工业发展计划（1996～2005）强调要实施清洁技术。该计划的目标是促进高技术，在制造业中促进技术密集型产业，在工业战略中促进特别有竞争力的、高效的污染小的行业。在实施清洁技术的过程中，马来西亚积极寻求国际社会的合作与支持。如丹麦曾为马来西亚工业实施清洁技术提供贷款，资助部门涉及电镀、纺织、食品工

业。马来西亚科学、技术与环境部负责监督和实施这项计划。这个计划的主要内容有清洁生产和清洁技术演示项目，信息传播和交流，评估废物产生的原因和废弃物的数量，提出削减废弃物的计划，为管理人员、技术人员创建有关清洁技术的论坛、研讨班。根据该计划，马来西亚还建立了清洁技术信息服务中心，定期出版清洁生产和清洁技术的新闻公报、小册子，提供关于清洁生产和清洁技术的资料和信息服务。此外，马来西亚还鼓励企业履行社会责任，认真做好环境保护工作，防止环境污染。

第七章

文　化

自独立至今，马来西亚的科教、体育、文学艺术、新闻出版业发展迅速，并体现出明显的族群特色。马来人的传统文化在文学、艺术中得以充分体现；华人文学、华人艺术则是马来西亚文化的重要补充。语言问题迄今仍是马来西亚教育、文学和广播电视发展中的重要问题，对马来西亚文化产业的发展有重要影响。马来西亚体育事业蒸蒸日上，羽毛球水平达到世界一流，足球水平则在东南亚国家中名列前茅。

第一节　教育

马来西亚的教育发展史大致分三个时期，即殖民前教育（传统教育）时期、殖民教育时期和独立后教育时期。

一　教育发展简史

（一）殖民前教育（传统教育）时期

在英国殖民者进入马来亚之前，马来人就已经形成了一套教育体系。不过此时的教育体系并不正式，而且以宗教教育为主要内容，是随着佛教、印度教、伊斯兰教在马来半岛的传播而出现的。寺庙既是公众从事宗教活动的中心，也是进行教育活动的场所。整个中世纪，宗教，特别是伊斯兰教主宰着马来亚教育的发展。到 19 世纪，伊斯兰教育已经完全制度化。马来儿童从 6 岁就开始接受伊斯兰教育，背诵用阿拉伯文写成的《古兰经》，一直持续到长大成年为止。以伊斯兰教育为核心的马来传统

教育体系大约经历了三个发展时期：15～18 世纪的清真寺教育、19 世纪的宗教学校教育、20 世纪的现代经学院教育。15～18 世纪的伊斯兰教育主要集中在乡村清真寺，由伊玛目（伊斯兰教学者）负责教授《古兰经》教义，学生学习加威文（Jawi）和阿拉伯文、背诵祷告词和阅读《古兰经》。伊玛目在推动马来传统伊斯兰教育中发挥了重要作用。19 世纪初，伊玛目在吉兰丹、登嘉楼和吉打三地建立起宗教学校，这标志着马来传统教育发展至一个新的时期。宗教学校旨在培养具有宗教知识和高尚品格的学生，设置阿拉伯语、加威文、语法学、宗教解释学等课程，使用马来语授课。20 世纪初，伊斯兰教育发展得更加系统化，现代经学院在马来世界建立，与英殖民者建立的马来学校形成竞争。

（二）殖民教育时期

19 世纪初，英国殖民者在马来亚实行分而治之的政策，马来世界形成了以多元种族、多元文化为特征，包括马来、华裔、泰米尔和英国 4 类教育体系的世俗教育体制。马、华、印三类学校各具特色，又深受英国殖民文化的影响。

马来学校。19 世纪中叶，英国殖民者首先在海峡殖民地引进马来世俗教育体系。海峡殖民地总督布伦戴尔（Blundell）建议英国政府协助建立马来世俗学校。1856～1863 年的 8 年间，共有 5 所马来世俗学校在新加坡、槟榔屿和马六甲成立。在近代，多数马来人没有受教育的机会，仍按传统的教育方式接受教育，或只能接受初等的马来学校教育。预备从事神职工作的人则进入伊斯兰教学校。19 世纪 70 年代末，海峡殖民地政府把大多数初等学校改成马来世俗学校，并提供资助，马来世俗学校开设 4～5 年的基础课程，全部用拉丁化的马来文授课。主要开设的课程有阅读和写作、初等算术、基本农业生产技能。然而，笃信伊斯兰教义的马来人起初并未接受马来世俗学校。他们认为世俗学校与伊斯兰教义相抵触。而后，为吸引更多的马来学生，英殖民者调整了教育方案，把马来语、伊斯兰教育及《古兰经》阅读纳入马来世俗学校的课程，并于 1884 年在新加坡建立第一所马来世俗女子学校。截至 19 世纪末，马来半岛共建立了 11 所马来世俗女子学校。

与此同时，英方还建立师范学院，以弥补师资力量的不足。马来西亚著名的苏丹伊德里斯师范学院（MPSI）就是在这一时期建立的。起初，马来世俗学校教授阅读、拼写、写字、写作、算术、体育以及自然科学等课程，后期英国殖民者又增加了园艺、编织、缝纫、烹调等实用性课程。英国殖民者在马来学校推行世俗教育的目标是消除文盲，把马来人培养成农民、渔民、牛车夫等。为此，英国殖民者仅为马来人提供初等教育，而非培养聪明智慧、对英国殖民统治有威胁的高级人才。

华人学校。对于移民族群在马来亚建立自己的教育体系，英国殖民者给予足够的空间和自由。1815 年，伦敦传教士在马六甲建立了第一所华人学校。华校分为 6 年制初等教育、3 年制初级中等教育、3 年制中等教育三个级别，主要教授中国古典文学、汉语、历史、算术、绘画和军训等课程。华校自主经营，但常常得到当时中国政府的大力支持。1914～1915 年，中国负责教育的相关部门多次派人前往东南亚的华人学校考察，并为华校送去书籍，帮助其培养师资。截至 1920 年，共有 494 所华人世俗学校在马来半岛建立，共招收和培养了 12175 名华人学生。1919 年中国爆发"五四运动"后，英国殖民政府加紧了对华校的管制。1924～1928 年的 5 年间，英方先后取消了 315 所华校的注册资格，并宣布有颠覆性和反英国人的书籍为非法。二战后，华校重获自由和独立，从中国引进教科书、课程和教师，在 1957 年马来亚联合邦独立前，华校招收学生近 50 万人。

泰米尔学校。20 世纪早期，印度泰米尔世俗教育体制开始在马来世界发展生根。一些自愿的组织机构和西方传教人士成为建立泰米尔学校的先驱。1850 年，一所教授英语和泰米尔语的盎格鲁—泰米尔学校在马六甲建立，但由于缺少生源，1860 年被迫关闭。20 世纪以前，泰米尔学校在马来亚可谓凤毛麟角。直到 1900 年，英殖民政府改变政策后，泰米尔学校才得以迅速发展。1930 年，共有 333 所泰米尔学校在马来亚建立，共招收学生 12640 人。泰米尔学校共分为 4 类，即由西方传教士管理的学校、由政府资助的学校、委员会学校和由庄园主管理的学校，其中由庄园主管理的学校占所有泰米尔学校的近 80%。大多数泰米尔学校采用泰米

尔语教学，教授阅读、写字、算术、自然科学、手工、常识和体育等课程。与马来学校类似，泰米尔学校只有初等教育。小学毕业后的印度人大多回到自己的住地工作，与父母一样继续做庄园工人。

英语学校。随着西方传教士的到来，英语教育在马来世界逐渐发展起来。西方传教士把教育当作传播宗教的有效手段。1816 年，东南亚第一所以英语为媒介语的学校——槟城大英义学校（Penang Free School）建立。之后，英语学校在马来亚如雨后春笋般兴起。19 世纪 70 年代，英语学校得到海峡殖民地政府的资助。马来亚的英语学校大多由基督教传教士建立，学校通过向学生收取学费和接受私人或公众的捐赠获得办学经费。英国政府只给予财力支持以保证参加考试的学生数量。马来亚的英语学校级别较高，既有普通的初级或中级学校，也有像维多利亚学院、圣·约翰学院这样的高级学府。因此，英方严格控制学生在英语学校就读的条件。除招收马来人外，英语学校还招收华人和印度人。起初，马来人很难进入英语学校学习，直到 20 世纪 30 年代，英殖民政府引进"特殊马来课程"机制后，马来人才得以有条件地进入英语学校学习。但由于学费颇高，只有马来贵族或上等人士才真正有机会在英语学校学习。1941 年，马来亚大学以及几所商业和职业学校、一所技术学院和一所农业学院建立起来。从此，马来亚开始有了高等教育。与其他几类学校相比，英语学校在马来亚拥有更高的地位，英校毕业生大多能在政府部门谋职，更容易得到社会的尊重和认可。

（三）独立后的教育

自 1957 年独立以来，为适应社会经济发展的需要，历届政府都十分重视教育的普及与发展。早在独立前的 1956 年，马来亚政府就在《拉扎克报告书》中提出了国家教育的政策和目标："……团结全国各族儿童，制定一套覆盖全国各族儿童的教育制度，使用马来语作为教学媒介语。"1961 年《达力报告书》对上述原则和目标进行了补充和修正，规定在全国范围内实行 9 年免费教育，1～3 年级自动升学，实行小学评估考试，扩大专业和技术教育，改变教学媒介语。为了实现种族团结和加深种族间相互理解，国家教育政策还规定将道德教育列为必修课程。马来西亚现行

的教育政策主要是依据上述两个报告书和 1995 年以来连续颁布的一系列
教育法令制定的，致力于培养有知识、有技能、品格好、负责任、善于自
我管理、能够对国家做出贡献的优秀人才。政府设立了教育部，负责推进
教育事业的发展。1969 年，马来西亚教育部加强充实了教育计划与科研
处，强化了教育部的管理和指导职能。在教育计划与科研处的指导下，马
来西亚各类学校的课程设置、教材编写逐渐适应了社会经济发展的需要，
其在教育职能、分工方面的配置也日趋合理。20 世纪 70 年代初，马来西
亚教育发展中心成立；1972 年，教育部教育宣传处成立；1973 年，马来
西亚课程设计中心成立。这些机构的成立使马来西亚教育管理与指导职能
逐步完善。20 世纪 60 ~ 70 年代，随着马来西亚高等教育事业的飞速发
展，以及马来亚大学、马来西亚国民大学、马来西亚理工大学等著名大学
的相继建立，马来西亚高等教育落后的状况得到了改变。马来西亚政府用
于教育事业的经费一般占国家预算的 16% 左右。1991 年，马来西亚各类
小学注册学生人数达 245 万人，学龄儿童入学升学率为 100%，全国识字
率达到 76%。1986 年，中学生入学率达到 54%，中学生总人数达 130 万
人。1991 年，马来西亚 7 所国立综合大学的在校大学生增加到 6 万人。
1999 年发布的"第七大马计划中期检讨报告"拨款 1581 万林吉特作为教
育与培训经费，其中教育占了 84%，培训占了 16%，共占公共发展预算
总额的 17.6%。为了确保所有的适龄儿童 100% 接受小学教育，政府于
2002 年修订教育法令，强行推行 6 年小学教育，违规的家长将被起诉，
此举显示出马来西亚政府对人力资源的重视。

21 世纪以来，受经济危机等因素影响，马来西亚政府对教育的经费
投入有所降低。2000 年，马来西亚教育的支出占政府总支出的 21.39%，
2002 年一度增加到 25.90%，但此后几年持续下降。为支持高等教育的发
展，2004 年 3 月，阿卜杜拉·巴达维政府专门设立了高等教育部，负责
高等院校、职业教育、社区学院、学生贷款等事务。但高等教育部设立
后，政府对教育的投入仍未有大幅改观。到 2008 年金融危机时，教育支
出仍在缩减，当年教育支出仅占政府总支出的 14.04%，创历史新低。金
融危机后，马来西亚的教育支出开始增加，但增幅比例并不大。2011 年，

教育支出占政府总支出的 20.98%，2013 年为 21.48%，仍未达到 2002 年的水平。2013 年，纳吉布总理连任后，将高等教育部与教育部合并，并颁布了《2013~2025 年马来西亚教育发展大蓝图》。蓝图提出，到 2020 年，幼儿园到高中的入学率将达到 100%；未来 15 年，在国际学生学业成就调查和国际数学与科学教育成就调查中，马来西亚力争进入世界前 3 名。政府要大力消除由地区（城市和农村）、性别、社会、经济等要素所产生的教育不平等。为了最大限度地提高学生的各项能力，政府将对教育系统进行投资，致力于提高教育效率。同时，努力打造一个尊重马来西亚多样性，并能够分享其价值观及经验的教育系统，使学生拥有良好的知识和思考能力、领导能力、双语能力（英语和马来语）、正确的伦理观、自我认同的平衡能力以及参与世界竞争的能力。2015 年，马来西亚内阁改组，又重新设立高等教育部，伊德里斯出任高等教育部长。

目前，马来西亚现行教育体制呈现以下几个特点。①沿袭英国殖民时期的教育遗产，多元种族教育体系和国民教育体系并存，族群间的矛盾仍是教育公平的主要问题所在。②采用欧美教育体制。③政府教育占主导地位，私立学校成为国家教育的补充。④实行保护马来族和土著族群的教育"固打"（kuota）制，即政府大学在新生录取名额上采取"配额"分配制，按照马来族和土著 60%、华人 30%、印度人和其他少数民族 10% 的比例录取。⑤在政府开办的国民学校中，马来语为教学媒介语，马来语教学受到重视和保护。⑥国民型华人学校和泰米尔小学纳入政府教育体系，但发展受到一定限制。华人独立中学（简称"独中"）的初中和高中毕业文凭政府不予承认。

二　现行教育概况

马来西亚实行分流制教育，学制较为复杂，主要学制实行"六三四四制"，即小学 6 年、初中 3 年、高中 4 年（高中三年级分 2 级，共 2 年）、大学 4 年。马来西亚各类学校一学年分 2 个学期，但各学期开学时间不尽相同（主要是职业技术学校、学院和大学）。一般情况是，第一学期从 7 月开学，中间有一个为期 2 周的假期；第二学期到次年 5 月初结束，5~6月为放假时间。

　　学前教育。学前教育最早是在1945年第二次世界大战后正式出现。到20世纪60年代，学前教育开始受到家长的重视，促使幼儿园在各地纷纷设立起来。后来，政府才通过官方或半官方机构在各地区设立以马来语为教学媒介语的幼儿园。大多数儿童从6岁开始接受初等教育。幼儿园有官办和私营两种形式。官办幼儿园分两类。一类是附属于教育部选定小学（多数分布于乡间）的幼儿园。这是教育部于1992年才开办的。20世纪90年代初，国内附设幼儿园的小学计有1044所，其中约90所是华文小学。另一类为政府法定机构开办的幼儿园。至于私营方面，多是由华文小学董事会、社会团体、宗教团体或个人所办。这类幼儿园约有1600所。一般私营幼儿园都应家长要求，提供马来文、华文、英文教学媒介的课程，但遵照教育部颁布的统一课程指南，通过玩游戏、讲故事等方式对孩子进行语言、计算、活动及独立生活技能、文明卫生习惯等教育，以落实学前教育目标：启发儿童的发展潜能、智力和创造力，培养优良道德价值观和健康思想。根据教育部统计，在2000年只有64%的适龄儿童（6岁）有机会接受学前教育。据马来西亚教育部统计，截至2016年10月20日，马来西亚共有6081所学前教育学校，开办9202所学前教育课堂，共有学生200669人。

　　小学教育。独立以来，初等教育事业发展很快，普及率很高。目前，政府强制执行11年制义务教育，其中包括6年小学教育，被称作"标准学制"。小学毕业生无须通过全国会考就可以升入中学，但在小学5年级时，学生必须接受一次考试，以评估其学习成绩。马来西亚各类学校一般都实行马来语、英语双语教学。小学通常有两类，一类是以标准马来语为教学语言的国民小学（Sekolah Kebangsaan），一类是以英语、华语、泰米尔语为教学语言的国民型小学（Sekolah Jenis Kebangsaan）。独立以来，马来语和英语教学在所有学校强制推行，各类小学一般都能进行英语、马来语双语教学。有些学校甚至能进行马来语、英语、华语或泰米尔语三语教学。除语言课程外，马来西亚小学开设的课程通常有算术、历史、地理、公民学、艺术、生理卫生、体育等课程。1965年，马来西亚小学入学率

为 90%，小学生人数为 142 万人。1991 年，马来西亚的识字率达 76%。1993 年，适龄儿童入学率高达 99.85%，在校小学生计有 260.32 万人。教育部统计显示，在 2000 年，小学的入学率高达 96.8%。2003 年，小学适龄儿童入学率为 98.5%，10 岁以上人口识字率为 95%。但是相比较而言，政府较为重视国民小学，而忽视华小（以华语为主要教学媒介语的国民型小学）和泰小（以泰米尔语为主要教学媒介语的国民型小学），经常限制华小和泰小的增建，并在拨款和软硬件的分配上也欠公平。截至 2016 年 7 月，马来西亚共有 7772 所小学，在校学生 2685403 人，在职教师 239850 人。

中等教育。从年限上分为初中 3 年，高中 4 年。学生初中毕业后，开始分流，一部分升入高中，一部分则进入中等职业与技术学校，主要为毕业后就业进行训练。高中阶段也进行分流，读完高中二年级学生就可以得到学历证书，一部分毕业生升入各类专业技术学院，一部分学生则升入高中三年级（即中学六年级），读完全部高中即可得到高中文凭，然后升入各类综合性大学。马来西亚教育部门规定，只有国民中学的毕业生才能进入农业学校和各类职业学校、工艺专科学校；而国民型初级中学的学生则只能升入高中。一部分国民型小学的学生为了将来能够进入农业学校和各类职业学校，以及更高一个层次的工艺专科学校，便转入国民中学，但他们必须接受为期一年的马来语训练，以适应国民中学以马来语为教学语言的教学方式。另外，以华语为教学语言的华文中学转为私立性质，不再接受政府的资助。以泰米尔语为教学语言的学校到中学阶段便不复存在。独立以来，马来西亚的中等教育事业发展较快。1965 年，初级中学的学生只有 25.2 万人，高级中学的学生有 4.4 万人，中学六年级的学生有 4200 人。到 1986 年，中学生入学率达到 54%，中学生总数达到 130 万人。冷战结束后，马来西亚的中学规模迅速扩展，在校师生不断增加。截至 2016 年 7 月，马来西亚共有 2408 所中学，在校学生 2188525 人，在职教师 181978 人。

职业与技术教育。随着 20 世纪 60~70 年代经济的快速发展而兴起的职业与技术教育，在为社会各部门培养熟练的劳动者方面起了重要作用。

政府每年用于职业与技术教育的经费占整个教育经费的 25%。马来西亚的职业与技术教育主要有两类学校,一类是面向国立初级中学毕业生招生的 3 年制的农业学校、2 年制的职业学校、2 年制的工艺专科学校。马来西亚教育部门规定,只有国民中学的毕业生才有资格进入这类职业与技术学校。这主要是为了提高马来人的社会就业比率,因为国民中学的学生大多数是马来人。这类职业与技术学校教学用语主要是马来语,开设的课程主要有机械、农业、商业和家政学等课程。另一类职业与技术学校是面向高中 2 年级招生的 2 年制小学教师师范学院,2 年制中学教师师范学院,3 年制的理工学院、农业学院,5 年制的玛拉理工学院。这类职业与技术学校的教学语言是马来语和英语。除了一般的国民中学外,马来西亚还开设有以下各类型中学:寄宿学校,以协助乡村的优异生获得更加便利和良好的学习场所;宗教学校,以满足一些家长的需求,这些学校除了重视宗教科目的学习外,同时也重视其他科目如数学和科学等;工艺学校和职业学校,以加强学生在有关领域的理解能力;体育学校,以培养有潜力代表国家参加国际比赛的运动健将;招收残障学生的特别学校。

高等教育。独立以来,马来西亚的高等教育事业有了较快发展,先后创立 7 所国立综合大学及其他一批高等院校。但马来西亚系发展中国家,高等教育处于发展中状态,尚未普及。1965 年,马来西亚在校大学生只有 2800 人。1991 年,马来西亚 7 所国立综合大学的在校学生人数达到 6 万人,但仍仅占适龄人口(19 岁)的 2.87%。高等学校主要有官办、半官办和私营三种形式。根据教育部统计,截至 2001 年,全国共有 12 所工艺学院、16 所国立大学、8 所私立大学、4 所国外大学分校及 690 所私立学院,其中包括 3 所由华人社会出钱出力开办的非营利华人高等教育学府,另外,政府也计划在每一个国会学区设立一所社区学院。这些学院和大学提供从大专至博士研究生的课程,专业涵盖工商管理、电子工程、艺术设计、多媒体制作、计算机应用、时装设计、建筑和旅游管理等诸多领域。目前,绝大多数公立院校以招收本地学生为主,仅少数研究生课程对外国留学生开放。在马来西亚,多数私立专业学院与英美澳等国大学合作,以"2 + 1"或"3 + 0"的方式联合授课,即学生可选择在马来西亚攻读 2 年，最后 1 年转入国外合作大学本部完成 3 年学士学位课程；或选择在马来西亚读完 3 年学士学位课程，最终被授予国外合作大学学位。这种联合授课的形式不仅在很大程度上提高了马来西亚的教育水平，同时也扩大了其高等教育的国际知名度。在马来西亚各私立专业学院，英语为指定的授课语言。高等教育各阶段的学制安排，大学预科课程 10～18 个月，本科学位课程 24～36 个月，研究生课程 12～24 个月，证书类课程 10～24 个月，文凭类课程 24～36 个月。马来西亚高等教育主要有三个目标：促进国民的效忠意识和建立全民团结的国家；培养各领域专业人才以适应科技工艺、政治经济、教育文化发展需求，并进一步提升各领域的继续发展，以达到强国富民的目标；通过高等教育来消除社会阶级、种族和地理区域之间的经济差异。根据教育部统计，2000 年只有 25% 年龄在 17～23 岁的青年接受大专教育，政府计划在 2010 年实现使 40% 的青年能够接受大专教育的目标。2011 年，马来西亚的高等院校共招收学生 100 万人，其中 9300 人为国际学生，来自世界 100 多个国家。截至 2017 年 2 月，马来西亚共有官办大学 20 所、职业学院 33 所、私立学院 62 所。

其一，官办大学。马来西亚共有 20 所大学，较为知名的有马来亚大学（1962）、马来西亚理工大学（1969）、马来西亚国民大学（1970）、马来西亚农业大学（1971）、马来西亚博特拉大学（1972）、马来西亚国际伊斯兰教大学（1983）、马来西亚北方大学（1984）、马来西亚沙捞越大学（1993）、马来西亚沙巴大学（1994）、苏丹伊德里斯教育大学（1997）等。这 16 所大学都由教育部大学中心单位（UPU）于每年政府考试成绩放榜后举行 1 次联合招生。政府规定，凡马来西亚高级教育文凭（STPM）符合一定资格条件的学生都可申请进入大学；至于教育文凭（SPM），成绩优异者也可申请学士文凭课程（目前只有工大、农大及理大设有此课程）。由于 16 所大学只能容纳数量有限的学生就读，因此每年被拒于大学门外的合格申请者为数不少（比例为 5∶1）。马来西亚的大学学制一般是 4～5 年（学士学位 4 年，医学系 5 年），也有举办 1 年制教育文凭的硕士班和博士班。从 1985 年起，国内各大学全部以马来语为主要教学媒介语（国际伊斯兰教大学除外）。

其二，公立学院。主要包括工艺学院（Politeknik）、玛拉工艺学院（ITM）和师训学院三类。工艺学院是马来西亚政府为培训工艺与商业领域的熟练人力资源而设立的高等学府。1969 年，第一家工艺学院设立。为配合"迈向 2020 年工业国"的口号，政府计划全力培训工艺技术人员，1995 年又增建 8 家工艺技术学院。这些工艺技术学院开设电子工程、电工技术、机械工程、建筑工艺、商业管理、会计学等课程，录取的学生为考取大马教育文凭（SPM）后参加攻读 2 年制文凭班、3 年制证书班课程的中学毕业生。截至 2017 年 10 月，马来西亚全国共有 33 家工艺学院。玛拉工艺学院（ITM）前身是 1954 年马来西亚乡村与工业发展局为协助马来人从事工商业活动而成立的"乡村与工业发展训练中心"。1965 年，国会通过《人民信托局法令》，将"乡村与工业发展训练中心"改称"玛拉学院"。1967 年又改称"玛拉工艺学院"，沿用至今。玛拉工艺学院成立的宗旨，是培训更多马来社会工商业人才与专才，以提升马来人的经济地位，因此以马来族子弟为主。目前全国共有 10 所玛拉分校，每年培训约 7000 名工商界高等专业人才。师训学院相当于中国的师范学院，是马来西亚国民中学的师资来源。除了高中组是以本地大学毕业生为主要来源外，各源流小学的师资全部由教育部师训组负责培训。师训学院规定，申请就读的学员必须具备最低学术资格，即中学毕业且考取大马教育文凭（SPM）或大马高级教育文凭（STPM），此外马来文需获优异成绩。目前，马来西亚共有 28 所政府办的师训学院，每年可培训 1.2 万名合格中小学教师，但仍无法克服师资短缺问题。根据 1993 年的统计资料，全国短缺中学教师 7768 名，小学教师 17150 名。各校短缺的教师由教育部另聘没有经过训练的临时教师代教。为克服小学师资短缺问题，师训学院从 1993 年起将录取学生的工作由每年 1 次改为 2 次，即每年 6 月及 12 月。当局还考虑将师资训练的时间从两年半缩短到两年。

其三，半官办学院，即"拉曼学院"（Kolej Tunku Abdul Rahman）。1967 年，马来西亚政府限制华文独立中学毕业生出国深造，华校"董教总"为谋求独中生的出路并完善华文教育体系，倡议创办了华文独立大学。这一倡议得到广大华社的支持，却遭当时执政党的反对。1968 年，马华公会提出创办拉曼学院的建议,获得政府批准。1969 年 2 月,拉曼学院正式成立。这是一家半官办的高等学府,其办学经费一半由政府负担,一半由学院理事会(马华公会领袖出任)负责筹措。拉曼学院主要为华族中学毕业生(规定须考取政府公共考试文凭)提供深造的机会,每年录取各科系学生约 4000 名,但每年的申请者都超过 1 万人。此外还建有分校。拉曼学院是以马来文和英文作为教学媒介,开设有 4 个基本学系,即商学系、工艺系、文学系、理学系,提供各类文理工商专业课程。此外,学院也开设了 2 年制大学先修班,分为文科和理科课程,以便学生投考国内大学。

其四,民办学院,即"南方学院"。1990 年 9 月南方学院正式成立,前身是宽柔中学专科班。由于国内大专并不接受独中生,实行固打制,而私立学院过于商业化、收费高,到国外深造更是费用高昂,由此,民办高等学府——南方学院应运而生。其孕育和成长过程,体现了华人兴学办教的传统精神。南方学院的目标分为 5 项:(1)延续中学教育,为国家造就人才而提供 3 年的文凭课程;(2)为青年学子谋出路,同时栽培各项领域的中级熟练技术、商业、理工和服务业人员;(3)为青年学子兼受 2 或 3 种语言训练;(4)为华文独立中学开辟升学渠道,同时也为独中提供师资培训;(5)为学生提供良好的学习环境,营造大专学府的求知、精神、感情和身心方面的平衡及和谐发展的气氛,以培养学生们的优良品德和领袖素质。南方学院学生共有 341 人(1993 年数据),20 世纪 90 年代初,由于人数不断增加,临时校舍(暂设在宽柔中学图书馆)无法容纳,因此建校计划刻不容缓。该学院共设有三大科系,即马来学系、商学系及计算机学系。在管理方面,南院是由董事会和理事会各司其职,前者负责校产和财务管理,后者协助学院的行政及其他;同时设立"建校策划委员会"和"发展委员会"以协助进行校舍筹建工作,使学院健康成长。

其五,私立学院。20 世纪 90 年代初,随着马来西亚政府落实教育开放政策和"迈向 2020"口号的提出,马来西亚的私立学院纷纷成立。当时国内各类私立学院有 1100 多所,在籍学生约 10 万人。这些私立学院不仅补充了官方学院设施的不足，也为中学毕业生广开升学出路。私立学院的主要教学媒介语为英语，办学灵活，课程多样，除了提供商业会计、工艺技术、美术、计算机等专业或半专业课程外，一些学院也与外国大专院校挂钩，通过双联课程制和学分转移制，为有志到国外大学深造的学生提供较方便与经济的途径。在双联课程制下，学院学生可在国内修完几个学期的课程后，直接进入与有关学院挂钩的国外大学继续深造。而学分转移制则允许学生在国内学院修足所需学分后，直接转入既定的国外大学继续深造，以考取大学学位。

目前，马来西亚的知名高校有很多。马来亚大学（UM）位于马来西亚首都吉隆坡，成立于1948年，是马来西亚第一所综合性公立大学，是以培养硕士生和博士生为主要任务的高等学府，多次被评为"亚洲最佳大学"，马来西亚的多任总理（包括前总理马哈蒂尔）都毕业于马来亚大学。大学校园占地309公顷，有11个系所、2个科学院、4个研究中心和1个高等研究院，并拥有马来西亚最大的图书馆。该校的座右铭是：知识是成功的关键。现在于该校就读的学生有1.8万名，其中50%以上的学生为硕士生和博士生，教师2500人，员工2000名。设有文、理、工科以及医学学科等。完成学位的方式比较灵活：硕士学位可在1～5年内完成，博士学位则可用2～8年完成。该大学现有来自40多个国家和地区的留学生1000多名，在该校攻读硕士和博士学位的各种专业，中国留学生大约20余人。主要系科和学位课程有商业及会计系、计算机以及IT技术系、经济管理系、工程系、法学系、教育系、环保系、医药系和牙科系。

马来西亚国民大学（UKM）是马来西亚政府于1970年建成的公立大学，自建校到现在，已下设12所不同的院校和研究中心，还拥有3所不同的校舍，分别是医学院、科学院和健康科学院。国民大学（简称"国大"）的总校园坐落在万宜，距离吉隆坡市中心35公里，校园四周被绿树围绕着，环境优美空气新鲜。国大除了接受本国的学生外，还招收外国的硕士生和博士生。现有在校学生2.4万多人，其中本科生1.6万人，硕士生和博士生8500人（占学生总人数的30%），国际学生800多人。主要专业系科有人文和社会学系、伊斯兰学系、教育学、马来西亚发展和文

明系、经济系、法律系、科学和科技系、健康系、工程系、商科、MBA、MC（会计）、环境管理、部门管理和发展以及临床医学等。

马来西亚博特拉大学（UPM）是建于 1931 年的公立大学，坐落在吉隆坡附近的高科技园区，地处马来西亚的硅谷、国内外科研机构、新政府管理中心——"布特拉加亚"以及马来西亚职业发展培训中心和大学的中心地带。1973 年与马来亚大学农业系合并成为马来西亚农业大学，1999 年正式改名为"马来西亚博特拉大学"。这是马来西亚规模最大、在校人数最多（约有 5 万人）的大学，占地 1200 公顷，也是马来西亚拥有最大绿色校园环境的大学，拥有当今世界上最先进的现代化基础设施——光导纤维通信系统，为学生的学习、生活、娱乐休闲提供当今最便利的条件。大学致力于发展研究生教学，向国际学生提供硕士以上学位课程，有来自世界各地 50 多个国家和地区的硕士和博士研究生 1 万人。博特拉大学是 1 所在国际学术领域备受认可的马来西亚顶尖国立大学，拥有十分广泛的专业和研究方式。该大学拥有 13 个院系和 6 个中心，包括农学系、计算机和 IT 系、建筑及设计系、经济管理系、教育系、工程系、食品科学以及生物学系、林学系、人文环境系、医学以及健康科学系、现代语言系、环境研究系、社会学研究和管理中心、继续教育中心、理科以及应用科学中心等。学校拥有众多毕业于世界各地顶尖大学的教师。

马来西亚理工大学（USM）是马来西亚政府于 1969 年成立的一所公立大学，拥有 3 所主体校舍，其中的 2 个校舍位于槟榔屿，第三个校舍是医学院，位于吉兰丹州。理工大学下设各类科学院以及研究中心 20 余所，现有在校学生 2 万多人，其中研究生 4800 人，占总人数的 20%，留学生 600 人。该大学在学术研究方面的成就在国际上享有很高的声誉，被认为是马来西亚 3 所最著名的资深研究类大学之一。学位设置有理学硕士学位、文学硕士学位、教育学硕士学位、医学硕士学位以及管理学硕士学位等。2005 年 6 月 29 日，该校被联合国大学指定为可持续发展专业技术教育的区域中心，成为继日本、加拿大、西班牙、太平洋岛国家、荷兰和德国等中心外的全球第 7 个区域中心。

马来西亚北方大学（UUM）于 1984 年 2 月创建，位于北部的吉打州，校园面积 1061 公顷，有非常优美的花园式大学校园。该大学是马来西亚第一个全部使用光缆通信技术的大学，目前拥有 10 个系，开设 21 个专业的学士和硕士学位课程。强项专业为管理、会计、经济、通信、企业发展、旅游管理、银行、金融、社会发展、人力资源发展和国际事务管理。开设有 21 个专业的学士学位和同等数量的硕士学位课程。

马来西亚国际伊斯兰教大学（IIUM）是由马来西亚政府于 1983 年倡议和主办并由多个国家协办的一所国际性大学。学校由多个主办国的政府和组织选派代表组成董事会来管理，包括马来西亚、孟加拉国、埃及、利比亚、马尔代夫、巴基斯坦、沙特阿拉伯、土耳其及伊斯兰会议组织。该大学同国内外的一些协会建立了密切的联系，并与当地的商业界建立了紧密的联系，这使学生除了参加校园内正规的学习外，还可以把所学的专业知识应用到实际工作中并获得丰富的实践经验。该大学授予从学士、硕士研究生到博士研究生的各种学位。目前有 7100 多名本科生和 1200 多名研究生，其中包括来自 92 个国家和地区的近 1500 名留学生。教师来自世界各地，其博士学位和其他专业学位都是在世界各地知名大学获得的。该大学的毕业生无论是在公立部门还是在私营部门的表现都极为出色。在 1995 年《商业周刊》根据马来西亚各大学毕业生的表现对学校进行的排名中，马来西亚国际伊斯兰教大学高居榜首。主要系科为经济学系、信息工程学系、机械电子工程系、法律系和人文系。

多媒体大学创立于 1995 年，是由马来西亚电讯公司独资拥有。在马来西亚硅谷和马六甲市各设一个校区。两个校区的全日制学生共有 1.6 万人，硅谷校区位于吉隆坡著名的信息科技开发区的中心地带，也是政府建立 "多媒体走廊" 的核心地带，拥有优越的投资环境及先进的基础设施。硅谷校区下属 4 个学院，分别为多媒体学院、工学院、信息学院和管理学院。马六甲校区下设 3 个学院，分别为工学院、信息学院和商法学院。该校的外国学生来自世界 31 个国家和地区，多媒体大学的学历学位获得英联邦、欧洲、美国等国家的认可。

吉隆坡基建大学学院（KLIUC）是吉隆坡上市公司 Proasco 集团的附属学术机构和产业，是马来西亚公共工程部于 1981 年创立的研究和培训学院的延续和发展，设有工程、商务、信息、语言等各类专业课程，可以颁发本科学士学位。各类专业和文凭均获得马来西亚学术鉴定局的承认，并拥有 ISO9001 的认证。位于吉隆坡郊区，距市中心大约 22 公里，坐落于多媒体走廊。大学占地面积为 100 英亩，有优美的校园环境。基建大学认为新世纪的生存之道是"知识基础建设"，适用于现代的工程、商科、信息等领域。该大学极力提倡并充分维持和革新这些"自然的基础建设"。该大学拥有良好的教学设备和设施，为学生提供一流的学习条件和生活环境，专业有资讯工艺、电子商务、电气与电子工程、机械工程、土木工程和工商管理等，是马来西亚唯一为本国和海外学生提供奖学金的大学。根据成绩，学生可以申请不同数额的奖学金。

林国荣创意工艺大学学院（LICT）位于吉隆坡近郊，成立于 1991年，有 3 所分院。每年有来自 20 多个国家和地区的近千名学生报读，在校学生近 3000 名，提供 10 多种学位和专业课程，包括世界著名大学的学士学位课程，并可将学分转移至澳大利亚继续深造，资格及学术水平广受世界（全球超过 50 所著名大学）承认，教学媒介语为英语。课程有英语、设计与多媒体、工业设计、室内设计、大众传播和测绘科学。所有课程可以通过学分转移的方式在第二年转到澳大利亚科廷大学完成学士学位课程。

双威大学学院（SUNWAY）成立于 1987 年，是马来西亚规模比较大的学府，学院位于吉隆坡的"八打灵再也"。每年接收来自 10 多个国家和地区的数百名学生就读，现有在校学生 3000 多名，学校提供超过 20 种学位和专业文凭的课程。专业课程有财会、银行和金融、国际贸易、市场行销、会计学/银行和金融、市场学/国际贸易和市场学/国际旅游，学生可以通过学分转移的方式在第三年转到澳大利亚维多利亚大学完成学士学位课程。

诺丁汉大学马来西亚分校（The University of Nottingham in Malaysia）是英国诺丁汉大学的直属分校。1950 年总校成立，马来西亚分校建成于1999 年，2000 年 9 月开始招生，坐落在吉隆坡市区，新校址在多媒体走廊附近。强项专业为计算机、工程和商业管理（马来西亚分校开设的专业较少，2004 年新校园落成后专业扩大）。本科专业有商业管理、通信工程、信息工程和电子与电信工程学等。研究生专业有旅游饭店管理、MBA 和国际贸易管理。

科廷大学马来西亚分院（Australia Curtin University of Technology Sarawak Campus Malaysia）成立于 1998 年，位于沙捞越州美里市，是澳大利亚科廷大学的第七个校园（第一所在海外设立的分校）。目前每年有来自 10 多个国家和地区的近 700 名学生报读。在校学生近 2000 名，学校提供 10 多种学位和专业课程。该分校的开设使得希望获取澳洲名校文凭的学生们不用花费高昂的费用，就可以获得澳大利亚名校科廷大学的学士学位。专业设置：（1）密集英语课程，学制为半年；（2）大学预科课程（商业、工程、大众传播专业），学制一年；（3）本科学士学位有化学工程、电脑系统工程、电机工程、电子和通信工程、机械工程、土木工程、电脑科学理科、工商管理以及金融和市场管理。

厦门大学马来西亚分校，2015 年 9 月建成，2016 年正式办学，是第一所在海外办学的中国知名大学分校。学校开设人文学院、医学院、经济学院、计算机学院、工学院等五个学院，本科招收汉语言文学、中医学、国际商务、会计、计算机、软件工程、电子工程、化学工程、海洋环境等专业。除汉语言文学和中医学为汉语必修课和英语选修课，其他专业均采用全英语教学。2015 年秋季，学校首批招生 203 人，采用英语教学，所授学位得到中国和马来西亚两国教育部的认证。2016 年 4 月，学校在当地招收 308 名预科生。

三 华文教育

马来西亚的华文教学在东南亚乃至整个世界华人圈是数一数二的，在海外华文教育中，马来西亚水平最高，华文教育最繁盛。马来西亚华校都由华人筹资创办，华文课程占主要地位，以海外华侨华人子弟为主要教学对象，但也吸收马来人、印度人等其他族裔。经过马来西亚华裔几代人的努力，建成了从小学、中学到大专院校的比较完整的华文教育体系。在这些华校里，华文为第一语文，马来文和英文则为第二语文，华语是主要的教学语言。在马来西亚，"华人必须学华文"是多数华人的信念。随着中国的发展壮大和中马经贸的快速发展，马来西亚各族也兴起一股学华语的热潮。

据记载，早在1815年马六甲就已设立了华文学校。当时的华文学校是在以会馆、宗祠或神庙设立的私塾中，用方言教授《三字经》、《百家姓》、《千字文》和"四书"等经典古籍，同时教授书法和珠算。20世纪初，马来亚设立新式学堂取代私塾。最早出现的新式学堂是于1904年在槟榔屿设立的孔圣会中华学校，其课程包括修身、读经、华文、英文、历史、地理、算术、物理和体操等。1919年中国发生"五四运动"后，马来亚华文学校的教学媒介语由方言改为华语。起初，华文学校只设有小学课程，到1923年才陆续开办初中，而高中则在1931年设立。这些新式华文学堂逐渐发展成为今天的华文中小学。

历史上，华文学校的发展受到了英国殖民政府和马来政府的阻挠。1920年，英殖民政府颁布实施《学校注册法令》，开始对华文教育进行管制。1924~1928年，300多所华人学校被取缔；1929年，英国总督瑟希尔·克莱门蒂加紧限制华文教育，并宣布有颠覆倾向和反英国人的华文教科书为非法。二战后，华文教育重获自由。但从20世纪50年代以来，马来亚政府陆续出台一系列教育法令限制华文教育：1951年，《巴恩报告书》试图取消华文教育；1952年《教育法令》宣布以英语和马来语为媒介语的国民学校取代华文学校；1954年《教育白皮书》规定华文学校必须为政府开设英文班，企图使华校自动变成英校；1956年《拉萨报告书》提出"一种语言，一种源流"的政策作为国家的最终目标，即以马来语作为学校的主要教学媒介语；1961年《教育法令》授权教育部长在时机成熟时，将华文学校改成马来文小学，同时也迫使华文中学改制成为英文中学，到最后再改为马来文中学。马来政府的反华文教育政策招致华人社会的强烈反对：1951年12月25日，"马来西亚华校教师会总会"（教总）成立；1954年8月22日，"马来西亚华校董事联合会总会"（董总）成立。作为华文教育民间的最高领导机构，数十年来"董教总"（董总与教总的合称）领导华人社会捍卫华文教育权益，为民族语文教育的生存与发展展开不懈的斗争。

　　1970 年，马来西亚改变教育目标，旨在于推行现行教育制度的同时，建立以马来语为唯一教学媒介语的国民教育体系，保障马来人的特殊地位。1983 年实施读写算制度，试图改变华小的教学媒介；1985 年宣布推行《综合学校计划》，企图以促进国民团结名义来取消华小；1987 年委派不谙华语的华文教师到华小担任高职，引起华人社会不满，董总主席林晃升、教总主席沈慕羽和副主席庄迪君都曾被政府援引内安法令扣留；1995 年马来政府又提出《宏愿学校计划》，把不同源流的学校设在同一座建筑物内，逐步实现以马来语作为各源流学校主要教学媒介语的最终目标，此项计划在当时遭到华社反对后不了了之；《1996 年教育法令》将教育最终目标具体化，通过各种措施加以落实；2000 年政府重提 1995 年的《宏愿学校计划》，并计划实行，结果引起轩然大波；2003 年在华小推行 "2—4—3" 方案，以双语（华语和英语）教授数理科；2008 年，华小全面落实数理以英文教学和考试的目标引起华社不满，目前仍在激烈讨论当中。2013 年，《2013～2025 年马来西亚教育发展大蓝图》颁布后，华社立即表达了不满。董总认为，"蓝图" 在不违宪的情况下通过行政措施增加马来文、英文授课时间，变相压制包括华文在内的其他语言，应引起各界注意。马来西亚霹雳捍卫华教行动委员会主席陈汉水则认为，政府借提升华小的马来文水平为由，增加马来文上课时间，有消灭母语教育（华教）之嫌。董总叶新田对华教的发展忧心忡忡，认为马来西亚教育部长期不公平对待汉语等母语教育，教育蓝图的推行不利于华文教育生存与发展，将导致包括华教在内的母语教育面对不利冲击及变质危机。

　　目前，马来西亚的华文教育基本上分成三个部分，即华文小学、华文独立中学及华文高等教育学府。其中只有华文小学属于政府学校，华文独立中学及华文高等教育学府都由华社出钱出力筹办和维持，政府未给予资助，因此在办学过程中遇到许多困难。

　　华文小学的正式名称是 "国民型小学"，1970 年，共有 1346 所华文小学，后来有所减少。2009 年，马来西亚共有 1292 所国民型小学，这些学校并非完全的正式公立学校，因为这些学校的教师薪资虽然是政府支付的，但学校的设备及地产权大部分属于学校的私有财产。主要原因是在马来亚独立之前，就已经有华文学校存在，当时，这些华文学校都是华人社团或社区自行设立的。马来亚独立后，华人享有公民身份，也有接受国民教育的义务，之后就逐渐发展出这种政府与民间相结合的模式，所以称之为"国民型小学"。它与马来人的学校最大的不同，就是马来人的小学经费完全是来自政府拨款，包括师资、设备和学校地产。而华文小学的设备却必须依靠华校及当地华人社团自行募捐。因此，马来人的小学大多有良好的设备，也有广阔的校园，而华人的国民型小学，只有在大城市的学校由于募捐较容易而设备比较好，而乡村华文小学的校园和设备大多比较简陋、狭小和落后。

国民型中学是政府办的公立学校，其师资、校园及设备，大多是由政府提供，因此，学费比较便宜（因为是义务教育），而且离家比较近，各方面都很方便。但国民型中学教学语言是马来文，所有课程及发展方向都受到政府的规范。只有中文、英文课程分别使用中文、英文教学。尽管大约有95%的华人选择就读国民型中学，但由于他们小学读的是华小，进入中学后语言难以适应，导致许多华人学生因为无法就读而退学。根据马华公会的统计，大概有1/4的华人学生在高中毕业前就被退学。因此，马来西亚的华人社团要求增加设立华文中学，以更多地保障华人的受教育权利。2009年，马来西亚有78所国民型中学。

另外大约有5%的华人学生选择就读"独立中学"。因为它们都是私立及独立的学校，得不到政府的资助，这些学校的学费就贵了许多。一般在独立中学读书花费的资金是国民型中学的5倍以上。因此，经济条件不好的学生，大多数不选择就读独立中学。马来西亚共有60所独立中学，分布在各州及各地区，这些学校的共同特点，就是以华语为主要的教学语言，只有英文、马来文的课程使用英语及马来语。但许多独立中学加强了英语读写能力的教学，对有关数学、理化的课程大多使用英语教学。因此独立中学毕业的学生英语及华语都相当不错，马来语反而是他们的弱点。进入21世纪，随着形势的发展，为增加就业机会，一些马来人家长也把子女送到独立中学就读。在都市的独立中学由于当地华人较多，财力雄厚，学校的师资和设备都比较好，而在郊区或华人较少的地区，独立中学就存在募捐及经费的困难，当然也会影响到师资和设备。马来西亚比较有名气的独立中学包括吉隆坡中华独立中学、新山宽柔中学、吉隆坡尊孔独立中学、巴生中华独立中学、马六甲培风中学等，从这些学校毕业的学生，许多进入欧美国家、澳大利亚、新西兰等地的著名大学学习。沙捞越是拥有独立中学最多的州，共有 14 所，表明该州的华人比例较高，华文教育也比较普及。在西马地区，吉隆坡、雪兰莪州、霹雳州、柔佛州等，也拥有相当多的独立中学，大多数地区都有 8 ~ 9 家，表明这些地区华人较多，对华文教育也比较重视。许多独立中学建校有 100 多年的历史。截至 2013 年 1 月，马来西亚独中新生人数达到 18145 人，同比增加 23%。全马来西亚的独中生总人数达到 76355 人。在 13 个州中，柔佛州新生增加 988 人，达 5043 人；而增幅最大的是来自北马的独中，分别是霹雳州增加 46%、吉打州增加 44%、槟城增加 34%。

大专院校。马来西亚华人发展华人教育的最大愿望，就是要建立一所以华语为教学媒介语的大学。这个构想在马来亚独立之前就已经提出，但是由于马来西亚政治局势的发展，华人办大学遭遇了相当多的困难。马来半岛的华人在 20 世纪 50 年代初期，曾经捐款办了一所以华文为教学语言的大学——南洋大学，并于 1956 年开始上课，于 1958 年完成全部校舍的建设工程。但由于新加坡、马来西亚随后各自独立，又各自遭遇内部的政治纷争和族群问题，新加坡政府于 1980 年强行把南洋大学并入新成立的"新加坡国立大学"，改用英语教学，使得具有华人及华语特色的"南洋大学"形同关闭。马来西亚华人继续向马来西亚政府争取兴办以华语为教学媒介语的大学。20 世纪 90 年代，马来西亚华人兴办大学的努力取得显著成果，多家以华语为教学媒介语的大专院校逐渐创办起来。(1)南方学院。南方学院位于柔佛新山，是最早成立的华人大专学院。该学院是当地华人社团经过艰苦的努力争取而来的，1990 年建立，1991 年 5 月正式开学，1996 年 9 月迁入现在校址，正式开启华人在马来半岛兴办大学的里程碑。2012 年 11 月 10 日，高等教育部部长拿督·斯里·卡立诺汀亲临南方学院，宣布南方学院正式升格为"南方大学学院"，成为马来西亚第一所华人民办大学学院。（2）新纪元学院。新纪元学院是马来西亚华人成立的第二家大专院校，位于马来半岛的中部地区雪兰莪州。于1994年8月正式向马来西亚政府申请开办，1997年5月才获批准，并于1998年3月正式开始上课。2013年升格为"新纪元大学学院"。（3）韩江学院。韩江学院是马来西亚华人开办的第三所大学院校，位于马来半岛的北部槟榔屿，1998年4月获准成立。前身为韩江中学开设的新闻专修班，是一所由马来西亚华人集体筹款创办的非营利高等学府。其新闻专修班从1978年开班至1988年，十年来共培养300余名毕业生，分别在华文报刊界服务，一些毕业生目前已成为华文报刊界的顶梁柱。该学院虽然成立较晚，但发展很快，目前院系建设已经完整，学生上千人。2014年，韩江学院升格为"韩江传媒大学学院"，这是马来西亚第一所传媒大学。升格为大学学院后，学院可以颁发学士、硕士和博士学位。以上3所华人兴建的高等学府虽然成立的时间不同，但对于马来西亚华人教育都具有重要意义。

长期以来，华文教育面临诸多问题。一是师资短缺。华文小学从20世纪70年代起即严重缺乏教师，直到90年代初期，华小教师仍不足3000人。政府没有认真对待华小，是20多年来华小师资短缺的主要原因。反之，政府因为培训了过多的马来人老师，而将这些不谙华文的老师派到华小，进而影响华小的正常操作，甚至一些科目如美术和音乐等被迫以马来语来教授。二是拨款不足。华小学生人数占全国学生人数的20%左右，但是长期以来不曾获得政府公平的资助，以致经常面对发展的难题。根据政府公布的数字，华小在1991～1995年内所获得的发展拨款仅占小学总拨款额的8.14%，而在1996～2000年所获得的拨款甚至减少至2.44%。为了确保华小继续健康发展，华社每年必须筹募数千万元林吉特协助华小进行维修、扩建及其他各项软硬设备的建设与发展。华文中学也面临同样的命运，1961年教育法令颁布后，政府取消了对华文中学的津贴，迫使54所华文中学接受改制，成为以英语作为教学媒介语的国民型中学（最后演变成以马来语作为主要教学媒介语的国民中学），以便继续得到政府的财力支持。而那些坚决不接受改制的华校则成为华文独立中学，被排挤出国家教育体系之外。三是增建校舍困难。近 10 多年来，随着工业化和现代化的发展，大批人员从乡区涌入城镇就业，造成城镇人口激增，附近的华小也因学生人数爆满而不敷应用。虽然华人社会不断要求政府在有关地区增建华小，却很难获得批准。事实上，自马来亚独立以来，兴建的华小不但很少，而且往往是在学校董事会和华社历尽千辛万苦，长期不断力争下，才获得批准。而且即使获准建校，华社还是必须自行筹措建校经费，甚至还要自费购买校地，自力更生完成建校大业。根据2010 年 6 月的统计数据，全国华小缺少 2204 名教师，泰小（用印度泰米尔语教学的小学）缺少 258 名教师。为此，华社每年要花费 100 万林吉特聘请临时代课老师。最近马来西亚教育部长魏家祥表示，教育部正在积极解决华小和泰小师资短缺的问题。政府最近发放了 3600 张临时教师聘请证给有关华小，其中 2200 名由政府支付薪水。另外，刚从师范学院毕业的 1700 名毕业生，其中有 1500 名被分配到华小，其余的分配到泰小。

　　21 世纪是强调多元开放的时代，也是竞争激烈、变化迅速的资讯时代。为顺应此趋势，马来西亚政府在文教领域做出了策略上的调整，一个明显的例子就是，政府对英语教育重新重视，包括允许国立大专院校的一些科系以英语教学，以及批准私立英文大专院校的设立。同时，政府也在国民中学和各源流小学开始推行英语教授数理化的措施，以达到提升学生英语水平的目的。这项措施遭到了包括马来族在内的一些教育界和学术界人士的批评，认为有违教学原理，更可能改变各源流小学以母语教授知识的特征。在政策争取方面，华社试图走出原有的框框，除了尽最大努力团结华裔族群，以继续捍卫华文教育之外，也在主动联络非华裔族群，让他们真正了解华文教育，以争取他们的认同和支持。

第二节　科学技术

一　发展概况

马来西亚科技发展起步相对较晚，直到 20 世纪 80 年代，科技发展才真正步入正轨。1986年，政府启动"第五个马来西亚计划"，正式把研究和开发作为国家发展战略列入计划之中。1988年政府决定加强重点领域项目研究，大量经费开始投入到科技之中。1990年，"国家发展政策"替代"新经济政策"，科技被看作社会经济发展的重要支柱，政府鼓励在现代工业经济发展过程中培育科技文化。同时，建立内阁科学技术委员会，作为马来西亚科学技术政策的最高决策机构。总理任主席，成员包括科学技术与环境部、国际贸易与工业部、教育部、财政部和人力资源部各部的部长。1991年，"第六个马来西亚计划"启动，政府推动工业发展项目，鼓励使用高科技提高工业产量和质量，强调信息通信科技是制造业发展的关键，努力在无线电传导网络、预测分析控制和三维互联网技术等领域达到世界领先水平，成立国家信息技术委员会（NITC）。当年，马哈蒂尔总理提出"2020宏愿"，把提高科技发展和研究水平作为马来西亚成为现代化工业国家的基础。1996年，"第七个马来西亚计划"建议私有企业参与到科技发展之中，鼓励和培育创新与发明创造，密切科研机构、大学和工业发展的关系。政府制定国家信息技术计划（NITA），推动马来西亚转变为以价值为基础的经济体。在此期间，"多媒体超级走廊"项目启动，政府同时重点关注电子经济、电子公共服务、电子共同体、电子听力和电子主权等电子工程的发展。与此同时，为充实信息科技和多媒体领域的人力资本和研究实力，建立多媒体大学。2001年，"第八个马来西亚计划"明确提出通过加强研发与科技，提高生产率。信息交流技术扩展到公众和农村地区，制定国家宽带计划。2005年，马来西亚引进信息交流和多媒体服务"886蓝图"，重点发展手机、互联网和广播三项技术。2014年，马来西亚政府对研发的投入达到GDP总值的1.263%，同时形成一个高素质的劳动力队伍，即每1万名劳动力中，至少有60名研究员、科学家或工程师。马来西亚注重科技的自力更生，通过提高研究与开发来支持经济活动，以及创造改进科学、教育和其他相关基础设施的环境。

二 科研政策与科研机构

马来西亚第二个"国家科技政策"指出，科学、技术和创新是现代经济成功发展的重要因素，国家应提高研究和开发能力，促进技术发展；鼓励公共资助机构和工业部门与当地和外国公司建立伙伴关系推动技术发展，以提高马来土著的科技实力；加快知识向产品转换，实现社会经济利益的最大增值；在生物科技、高端材料、制造业、微电子、信息通信、航天、能源、药学、纳米技术和光子学等重点战略知识工业领域保持马来西亚的科技地位；培育社会价值观，承认科技是未来财产的关键；确保科技的使用与可持续发展目标相一致；开发以知识为基础的新兴工业。具体说来，要增强科技的能力和实力；推动研究成果商业化；开发人力资源的能力和实力；推动科学、创新和技术企业文化；加强科技研究的制度化框架和管理、监控科技政策的实施；确保技术广泛应用和传播，实施以研发为动力的市场采纳和改善技术；在重点的新兴技术领域构建竞争力，加强专业性。

　　马来西亚政府全力支持科学技术在农业、卫生、研究管理体制、研究基础结构的研究与开发，鼓励工业界进行研究与开发，鼓励使用计算机，鼓励研究与开发高技术产业及其他先进技术。为促进经济发展，在研究与开发活动与工业之间建立双向流动机制。各政府部门与机构之间、各大学与其他教育机构之间、国营企业与私人企业界之间在研究与开发方面进行良好的协调。马来西亚国家科学研究与开发理事会为协调机构，也是马来西亚政府科学技术方面的全国性顾问组织。马来西亚科技体系分政府机构、高等教育研究机构和私人机构三种。科技环境部的下属科技机构主要有环境局、化工局、气象局、野生动物保护和国家公园、核技术研究所、微电子系统研究所、原子能许可委员会、马来西亚标准研究所、国家科学中心、马来西亚遥感中心、马来西亚技术公园、太空研究局和国家生物工艺学委员会。高等教育研究机构设在各大学中，如博特拉大学、科学大学、技术大学、马来亚大学、国民大学等。

　　马来西亚科学技术与创新部（MOSTI）成立于 2004 年 3 月，其前身是成立于 1973 年的科技研究和地方政府部（1976 年改名为科技环境部）。该部主要负责知识研发，通过开发知识财产和人力资本推动经济增长，增值现有财富资源、创造新资源以增强国家竞争力和确保经济增长，提高社会福利和人民生活质量。科技创新部下设 18 个处、8 个部门、12 个政府公司、1 个辅助公司、1 个研究院和 2 个非政府机构，由部长、副部长、秘书长各 1 名和 2 名副秘书长领导。

马来西亚科学院（ASM）成立于 1995 年，是科技创新部下属的国家级研究院。该院主要为马来西亚政府就国家科学、技术和工程发展政策提出建议对策，为全国科学、技术和工程发展提供平台。科学院下设 7 个部：医学、工程学、生物科技、数学和物理学、化学、信息科学及科技发展与工业。前总理马哈蒂尔和巴达维担任该院名誉研究员。

三　科技成就

马来西亚的经济相对发达，但科技水平较为落后，具有地区和国际影响力的科技成果不多，较为重要的科技成果有以下三方面。

第一，多媒体超级走廊。近十几年来，马来西亚政府致力于发展信息技术和多媒体产业。1996 年，当时的马哈蒂尔总理提出在吉隆坡建一条长 50 公里、宽 15 公里的高科技基地"多媒体超级走廊"（MSC），主要生产计算机和相关产品。政府专门设立一个公共管理公司"马来西亚科技发展公司"，负责多媒体超级走廊的规划、发展、吸引外资，推动高科技项目发展、吸引人才等工作，又被称作"马来西亚的硅谷"。当时，马来西亚的科技和信息公司仅有 300 多家。

马来西亚政府对多媒体超级走廊发展规划包括三个阶段。第一阶段：1996～2003 年，以美国硅谷为蓝本建立多媒体超级走廊，配备世界顶尖级的软硬件基础设施，通过光纤将电子信息城、国际机场、新政府行政中心等大型基建设施联结起来，为区域内外市场提供多媒体产品和服务，该阶段目标已成功实现。第二阶段：2003～2010 年，陆续将多媒体超级走廊与国内外的其他智能城市相连，创建新的"数字城市"；在槟榔屿州和吉打州的居林高技术园区创建"小型多媒体超级走廊"；建立以电子信息城（Cyberjaya）赛博加亚为中心，所有数码城市和数码中心相连的信息走廊。第三阶段：到 2020 年，将整个马来西亚转型为一个大型信息走廊，届时将拥有 12 座"数字城市"，与全球的信息高速公路联结。该阶段目标是到 2020 年吸引约 500 家的国际性多媒体公司在马经营、发展及研发。

　　多媒体超级走廊有很多优势，包括很多不同的光线主干网络，多样化的国内及国际的服务提供商，海洋交通发达，可通亚洲、美国及欧洲等地，而且通信资费也很便宜。多媒体超级走廊的优惠政策共有 10 项，主要是无限制地雇用国内外知识人员，公司所有权自由化，可以是独资的，也可以自由集资借贷，而且税收减免，还包括保证不过滤互联网内容，电信资费也十分低廉。这 10 项保证是马来西亚政府鼓励国际高科技落户该国的重要措施。该园区致力于人才的培养、品牌的创立以及产品服务的营销。马来西亚政府预测总开发费用大约是 72.8 亿美元，其中包括了建设费用以及电信基础设施费用。自 20 世纪 80 年代中期起，槟榔屿通过引进美国、日本和中国台湾等地资本，发展电子业和纺织业。这两个产业现已在全国处于领先地位。作为马来西亚科技发展区，槟榔屿也被称为"马来西亚的硅谷"。截至 2005 年 10 月，入驻多媒体超级走廊的公司有 1362 家，其中外国控股的 336 家，合资企业 35 家。入驻公司中有 69 家是国际性大公司，分别来自美国、日本、加拿大和欧洲国家等。2007 年正式取得多媒体超级走廊地位的公司已达 2170 家，比 2006 年增长 19%，为马创造了 79000 个就业机会，公司的技术水平也获得全球认同。2007 年，多媒体超级走廊公司共为马政府贡献税收 170 亿林吉特，比 2006 年增加 55 亿林吉特。2016 年是多媒体超级走廊计划实施的第 20 个年头。过去 20 年，入驻多媒体超级走廊的公司总营业额达 3170 亿林吉特，出口额达 1040 亿林吉特。

　　多媒体超级走廊志在为多媒体厂商和用户提供电子政务、多功能卡、智能学校、远程医疗、研发集群、电子商务和科技企业家发展等服务。（1）电子政务。电子政务应用系统的实施致力于改善政府内部运作，提高对外服务水平，包括七个主要的子系统：项目监测系统、人力资源管理信息系统、政府办公系统、电子采购、网上服务、网上人才市场和网上法庭。（2）多功能卡。提供一个统一和公开的数据库应用平台，在这个平台上，政府或者私营供应商可以发展自己的解决方案，从而避免重复投资。多功能卡应用系统是从政府多功能卡（GMPC）和个人多功能卡（PMPC）两个方面发展起来的。到现在，分别形成了MYKAD智能卡和银行卡两个对应的产品。MYKAD卡片的功能包括身份证号码、驾驶执照信息、护照信息、健康信息、电子钱包、马来西亚电子银行系统电子账户，可在自动取款机上使用，可使用相关公共基础设施。政府多功能卡迄今一共生产1500万张，银行卡发行1140万张。（3）智能学校。致力于培养复合型的技术人才，他既能出色应对全球范围的竞争挑战，又能有效运用信息时代的工具提高社会生产力。智能学校是个学习场所，在这里，传统的教学模式以及学校管理方式被革新，学生学习进行自我评估及自我引导，注重个人发展及个人成就的取得。智能学校建设包括：学校教材、学校管理体系、学校硬件设施、学校评估体系、各体系集成、帮助及指导中心。（4）远程医疗。远程医疗应用项目是通过在个人健康信息和医疗服务信息之间实现无缝连接，转变传统医疗服务的方式，从而保证人们接受良好的医疗服务。它实际上是一个多媒体网络，将所有医疗产品及服务供应商都连接在一起。远程医疗应用项目包括四个方面：远程会诊、个人健康信息及指导、终身医疗保险、持续性医疗教育。（5）研发平台。汇集各方资源，为开发下一代多媒体技术创造良好的环境，促进拥有顶尖技术的各大公司、公共研究机构以及大学合作研发。为了催化促进超级多媒体走廊的研发活动，已经启动下面一些项目：多媒体超级走廊基金项目（MGS），多媒体超级走廊学生实习项目（SAP），多媒体超级走廊系列论坛，公司、院校及科研机构的合作项目，国内或国外展览活动。其中多媒体超级走廊基金项目申请人的股份至少30%为马来西亚本土人所持有。（6）电子商务。塑造一个竞争性的电子商业环境，改变了传统商务运作的方式，它使得交易方式更加灵活，并且使商家得到更完善的反馈信息。电子商务的发展致力于为公众提供更有效率和更高质量的服务，并且鼓励商家和公众将电子化的交易方式发展为自己生活中不可或缺的一个内容。（7）科技企业家发展计划。科技企业家发展计划由国家能源、通信和多媒体发展部，多媒体开发公司负责实施。科技企业家发展计划的核心目标是：培育和发展一系列具有战略性的高科技产业，比如信息通信、多媒体、生物科技和其他刚刚起步的生命科学产业；推动现有的信息通信类中小企业的发展，使之成长为世界一流的企业。

第二，参与宇宙科研探索。马来西亚重视太空尖端技术的参与、研究和开发。2007年10月10日，马来西亚首名宇航员谢赫·穆扎法尔·舒库尔搭乘俄罗斯的"联盟TMA—11"宇宙飞船飞上太空，并在国际空间站工作了11天。穆扎法尔的太空之旅向世界表明，马来西亚人也能当宇航员，作为一名"宇航研究人员"，他被国际社会承认。在太空期间，欧洲宇航局委托他在国际空间站修理设备。2007年11月5日，马来西亚科技部部长贾迈勒丁·贾基斯表示，马来西亚正考虑购买搭载马来西亚首名宇航员飞上太空的俄罗斯"联盟TMA—11"号宇宙飞船，把它运回马来西亚，陈列在马来西亚航天中心展览，以激励本国约500万青少年献身科学事业。

第三，马来西亚理工大学取得的科技成就。2005年4月，理工大学发明了世界首创的伤寒病快速诊断仪，可在15分钟内测出患者病情；该校发明的在天然气中提取高纯度碳和氢气的纳米技术在日内瓦第33届国际发明、新技术及产品博览会上获得数项奖励；同年6月，理工大学发行马来西亚第一本电子杂志，名为《生物合成食品研究进展》，并在医药及牙科学院成立癌症中心，以供专家研究抗癌化学疗法。理工大学处在试验阶段的无人遥感汽车技术可应用于科学研究、绘图和谍报等领域。2016年，在亚洲广播电视联盟亚太地区机器人大赛中，马来西亚理工大学夺得机器人比赛冠军。

第三节　文学艺术

马来西亚拥有丰富多彩的文化遗产，许多传统的艺术都被各族群保存下来。其中，传统的舞蹈、音乐在表演艺术中占有特殊地位，每一民族在各自的节日庆典中也有特别的文化表演形式，令人陶醉。在马来西亚，从事表演艺术的有城市剧场、戏剧团、巡回演出公司、广播电视和乡村剧社。

马来西亚

一　文学

马来西亚的文学发展大致可分为马来古典文学（传统文学）、现代文学（新文学）和当代文学三个阶段。其中，马来古典文学为马来西亚和印尼共有，深受印度文化和阿拉伯伊斯兰文化影响。现代文学始于19世纪末20世纪初，阿卜杜拉·蒙西被称为现代文学的先驱。当代文学兴起的标志则是第二次世界大战结束后50年代作家派的兴起。随着马来亚的独立，马来亚民族意识增强，本土化文学得到迅猛发展。今天，马来西亚文学已经从皇室文学、宗教文学的领地走出来，进入寻常百姓的生活，成为马来西亚人文化生活中不可或缺的部分。

1. 古典文学

马来古典文学又称"古代文学""传统文学"，分为两大部分，即民间文学和宫廷文学。民间文学种类丰富，包罗万象，有神话传说、动物故事、诙谐故事、成语、谜语、民间歌谣、民间小说和民间戏曲等。宫廷文学包括史诗、传记（Hikayat）、历史文学、伊斯兰文学、法律文学、马来古典诗歌等。马来古典文学深受古代印度、波斯、阿拉伯、暹罗和爪哇文学、文化的影响，带有鲜明的皇室文学、宗教文学色彩。史诗、传奇题材的文学作品较多。在古典文学中，较为有影响力和代表性的作品有以下四种。

（1）韵文诗。马来古典文学中的韵文很多，如班顿（Pantun）、史诗（Syair）等，其中以班顿最有特色。班顿即四行诗，是马来民间歌谣中的奇葩，是马来民族历史上最为悠久的一种文学形式。一般认为，班顿在中古时代就已经产生，且一直发展延续至今。在今天的马来民间集会上，不论是喜事还是丧事，人们都少不了要吟诵班顿。班顿一般由4行组成，也有2行、6行或8行的。每行包含至少8个音节，最多12个。其韵律基本上分为隔行押韵或每行押同一尾韵两类。班顿由兴句和正句组成，表现手法与中国的《诗经》类似，开头两句为引子，马来语称为"吊钩"（Sampiran），后两句才是作者真正要表达的意义，马来语称为"内容"（Isi）。通过介绍自然景色、故事作引子，烘托诗的意境，然后再用正句表达诗歌作者的真情实感，其内容主要是爱情、生活哲理、政治讽喻等，可以用于青年间谈情说爱、老年人教导晚辈或小孩间的戏谑等。

（2）印度两大史诗文学。公元初以来，印度两大史诗《罗摩衍那》和《摩诃婆罗多》在马来亚广为流传。公元 10 世纪时，马来亚的一些寺庙就把《罗摩衍那》的故事情节雕刻在石碑上。12 世纪以后，马来语文本的罗摩故事，即《罗摩圣传》就已经出现，此外，还有《罗摩故事》和《北大年罗摩衍那》等。15 世纪时，《摩诃婆罗多》被翻译成旧爪哇文，它讲述的是北印度十轮王太子罗摩的英雄故事，其故事情节、体裁及风格对马来西亚古代文学具有深刻的影响。两大史诗文学也影响了马来传统的戏剧表演，即"哇扬戏"，当地人叫"哇扬古力"（Wayang Kulit），它是吉兰丹州一种传统的戏剧表演，演出方式与中国民间的皮影戏相同。一般每年 5 月底在吉兰丹的风筝节期间的夜晚举行。"哇扬戏"起源于印尼的爪哇，中世纪时期传入马来西亚。通常情况下，一场完整的皮影戏要演一个星期，皮影戏表演的主角是"色麻尔"和"齐木拉斯"两个丑角。哇扬戏的玩偶道具是利用水牛皮制作的，撑在细细的竹竿上，演出时玩偶放在布幕后，而灯光则从玩偶后方打在布幕上，形成所谓"皮影戏"。说故事者一面手操玩偶，一面配合着音乐讲述传说故事。剧目的内容为《罗摩衍那》和《摩诃婆罗多》的故事。

（3）伊斯兰文学。15 世纪，伊斯兰教传入马来亚，波斯、阿拉伯文学作品很快取代了古代印度文学的地位。波斯语名著《阿米尔·汉萨传奇》、《姆达船长传》、《驯鹿》、《一千零一夜》和《一千问》等都有马来文译本和节译本。15 世纪初建立的马六甲王朝，把伊斯兰教奉为国教，婆罗门教和佛教逐渐衰落，印度文学的影响和地位逐渐降低，《罗摩衍那》逐渐具有马来民族鲜明的地方特征，成为民间艺术话本，《室利罗摩传》与印度梵文史诗《罗摩衍那》大相径庭，写作手法也有显著不同。

（4）历史和传记文学。最杰出的马来文学作品是记述 15 世纪马来亚历史的《马来纪年》。它是一部马来亚史诗，是由柔佛王朝的宰相敦·斯利·拉囊于 1612 年根据马来王族的世谱故事和从果阿带回的《马来传记》（Hikayat Melayu）编写而成的。书中对 15 世纪的马六甲生活做了生动的描述，包含神话、传说和历史故事，生动地讲述了马来王族的起源、马来王朝的兴衰史以及马来封建社会时期政治、经济、文化、社会和外交等各方面的情况，书中三次写到马来封建王朝与中国的关系，是一部史料价值、文学价值俱佳的著作。此外，马来亚较著名的文学体史书还有《吉打纪年》、《巴衰编年史》、《马来亚布吉斯人谱牒》和《纳菲斯贡品》。传记文学中，成就较高、流传极广的传记小说是《汉都亚》，这是一部集体创作加工的文学作品，是一部富有马来民族特色的长篇传奇小说，被誉为"唯一地道的马来故事"、"最马来的马来传奇"和马来文学的《奥德赛》。该书描述了14～17世纪马来民族英雄汉都亚的传奇经历，生动地表现了马来民族的勇敢机智和高度的爱国精神。汉都亚云游四方，除暴安良，行侠仗义，同时又是治国安邦的能臣。他满腹经纶，通晓天文地理，并精通各国语言。小说充满传奇色彩和浪漫主义情调。汉都亚叱咤风云的一生和英雄业绩，象征着马来王朝和马来民族历史辉煌的一页，在他身上集中体现了马来民族的优秀品质。他被塑造成马来民族英雄最光辉的典范，迄今受到人们的尊敬和崇拜。

2. 现代文学

现代文学又称"新文学"，与古典文学有所区别。19世纪，英国殖民主义者在马来亚建立海峡殖民地。西方文化的传入使马来亚文学进入一个新的发展时期。马来亚文学开始注重借鉴和吸收西方文学的某些创作风格和特点，其突出成就是在文学创作中确立了写实的风格。这一时期，马来亚文坛翻译了大量的西方和阿拉伯近代文学作品，并把西方和阿拉伯文学作品的译文编成教材，以推动马来亚文学创作的发展。西方的一些文学名著《格列佛游记》、《莎士比亚戏剧故事选》、斯蒂文森的《金银岛》以及古希腊文学作品《伊索寓言》《伊利亚特》等都被翻译成马来文，这一时期的文学作品不论从内容和样式上都与马来古典文学有了显著的不同。

但有关现代文学开始的标志，目前学术界仍有争议。一些学者认为现代文学的鼻祖是阿卜杜拉·蒙西，但也有学者倾向认为现代文学始于赛义德·谢赫·阿尔哈迪。从文学史的发展进程看，将赛义德·谢赫·阿尔哈迪视作现代文学之父可能更有说服力，但阿卜杜拉·蒙西的作品突破了古

306

典文学的框架，可视作现代文学的先驱。阿卜杜拉·蒙西（1787~1854）出生于马六甲，是阿拉伯人和泰米尔人的混血后裔，精通马来语，掌握了丰富的马来亚社会文化知识。他曾担任海峡殖民地斯坦福·莱佛士的马来语教师，一生创作了许多文学作品，较著名的有自传体小说《阿卜杜拉传》、《吉兰丹游记》和《麦加朝圣记》。他的作品摒弃了神话传说而记载现实生活，体现了现实主义的创作风格，极具新文学的气息。1849 年，《阿卜杜拉传》的出版标志着马来文学创作进入新时期。该书采用自传体，以写实的手法叙述了自己的生活经历和与西方人士交往中的各种社会现象。作者在书中尖锐批判了马来封建统治者的愚昧和专制，无情地揭露了他们通过宗教迷信手段愚弄与欺压民众的恶劣行径。不论从写作手法还是写作内容来看，《阿卜杜拉传》都突破了马来古典文学以宫廷为背景、以神话传说为题材的写作传统，在文学史上具有重要意义。然而，阿卜杜拉·蒙西大胆突破古典文学框架的思想并未引起马来文学界的共鸣，在他去世后的六七十年间，马来古典文学仍一统天下。

20 世纪初，赛义德·谢赫·阿尔哈迪的出现掀起了一场新的文学运动，揭开了马来现代文学的序幕。赛义德·谢赫·阿尔哈迪在青年时代曾到麦加和开罗接受教育，深受伊斯兰文化的影响。1925 年，他根据埃及小说改编创作的《法丽达·哈努姆传奇》，标志着现代马来小说的肇始。该书塑造了一个争取个性和思想解放的妇女法丽达的形象，表现了妇女要求解放的主题。这部小说从内容题材到表现手法都与马来古典小说有较大差异，基本上脱离了传统小说的框架。小说发表后引起社会的强烈反响，马来文坛掀起一股小说改革之风。同年，一份以教师和学生为主要对象的月刊《教师月刊》开始定期刊登短篇小说，对现代短篇小说的发展起到了推动作用。此后，赛义德·谢赫·阿尔哈迪创办了马来文杂志《信仰》，他在发刊词中号召马来作家关注妇女解放、妇女教育以及爱国主义、民族自尊等问题。20 年代中期，马来亚出版了大量的文学作品，其中最多的是马来作家创作的短篇小说集，反映了当时人们对西方文明传入后引起的社会道德问题、西方文化与传统文化的冲突、宗教改革、社会进步、社会秩序、政治体制等问题的思考与讨论。20 世纪 30 年代，马来亚文学作品中的民族意识得到增强，一批受过马来教育的作家成长起来，他们对同根同源的印尼文学十分感兴趣。其中，著名的作家及其作品有：艾哈迈德·哈卜杜·拉什迪，他的小说《挚友》是30年代本土文学的代表作；艾哈迈德·拉希德·达鲁，于1928年创作了长篇小说《她是莎尔玛?》；哈伦·阿米努拉希德，于1930年创作了长篇爱情小说《吉隆坡的茉莉花》；伊萨·哈吉·穆罕默德，于1937年发表了长篇小说《大汉山之子》《疯子马特·勒拉的儿子》；穆罕默德·布赞，于1938年发表短篇小说《谁之过》；阿卜杜拉·西迪克，创作有《痛苦的婚姻》《幸福的相会》等。诗歌方面，虽然在20世纪30年代中期，不少作者已尝试创作新诗歌，并出现了亚辛·玛阿末尔、沁纳蒂、阿布·萨马赫、尤素福·阿尔沙德等有影响力的诗人和《我的祖国》《血气方刚》《幸福岛》等脍炙人口的作品，但总的看来，马来现代诗歌在二战前仍处于萌芽和试验阶段，与小说相比，诗歌显得比较稚嫩。20世纪20~30年代，马来亚华文文学异军突起，逐渐成为马来文坛的一朵奇葩。中国的新文化运动对马来亚华人文学的兴起产生了重要影响。30年代末，中国著名作家郁达夫来到马来亚，主办《星洲日报》，对马来亚华人文学的发展起到一定推动作用，一些著名的华文报刊纷纷开辟文艺副刊，像《叻报》、《新国民日报》、《南洋商报》、《星洲日报》及《光华日报》等都开辟有多种副刊。这一时期，著名的华人作家和作品有陈桂芳的小说《苦》《泪》《人间地狱》，李西浪的小说《蛮花惨果》，依夫的诗《憔悴了的橡树》，丁琅的散文《希腊风》等。

3. 当代文学

1942年2月至1945年8月，日本侵略军占领马来半岛，马来民族遭受了严重的奴役和蹂躏，除诗歌之外，其他文学形式的创作十分萧条，从事小说创作的作家极少。整个日本统治时期仅有25部短篇小说问世。二战后，随着民族解放运动高潮的到来，在印尼文学发展的影响下，马来亚文学的发展开始进入新时期。特别是1957年马来亚独立后，本土化已经成为文学的主流，一大批本土化的文学作品相继问世。战后初期的文学作品中，一部分马来作家继承现代文学的传统，继续揭露和讽喻社会时弊、少数人的道德堕落。这些作家有艾哈迈德·鲁夫蒂、阿明、伊沙克、哈吉·穆罕默德等。他们的作品描绘了普通百姓的生活和命运。更多的青年作家则具有新的社会和政治理念，他们关心国内外大事。如著名作家华兰的小说《1948 以后》，描绘了 20 世纪四五十年代马来亚农民在马来亚独立过程中的斗争和遭遇，这部小说在一定程度上可以说是马来亚独立进程的缩影。

1950 年 8 月，作家哈马扎、马苏里、马斯、罗斯美拉、季米·阿斯马拉等聚集在新加坡讨论马来亚文学的发展方向，并成立了"五十年代作家行列"（ASAS 50）的文学组织，这些作家也被称作"五十年代派"。他们的宗旨是"发展和提高马来亚文化与文学"，"改革和革新马来语使其适应新文学的发展"。他们中的多数在"为社会而艺术"的口号下从事创作活动，作品大多反映战后马来亚社会的贫困和劳动人民的怨恨，同时也表现革命者争取国家独立的决心，具有强烈的现实感和浓郁的生活气息。"五十年代作家行列"为马来亚的独立做了大量的宣传工作，在文学史上也占有重要的地位。整个 50 年代，这个文艺团体的作家在报刊上发表了大量的小说、诗歌、散文，直到 50 年代末才解散。

马来亚独立前后，政府大力推广马来语，专门成立"国家语文局"从事研究和发展民族语言与文学工作，举办文学创作竞赛，促进文学创作的发展。1962 年，在"五十年代派"作家的倡议下，"全国写作人大会"召开，会议决定成立"全国作家协会"（PENA），取代已经完成历史使命的"五十年代派"。新成立的作协成员不仅包括原来"五十年代派"的大部分作家，还吸收了不少后起之秀。这些作家的作品大多描写底层社会的贫困、帝国主义的奴役以及现代化建设和民族融合等。诗歌方面，50 年代末期出现"朦胧诗派"，追求形式主义的美，内容晦涩难懂，其代表人物有扎查里、努尔、阿明等。这时期诗歌创作的主力是具有爱国主义精神的"五十年代派"诗人，如乌斯曼·阿旺、马苏里等，以及新成长起来的一批校园诗人，如加西姆、阿赫马德、格玛拉、瓦哈卜·阿利、基哈蒂·阿巴迪等。

20 世纪 60 年代，马来西亚的文学主流仍然是现实主义文学，出现一批反映现实生活的优秀文学作品。著名文学家穆罕默德·阿卜杜拉·比扬的长篇小说《樱花初开》，获得 1987 年马来西亚国家文学奖。作家沙农·阿斯马特擅长写农村题材和伊斯兰题材的作品，带有明显的乡村文学和宗教文学的色彩，其长篇小说《满路荆棘》（1966）描写了一个 9 口之家的农户遭遇天灾的痛苦经历，1976 年获马来西亚文学斗士奖，1982 年获马来西亚国家文学奖。其他著名的作品还有克里斯·玛斯的短篇小说集《前仆后继》（1963）；乌斯曼·阿旺的短篇小说《心声》（1963），诗集《浪潮集》（1961）、《刺与火》（1967）、《天边》（1971）；马苏里的诗集《时局的色彩》（1962）；克里斯·玛斯等 9 位作家的短篇小说合集《鲜花怒放》（1959）等。18 家作品选集《对抗》（1968）和 17 家作品选集《奖》（1972），汇集了 40 年代末至 70 年代的作品 60 篇，集第二次世界大战以后优秀短篇小说之大成。长篇小说方面，阿·萨玛德·赛义德的《莎莉娜》（1961）是一部获奖作品，它的出版标志着当代马来西亚文学走向新的繁荣。小说描写一个少女被日本帝国主义者侮辱而沦为妓女的遭遇，揭露帝国主义侵略战争所带来的祸害。作者获得"文学战士"称号，并于 1979 年在泰国获东盟文学奖。其他获奖的长篇小说还有哈山·阿里的《流浪汉》（1964），阿雷纳·瓦蒂的《环》（1965）、《人质》（1971），伊卜拉欣·奥玛尔的《偏僻的村庄》（1964），卡蒂佳·哈西姆的《白鸽又在飞翔》（1972），阿卜杜拉·侯赛因的《连锁》（1971），安哇尔·里查万的《艺术家的最后光阴》（1979）等。诗歌方面，20 世纪 60 年代中期出现了标榜不落任何流派窠臼的三诗人——拉迪弗·默希丁、巴哈·扎因、穆罕默德·哈吉·沙勒，他们的诗歌创作和文艺思想在 70 年代以后的马来西亚诗坛有一定的影响。拉迪弗·默希丁的《湄公河》（1972），巴哈·扎因的《真情之延宕》（1973），穆罕默德·哈吉·沙勒的《有识者游记之二》（1975）等都是风靡一时之作。1979 年出版的诗集《时代小桥》汇集了从 30 年代至 70 年代马来西亚著名诗人的作品，具有鲜明的时代感和民族特色。戏剧方面，1957 年马来亚独立后，戏剧的发展开始受到重视。20 世纪 60 年代，马来西亚的戏剧已具有现实主义特征。乌斯曼·阿旺的《一个英雄之死》和《肯尼山的客人》是这一时期的代表作。

其中，《一个英雄之死》现已成为马来西亚各剧院的保留剧目。其他比较有影响的作品还有加拉·迪瓦塔的《瓦顶与沙峨树叶的屋顶》，乌斯曼·阿旺的《从星星到星星》，加拉姆·哈米迪的《厄运》，萨哈罗姆·侯赛因创作的历史剧《敦·斯里·拉囊》《柔佛的根基》等。

20世纪70年代后，马来西亚文学进入了一个相对萧条的时期。整个70年代，无论文学作品的数量还是质量都无法与60年代相比。但马来西亚政府采取了多项措施鼓励文学发展。1970年10月，马来西亚全国作家协会联合会（GAPENA）成立，该组织由知名教授伊斯梅尔·侯赛因领导。作协联合会的主要任务之一就是自1972年起每年都庆祝"文学节"（Hari Sastera），研讨和评点文学家的论文，同时也举行各种文学创作比赛。1971年起，马来西亚国家语文局设立"文学作品奖"（Hadiah Karya Sastera），鼓励创新型的文学作品。整个70年代，马来现代诗歌的创作达到新的阶段，代表性人物有穆罕默德·哈吉·萨勒、拉迪夫·摩西丁、巴哈·赛等，知名的作品有苏海米·哈吉·穆罕默德的《石头上的花》，A. 萨马德·赛义德的《希望的种子》（1978）等。短篇小说的创作趋于成熟，掌握和精通文学理论的小说家也逐渐涌现，一些年轻作家通过各种文学比赛崭露头角，知名的作家包括克里斯·马斯、沙赫努·艾哈迈德、阿卜杜拉·侯赛因等。长篇小说方面，70年代，长篇小说创作数量不多。据马来学者的统计，整个70年代，马来作家共创作了189部小说，其中多为1976年以后创作。有代表性的作家如沙赫努·艾哈迈德，他在1973~1978年创作了四部小说，包括《斯冷埂》《垃圾》《危急关头》等；阿齐兹·哈吉·阿卜杜拉，创作有《当雨夜来临》等。20世纪70年代后，马来西亚的戏剧创作呈现出与60年代截然不同的景象，出现了模仿西方文学的"表现主义""荒诞派""黑色幽默"的戏剧作品，同时也涌现出一类以现代人视角重新评价马来民族传统价值观的作品，乌斯曼·阿旺的《树叶纷纷飘落》是这一时期的代表作。该作品采用黑色幽默的手法挖苦杭·杜亚的封建愚忠行为，批判他固守封建道德的观念。此外，70年代还有一些作家仍然坚持批判现实主义的创作道路，继续揭露和批判当代社会中广泛存在的社会问题，乌斯曼·阿旺的《乌达和达拉》是

这一类型的代表作。该剧是迄今为止马来西亚最受欢迎的剧目。

20 世纪 80 年代以后，马来西亚文学迎来了新的繁荣。以长篇小说为例，整个 80 年代，马来西亚的作家一共创作了 301 部小说，远远超过上一个十年。这一时期有代表性的作家有克里斯·玛斯、沙赫努·艾哈迈德、阿卜杜勒·马利克、A. 萨马德·赛义德等，其中克里斯·玛斯的小说《吉隆坡的大商人》影响较大。1981 年起，马来西亚政府设立"国家文学家奖"，奖励文学领域有突出贡献的作家。1981～2015 年，获得国家文学奖的作家有克里斯·马斯（1981）、沙赫努·艾哈迈德（1982）、乌斯曼·阿旺（1983）、A. 萨马德·赛义德（1985）、阿莱勒·瓦迪（1987）、穆罕默德·哈吉·萨勒（1991）、诺尔丁·哈桑（1993）、阿卜杜拉·侯赛因（1996）、S. 奥斯曼·吉兰丹（2003）、安瓦尔·瑞德旺（2009）、格玛拉（2011）、巴哈·赛（2013）、朱瑞纳·哈桑（2015）等。20 世纪 90 年代至今较为有影响力的作家和作品有 S·奥斯曼·吉兰丹创作的长篇小说《妇女的面容》（1990）、安瓦尔·瑞德旺创作的长篇小说《一个艺术家的末日》（1996）、阿卜杜拉·侯赛因出版的长篇小说《来自阳光之城》（1997）、朱瑞纳·哈桑《大选之前》（2004）等。

二　音乐

马来西亚人民能歌善舞，其音乐有悠久的发展历史。马来人、华人、印度人、阿拉伯人、欧亚混血人和土著居民基本上都保留着各自固有的音乐文化。传统音乐是马来西亚文化中最重要的一环，也是马来西亚的重要文化资产。在西马北部的吉兰丹州、吉打州和登嘉楼州山区，古老的音乐传统保留得比较多，而在南部各州特别是位于马来半岛的西海岸地区，几乎所有的表演艺术都受到西方文化的影响。鼓是马来民族主要的传统乐器，此外还有竹笛、木笛等管乐器，三弦琴等弦乐器以及铜锣等打击乐器。击大鼓早期曾是各村落之间互通信息的重要手段，不同的击鼓方式表达不同的信息，例如婚丧事件、危险警报和其他的重大消息都借由这种方式传递出去。如今，通常是在节庆的时候才能听到大鼓令人振奋的声音。热巴那大鼓（Rebana Ubi）高 1 米，用公水牛皮蒙面，鼓声清脆、节奏感强，是马来民族音乐中不可缺少的打击乐器。在吉兰丹州和登嘉楼州，每逢 5 月稻子收割完毕，都要举行热巴那鼓演奏比赛。天刚蒙蒙亮，头扎汗巾、身穿民族服装的鼓手便抬着热巴那鼓兴高采烈地来到刚刚割完稻谷的空旷田野上。他们按抽签的顺序进行比赛，并在规定的时间内演奏规定的曲子，鼓声为丰收的人们增添了喜悦。在婚庆典礼中还有一种乐器叫作马拉卡（Maracka）圆形鼓，马拉卡敲击出不同节奏的鼓声，传递不同的信息。

西马北部各州的皮影戏，有旁白和歌唱，以编锣、大锣、列巴布、管子等马来乐器伴奏。西马的主要乐器是鼓和锣，其中以双面桶形鼓"甘丹"最为流行，它分为母鼓和子鼓。锣在音乐中占有重要地位，有悬挂着演奏的一对大锣，还有一种编锣，由 4～8 个小锣平列在架上构成；演奏旋律的弓弦乐器"列巴布"有 2～3 弦，主要用于舞蹈或说唱的伴奏；还有竹制、木制或金属制的排琴；现在比较流行的旋律乐器是用竹筒制作的摇奏乐器"安格隆"。西马的传统音乐常在伊斯兰教、印度教和其他各种宗教典礼和仪式上演奏。内陆山区的乐器主要有："苏灵"（竹笛）、"图拉里"（鼻笛）、"孙波丹"（笙）及"洪高"（竹制或棕榈干制的口弦）。沿海地区主要的乐器是吊锣、竹琴和编锣。

在沙巴州和沙捞越州，铜锣用途很多。在坦布南一带，有些人家一家就有好几面铜锣，有的大如脸盆，有的小如碗碟，有的年代久远，有的是新近添置的。男子娶亲时在给女方的聘礼中，要有铜锣，结婚时，远亲近邻都带上各自的铜锣前去祝贺。丧葬中也离不开铜锣。死人的墓穴中也要放上一面铜锣。

马来西亚音乐的音调是等音的，使用四分之一音调（西方音乐使用全音调和半音调）。在演奏马来西亚音乐时，乐队通常由 8 名表演者组成，包括 2 个鼓手、2 个号手、4 个 6 孔竖笛演奏者。节日和举行宗教活动时，经常演奏音乐。东马的沙巴地区居住着信奉原始宗教的各部族，他们的音乐文化受伊斯兰教音乐影响较深，歌唱的音调和风格与《古兰经》的吟诵关系密切，所使用的音阶与印尼的"斯连德罗"音阶和"佩洛格"音阶相似。沙捞越地区的音乐与印尼的巴厘岛和爪哇有密切关系。编锣使用非常普遍。各个民族都使用竹鼻笛和竹口簧。声乐多属于马来歌曲风

格，滑音多，没有严格节拍，常常以快速的节奏结束。

在沙捞越有"雨林世界音乐节"。时间从每年7月的第二个周末开始，为期3天，一连3个晚上共15个小时。从1998年开始，一年一度的雨林世界音乐节举行了9届，这是一个以部落传统音乐为主的音乐盛会，每年吸引大批来自非洲、拉丁美洲、欧洲、亚洲和本地的雨林音乐家。在舞台上，来自民间的各种离奇古怪让人大开眼界的乐器给听众带来非同凡响的视听享受。

西方音乐在沿海城市的影响较强，特别是年青一代，他们接受西方的音乐教育，学习西方乐器和创作技法，并运用它创作了一批具有马来音调的作品，并热衷于演奏钢琴、小提琴、萨克斯管等。马来西亚的华人仍然保持自己的音乐文化，他们组织各种文艺团体演出广东和闽南的音乐、戏曲，创作和演唱华语歌曲，成为马来西亚国家音乐文化的一个组成部分。

在西马的宫廷舞蹈、独舞和群舞中常伴随歌唱，比较流行的舞蹈有源于葡萄牙民间舞蹈的"弄迎"，其表演形式就是边舞边唱，唱词用格律严谨的四行诗体"班顿"，由小提琴、长笛和鼓等乐器伴奏。源于阿拉伯地区的舞蹈有"扎平"和"哈得拉"，"扎平"只由一个双面鼓和一把小提琴伴奏，"哈得拉"（Hadrah）舞由多个单面鼓和一个小铜锣伴奏，鼓手中一人领唱，其余人伴唱。"哈得拉"是伊斯兰圣歌，歌词通常含有歌颂安拉的伟大、劝告信徒等内容，唱歌时伴有伴奏与舞蹈。通常用单面鼓伴奏。"达普士"（Dabus）是霹雳州最为流行的一种以伴随舞蹈而进行的歌唱与演奏形式，使用的乐器有铜锣、小鼓和大鼓等。这里的阿斯利人也很善于舞蹈，他们的音乐、舞蹈活动多为集体性的，使用的乐器多为竹制。这里的塞诺伊人经常表演这样一种歌舞：席地而坐的妇女两手各执一个竹筒，敲击各种复杂的节奏；在竹筒撞击声中，一人开始领唱，其余的人逐渐加入合唱，独唱与合唱重叠交错进行，形成富有特色的复调效果。这时，环圈而跳的舞蹈者也参加歌唱。在整个歌舞进行过程中，有时也加上锣鼓伴奏。"加萨"（Ghaza）是由女歌手在手风琴、单面鼓（kompang）、小提琴、六弦琵琶等乐器的伴奏下所演唱的音乐，在柔佛深受欢迎。

三 舞蹈

舞蹈在马来西亚是极为流行的娱乐方式，每逢重大节日，都要通宵达旦地演出舞剧。马来西亚各民族的传统舞蹈风格迥异，有扎宾舞、苏马绍舞、蝶舞、风筝舞、烛烛舞、宫廷舞、扇舞、羽毛舞和战士舞等。演出中，舞蹈者都能凭借丰富细腻的肢体语言、引人入胜的舞蹈情节，把观众带入热带雨林色彩斑斓的世界中。

马来西亚的传统舞蹈有很强的故事表现性，舞蹈与戏剧融为一体，呈现出舞剧的艺术表现形式。马来西亚传统舞蹈通常要表现一些故事、寓言和思想，表演的内容或是一段传奇故事，或是丰收、战争、婚嫁的场面。其传统舞蹈表演的场面尤其壮观，参加演出的人相当多。传统舞蹈起源于印尼的爪哇舞，舞姿注意身体的动作，特别是手和手臂的动作。马来西亚传统舞剧中有一种专门表演"潘济"故事的舞剧。表演者要戴上面具，并有音乐进行伴奏，这种假面舞剧的表演场面非常壮观，表演者边舞边唱念，面具通常是家喻户晓的英雄形象，观众很容易被剧中的气氛感染。

马来西亚的舞蹈风情万种，非常有特色。西马来利舞（Simlarly）是马来人的古典舞蹈，舞剧题材多为表现古代马来英雄赤手空拳合作抗敌的故事。玛雍（Mak Jong）是从泰国传来马来西亚的宫廷舞蹈剧，它以优美的音乐歌曲和浪漫的爱情故事见长，逗趣幽默。玛雍也是歌唱和戏剧相结合的表演形式，流行于吉兰丹和东海岸地区，多在民间祭祀、庆典仪式中演出。由戴面具的男演员和不带面具的女演员表演，女演员边舞边唱，男演员扮丑角，用锣和鼓伴奏。20世纪初，由于苏丹宫廷的赞助，这种舞蹈曾十分盛行，现在有些专业团体仍经常演出。在登嘉楼，有一种由3～6人表演的战争舞。

马来西亚还有许多民间舞蹈，在森美兰州，有一种叫"霹灵"的米南加保土风舞，全部由少女表演，表演者手持蜡烛、碟子跳舞，全身随着加美兰的乐音、节奏做优雅摆动，在蜡烛的微光下，观众不知不觉坠入迷幻情境，它是马来西亚不可思议、独特的奇幻表演艺术。在彭亨，有一种"催眠舞"，由8个人表演，7人手持槟榔树枝跳舞，当一位扮演"催眠精

灵"的舞者进入她们中间后，7个人陆续昏厥在地，表示已经被精灵催眠。久贾（Joget）是马来人最通俗的传统舞蹈，这种舞蹈生气勃勃，节拍快速。跳舞的人成双成对，以快速愉快的舞步行进。这是热闹活泼、幽默地追求异性的青春舞蹈。久贾原本是印度风的舞蹈，16世纪与马六甲通商的葡萄牙人的欧风舞蹈又融入久贾舞蹈。在玻璃市，有一种叫"昌公"的民间舞蹈，表演者边歌边舞。在马来西亚大多数地区，还有一种叫作"浪迎"的土风舞，舞蹈者模仿风、浪的动作，惟妙惟肖。在柔佛，有一种叫作"库达"的勇士舞，演员由10～15人组成，骑着用竹子或鲁皮编制成的马，其中一人为首领，指挥每个勇士骑马跳舞。演员身穿古代勇士服，舞蹈时有马来乐器伴奏。西拉特舞（Silat）则是通俗的婚礼节庆的舞蹈，曼妙的舞蹈由传统马来乐器及马来鼓伴奏。色拉哇（Sarawak）是地方古老的舞种，舞者以说书的方式来表示，内容不外乎是述说古时候王公家族的故事，舞者通常是搭配一种沙皮（Sape）小乳铜鼓组（10个一组）及击掌、歌唱，有如中国的京韵大鼓。龙甘（Rongg）是源自爪哇宫廷加美兰的宫廷舞，后改成苏丹王宫舞蹈。乐器除了加美兰外，现又加入小提琴及鲁特琴。

东马的沙巴，也有自己传统的舞蹈，这些不同族群的舞蹈丰富了马来西亚的多元文化特色。苏玛曹（Sumazau）是沙巴州卡达山人的民族舞蹈，舞蹈进行时，一排排男女舞者面对面地伸展着双臂，随着六面鼓鼓声的节奏，模仿鸟飞翔的动作。沙捞越人崇拜犀鸟，既喜欢它美丽的羽毛，也喜欢它神武勇敢的动作。在他们表现与敌人对抗的战士舞中，身穿兽皮战衣的舞者，头上的帽子上插着长长的犀鸟羽毛，手中紧握长矛与盾牌，踩着铿锵的鼓点，无所畏惧地与敌人厮杀战斗。这时，舞者就是犀鸟，美貌的少女在一旁为勇士呐喊助威。加央族和肯雅族人喜欢跳羽毛舞，这种舞蹈在节庆或迎接贵宾时经常跳，能够很好地表现沙捞越人民的淳朴、热情、善良与友爱。姑娘们身穿民族服饰，手背上捆绑着呈扇形的犀鸟羽毛，随着悦耳的音乐翩翩起舞，看上去就像一只只从丛林中飞出的犀鸟，在迎接远方的客人。

除了马来人的传统舞蹈外，还有华人和印度人的特色舞蹈。

"Bharathanatyam"是一种印度古典舞蹈,传统上是在庙宇举行,这类舞蹈被认为是对印度神的敬奉与朝拜。这种舞跳起来活力十足而又多姿多彩,音乐伴奏混合了民谣以及由铃鼓和击锤等乐器所奏出来的音乐。

四 传统娱乐

陀螺是一种流行于乡间、独具马来特色的游戏,尤其是在东海岸登嘉楼和吉兰丹两州丰收的月份,除了小孩子爱玩以外,成人之间也乐此不疲,并举行正式的竞赛。所用陀螺是用马来西亚特产的硬木制成的,质地坚硬细腻,大如圆盘,一般重达 4～5 公斤,直径 20～30 厘米。比赛用的陀螺还在上面镀一层锡,光亮夺目。赛事一般在收割以后或节日里进行,规模大小不一。比赛分两种,一种是旋转赛,在其旋转时,用木板将其移至顶上装有锡盘的木柱上,以旋转的时间长短定胜负。另一种是攻击式比赛,每场两个队参加,每队 4～5 人,比赛开始,甲队先抽陀螺,然后乙队另以陀螺击掷,以掷击后双方陀螺继续旋转的时间长短,以及陀螺间不得相互碰撞等规则作为计分标准。比赛一般要进行多场才能决定胜负。

放风筝是东海岸地区人们经常玩耍的游戏,风筝有各种精致复杂的样式,形状也大小不一。其中最常见的是月亮风筝,因其新月形而得名。这种风筝有的像鸟,有的像鱼,但都不失月牙形的特点。在正式场合,马来姑娘常常手持精心制作、图形优美的月亮风筝迎接贵宾。吉兰丹每年都举办一次重要的风筝竞赛,吸引来自各地的参赛者。风筝打斗是一项广受欢迎的运动,参加者努力将对手风筝的绳索割断,或将其从空中弄掉下来。风筝的绳索上粘上了碎玻璃粉末,以便风筝拥有"切割的能力"。操纵风筝以及风向的技巧是参赛者取胜的关键。在许多马来西亚人的家里,风筝作为一种美丽的装饰挂在墙上,闲暇时一家人常常去放风筝。马来西亚航空公司甚至将风筝作为公司的标志。在马来西亚,隔三岔五就有政府组织的大大小小的风筝节和风筝赛。

马来武术是马来民族用以自卫的一种武术。这种令人着迷的运动同时也是一种舞蹈,几百年来一直在马来群岛中广为流传。根据伊斯兰教的教义,参与者能借助马来武术提高自己灵性上的力量。马来武术一般可以在

婚礼、国家庆典或是武术竞赛中见到。

藤球是马来西亚最受欢迎的一种运动。游戏进行时，运动的双方在球网两边相互踢着一粒藤球。除了手以外，他们可以用身体各部位，包括脚跟、脚底、脚背、臀部、肩膀和头来踢球、顶球，尽可能不让球掉落地面。

华人社火。马来西亚华人在元宵节大游行中表演中华传统技艺，常常吸引当地人的目光，其中的一项闻名绝技是表演者用额头、下巴、下腭和肩膀设法平衡一根巨大的杆子，以展现华夏民族的英勇。此外还有舞狮子、跑旱船、舞龙和放鞭炮等习俗。

第四节 体育

在东南亚，马来西亚体育事业发展较快，某些竞技体育项目（如羽毛球）的水平很高，体育普及程度也很高。一些现代体育项目如足球、曲棍球、篮球、游泳、田径、羽毛球早就传入马来西亚。但这些活动过去大多局限于上流社会，广大群众很少参与。在广大农村，人们所喜爱的仍是传统的体育项目。独立以来，马来西亚的体育事业发展很快，体育项目的大众化，既提高了马来西亚体育项目的普及程度，也促进了某些竞技体育项目水平的提高。

一 羽毛球

羽毛球是马来西亚的国球，羽毛球运动在马来西亚十分普及，平均水平很高。羽毛球是马来西亚竞技体育水平最高的一个项目，其男子羽毛球队是世界羽坛的一支劲旅。1945～1955 年，马来西亚男子羽毛球队垄断了代表世界最高水平的"汤姆斯杯"。在 1948～1949 年举行的首届世界男子羽毛球团体锦标赛——"汤姆斯杯"赛中，马来西亚队荣获冠军，从而开辟了亚洲人称雄国际羽坛的时代。1967 年、1992 年，马来西亚男子羽毛球队又两次夺取"汤姆斯杯"。1950～1957 年，马来西亚羽毛球队员还垄断了高水平的全英羽毛球公开赛的男子单打冠军。20 世纪 90 年代初期，马来西亚羽毛球队还保持着世界强队的地位。马来西亚国内每年都要举行羽毛球联赛，以培养和锻炼新手。

李宗伟是马来西亚羽毛球队的优秀运动员，也是羽毛球界四大天王之一。1999 年，年仅 17 岁的李宗伟在马来西亚全国锦标赛上夺得冠军。2003 年，他获得马来西亚羽毛球公开赛男单亚军、荷兰羽毛球公开赛男单第 3 名，进入丹麦羽毛球公开赛 8 强，在国际羽坛初露头角。2004 年 7 月，李宗伟在马来西亚羽毛球公开赛上拿到历史生涯的第一个公开赛冠军，世界排名上升到前 16 名；8 月，李宗伟在雅典奥运会羽毛球项目男单 16 进 8 的比赛中输给了中国选手陈宏。但此后，李宗伟逐渐成熟。2004 年 12 月 5 日，李宗伟一举夺得中国台北公开赛冠军，2005 年又先后拿下世界羽毛球锦标赛男单季军、马来西亚公开赛男单冠军等奖项，取代黄综翰，成为马来西亚男单一哥。2006 年 1 月，李宗伟的世界排名上升至第一，成为自 20 世纪 80 年代设立官方排名以来，继拉希德·西德克与罗斯林·哈欣之后，马来西亚第三位世界排名第一的男单球手。2009 年初，李宗伟赢得马来西亚羽毛球公开赛男单冠军，同时获得世界羽联超级系列赛总决赛男单冠军；3 月，李宗伟在羽毛球全英赛决赛中负于中国选手林丹，屈居亚军。2010 年 1 月，在世界羽联超级系列赛总决赛上，李宗伟夺得男单冠军，并成为史上首个在羽联总决赛实现三连冠的球员；但在 11 月的广州亚运会羽毛球男单决赛上，李宗伟败给中国选手林丹，再次取得亚军。2011 年 5 月，在马来西亚公开赛上，李宗伟获得男单冠军，缔造八年七冠的神话；但在 8 月伦敦羽毛球世锦赛的男单决赛中，李宗伟又一次输给林丹，取得亚军。2013 年、2015 年、2016 年，他又取得多个羽毛球公开赛的冠军。2003 ～ 2016 年，李宗伟在各种赛事夺得 62 个男子单打冠军，43 次夺得超级赛冠军，创造了巡回赛夺得超级赛冠军次数最多的纪录。

二 足球

足球在马来西亚普及率也比较高。传统的足球赛有水平较高的"默迪卡"杯国际足球赛。马来西亚足球在 20 世纪 70 年代还是亚洲一流，

1972 年代表亚洲参加奥运会，也获得了 1980 年莫斯科奥运会的参赛权。但由于受到管理混乱和腐败的影响，马来西亚足球在亚洲逐渐失去影响力。国内联赛也因为曾受到赌球集团操纵而变得一塌糊涂。20 世纪 90 年代，马来西亚国内足球赛有一年一度的半职业化联赛和马来西亚杯赛，参加联赛、杯赛的队可以聘请外国球员。1993 年，马来西亚男子足球队在吉隆坡举行的友谊赛中，击败韩国队，爆出一大冷门。为进一步推动马来西亚足球水平的提高，从 1994 年起，半职业化的联赛改为职业化的联赛，并把文莱队也纳入联赛的范围。20 世纪 90 年代初，马来西亚是东南亚唯一实行足球职业化制度的国家。联赛水平较高的有吉打队、沙捞越队、柔佛队、吉兰丹队、霹雳队、彭亨队、雪兰莪队、吉隆坡队。2000 年、2004 年，马来西亚在东南亚足球锦标赛中获得季军，2002 年获得殿军。2007 年，马来西亚足球队作为亚洲杯足球赛四支东道主球队之一参赛。2010 年，马来西亚在东南亚足球锦标赛获得冠军。马来西亚国家足球队在国际足联 2017 年 7 月的最新排名中，名列第 167 名。

三　其他

曲棍球、篮球、排球、乒乓球等项目在马来西亚也很普及，每年都有固定的联赛。田径、游泳的竞技水平在东南亚地区也较高。目前，马来西亚是东南亚综合体育水平较高的强国之一，其他体育项目如网球、高尔夫球、自行车赛、汽车拉力赛、赛马、摩托艇、滑水、冲浪等，在马来西亚也深受欢迎。马来西亚还有许多传统的体育活动。如藤球运动，是马来西亚大众化的传统体育项目，它带有一定的竞技色彩。由于藤球不受场地限制，室内外均可进行，也不需要复杂的设备，因而风行马来西亚城乡各地。

藤球是男子体育项目。比赛时，队员可以用头顶、脚踢、胸挡，但不得用手触球。比赛一方用上述方式将球踢入对方网中即判得分。比赛用球为用藤编制的空心球体。马来西亚和泰国的藤球运动水平最高，是亚洲的强队，1990 年在北京举行的第 11 届亚洲运动会，首次把藤球列为比赛项目。1994 年，在日本广岛举行的第 12 届亚运会将藤球列为正式比赛项目。马来西亚藤球队多次在比赛中取得好成绩。如 2008 年中国东盟国际藤球邀请赛，马来西亚藤球队获得第二名；2010 年广州亚运会，马来西亚藤球队获得银牌；2013 年第 27 届东南亚运动会，马来西亚藤球队获得第三名；2014 年仁川亚运会，马来西亚藤球队获得季军。

武术。马来人有尚武的传统，历史上，马来男子有佩带波浪纹形剑（一种鱼肠剑）作为装束的习俗。目前，在马来西亚的部分地区，这一习俗依然存在。在登嘉楼州，马来男子还经常佩带马来短剑，跳一种叫作"贝加永"的战争舞，他们模仿古代战争的动作，做各种刺杀、跳跃的动作，这种马来式的舞蹈，其实就是一种舞蹈化的体育健身活动。

四 体育赛事

马来亚在 1956 年第一次参加奥运会，从那时起，除未参加 1980 年莫斯科奥运会外，马来西亚参加了其余历届奥运会，并取得了不错的成绩。在 1992 年巴塞罗那奥运会上，拉昔夫与耶莱尼兄弟为马来西亚赢得第一枚羽毛球男双铜牌。1996 年亚特兰大奥运会上，谢顺吉与叶锦福又为马来西亚赢得一枚男双银牌，拉锡德则为马来西亚摘取男单铜牌。2016 年里约奥运会，马来西亚代表团获得 5 枚奖牌，其中银牌 4 枚，铜牌 1 枚，位列奖牌榜的第 60 位，奖牌总数排在东南亚国家之首。除奥运会外，马来西亚还积极参加东南亚运动会，是东南亚的体育强国。2015 年，马来西亚在东南亚运动会上共获得 62 枚金牌、58 枚银牌、66 枚铜牌，位列奖牌榜第四位，奖牌总数 186 枚与越南持平。

马来西亚也经常举办一些重要的国际和地区运动会。其中 1977 年 1 月，在吉隆坡举行了第九届东亚运动会。在 1998 年 9 月举行的第 16 届英联邦运动会，是马来西亚历史上最大型的运动会。当时国际奥委会主席萨马兰奇出席了开幕式。代表英联邦运动会联合会所属 71 个成员协会的 5000 多名运动员，参加了田径、羽毛球、拳击、板球、自行车、体操、曲棍球、草地滚木球、无板篮球、橄榄球、射击、壁球、游泳（含跳水）、保龄球和举重等 15 个项目的比赛。东道主马来西亚以 10 枚金牌的成绩排在第 4 位。此外，马来西亚还举办过 5 次东南亚体育会，举办过多次羽毛球、曲棍球、壁球等世界锦标赛。

五　体育设施

默迪卡（Merdeka）体育场。Merdeka 在马来语中意为"独立"。这座体育场是 1957 年为纪念马来亚独立所建。当年，英国女王伊丽莎白二世的代表在 9 个州的苏丹面前向马来亚总理拉赫曼移交政权的仪式就是在这里举行的。拉赫曼随后也在这个体育馆宣读了独立宣言。从那时起马来半岛结束了 400 年被殖民的历史。独立体育场是马来西亚最大的室外体育场，可容纳 5 万名观众，设备齐全。目前，国内重大的庆典、国际性比赛大都在此举行。2008 年奥运火炬曾到达该体育馆。马来西亚国家体育中心占地 200 英亩，位于武吉加里尔（Bukit Jilil），建有国家体育馆、太子体育室、国家游泳池、国家曲棍球室及国家壁球室。第 16 届吉隆坡英联邦运动会就在此体育中心举行开闭幕式及全部比赛项目。入口正门饰有马来传统雕刻艺术品。

第五节　大众传媒

一　新闻出版

马来西亚新闻出版有 200 多年的历史。1805 年，槟榔屿出版了第一份英文报纸《政治公报》。1845 年，英国海峡殖民地政府在马来亚创办了著名的英文报纸《海峡时报》。1910 年，第一份华文报纸《光华日报》在槟榔屿出版。1939 年，第一份马来文报纸《马来亚使者报》问世。1914 年，第一份综合性马来文期刊《宝石》在雪兰莪八打灵问世。到 20 世纪 70 年代中期，马来西亚已经有英文、马来文、中文、泰米尔文报纸、期刊 120 多份。马来西亚早期的报纸主要是用英文出版的，主办者是海峡殖民地政府和基督教传教士，主要读者是英国商人和殖民地政府官员，发行量和影响都很小。《海峡时报》办得很成功，一直延续至今。1974 年 8 月，《海峡时报》以《新海峡时报》的名称由马来西亚独立出版，是目前马来西亚发行量最大的报纸。

马来亚第一个有关新闻出版的立法是 1948 年颁布的新闻出版条例。马来亚独立以后，1958 年制定了《境外出版物进口管理条例》。由于新加坡的独立和 1969 年的种族骚乱事件，政府加强了对新闻出版业的指导和管理。马来西亚宪法规定，国民有言论自由，但必须维护和有利于国家安全。马来西亚政府规定，国家对新闻出版的指导和管理主要包括：法人资格登记，业主注册登记，新闻资料的采写，政府对以上几方面进行的常规或非常规的监察督导。1971 年，马来西亚对 1948 年的《新闻出版条例》进行了修改，按照该条例，新闻出版者必须每年接受内务部的一次常规检查，主要是核检出版印刷许可证。根据国家《惩治煽动叛乱罪条例》，禁止讨论以下问题：（1）是否应把标准马来语作为国语；（2）是否应给予马来人某些特权；（3）苏丹及王室的特殊地位；（4）非马来人的公民政策。与此同时，马来西亚还相应加强了对民间团体的新闻出版事业的管理，规定所有非官方新闻出版物的主办人必须具有马来西亚国籍。目前，马来西亚新闻出版部所属的新闻出版局，是主要的新闻出版管理机构。20世纪 80 年代以来，马来西亚对新闻出版的限制大为放宽，但基本的、原则性的督导和管理依然存在。

目前，马来西亚新闻业比较健全，全国约有 50 余种报纸，用多种文字出版，发行量从几万到几十万不等，主要报纸有马来文的《马来西亚使者报》（*Utusan Malaysia*，又译《先锋报》）、《每日新闻》、《世界报》，英文的《新海峡时报》《星报》《马来邮报》，华文的《南洋商报》和《星洲日报》等。主要期刊有《祖国》《宝石》《社会论坛》《皇家亚洲学会马来西亚分会志》《马来西亚统计月报》《第三世界经济》《工商世界》《商海》《马来西亚商业》《亚洲防务杂志》《文学园地》《东南亚》《文艺创作者》。

马来西亚国家新闻社（Bernama），简称马新社，成立于 1967 年，1968 年 5 月正式运作，是一家独立的官方通讯社，在亚太地区设有 33 家分社。马来西亚国家通讯社主要负责发布国内新闻，向国内的广播电台、电视台和报纸提供国内消息、经济、政治、社会及文化动态、评论及新闻图片，同时接受包括法新社、美联社、合众国际社、俄通社、塔斯社、路

透社、中央社、时事社、泰通社、印度尼西亚通讯社及新华社等外国通讯社发的新闻。马来西亚国家通讯社是亚洲通讯社组织成员之一，并与东盟其他成员国及亚洲其他一些国家的新闻机构相互交换新闻。2008 年，马新社新闻频道开播，2016 年改名为马新社电视台（Bernama TV）。

马来西亚的出版业相对繁荣，出版数量较大。1957 年 8 月马来亚独立时，出版社还不到 15 家，其中本国人开办的仅 6 家。1961 年马来语成为法定国语，1970 年在全国小学推行马来语教学，这两项措施推动了马来西亚出版业的发展。目前，全国已有 75 家本国出版社，其中 62 家主要出版教科书，8 家出版中文图书，5 家出版泰米尔文图书。还有一些英国、澳大利亚、美国、印度出版公司的子公司。出版社主要集中在吉隆坡。全国主要的大型出版社有布里塔出版公司、马来亚大学出版公司、吉塔出版公司、朗曼马来西亚出版公司和布哈拉蒂出版社。主要的政府出版机构有德万·巴哈萨与普斯塔卡出版社。全国约有 100 家书店，有的只经销英文图书，有的只经销中文图书或马来文图书。经销马来文图书的书商收益较丰。

2006 年 4 月，马来西亚一家名叫 Francesca Ang 的出版社经过两年多的努力，出版了世界上最大的图书，这本书长 3 米，宽 2.2 米，名为《图说沙捞越》（*The Picturial Book Sarawak*），书中用大量生动的图片描绘了沙捞越的历史。出版社总经理表示，书中的全部内容用了 2 年时间策划，然后花费 45 天的时间用于文字和图片打印，最后又用了一个多月时间才将整个图书装订完毕，为了让图书结实，许多页码是由人工装订的，显示了马来西亚出版业的实力，并向吉尼斯世界纪录大全提出了申请。

此外，马来西亚出版界在向马来人推介中国文学典籍方面也做出了贡献。为了解中华优秀文化，马来西亚社会近年来提出将《红楼梦》、《水浒传》、《三国演义》和《西游记》等中国文学名著翻译为马来文出版。2002 年 6 月，马来文版《水浒传》正式出版发行，2012 年 5 月，《三国演义》马来文版在吉隆坡首发。领衔翻译该书的为马来西亚著名学者严文灿和胡德乐，共历时 7 年。2015 年 11 月，《西游记》马来文版正式出版发行。目前，马来文版的《红楼梦》翻译已进入尾声，有望在 2017 年

9月出版。此外,《白蛇传》《梁山伯与祝英台》等名著也已被翻译为马来文出版。

　　马来西亚是东南亚各个国家中华文教育做得最好的。良好的华文教育基础和相对较大的受众基数,使马来西亚的华文出版十分活跃、颇具规模。马来西亚华文受众比较多,全国华人600万左右,其中除去老、幼及受英文教育者,华文识字人口为250万~300万。马来西亚是目前海外出版华文报刊种类最多的国家,达30多种。发行量较大的有《星洲日报》、《南洋商报》、《光华日报》、《中国报》、《国际时报》、《马来西亚日报》、《亚洲时报》和《亚洲周刊》等。目前,马来西亚华文图书市场销售额为1500万~2000万美元。

　　华文书业主要集中在人口稠密的大城市。马来西亚较著名的华文书业公司包括大将出版社、上海书局、商务印书馆、大众书局、学林书局、世界书局、远东文化中心有限公司、新欣图书公司等。

　　马来西亚华文非学校用书的出版相对落后,年度出版量约为100~150种,仅占马来西亚各语文总出版量的15%,总营业收入据估计约1亿林吉特(折合人民币2亿元)。其中较为活跃的除大将出版社,还有彩虹出版社,其以学校用书为主要出版品,兼出青少儿图书,专攻中小学市场。立腾出版社兼营言情小说,其他小型出版社还包括燧人氏、佳阳及红蜻蜓等。华人社团如华社研究中心、马来西亚华校董事联合会及马来西亚华校教师会总会也偶尔出书。书店大多直接进口中国大陆、台湾省、香港特区的图书,其中中国大陆书以文史哲及医药类为主,台版书则以轻松(畅销)及具实用与时效类为主,港版书多通俗读物。

　　大众书局及大将出版社以经营台湾版书为主,商务印书馆兼营大陆、香港图书,上海书局及学林书局则纯售中国大陆书。马来西亚进口的华文"畅销书",一般销量仅为1000~2000册,也限于台、港作家如张曼娟、张小娴、痞子蔡、欧阳林的作品及英美畅销书《哈利·波特》等。这类书盗版较多。各出版社也直接做发行工作。此外也有流动书贩,到百货商场或各地办书展,多为廉价书。几家华文报纸如《星洲日报》、《南洋商报》、《光华日报》、《东方日报》及《国际时报》等,每周皆有一版或半版介绍各类华文书籍。香港《亚洲周刊》每期都刊载马来西亚大众书局的畅销书排行榜。1998 年，台湾城邦出版集团进军马、新图书市场，在吉隆坡设立子公司，主要负责发行，惠及书店，表现不错。马来西亚华文出版原来相对活络，但由于内外环境的变化，书市疲软，书商硬撑，大众、商务及上海等皆破例进入校园办书展。近年，中国经济的发展和国际交流增多，极大地影响和推动了马来西亚的华文出版业，整个行业呈现出良好的发展势头。

二 广播电视

马来西亚广播电台为官办，建于 1946 年，拥有 6 个广播网，用马来语、英语、华语和泰米尔语广播。负责对外广播的"马来西亚之声"，建于 1963 年，用马来语、阿拉伯语、英语、印尼语、缅甸语、他加禄语、泰语等 8 种语言对外广播。马来西亚电视台也是由官方主办，建于 1963 年，包括第一电视台和第二电视台，用马来语、英语、华语和泰米尔语播放。私营电视台有第三电视台（TV3）、城市电视（METRO VISION）和国民电视（NTV）。近年开办了 ASTRO 卫星有线电视频道。2004 年，八度空间（8TV）开播。

历史概况 马来西亚广播的历史始于 1921 年，一个来自柔佛的电子工程师伯奇将第一套广播电视设备带到这个国家，他随后建立了柔佛无线电协会，开始用 300 米波长的发射机广播。随后在槟榔屿、吉隆坡建立起无线电协会。1930 年，开始两周一次的短波广播。1937 年 3 月 11 日，建立马来亚不列颠广播公司演播室。马来亚不列颠广播公司后来被海峡殖民地接管，更多地被人们称为马来亚广播公司。1942 年日本入侵马来亚后，接管了位于槟榔屿、马六甲、吉隆坡、芙蓉和新加坡的现有广播电台。1943 年，英国人再次接管这些广播电台。1946 年 4 月 1 日，广播局在新加坡建立。在 1948 年的社会骚乱中，政府认识到进一步扩大和发展广播电视事业是十分必要的。商业广告于 1960 年第一次在广播里播出，这成了政府一项新的税收来源。

电视服务是马来西亚广播电视事业的另一个里程碑。马来西亚第一家电视台的电视节目于 1963 年 12 月 28 日首次播出。电台广播和电视服务后来在 1969 年 10 月 6 日合并于马来西亚信息部之下管辖，成为马来西亚广播电视台（RTM），并将办公地点共同转移到广播大厦的办公室。在第一个电视频道"第一频道"成长的激励下，第二个电视频道在 1969 年 11 月 17 日设立。

搬迁到广播大厦后，马来西亚广播电视台的广播和电视事业都开始迅速发展。播出时间也为迎合各行各业的民众需求而延长。国家广播频道开通 24 小时服务。如今，马来西亚的听众每天可以收听 6 个频道的节目，播出语言包括马来语、英语、汉语普通话和泰米尔语；同时东马沙巴和沙捞越两个州的听众可以在马来西亚广播电视台哥打基纳巴卢市"蓝色频道"（Blue Channel）上选择收听自己家乡语言的广播节目，如卡达山语、毛律语、杜松语、巴夭语、英语和汉语普通话。1975 年 6 月 20 日，马来西亚广播电台的音乐广播频道正式建立。

马来西亚电视的发展也很快，特别是在信息技术方面，电视节目的制作和播出也在不断进步，其中 80% 是本地节目，20% 的节目是进口的。马来西亚电视台（TV Malaysia）于 1994 年 3 月 1 日起开始播出，TV2"金色频道"（the Golden Channel）随后于 1996 年 12 月开播。马来西亚广播电视台逐年增加的商业广告吸引了大量听众、观众，并创建了丰厚的利润。于 1995 年建立的马来西亚广播电视网站，成为其发展历史上的另一个里程碑，使听众和观众能在互联网上享受电视和广播服务。2011 年 4 月 10 日，"TVi"频道播出。截至 2013 年，民众可通过网络和移动流媒体业务观看和收听 4 个电视台、9 个广播台的节目。

机构介绍 （1）马来西亚广播电视台（RTM）。作为政府的广播电视机构，其承担着维护国家和地区和平与和谐这一非常重要独特的社会责任，因此肩负着推动实施国家发展政策的任务。目前，RTM 经营着 3 个电视频道，分别是马来西亚广播电视台的电视 1 台、电视 2 台和 TVi。市场占有率达到 25%，观众数量 1700 万人。同时还有 34 个广播电台，市场占有率为 24%，听众数量达到 1600 万人。马来西亚广播电视台通过"马来西亚之声"这个对外广播机构为世界听众提供服务。它使用 10 种语言播出，包括印尼语、菲律宾语、泰语、汉语普通话、阿拉伯语、缅甸语和英语等。广播和电视节目都可以通过视频流在马来西亚电视台网站 www. rtm. gov. my 收看和收听。（2）免费接收的商业电台和电视台。首要媒体（Media Prima）有 4 个电视频道和 2 个广播电台，它垄断了马来西亚私营免费电视业。此外，马来西亚还有其他 8 个商业广播电台。马来西亚最主要的卫星电视公司是"环宇电视"（Astro），它拥有 188 个电视频道和 19 个广播电台。卫星付费电视业曾被"环宇电视"垄断，后于 2005 年被 MiTV 电视公司打破。

对外合作 目前，马来西亚已经开始构建东盟与中国之间的新的文化关系，通过电视、电影、广播等与中国等国家进行交流与合作。马来西亚广播电视的国际合作是在两个平台上进行的。一个是地区合作，一个是双边合作。马来西亚广播电视台通过互利的谅解备忘录与地区广播电视台建立战略联盟。目前马来西亚与印尼、文莱和新加坡国家广播电视机构签署的广播电视双边谅解备忘录已经开始实施。这些谅解备忘录涉及一些活动，如共同制作节目、电视剧、纪录片，也包括节目交换。在东盟层面上，马来西亚早在 1998 年就加入了东盟电视新闻（ATN）交换计划。现在马来西亚可以与这个组织的成员在每日新闻交换方面进行合作，并在需要的时候，通过联合报道来推进彼此间的合作。马来西亚电视台还积极推动并促成马来西亚私营制作公司与中国中央电视台、新加坡新传媒集团、文莱国家电视台等媒体建立合资企业，其制作的节目已经在双方的电视台上播出。这些方式为广播电视制作商开辟了新的途径和市场，同时也为马来西亚这方面的人才提供了施展才能的机会。

三　网络与新媒体

1995 年，互联网首次在马来西亚出现，受到民众的广泛欢迎。当时，马来西亚总人口约 2000 万，网民用户只有 2 万人。1996 年，马来西亚网络运营商增加，并出现了马来西亚国内的搜索引擎"Cari Internet"。1997 年后，马来西亚的网民人数和电脑销售量显著增加。世界银行数据显示，1998 年，马来西亚网民数量约仅占总人口总量的 6.8%，但到 2005 年，这一数据已经增加到 48.6%。2010 年，马来西亚启动高速宽带倡议后，网民数量进一步增加。2012 年，马来西亚网民在总人口中的占比已经达到 65.8%，2015 年增加到 71.1%。目前，宽带在马来西亚已较为普及。2005 年，每 100 人中只有 1.87 个是宽带的固定用户。到了 2015 年，每 100 人中的宽带固定用户已经增加至 10 个。

近年来，社交媒体如 Facebook（脸书）、Twitter（推特）在马来西亚越来越受欢迎。目前，Facebook 已成为马来西亚的主流社交网络。"飞书互动"发布的《Facebook 用户分析报告——马来西亚篇》显示，截至 2016 年 5 月，马来西亚超过 90% 的民众使用的社交媒体是 Facebook。马来西亚用户平均每天使用 Facebook 的时间是 1 小时 56 分钟，与普通上网活动所用的时间相当。马来西亚社交网络用户使用 Facebook 的时间比观看 YouTube 视频的时间多 1.9 倍，使用 Facebook 的时间比使用 Twitter 的时间多 6 倍。使用 Facebook 的大多数为青年群体，大约 75% 的年轻马来西亚职业人士和学生使用 Facebook 与亲朋好友交流，65% 年轻的职业人士用户和 74% 的学生使用 Facebook 开展社交生活。对大多数马来西亚民众而言，Facebook 已经成为最重要的搜索和社交工具。

第八章

外　交

　　马来西亚奉行独立自主、中立、不结盟的外交政策，主张建立东南亚和平、自由和中立区，优先发展同东盟国家的关系，视东盟为其外交政策的基石，重视发展同大国关系，积极发展同伊斯兰国家和不结盟国家关系，是不结盟组织、77 国集团、伊斯兰会议组织成员国。马来西亚坚决反对西方大国的强权政治和"新殖民主义"，反对西方国家利用民主、人权等问题干涉内政，关注建立国际政治经济新秩序问题；反对将恐怖主义与伊斯兰教混为一谈，反对以战争手段解决问题，呼吁联合国在国际反恐合作中发挥主导作用。马来西亚重视东亚地区合作，1997 年主办了首届东盟与中、日、韩领导人会议，大力开展经济外交，积极促进东盟自由贸易区，并牵头开展湄公河流域经济开发合作。主张亚太经济合作组织（APEC）保持松散的经济论坛性质，反对其发展成为地区性集团，反对将其议题扩大到政治和安全领域，1998 年主办了第六次 APEC 领导人非正式会议，支持国际反恐合作，主张应设法解决恐怖主义产生的根源，如发展不平衡与中东问题等，现已同 131 个国家建交。

第一节　外交简史

一　独立初期的外交

　　马来亚长期处于英国的殖民统治之下，独立后又继续留在英联邦内，其国防和外交最初仍受英国的支配。因此，独立初期（1957～1969），东

姑·拉赫曼政府奉行了亲西方的外交政策。马来西亚认为，美国领导的资本主义阵营和苏联与中国领导的社会主义阵营是当时世界动荡的主要原因，马来西亚的首要国家利益是维护国家安全，而马来西亚国家安全面临的最大威胁就是共产主义的扩张。在此背景下，马来西亚选择了向美国"一边倒"的外交政策，并且与英国保持着密切的外交关系。1957 年，马来亚与英国签署了一份具有军事同盟性质的《马英防务协定》（1970 年到期）。该协定规定，在受到外来威胁的情况下，英国将保证马来亚的领土完整。由于《马英防务协定》的签署，马来亚的周边邻国，尤其是印尼和菲律宾将马来亚视为英国埋藏在东南亚的"特洛伊木马"。马来亚与印尼、菲律宾关系随即恶化。在 1963 年马来西亚成立前后，马来（西）亚与印尼发生激烈对抗（1962~1966），两国最终断交；马菲也因沙巴领土争端两度断交（1963~1964；1968~1969）。到 20 世纪 60 年代后期，拉赫曼政府在外交政策上开始表现出一些中立的倾向。1967 年 5 月，马来西亚与南斯拉夫、罗马尼亚及其他东欧的社会主义国家建立了外交关系；8 月，马来西亚与印尼、菲律宾、泰国、新加坡 5 国组建"东南亚国家联盟"（简称"东盟"），宣布依靠本地区的力量维护东南亚的和平与稳定；11 月，马来西亚又与苏联建立外交关系。

二 20 世纪 70 年代的外交

20 世纪 70 年代，马来西亚经历了两任总理，即拉扎克和侯赛因。1970 年，敦·阿卜杜勒·拉扎克接任马来西亚总理（1970~1976）。当时的国际形势发生深刻变化，英国从新加坡海军基地撤出；美国开始从越南及印度支那脱身，并在亚洲实行战略收缩；中美战略互动加剧，并最终建交。马来西亚随即调整外交战略，放弃亲西方的政策，转而实行和平、中立和不结盟的外交政策。1976 年，侯赛因·奥恩上台（1976~1981），继续推行拉扎克的外交政策。外交政策的核心演变为实施中立的和等距离外交的政策，主张与不同意识形态和社会体制的国家开展外交关系。

这一时期，马来西亚的外交集中于三大领域。一是继续加强与英联邦国家与美国的关系。1971 年，马来西亚与新加坡、澳大利亚、新西兰、英国签订了英联邦防务协定,简称"五国防御协定"(FPDA),以取代到期的《马英防务协定》。由于该协定只是对新加坡和马来西亚提供象征性的安全保护,所以马来西亚与英国的关系开始逐渐疏远。二是加强与社会主义国家的关系。拉扎克政府调整了对社会主义国家的政策,开始与亚洲的几个社会主义国家进行官方接触。1972~1973 年,马来西亚先后与朝鲜民主主义人民共和国、越南民主共和国(北越)及德意志民主共和国(东德)建交。1974 年 5 月,拉扎克总理率代表团访问中国,与中国正式建立外交关系。1975 年,马来西亚与越南共和国(南越)实现关系正常化。1976 年,马来西亚又与统一后的越南社会主义共和国建交。三是注重发展与国际组织的关系,重点依靠东盟。拉扎克总理倡导将东南亚建设成为"和平、自由和中立区",积极加强与其他东盟成员国的合作,大力加强与伊斯兰国家的合作,参加伊斯兰会议组织的活动,努力扩大与不结盟运动成员国的关系,并在其中发挥重要作用。在马来西亚的大力推动下,东盟最终于 1971 年签署了《和平自由中立区宣言》。

三 马哈蒂尔执政时期的外交

1981 年 7 月 16 日,马哈蒂尔就任马来西亚总理(1981~2003),继续坚持和平、中立和不结盟的外交政策,开展多边外交,更加重视发展与第三世界国家的关系,旗帜鲜明地反对美国的强权政治和霸权主义。马哈蒂尔政府特别重视与东盟国家的合作,倡导开展东亚区域合作,大力发展对华关系,马来西亚的国际威望得到提高。

这一时期,马来西亚与美、英等西方国家的矛盾和分歧凸显,双方关系无实质性的进展,甚至出现了一定程度的倒退。马哈蒂尔反对英国,提出了"最后购买英国货"(Buy English last)政策,并拒绝出席英联邦会议;同时反对西方的贸易保护主义,主张东亚经济一体化。1992 年,马哈蒂尔提议成立"东亚经济集团"(EAEG),成员国包括东盟、中国、日本、韩国,后因担心引起美国等国家的疑虑,改为"东亚经济核心论坛"(EAEC),但仍遭到美国的反对而作罢。1996 年,在巫统 50 周年党庆开幕式上,马哈蒂尔抨击西方国家把他们的价值观强加于较不发达的亚洲国家，强迫其他国家接受他们的民主方式；反对西方国家利用"民主""人权"等问题干涉发展中国家的内政；主张建立大小国家一律平等的国际新秩序，反对美国等西方国家实行的强权政治外交。在自由贸易和亚太经合组织发展等问题上，马来西亚也与西方发达国家持不同看法，为发展中国家仗义执言，马哈蒂尔尤其不能容忍美国等发达国家企图通过亚太经合组织控制发展中国家的行径。马来西亚一开始对亚太经合组织持观望甚至反对的态度，1993 年，马哈蒂尔拒绝出席由美国牵头召开的西雅图会议；1994 年勉强参加了在印尼茂物的会议，但对会上提出的亚太经合贸易自由化的时限问题持反对立场。马哈蒂尔认为开放市场和减免关税步伐应由各成员国自行决定。在 1995 年的大阪会议上，当马来西亚一贯强调的"灵活性"和"自愿性"都出现在会议行动纲领草案中后，马哈蒂尔才同意接受会议纲领。在 1996 年马尼拉会议期间，马来西亚坚决反对美国提出的到 2000 年亚太经合组织成员削减、废除资讯产品税务的建议，认为如果在短时间内让先进国家的资讯产品和服务免税获得市场准入，这将对发展中国家不利。在投资自由化方面，马来西亚主张发展中国家和发达国家的地位平等；只能在充分尊重发展中国家利益的基础上，由各国依据国情逐步开放本国投资市场。投资者进入发展中国家，除了可享受各种权利外，也应承担种种义务，如转移技术、投资边远落后地区等，绝对不能损害发展中国家利益。马来西亚以实际行动为发展中国家仗义执言引起国际瞩目。

在反对西方国家的同时，马哈蒂尔主张与日本、中国等亚洲国家加强合作，提出了著名的"向东看"（Look East）政策。"向东看"政策的核心是加强和深化与日本的经济合作，尤其是学习日本的经济发展经验、先进的技术和企业家精神，利用日本的资金，加速推进马来西亚的现代化建设。日本成为马来西亚经济外交的最重要国家。此政策的提出标志着马来西亚的外交政策重心转向东亚。另外，马哈蒂尔也注意到中国在亚洲地区发挥着越来越重要的作用，主张与中国开展全面合作，包括政治、经济与人文交流。任内，马哈蒂尔多次率团访问中国，使中国成为继日本之后，马来西亚在东亚地区的另一个重要合作伙伴。尤其是 1997 年亚洲金融危机后，马来西亚支持中国主张的以东盟为中心的东亚一体化进程，与中国联手推动"东盟＋1"和"东盟＋3"进程，中马两国的战略协调与互动日益加强。

在东盟问题上，马哈蒂尔主张东盟是马来西亚外交的基石和重要舞台，维护东南亚地区和东盟的安全应放在外交的首位。马来西亚一贯在东盟事务中积极发挥作用，积极促进东盟内部的团结与合作，提高东盟的国际地位。马哈蒂尔上任后，极力谴责越南军队入侵柬埔寨，拒不承认越南扶持的韩桑林政权，同时与其他东盟国家协调立场，支持柬埔寨的抵抗力量，维护民主柬埔寨在联合国的合法地位，支持联合国在恢复柬埔寨和平进程中发挥作用，赞成在联合国驻柬埔寨临时权力机构的主持下进行的柬埔寨大选，并承认选举结果。20世纪90年代以来，马来西亚与东南亚各国的睦邻友好关系进一步加强，高层互访频繁，经贸合作深化，为东盟的巩固和发展做出了积极的贡献。在东盟扩容问题上，马来西亚认为应将越南拉入东盟，以借东盟机制对其加以"约束"，进而有助于稳定柬埔寨局势；反对西方孤立和制裁缅甸的做法，坚持对缅实行"建设性接触"政策，竭力主张让缅甸与老挝、柬埔寨同时加入东盟。在马来西亚等国的努力下，1997年缅甸和老挝正式加入东盟，柬埔寨则因其国内局势突变和动荡延迟至1999年加入东盟。"9·11"事件后，马来西亚开始加强与东盟国家的安全合作。2002年2月，马与菲、印建立情报交换机制，这是"9·11"后东南亚国家首次采取类似行动；4月又与印尼、老挝商议交换情报和打击犯罪等问题；5月马来西亚、印尼、菲律宾三国外长签署《情报交流与建立联系程序协议》，旨在联合打击恐怖主义活动。

在中东和穆斯林问题上，马来西亚支持巴勒斯坦人民恢复民族自决权的斗争，承认巴解组织是巴勒斯坦人民唯一的合法代表，要求以色列从包括东耶路撒冷在内的阿拉伯被占领土上全部撤出。对两伊战争，马哈蒂尔表示愿意作为不结盟运动或伊斯兰会议组织的代表在伊朗和伊拉克之间进行调解。在90年代初，马来西亚政府反对伊拉克军队入侵科威特，投票赞成联合国有关制裁伊拉克的决议案，主张用和平方式解决海湾危机。1996年美国对伊拉克进行导弹攻击，马来西亚对此深表遗憾，并积极向伊斯兰国家组织建议采取共同立场。马来西亚还批评美国、英国、法国及俄罗斯等大国在波斯尼亚对穆斯林抵抗塞族进攻不予帮助的冷漠态度。1996 年 4 月，马哈蒂尔访问波斯尼亚和克罗地亚两国，还为波斯尼亚提供 1000 万美元援助，帮助其购买武器和训练军队，马来西亚在伊斯兰国家中的影响日益增大。

四 后马哈蒂尔时代的外交

马哈蒂尔下台以来，马来西亚又经历两任总理，即阿卜杜拉·艾哈迈德·巴达维 (2003~2009) 以及纳吉布·敦·拉扎克 (2009~至今)。巴达维执政时期，马来西亚的外交政策更加开放，主张巩固和发展与世界所有国家的外交关系，坚持在国际事务中秉持自由、中立的立场，将推动地区一体化及东盟的发展作为马来西亚外交的重点，热衷参与联合国事务，并在伊斯兰会议组织及不结盟运动等国际组织中发挥积极作用，重视将马来西亚打造为伊斯兰国家的样板。其中，东盟是这一时期马来西亚外交的主要方向。巴达维认为，马来西亚应努力维护东盟的和平、繁荣和安全。一是推动地区政治安全合作，确保东盟政治安全共同体的建立。为此，马来西亚积极推动调解泰柬边境冲突，扩大东盟地区论坛的影响和作用，进一步推动协调非传统安全领域的合作。二是促进东盟经济一体化，确保马来西亚在东盟自由贸易区的利益，提高东盟国家人民生活水平，缩小东盟国家间社会经济发展差距。三是推动东盟社会文化一体化，促进东盟成员国间对不同文化的理解，呼吁将《东盟宪章》中有关人权的条款赋予东盟价值观，推进民间交流，增加在外来劳工方面的合作。

2009 年 4 月纳吉布执政后，马来西亚的外交开始转向以经济外交为重点，在继续将东盟作为外交政策基石的基础上，更加重视与大国的经济合作，亚太成为马来西亚外交的重点方向。对于美国，马来西亚看重与美国的贸易与投资，格外重视美国提出的"跨太平洋伙伴关系协定"（TPP），希望借此深化与美国的经贸、投资合作。为此，马来西亚在 2016 年初率先通过 TPP，成为 TPP 成员国中最早通过该协定的国家。与此同时，美马政治关系和安全合作也得到不同程度的提升。对于中国，纳吉布尤其看重中国在地区和国际社会的影响，积极与中国在"一带一路"框架下开展合作，与中国的关系也提升到全面战略伙伴关系高度。对于日本和韩国，纳吉布提出"向东看2.0"，继续将日本、韩国作为经济外交的重点国家，探讨贸易、投资、技术、能源、基础设施建设、保健和旅游等领域的合作，并就朝鲜半岛等区域和国际局势问题深入交换意见。对于东盟，马来西亚认为，东盟仍然是马来西亚外交的基石，主张积极推动地区一体化建设，利用东盟机制维护地区和平稳定，并在2015年担任东盟轮值主席国期间，宣布成立东盟共同体。

第二节 与东盟国家的关系

一 与印尼的关系

马来亚在1957年取得独立不久，就与印尼建立了外交关系。1959年4月，拉赫曼总理与印尼总理朱安达在吉隆坡签订友好条约，希望保持睦邻友好关系。但是，1963年9月，马来西亚联邦成立遭到印尼苏加诺政府的强烈反对，不久两国断交。1964年11月，马来西亚宣布，从1965年1月1日起，禁止任何前往印尼的货船和飞机经过马来西亚港口和机场。印尼也对马来西亚发起一场"对抗运动"，两国断绝经贸往来，印尼武装人员在加里曼丹岛的边界地区进行骚扰活动。1966年苏哈托掌权后，印尼停止了"对抗运动"。1967年8月，马印尼恢复外交关系。东盟成立后，两国关系进一步得到改善。

20世纪80年代以来，两国高层官员互访频繁，一些长期存在的问题得到解决。1982年2月25日，两国外长在雅加达签署《马来西亚承认印度尼西亚"群岛原则"的协议》，根据协议，马来西亚承认印尼对群岛之间的海域拥有主权，印尼则尊重马来西亚在群岛之间的海域拥有捕鱼、通航和铺设电缆和管道的权利。1983年12月，印尼总统苏哈托访问马来西亚，1984年，两国签署《关于制止马六甲海峡海盗活动的协议》、《马来西亚雇用印尼劳工的协定》、过境协定，并就领空、领海权条约进行换文。1985 年 3 月，马哈蒂尔总理访问印尼；同年 11 月，两国就扩大海空边界巡逻等事项达成协议，12 月，马来西亚最高元首苏丹伊斯坎代访问印尼。1987 年 2 月，印尼总统苏哈托对马来西亚进行国事访问。1990 年6 月，苏哈托顺访马来西亚；9 月，马来西亚最高元首苏丹阿兹兰·沙访问印尼。1992 年底，马哈蒂尔到雅加达出席不结盟会议。20 世纪 90 年代末，马来西亚在印尼东帝汶问题上一直坚持不干涉印尼内政的立场，禁止在马召开东帝汶国际大会，维护与印尼的友好关系。2000 年 3 月，马哈蒂尔总理访问印尼。10 月，印尼总统瓦希德对马来西亚进行工作访问。两国边界委员会签署谅解备忘录，划定了沙捞越和东西加里曼丹约 150 公里的边界。至此，两国仅剩 8% 的边界未划定。2001 年，梅加瓦蒂先后于1 月（时任副总统）和 8 月（时任总统）访问马来西亚。2002 年 8 月，马哈蒂尔总理对印尼进行工作访问，与印尼总统梅加瓦蒂举行会谈，并签署 5 项合作备忘录。同月，马来西亚与印尼空军在加里曼丹岛附近举行旨在提升两国空军作战协调能力的联合军事演习。但这一时期，两国关系一度因印尼在马非法劳工问题及西巴丹岛、吉丹岛的领土争端受到影响。2002 年 12 月，海牙国际法院裁定，马来西亚对上述两岛拥有主权，印尼对此表示接受。此后，马印尼领导人保持频繁的互访和会晤，但双边关系仍波折不断。2006 年，马来西亚最高元首西拉杰丁访问印尼。2007 年 2月，马总理巴达维赴印尼接受印尼总统苏西洛为其颁发的奖章；3 月，时任副总理纳吉布对印尼进行工作访问；9 月，纳吉布再次访问印尼。2008年 1 月，印尼总统苏西洛赴马进行工作访问；6 月，纳吉布访问印尼。7月，马与印尼正式成立马来西亚—印尼名人小组（EPG）。2008 年，两国关系因民歌 "Rasa Sayang" 的归属权问题一度恶化。2009 年 4 月，纳吉布担任总理后，两国关系得到进一步发展，但印尼的烟霾问题始终困扰两国关系。尤其是 2013 年以来，印尼的烟霾致使马来西亚的空气严重污染，居民生活、交通受到严重影响。马来西亚主张帮助印尼消灭林火，控制烟霾，但遭到印尼的拒绝。至今，印尼烟霾问题仍未得到有效解决，每年夏秋之际，马来西亚和新加坡都会遭受印尼烟霾的侵袭。

由于马印尼商品种类相似，互补性不强，两国间的相互贸易额较小，经济合作潜力有限，但两国在经济技术方面和东南亚的多个次区域的"增长三角"中合作密切，尤其是东盟自贸区成立后，马印尼之间的经济合作越来越密切。马来西亚在印尼经济外交中的重要性越来越凸显。2013年，马印尼贸易额达170亿美元，2014年为166亿美元。截至2014年底，马来西亚对印尼的投资为39.7亿美元，而印尼对马来西亚的投资为18.9亿美元。马来西亚是印尼在东盟的主要贸易伙伴和主要投资国。安全方面，由于两国接壤，且均为马六甲海峡的沿岸国，同时面临恐怖主义、伊斯兰极端主义等威胁，因此，两国在非传统安全领域的合作，尤其是打击恐怖主义、维护海上安全以及维护边界稳定等方面展开了诸多务实的合作，取得了一定的效果。2016年以来，马、印尼、菲在苏禄海开展三边联合巡逻，共同打击恐怖主义、暴力犯罪。

二 与新加坡的关系

马来西亚与新加坡关系密切，两国同为英国的殖民地。1965年，新加坡退出马来西亚联邦，建立新加坡共和国，成为一个独立主权国家。1966年6月两国领导人拉赫曼和李光耀在吉隆坡会晤，同意互派使节。1972年3月，李光耀总理对马来西亚进行首次国事访问。1973年，拉扎克总理对新加坡进行回访。侯赛因·奥恩任总理期间，两国建立政府间委员会，在促进两国合作方面发挥作用。1982年，李光耀与马哈蒂尔进行了互访，表示希望两国联手维护东盟在国际舞台上的地位，两位领导人建立了良好的私人关系。当年10月，两国签署《新加坡—吉隆坡短程穿梭运输服务协定》，使两国间的空中运输更便捷。1983年8月，两国签署供电协定，规定从1984年1月1日起，两国在缺电时应互相提供帮助。

1986年李光耀再次访马。1990年，李光耀四次访问马来西亚，新马两国就丹戎巴葛火车站的搬迁达成协议。吴作栋出任新加坡总理后，两国继续保持密切的友好合作关系。两国在"五国防御协定"中开展军事合作，与英国、澳大利亚和新西兰的军队进行联合军演。新加坡是马来西亚的主要贸易伙伴，长期以来，马来西亚的进出口货物要通过新加坡转口。

1992 年，马来西亚对新加坡的出口商品额占其出口总额的 23.3%，进口商品额的 20.6% 也来自新加坡。两国的经济技术合作也不断得到加强。马来西亚的柔佛州与新加坡毗邻，现在已经成为新加坡企业投资的重点地区之一。2000 年以来，马来西亚与新加坡之间的经济交往越来越密切，两国互为对方在东盟的主要贸易伙伴。2011 年 7 月 1 日，丹戎巴葛火车站搬迁到新加坡北部的兀兰。丹戎巴葛火车站是从新加坡前往马来西亚的重要陆路通道。1965 年新加坡脱离马来西亚后，马来亚铁道公司继续控制运营在新加坡境内的一段铁路，并以租赁的形式控制铁路及其附近的土地，其中包括丹戎巴葛火车站。丹戎巴葛火车站搬迁，标志着马新两国之间的火车站"主权纠纷"得到解决，对促进两国关系发展有重要意义。2013 年以来，两国的贸易、投资、互联互通、基础设施合作全面加强。据马来西亚贸易促进局的统计，2014 年，马来西亚对新加坡出口 1087 亿林吉特，新加坡成为马来西亚的最大出口市场。同期，马来西亚从新加坡进口 859 亿林吉特，新加坡是马来西亚的第二大进口市场。2015 年，马来西亚对新加坡的出口为 1085 亿林吉特，超越马来西亚对中国出口的 1015 亿林吉特，同期马来西亚从新加坡进口 821 亿林吉特。新加坡是马来西亚的第二大贸易伙伴。2013 年，两国还一致同意修建连接新加坡和吉隆坡的高速铁路。2016 年 7 月，李显龙总理访问马来西亚，两国签署马新高铁谅解备忘录，就高铁项目的技术、融资、运作和监管框架等细节达成共识。12 月，新加坡总理李显龙与马来西亚总理纳吉布举行非正式峰会，两国签署马新高速铁路双边协议。据悉，全长约 350 公里的马新高铁共设八个站，两端终站分别设在新加坡的裕廊东，以及距离吉隆坡市中心约 4 公里的大马城。高铁建造工程预计两年后启动，最快在 2026 年通车。届时，从新加坡直达吉隆坡只需 90 分钟。

但两国之间也存在领土争议，双方都对位于柔佛海峡中的一个小岛——白礁提出主权要求。白礁岛位于柔佛海峡东部，面积仅 2000 平方米，离马来西亚柔佛州有 13 公里，距新加坡东部海岸有 60 多公里。这座小岛石头遍布，无经济效益，但对海上安全非常重要，因为它坐落在货船来往繁忙的国际航道上。长期以来，新马两国对白礁岛的主权归属各执一词。马来西亚认为其从 16 世纪起就开始管理白礁岛,理应对该岛拥有主权;而新加坡则认为自 1851 年新方开始管理岛上灯塔后的 130 多年间,马来西亚从未提出过该岛主权归属问题,自己才应该是白礁岛的主人。新马两国曾在 1998 年同意,将小岛主权归属交由海牙国际法院仲裁。2002年底,两国关系因白礁岛主权归属问题再起风波。起因是马来西亚媒体12 月 22 日的一则报道,称新加坡在白礁岛上修建了一栋 2 层楼房、一个直升机停机坪和雷达站,并向附近海域派遣海岸巡逻卫队。消息传出后,马各界对此反映强烈。24 日,多名马来西亚记者前去白礁岛采访,在抵达附近海域时遇到了新加坡巡逻艇的拦截。同一天,上百名马来西亚人聚集在新加坡驻马大使馆外举行抗议示威。新加坡外交部发言人 26 日发表声明指出,新加坡目前只是在对岛上的灯塔进行日常维修,并没有进行工程建设,而雷达站和直升机停机坪也是在十几年前就已经建好的。新加坡再次重申,其一贯坚持的立场是两国应按照 1998 年达成的共识,即把白礁岛主权纠纷问题交给海牙国际法庭仲裁。该发言人说,马来西亚就白礁岛问题对新方的指责是"不负责任"的,无助于该问题的和平解决。马哈蒂尔总理同一天表示,既然新马均已同意将白礁岛的主权归属问题交给国际法庭裁决,新方就不该继续在岛上施工,其行动是"违反惯例的"。马来西亚外交部长赛义德·哈米德表示,马来西亚一直在等待和新加坡签署将白礁岛主权归属问题提交国际法庭仲裁的特别协议,但新方始终没有给马方一个明确的时间表。两国政府在此问题上互不相让。

巴达维就任总理后,积极通过对话协商解决问题,两国关系得到改善。2007 年 10 月,马来西亚总理巴达维赴新加坡出席第七届福布斯全球首席执行官会议。11 月,巴达维赴新加坡出席第 13 届东盟峰会、第 11届"10 + 1""10 + 3"会议和第三届东亚峰会。2008 年 5 月 23 日,海牙国际法庭做出判决,将马来西亚和新加坡两国的争议领土白礁岛(Pedra Branca)判属新加坡所有,中岩礁(Middle Rocks)和南礁岛(South Ledge)判归马来西亚所有。虽然两国对此结果均有异议,但双方都以一种理性、克制的态度共同面对国际法庭的判决。马来西亚外长莱仕呼吁民众成熟、冷静地接受判决,不要将其政治化。马新两国随即同意建立技术委员会，依据国际行政原则执行国际法庭的决议。与此同时，马来西亚也据理力争，多次提醒新加坡不要对白礁岛水域的专属经济区提出煽动性要求，外长莱仕指出，在任何情况下新加坡对此提出要求都是不合理的，违反国际法。只要新加坡对白礁岛上的灯塔管理不善，马来西亚可能随时接管。2017年，马来西亚以发现新证据为由，要求国际法院重新审查白礁岛主权归属。尽管如此，马新仍继续推动两国在军事领域的合作。两国不但互派军官参加训练演习加强双边军事交流，还在"五国防御协定"框架下深化军事合作，积极参与维和。马来西亚驻新加坡高级专员拜里米苏拉旺表示，马新不仅要扩大双边军事关系的广度和深度，更应该进一步发展民间关系。

此外，马来西亚与新加坡之间还存在"供水"的矛盾。1965年脱离马来西亚后，由于新加坡国内水资源不足，其一半的水资源供给仍需要依靠马来西亚，同时马来西亚的柔佛州则需要新加坡提供过滤水。依据1961年和1962年两国签署的合作协议，马来西亚将以每千加仑3分林吉特的水价向新加坡提供用水，新加坡卖给柔佛州的过滤水则是每千加仑50分林吉特。协议期限分别到2011年和2061年。但此后双方围绕供水价格时常闹矛盾。2002年11月，马内阁决定单方面停止与新加坡的供水谈判，并寻求法律途径解决。2015年5月，李显龙总理在新加坡—马来西亚领导人非正式会议上与纳吉布总理也曾谈及供水问题。

三　与文莱的关系

马来西亚的沙捞越州从三面环绕文莱，两国之间的关系曾经发生一场风波。1961年，文莱曾打算加入"马来西亚联邦共和国"，但因马来亚与文莱的领导人在一些问题上意见相左，1963年马来西亚联邦共和国成立时文莱拒绝加入。1970年，当文莱对沙捞越州的林梦提出主权要求时，两国关系一度紧张。20世纪80年代，两国关系得到改善。1983年，马哈蒂尔总理访问文莱，表示愿意向文莱提供政治、经贸、文化和人员训练等方面的援助。1984年2月，马来西亚最高元首和总理共同出席文莱的独立庆典。同年3月，文莱苏丹哈桑纳尔·博尔基亚访马，两国同意在技术、行政管理等方面开展合作，并加强部长级官员的互访。1986 年博尔基亚再次访问马来西亚。1987 年 2 月，两国签署航空协定。3 月，马哈蒂尔访问文莱，两国领导人决定在交通、通信、贸易和投资方面加强合作，并讨论了扩大空中服务和建设连接沙巴、沙捞越和加里曼丹的高速公路等问题。4 月，马最高元首访问文莱，博尔基亚表示必须解决两国的共同利益问题，包括陆地和海上边界问题。1990 年，马最高元首与文莱苏丹进行互访。1997 年，马文设立领导人年度磋商机制。21 世纪以来，两国高层互访频繁。2000 年 1 月，马最高元首苏丹萨拉赫丁对文莱进行国事访问；4 月和 10 月，博尔基亚访马。10 月，马哈蒂尔总理对文莱进行工作访问。2002 年 4 月，文莱苏丹博尔基亚和王储比拉赴出席马最高元首西拉杰丁加冕典礼。8 月，西拉杰丁夫妇访问文莱。10 月，马哈蒂尔总理赴文莱访问。2005 年 8 月，巴达维总理访问文莱。2006 年 8 月，巴达维总理与博尔基亚举行第 10 次双边年度磋商。11 月，马最高元首西拉杰丁访问文莱。2007 年 6 月，马总理巴达维和副总理纳吉布出席文莱公主玛吉达的婚礼。7 月，马最高元首米赞·扎伊纳尔·阿比丁访问文莱。8 月，巴达维总理访问文莱，并与博尔基亚共同主持第 11 届双边年度磋商。2008 年 5 月，博尔基亚赴马出席第 12 次双边年度磋商。2009 年 3 月，巴达维与博尔基亚签署有关边界问题的互换书。互换书内最终确定了两国领海、大陆架和经济专属区的界线，并确认马来西亚两个石油开采区与文莱的重叠。在文莱海域内，文莱根据联合国海洋公约对这两个石油开采区拥有主权，但在这两个石油开采区内设置商业安排区，产出的石油收入将由两国分享。互换书是马文两国就边界划分问题长达 20 年艰苦谈判的结果，预示着两国关系翻开了新的篇章。此后，两国关系进一步加强。2010 年 12 月，纳吉布总理访问文莱，推动两国能源等领域合作。2011 年 9 月，纳吉布在访问文莱期间与文莱苏丹进行第 15 次双边年度磋商，双方签署经济与科技、投资、油气开发等三项谅解备忘录，并签署一份关于合作建设连接文莱淡布隆区与马来西亚林梦地区桥梁的协议。双方在会后的联合声明中称，将继续加强两国在油气领域的合作，并争取在年内完成两国边界勘察与划定谅解备忘录的起草工作。近年来，双方的合作进一步扩大，

经贸、投资关系尤为密切。2015 年 8 月，马文举行第 19 次双边年度磋商，经济合作是重点议题。2016 年 10 月，博尔基亚访问马来西亚。两国举行第 20 次双边年度磋商。两国重申加强经济合作的愿望，特别是关于文莱与沙捞越和沙巴的经济合作，并签署加强绿色工艺领域合作谅解备忘录。在会后的联合声明中，两国建议加强中小企业合作，携手探讨更多商机。

四　与菲律宾的关系

1957 年马来亚独立时，与菲律宾的关系比较密切，当时两国政府都实行亲西方政策。但在菲律宾对沙巴提出主权要求后，马菲关系急转直下。1963 年马来西亚联邦成立，遭到菲律宾的激烈反对，不久两国断绝外交关系。1964 年，两国又重建领事级外交关系，但 1968 年两国因领土争端再次断交，1969 年底重新复交。1977 年，菲律宾总统马科斯在吉隆坡出席第二次东盟首脑会议时宣布，菲律宾将放弃对沙巴的主权要求，并于会后访问沙巴，两国关系有所改善，但领土争端并未解决。此后，双方领导人在多个场合仍不时提起沙巴问题，并多次就沙巴问题进行谈判，但未取得实质性进展。1993 年，菲律宾总统拉莫斯称，马来西亚要求菲律宾放弃沙巴的主张是不成熟的。此外，两国都对中国南沙群岛部分岛礁提出领土要求，扣留对方渔船的事件时有发生。但随着东盟自由贸易区和由马来西亚的沙巴、印尼的南加里曼丹和菲律宾南部组成的"增长三角"开发区的提出，两国的经济贸易关系有所加强。两国政府同意成立联合委员会处理有关贸易、投资、旅游、菲律宾劳工及移民、双方空中服务等问题。20 世纪末，两国关系因"安瓦尔事件"一度受到影响。1999 年 5 月，马来西亚前副总理安瓦尔的夫人、国民公正党主席旺·阿兹莎访菲，受到菲律宾总统埃斯特拉达的会见，招致马来西亚政府的不满。2000 年 1 月，旺·阿兹莎赴菲律宾出席国际妇女权利论坛，菲律宾前总统阿基诺三世的夫人与其会晤。2002 年，双方关系因菲在马非法移民问题一度紧张，同年 5 月，两国举行了为期 6 天的联合军事演习，打击海盗、恐怖活动及非法移民活动。此后，两国安全合作不断。自 2004 年以来，马来西亚不断派遣军警参加"国际监控队",负责在菲律宾南部棉兰老岛地区的维和任务。马来西亚政府表示,马来西亚从菲南部撤出维和部队后,愿意继续在菲律宾南部和平进程中扮演重要角色,加强双方在双边、区域和多边领域的合作,通过外交手段解决沙巴领土争端。近年来,马为菲政府和菲国内最大反政府武装"摩洛伊斯兰解放阵线"(简称"摩伊解")和谈积极提供协助,并取得良好的效果。2007年1月,马总理巴达维前往菲律宾宿务出席东盟系列峰会。7月,马外长赛义德赴菲律宾马尼拉出席东盟系列外长会议。2008年9月,马外长拉伊斯·亚蒂姆会见菲律宾总统特使、菲政府南部和平进程顾问何莫吉尼,双方就菲南部问题进行会谈。2013年2月,菲律宾苏禄苏丹基拉姆三世派其弟弟、"王储"拉贾穆达·基拉姆率领200多名支持者从菲律宾南部潜入沙巴州拉哈达图镇,索要所谓"祖地",与马来西亚军警对峙,并爆发武装冲突,数十名菲籍武装分子被击毙,10名马来西亚军警殉职。此事件虽不是马菲政府军层面的冲突,但使沉寂已久的沙巴主权归属问题再度浮上台面。2014年1月,在马来西亚的帮助下,菲律宾政府与摩洛伊斯兰解放阵线在马来西亚首都吉隆坡达成和平协议,结束了长达40年的武装冲突。和平协议允许由穆斯林管理菲律宾南部地区。作为交换,反政府组织的武装将被解除。菲律宾将成立一个新的名为"邦萨摩洛"的政治实体,以取代现存的穆斯林棉兰老自治区。这份协议与2013年签署的另外3项协议一起组成一个最终和平协定。2014年2月,菲律宾总统阿基诺三世对马来西亚进行国事访问,与马来西亚总理纳吉布讨论菲南部棉兰老岛和平进程以及贸易、商业等议题。2015年,纳吉布总理访问菲律宾,出席亚太经合组织领导人非正式会议。2016年10月,菲律宾总统杜特尔特访问马来西亚。

五 与中南半岛国家的关系

与越南的关系。20世纪五六十年代,马来西亚奉行亲西方政策的拉赫曼政府与越南西贡政权保持着密切的联系,与越南民主共和国则没有建立外交关系。拉扎克担任马来西亚总理后,于1973年与越南民主共和国建立外交关系。越南实现南北统一后,马越两国的往来增多。1978年1

月，越南副总理兼外长阮维祯访马，两国签署了贸易、经济和技术合作协定。同年 10 月，越南总理范文同访问马来西亚，两国又签署了航空协定。1978 年 12 月，越南入侵柬埔寨，马来西亚严正谴责这一侵略行径，要求越南无条件从柬埔寨撤军。1979 年 3 月，马来西亚宣布无限期推迟马经济代表团访越计划、搁置原定对越提供的 90 万林吉特的橡胶技术援助，并表示坚决采取措施制止越南难民流入马来西亚。尽管马来西亚动用军队阻止难民，但仍有 10 多万越南难民涌入马来西亚。1985 年，马越之间开辟了空中货运航线。1988 年 2 月，马来西亚副总理加法尔率代表团访越，与越南副总理阮庆商讨遣返越南难民问题。1989 年，越南宣布从柬埔寨撤军后，马来西亚立即表示将恢复帮助越南发展橡胶业的计划，并加强其他领域合作。1991 年柬埔寨和平协议签署后，马越两国关系进一步改善。1992 年 1 月，越南部长会议主席武文杰访问马来西亚，同年 4 月马哈蒂尔访问越南，这是 1973 年两国建交以来马来西亚政府首脑首次访问越南，双方表示将进一步加强经济合作。两国领导人签署邮电与通信协定、经济与科技合作协定、橡胶种植备忘录。双方还同意继续谈判，争取早日签署避免双重关税协定，贸易协定，以及旅游、文化和体育合作协定。2002 年 8 月，越南总理潘文凯访马；12 月，马来西亚最高元首西拉杰丁访问越南。2002 ~ 2003 年，越南的首批劳工赴马来西亚工作，主要从事制造业。此后，马来西亚与越南的经贸关系日益密切。2003 年，越南在马来西亚的劳工仅有 6.7 万人，但随着两国签署谅解备忘录，取消了越南非技能性劳工掌握英语和马来语的条件，越南赴马劳工大幅增加。至 2011 年，获得马来西亚工作准证的越南劳工达到 9 万人，其从事的行业也从制造业扩展到农业、服务业和建筑业。2015 年 8 月，两国总理宣布双边关系从全面伙伴关系提升到战略伙伴关系，进一步加强高层交往和政党合作，尽快实施战略伙伴关系行动计划（2015 ~ 2018）。在防务和安全领域，两国同意建立副部级的防务对话机制，签署有关联合巡航、设立热线电话、加强搜救协调、防范海盗的谅解备忘录。经济方面，进一步深化经贸合作，尽快签署大米贸易谅解备忘录（2015 ~ 2020）。2015 年，马来西亚是越南在东盟的最大投资来源国和主要贸易伙伴，当年马来西亚对越南的投资总额达到 24.7 亿美元。目前，两国在南沙岛屿主权和在泰国湾的水域的划分上存在争端，存在近 10 万平方公里的领土争议。仅 2009 年上半年，马来西亚就扣押了 13 艘越南渔船和 125 名渔民。根据马来西亚的渔业管理法律，被捕渔民将被判处 6 个月监禁并罚款 10 万林吉特，船长将被判处一年半监禁并罚款 100 万林吉特。2013 年以来，马来西亚与越南有关渔民的纠纷有所增加。2017 年 4 ~ 7 月，马来西亚逮捕了 70 名越南渔民，并扣留其非法捕鱼的渔船。

与柬埔寨的关系。马来西亚 1976 年与民主柬埔寨建立外交关系。越南入侵柬埔寨后，马来西亚拒绝承认越南扶持的韩桑林政权，支持柬埔寨抵抗力量抗越的武装斗争。在马来西亚政府的帮助下，柬埔寨三方力量——西哈努克亲王、乔森潘和宋双于 1982 年 6 月 22 日在吉隆坡签署《民主柬埔寨联合政府成立宣言》，促成了柬埔寨抗越统一战线的形成。1984 年，西哈努克亲王与宋双分别访问马来西亚。1986 年 8 月、1988 年 9 月，西哈努克亲王两次访问马来西亚。在越南从柬埔寨撤军后，马来西亚支持向柬埔寨派出联合国维持和平部队，并在联合国驻柬临时机构的主持下举行大选。1993 年 5 月大选后，马来西亚承认选举结果，与柬埔寨王国政府建立了正常的邦交关系。此后，两国关系稳定发展，但两国领导人之间的互访并不多。2002 年 12 月，马来西亚最高元首西拉杰丁访问柬埔寨。从 2004 年 6 月 3 日起，马来西亚航空公司正式开通从首都吉隆坡至柬埔寨暹粒市的航班。目前，马来西亚是柬埔寨的重要贸易伙伴和投资国。马来西亚出口到柬埔寨的主要货物有化学品、机械和电器，从柬埔寨进口纺织品、成衣、原木和生胶。2008 年 5 月，马最高元首米赞夫妇访问柬埔寨。2010 年 5 月 11 日，马来西亚总理纳吉布访问柬埔寨，宣布与柬埔寨签署价值 10 亿美元的 5 项投资协议，涉及清真工业、肉鸡供应、教育、小酒馆网络（bristo Network）和身份证及护照全系统。同时，柬埔寨原则上允许马来西亚的联昌集团（CIMB）在柬埔寨开展金融运作，这也是马来西亚第 5 家进驻柬埔寨的银行，柬埔寨总理洪森邀请马来西亚的公司到当地开设米厂。到 2010 年，马来西亚对柬埔寨投资总额达 21.9 亿美元，连续 14 年成为柬埔寨的最大投资来源国。2011 年，马柬双边贸易

额 3.19 亿美元。同时，两国也互为主要的旅游客源国。2013 年，赴马来西亚的柬埔寨游客为 6.5 万人，而马来西亚到柬埔寨的游客则为 5.4 万。2015 年，双边贸易额达 3.9 亿美元；同年，马来西亚是柬埔寨的第五大投资国，共 150 家马来西亚公司在柬埔寨经营。

与老挝的关系。1975 年，老挝人民民主共和国成立后，马来西亚继续与老挝保持外交关系，两国高层官员时有互访。在柬埔寨问题得到基本解决后，马来西亚重视发展同包括老挝在内的印度支那国家的经贸合作，马哈蒂尔总理公开表示，欢迎老挝加入东盟。1999 年，马来西亚是老挝的第九大投资国，有 19 个投资项目，投资额 2.8 亿美元。2001 年 10 月，老挝总理本扬·沃拉吉正式访马。2007 年 5 月，马来西亚外长赛义德出席了第三届马来西亚—老挝联合委员会会议。2008 年 5 月，马最高元首米赞夫妇访问老挝。据老挝方统计，2009 年老挝吸引外资 43 亿美元，马来西亚是第九大投资国。至 2015 年，马来西亚对老挝投资总额达 4.3 亿美元，马来西亚是老挝的第二大投资国，2017 年，马老两国成立联合科技创新委员会加强合作。

与缅甸的关系。早在 1957 年 3 月，马来亚就与缅甸建立了外交关系。1959 年 6 月，缅甸外交使节抵达吉隆坡。1973 年 6 月，缅甸总统吴奈温访问马来西亚。1974 年 5 月，吴奈温总统再次抵达吉隆坡访问。1983 年 8 月，缅甸外长吴漆兰也访问了马来西亚。1988 年 8 月，以苏貌将军为首的军人集团接管缅甸后，马来西亚继续与缅甸保持联系。1989 年，缅甸军政府派出 10 名飞行员前往马来西亚学习驾驶 C130 型运输机。1991 年 8 月 6 日，马来西亚国防学院院长率领代表团访问缅甸。马来西亚积极支持缅甸加入东盟，反对以美国为首的西方势力干预缅甸事务。1995 年越、老、缅加入东盟后（柬埔寨 1999 年加入），马来西亚与印支国家的往来增多。2000 年 2 月，马外长赛义德访问缅甸。2001 年 1 月，马哈蒂尔总理对缅甸进行工作访问；9 月，缅甸国家和平与发展委员会主席丹瑞访马；马前驻联合国代表拉扎利作为联合国秘书长私人代表，在推动缅政府与昂山素季对话方面扮演了十分活跃的角色。2002 年 8 月马哈蒂尔总理对缅甸进行工作访问。近年，马来西亚与缅甸的经济合作日益密切。

2008/2009 财年，马来西亚与缅甸的双边贸易额达到 6.62 亿美元，比上一财年增长近 3 倍。其中缅甸对马来西亚出口 3.11 亿美元，从马来西亚进口 3.5 亿美元。马来西亚主要从缅甸进口木制品、农产品、矿产品等，向缅甸出口钢材、机电产品、建材、化工品、机械设备等。2012 年，马来西亚在缅甸投资 10 亿美元，涉及石油和天然气、酒店、塑料和海鲜等。近年来，马缅两国因为罗兴亚人问题矛盾有所加剧。2016 年以来，马来西亚政府多次对缅甸表示抗议。纳吉布总理明确反对缅甸对待罗兴亚人的态度。

与泰国的关系。马来西亚与泰国的政治、经济和军事关系非常密切，双方领导人经常互访。1971 年以来，两国先后签署了渔业协定、农业合作协定、货运协定、联合开发暹罗湾海床石油资源协议、马泰澳三国联合开发哥乐盆地备忘录、马泰两国避免征收双重关税的协定等。两国还建立联合开发机构，共同开发暹罗湾的石油和天然气资源。从 1973 年起，两国在印尼的调解下开始陆地划界。1978 年 3 月两国举行首次联合军事演习。1982 年，马哈蒂尔总理访问泰国；1984 年 2 月，泰国总理炳·廷素拉暖访马。1985 年，马哈蒂尔与马最高元首伊斯坎代分别访问泰国。1986 年 7 月，泰国王储访问马来西亚。1990 年 3 月，马哈蒂尔再次访问泰国，与泰国总理差猜·春哈旺举行会谈，双方决定在旅游业和开发暹罗湾石油和天然气方面加强合作。同年，马来西亚最高元首苏丹阿兹兰·沙访问泰国。1991 年，泰国临时总理阿南·班雅拉春回访。1993 年，泰国总理川·立派访问马来西亚。1999 年，两国决定铺设北马至泰南的输油气管道。该管道全长 352 公里，总投资约 10 亿美元，双方石油公司各占 50% 股份。2000 年 3 月，马来西亚最高元首苏丹萨拉赫丁访泰。2001 年 3 月，泰国外长素拉杰访马，泰国总理他信先后于 4 月和 9 月访马。2002 年，双边贸易额 133.41 亿林吉特，占马外贸总额的 4.2%。2002 年 7 月，马哈蒂尔总理对泰国进行正式访问；泰国总理他信访马，双方召开了内阁联席会议。2004 年 4 月 12 日，马来西亚总理巴达维和到访的泰国总理他信在吉隆坡重申，两国将进一步加强反恐合作，打击两国边境的犯罪活动。2005 年，马来西亚与泰国的双边贸易额为 516.1 亿林吉特，占马来西亚外贸总额的 5.33%。2007 年 2 月，马总理巴达维访问泰国。6 月，马外长赛义德赴曼谷出席第 48 届马泰边界委员会会议。2011 年，两国贸易额为 230 亿美元，泰国是马来西亚在东盟的主要贸易伙伴。马来西亚向泰国提供石油和天然气，从泰国进口大米。2014 年，双边贸易额为 244 亿美元，2015 年，两国成立联合工作组，讨论贸易合作问题，并设定 2018 年双边贸易额达到 300 亿美元。由于马来西亚北部与泰国南部接壤，两国存在边界争端。目前，两国组建边境委员会，每年定期举行会议，就边界问题经常进行磋商。

第三节　与大国的关系

一　与英国的关系

马来亚曾是英国殖民地，其内政、外交和对外经贸活动都受英国的操纵。独立后，马来亚继续留在英联邦内，马英同属五国联防组织成员，马来西亚仍然与英国保持着广泛的联系。1974 年，马来西亚最高元首哈利姆访问英国。20 世纪 80 年代以来，马英两国纠葛不断。80 年代初马来西亚实行收购外资的政策，引起在马来西亚有大量资产的英国的不满。接着，马哈蒂尔总理抵制了在澳大利亚墨尔本举行的第六届英联邦国家首脑会议。随之，马来西亚宣布实行"最后买英国货"政策，两国关系因之紧张。直到 1983 年 3 月马哈蒂尔访问英国，表示取消这一政策，两国紧张关系才有所缓和。同年 4 月两国在马来西亚举行联合军事演习。1985 年 4 月，英国首相撒切尔夫人访问马来西亚，两国之间的关系得到进一步的改善。1986 年，由于英国拒绝支持对南非进行经济制裁，加之英国提高外国留学生的收费，引起在英国有大量留学生的马来西亚的强烈不满，马哈蒂尔总理甚至扬言要退出英联邦。

1988 年，马哈蒂尔与来访的撒切尔夫人签订理解备忘录，规定英国向马来西亚出售价值 45 亿美元的武器装备，提供 2.34 亿美元用于修建水电站。随后，双方签订军火合同。1990 年，马来西亚政府与英国空间公司签订了一份涉及 20 亿美元的合同，英国向马来西亚提供 28 架"天鹰式"战斗机，并提供训练和技术服务。1992 年初，马来西亚政府又与英国一家公司签订了购买军火的合同，马出资 14 亿美元，向英方订购两艘新式军舰，于 1996 年交货。

经济合作方面，1992 年马来西亚出口货物总额的 4% 输往英国，进口货物总额的 3.4% 来自英国。英国是马来西亚第六大贸易伙伴。20 世纪 90 年代初，马英两国的贸易额维持在 26 亿~30 亿美元，英国在马来西亚的投资额有所增加，已经达到 16 亿美元。1993 年英国首相梅杰访问马来西亚，两国签订了几项经济协议。同年，马来西亚最高元首阿兹兰·沙访问英国。1994 年初，马来西亚副总理安瓦尔宣布，由于英国媒体对马来西亚领导人进行无中生有的攻击，马来西亚无限期地拒绝向英国公司提供任何基础设施的承包合同。1995~1996 年，马哈蒂尔总理曾三度访英，两国关系有了较大改善。2000 年 10 月，马哈蒂尔出席英马 21 世纪联合大会，并与英国官方加强往来。2001 年，英国王子安德鲁和副首相约翰·普雷斯科特先后于 5 月和 12 月访马。马与英国经济关系密切，从 1981 年至 2001 年 7 月，投资金额 17.483 亿美元，是马第七大外资来源。2007 年 1 月，马总理巴达维访问英国，6 月，马副总理纳吉布赴英国伦敦出席"2007 年马来西亚周"活动。2011 年，两国领导人在伦敦会晤。2012 年，英国首相卡梅伦和威廉王子访问马来西亚。2015 年，卡梅伦首相时隔三年再次访问马来西亚。近年来，马、英关系有所波折，尤其是 2015 年以来，英国政府对马来西亚总理所谓"7 亿美元"受贿案颇有微词，但两国的贸易关系仍然密切，英国是马来西亚主要的贸易和投资伙伴之一，2015 年，双边贸易额为 27.6 亿英镑，至 2015 年底英国对马来西亚投资额达 34 亿英镑，主要投资在制造业，同时，马来西亚是继中国、印度之后英国的第三大留学生来源国。英国宣布脱欧后，马来西亚计划在英国设立贸易办公室，进一步加强与英国的经济合作。

二　与日本的关系

马来亚在 1957 年独立后即与日本建立了外交关系。1959 年 5 月，马来亚总理东姑·拉赫曼访问日本，与日本首相岸信介会谈并发表联合声明，表示希望两国建立更紧密的经济关系。20 世纪 60 ~70 年代，随着日本的崛起，以及日本政府对东南亚地区的日益重视，尤其是日本推出加强与东南亚关系的"福田主义"后，马日关系不断发展，经贸往来日益增多。1977 年 8 月，侯赛因·奥恩总理和福田赳夫首相交换意见，决定成立"马日经济协会"。到 1977 年，马来西亚的商品中已经有 20.5% 输往日本，进口商品中 23.4% 来自日本。

　　20 世纪 80 年代，马哈蒂尔执政后更加重视发展与日本的关系。1981 年 12 月，马哈蒂尔推崇日本的经济发展经验和工作精神，认为日本既能够实现经济现代化，又能够保留自己的价值观，值得马来西亚学习。1981 年 12 月，马来西亚政府正式提出了"向东看"政策，号召本国人民学习日本的先进技术、管理经验和劳动态度。这标志着马来西亚的外交重点从欧美转向东亚。1982 年 5 月，马哈蒂尔总理以私人身份访问日本。1983 年 1 月，马哈蒂尔以总理身份正式访问日本，日本政府同意向马来西亚提供 1982 年度贷款 210 亿日元和特别贷款 500 亿日元。同年 5 月，日本首相中曾根康弘抵达吉隆坡访问。此后近 10 年中，马哈蒂尔每年都要到日本 1 ~2 次，考察日本经济建设的新变化，争取日本的贷款和政府经济援助，并敦促日本在东亚地区事务中发挥作用。1990 年 10 月，马来西亚最高元首苏丹阿兰兹·沙到东京出席日本天皇明仁的登基大典。马哈蒂尔还支持日本成为安理会常任理事国，甚至表示日本不必为战争问题道歉，结果引起亚洲国家的指责。但 1997 年亚洲金融危机爆发后，马哈蒂尔对日本经济长期低迷，无力帮助东南亚深感失望，批评日本盲目学习西方经济政策和生活方式，放任日元贬值，不利于地区经济发展，希望日本支持他提出的建立"东亚经济组织"的主张，并在该组织中发挥重要作用。2002 年 1 月，日本首相小泉纯一郎对马来西亚进行工作访问。当年 5 月，马哈蒂尔率大型经贸代表团访问日本。12 月，马哈蒂尔总理再次访问日本。2003 年 6 月，马哈蒂尔又一次访问日本，出席第 9 届日经国际研讨会，同时，商讨东盟—日本的贸易与经济合作及区域安全等问题。2005 年 5 月，两国完成了经济伙伴关系协议谈判。经济伙伴协议不仅包含双边自由贸易区协议，还涉及农业、旅游业、知识产权保护等各个领域的经济合作。马来西亚与日本的经济伙伴关系协议的谈判开始于 2003 年，经过两年的磋商，终于在汽车和钢铁贸易的关税等最后一些问题上达成了谅解。2007 年 3 月，时任马来西亚副总理纳吉布访问日本；8 月，两国庆祝建交 50 周年和马来西亚"向东看"政策提出 25 周年，日本首相安倍晋三访问马来西亚。2008 年 5 月，马来西亚总理巴达维对日本进行了工作访问。2009 年纳吉布上台以来，马来西亚更加重视对日本的经济外交。2013 年，在日本东盟 40 周年纪念峰会之时，纳吉布提出启动"向东看 2.0"政策，进一步深化与日本的经济合作。此轮经济合作重点是开创商机，加强经济项目合作，尤其是高科技和高端服务业合作。日本首相安倍表示欢迎。据马来西亚国家统计局的统计，2015 年，马来西亚与日本的贸易额达到 328 亿美元。2016 年 11 月，纳吉布访问日本，双方领导人就高铁建设、南海争端、TPP 等问题交换意见。纳吉布欢迎更多日本企业到马来西亚投资，两国将在清真产业方面加强合作。

三 与美国的关系

马来亚独立后即与美国建立了外交关系，马来西亚政府奉行亲美的外交政策，美国政府也重视发展与马来西亚的关系。1961 年，拉赫曼总理提出建立"马来西亚联邦"的计划得到美国的大力支持，并在经济上提供协助以推动"马来西亚联邦"的成立。1963 年 9 月，马来西亚联邦成立后，美国立即给予支持。1964 年 7 月，美国总统约翰逊与东姑·拉赫曼总理举行会谈，并发表公报说，美国支持一个独立、自由的马来西亚，美国将在安排信贷的基础上向马来西亚出售武器装备，并为马来西亚提供军事训练。同年 10 月，美国派军事代表团抵达吉隆坡访问，在与马来西亚军方领导人会谈后发表声明称，美国愿意售予马来西亚一批喷气式战斗机及通信器材和工兵设备，并对马来西亚空军飞行员和地勤人员进行训练。同年年底，在美国的支持下，马来西亚当选联合国安理会非常任理事国。进入 70 年代后，马美关系有所变化，但仍保持合作。美国不断对马来西亚进行投资和贷款，并派遣 500 人的"和平队"，帮助马来西亚进行

经济开发工作。80 年代以来，马美之间仍保持高层互访，但纠葛增多。马哈蒂尔希望美国能够尊重发展中国家的主权和领土完整，不要干涉它们的内政，希望美国在政治和经济上在东南亚地区发挥"建设性的支撑作用"。同时批评美国偏袒以色列，忽视巴勒斯坦人民的合法权利。1982 年，美国宣布其"和平队"将于 1983 年 11 月底前从马来西亚全部撤出。1984 年 1 月，马哈蒂尔总理访问美国。1986 年，美国总统里根的夫人南希代表总统出访吉隆坡。

进入 20 世纪 90 年代，出于本国的政治经济利益需要，马来西亚与美国之间仍保持接触和合作，但同时双方的矛盾也更加突出，因此两国关系总的来说是既合作又斗争。1991 年伊拉克入侵科威特、美国发动军事打击行动后，马来西亚支持迫使伊拉克从科威特撤军的努力，但主张用和平方式解决海湾危机。马来西亚反对美国称霸世界。1991 年苏联解体，美国成为唯一的世界超级大国后，马哈蒂尔认为，没有苏联作为对手与之抗衡，以美国为首的发达国家将毫无顾忌地侵蚀发展中国家的利益。马来西亚领导人明确表示不希望美国成为"世界警察"。马哈蒂尔提出的建立"东亚经济组织"（EAEG）的建议遭到美国反对，美国认为这样将有碍亚太经合组织的运作。马哈蒂尔对美国进行反驳，认为它是在搞双重标准，自己可以建立北美自贸区，却不允许东亚国家建立类似组织。因此，马哈蒂尔抵制了 1993 年 11 月在美国西雅图召开的亚太经合组织成员国首脑会议，并提出建立"东亚经济核心论坛"（EAEC）。1997 年东亚金融危机爆发后，马来西亚坚决拒绝接受美国主导的国际货币基金组织（IMF）的援助。马来西亚赞成美在东南亚的军事存在，但不赞成美在东南亚国家建立新的军事基地，并对美国多次在民主、人权问题上对马来西亚提出批评进行强烈的反击。

两国政治关系受到一定影响。但马美之间经贸关系一直较密切，美国向马来西亚提供了大量的贷款，美国公司在马来西亚也有大量投资。1995 年至 2001 年 7 月，美对马累计投资 73 亿美元。美一直是马最大的贸易伙伴。1992 年，马来西亚出口货物总额的 14.8% 输往美国，进口货物总额的 15.7% 来自美国。2000 年 1~8 月，马美双边贸易额 222 亿美元，占马外贸总额的 18.9%。2002 年，马美双边贸易额 613.95 亿林吉特，占马外贸总额的 19.4%。2001 年美国发生"9·11"恐怖袭击事件后，美出于反恐需要，与马关系明显改善。当年 10 月，马哈蒂尔总理与布什总统在上海 APEC 领导人非正式会议期间举行了双边会晤，主要就反恐问题交换了意见。2002 年 5 月，马哈蒂尔总理应邀访美并会见了布什总统，两国签署了《打击国际恐怖主义合作宣言》，与美在反恐领域加强合作，马哈蒂尔还出席了美国国会"马来西亚贸易、安全和经济合作委员会"成立仪式。7 月，美国国务卿鲍威尔和助理国务卿凯利访马，就反恐问题同马来西亚总理和副总理举行会谈。马来西亚同意与美合作并在本国设立"东南亚反恐训练中心"。8 月，马来西亚皇家海军与美海军舰队在南中国海进行联合军事演习。2004 年 7 月初，马来西亚与 1200 名美军士兵在南中国海水域举行了为期 4 天的联合军事演习。2004 年 7 月 18 日，马来西亚总理巴达维访问美国，与包括布什总统在内的美国领导人举行会晤。两国领导人决定大力发展双边关系，扩大美国在马投资以及促进解决中东问题。2015 年，马来西亚与美国同意在东南亚合作设立地区反恐信息中心，打击暴力犯罪和恐怖主义。

目前，马美分歧犹存，政治合作受阻。自 2002 年以来，马美自由贸易谈判一直在断断续续地进行。奥巴马上台后，双方虽愿意重谈自由贸易协定，但至今仍未纳入正轨。2008 年末巴以冲突发生后，马来西亚民众多次举行游行示威，抵制美国货，强烈谴责美国对巴以的不公平态度，马美双边自由贸易谈判再度搁置。此外，马来西亚还强烈抗议美国对其民主政治的干预。2008 年 3 月大选后，马来西亚政局动荡，政府援引内安法逮捕煽动种族情绪人士，并再度将前副总理、反对派领袖安瓦尔以鸡奸罪告上法庭，引起美国的不满和干涉。时任副总理纳吉布反击称，每个国家的法律都应该受到尊重，马来西亚议会通过的法律不应该受到其他国家的鄙视。马来西亚承认美国的世界大国地位，并肯定其自由、民主和平等，但不希望美国对马来西亚内政进行干涉。此后，马来西亚与美国的高层互动不多，重要的有：2009 年 5 月，马来西亚外长阿尼法访问美国，与美国国务卿希拉里会晤；9 月，美国副国务卿斯坦伯格访问马来西亚；11

月，马来西亚总理纳吉布访问美国，表示希望与美合作推动 TPP。2014
年 4 月，马来西亚国防部长兼代理交通部长希沙慕丁·侯赛因访问美国，
出席美国东盟国防部长论坛，此后奥巴马访问马来西亚，与总理纳吉布进
行双边会议，并出席与东盟年轻人的交流活动。双方决定将两国关系提升
为全面伙伴关系，致力于加强经济、安全、教育、科学、技术等领域的合
作。奥巴马成为 1966 年以来首位访问马来西亚的在任美国总统。2015 年
以来，美国《华尔街日报》爆料纳吉布总理贪污"一个马来西亚发展有
限公司"7 亿美元，引发马政局动荡。2015 年 11 月，奥巴马赴马来西亚
出席东亚峰会，美国国防部长卡特访问马来西亚。2016 年 2 月，纳吉布
对美国进行工作访问，并出席东盟—美国峰会；副总理扎希德对美国进行
工作访问。

四　与苏联、俄罗斯的关系

马来西亚与苏联于 1967 年建交。同年 4 月，两国签订贸易协
定，苏联开始大量进口马来西亚的橡胶。1972 年 9 月，拉扎克总理
访问苏联，两国签订经济和技术合作协定。1979 年 9 月，侯赛因·
奥恩总理访问苏联。1979 年 12 月苏联入侵阿富汗后，马来西亚坚决
反对苏联的侵略行径，支持阿富汗的抗苏斗争，并抵制 1980 年在莫
斯科举办的奥运会和在塔什干召开的伊斯兰会议，直到 1982 年后两
国才恢复交往。1982 年 5 月，苏联杂技团到马来西亚访问演出。
1982～1986 年，两国副部长级高级官员多次互访。1986 年 7 月，苏共中
央总书记戈尔巴乔夫表示要维护亚太的和平与稳定，获得马来西亚赞赏。
1987 年 7 月，马哈蒂尔总理访问苏联，两国签署避免双重关税协定、海
运协定和定期磋商协定。马哈蒂尔对戈尔巴乔夫的改革给予肯定。1991
年苏联解体后，马来西亚与俄罗斯继续开展军火贸易合作。1994 年，马
俄签署 6 亿美元合同，马购买 16 架米格 - 29 歼击机、2 架米格 - 29 战斗
教练机。进入 21 世纪，马来西亚继续加强与俄罗斯关系，尤其是在气象、
宇航科技、生物技术研究等方面有重大合作。2000 年 9 月 26 日，俄为马
发射第一颗人造卫星"鹦鹉号"。安全合作方面，俄同意与马交换情报，

并在国际和区域论坛上密切合作，打击恐怖分子。经济合作方面，马是俄电子产品的主要输出国，但马当时对俄贸易主要通过新加坡进行，且贸易额较少，2001 年两国贸易额只有 3 亿美元。2002 年 3 月，马哈蒂尔访问俄罗斯，考察其国防和高科技。两国发表联合声明，加强贸易、科研、教育、军事培训计划、购买军备、打击恐怖主义等领域合作。马希望与俄开展直接贸易，降低商品转口成本，并对俄科学与工艺、重机械等表示出浓厚兴趣。俄对马"多媒体超级走廊"感兴趣，希望与马加强高科技与太空领域的合作。马表示将通过与中国铁路的衔接，扩大其经济利益至东亚和中亚地区。2003 年 5 月，马来西亚国防部长纳吉布透露，马同意购买 18 架苏 - 30MKM 战斗机。2003 年 8 月，普京访问马来西亚，两国签署科技、信息技术和国防的三项合作协议。俄将向马出售 18 架苏 - 30MKM 型多功能战斗机，这是马空军有史以来最大的军火合同。作为合作附属条件，俄同意助马来西亚发展航天技术和发射人造卫星。2007 年 10 月 10 日，搭载马来西亚宇航员的俄罗斯"联盟 TMA - 11"载人飞船在哈萨克斯坦境内的拜科努尔法发射场升空。34 岁的马来西亚外科医生谢赫·穆扎法尔·舒库尔成为马来西亚首位进入太空的宇航员。2008 年 6 月，马来西亚总理巴达维访俄，双方签署联合声明，将和平利用航天技术开展合作，并将燃料和能源、信息通信技术、农业、生物技术及医疗领域的协作视为优先合作方向。两国贸易关系发展迅速，2006 年双边贸易额增长 37.8%，超过 11 亿美元。2007 年双边贸易额达到 20 亿美元。此后，两国在经贸、政治领域的合作不断加强，双方的政治互信已达到一定高度。2014 年 7 月 17 日，马航 MH17 客机从荷兰飞往吉隆坡途经乌克兰东部上空时遭导弹击落，机上 298 名机组人员及乘客全部罹难。此后，虽有媒体和相关调查报告指出击落马航客机的 9M83 系列的'山毛榉'地空导弹来自俄罗斯，但马俄两国密切配合，妥善处理空难，两国关系并未因此受到影响。同年，马俄双边贸易额达到 33 亿美元，俄罗斯从马进口的商品主要有化肥、化学用品、金属制品及棕榈油等。2016 年 5 月，纳吉布访问俄罗斯，与普京总统举行会晤，两国同意进一步加强经贸合作，增加两国间的直航航班。

五　与澳大利亚的关系

马来西亚与澳大利亚同为英联邦成员国。20 世纪 70 年代以来，马澳两国在"五国防御协定"的框架内进行防务合作。双方经济关系密切，澳大利亚是马来西亚的重要贸易伙伴。20 世纪 90 年代初期，在澳大利亚报纸、刊物上不断出现批评马哈蒂尔总理及其政府的文章，引起马来西亚不满。虽然马哈蒂尔与澳大利亚总理霍克在一次英联邦国家首脑会议上就此交换过意见并达成谅解，但问题没有根本解决。基廷担任澳大利亚总理后，曾试图修补两国关系，但收效不大。1993 年 11 月美国西雅图亚太经合组织首脑会议期间，基廷对记者说，马哈蒂尔拒绝参加这次会议是"顽固不化"，这一指责在马来西亚引起强烈反应。马来西亚国家电视台宣布，停止播放来自澳大利亚的电视节目和其公司制作的广告。马来西亚表示，如果澳方不就基廷侮辱马哈蒂尔一事做出道歉，马来西亚将考虑降低与澳大利亚的外交和贸易关系。但马哈蒂尔总理称，马不会向澳提出正式抗议或与之断交。

21 世纪以来，马来西亚与澳大利亚关系达到历史最好时期。在经贸领域，两国已经谈妥自由贸易协定，为双边贸易关系打开新大道。2012 年双边贸易达到 177 亿美元。在政治领域，双方继续推动后座议员间的交流，加强对民主的理解。在安全领域，两国继续在"五国防御协定"框架下积极保持军事合作。在社会领域，越来越多的澳大利亚人前往马来西亚旅游，双方建立了工作和假期签证机制，推动年轻人尤其是两国大学生相互交流，并在交流、旅游期间提供临时工作机会。马来西亚前总理巴达维发起创办的"澳大利亚—马来西亚研究院"仍在继续发挥作用，该院在增进人员（包括学者、记者、艺术家和青年领导）感情方面发挥了重要作用。2008 年，澳大利亚总理陆克文访问马来西亚。2009 年，马澳双方继续落实推进既定的双边合作框架，推动马澳关系取得更强劲的实质性进展。马来西亚希望澳大利亚在教育、卫生、科研、国防、旅游等领域提供帮助，马来西亚则应尽量吸收澳大利亚留学生，加强民间交往。2013 年 1 月，马澳自贸区启动。但 2013 年以来，马澳两国间的摩擦增多。如 2016 年 3 月，两名澳大利亚记者试图询问马来西亚总理纳吉布所谓贪污案被马方拘留，实际上类似的情况早在 2012 年就发生过。当年，澳大利亚议员色诺芬因在吉隆坡参与反政府游行被逮捕。

六 与印度的关系

马来亚独立之初即与印度建立外交关系。两国作为不结盟运动成员国，一直保持着友好的关系，双方领导人时有互访。1992 年 11 月 2 日，马来西亚外长阿卜杜拉·巴达维与印度签订双边协定，被当作"南南合作"的典范。该协定确定双方合作的领域包括卫生、人力资源开发、旅游、科技、电力、石油勘探和开采等。1993 年，两国签订防务合作谅解备忘录。近年来，马来西亚与印度合作取得新突破。2007 年，马印双边贸易额超过 250 亿林吉特，相互投资总额达 39 亿林吉特；2008 年，双边贸易、投资再创新高。马来西亚共有 60 家印度合资企业，经营棕榈油、电力、民用设施建设等。此外，马印双方还签订了 40 亿林吉特的电气化铁路工程，推动基础设施建设合作。2008 年 4 月，继中国和日本之后，印度第三个与马来西亚签订"电子关税网络连接"协定，加强相互学习交流。两国还签署《印度劳工赴马来西亚工作谅解备忘录》，解决印度合法劳工在马来西亚的工作问题。2009 年 2 月，马印签订双边自由贸易协定，进一步推动双边经贸关系，缓解国际金融危机对两国经济的冲击，稳定双边贸易与投资。2010 年以来，两国高层互访频繁。2010 年 10 月，纳吉布总理访问印度，两国关系提升至战略伙伴关系。2011 年 3 月，马来西亚副总理慕尤丁访问印度。2012 年 12 月，纳吉布再次访问印度，出席印度—东盟纪念峰会。2012 年，马印双边贸易总额达 133 亿美元，远远超过 1992 年的 6 亿美元。2012 年以来，两国部长级别的会晤频繁，安全合作有所深入，经济交往日益密切。两国设定了 2020 年双边贸易总额达到 250 亿美元的目标。2014 年，马、印两国总理在缅甸内比都会晤，2017 年，马、印签署 360 亿美元的贸易订单和 31 个谅解备忘录。

第四节　与其他伊斯兰国家和国际组织的关系

一　与伊斯兰国家的关系

作为世界上主要的伊斯兰国家，马来西亚重视加强与伊斯兰世界的关系，关注中东、阿富汗、伊拉克局势。马来西亚是第十届伊斯兰会议组织主席国，注重发挥伊斯兰世界与西方的桥梁作用，同情巴勒斯坦，与沙特、科威特关系密切。同时，注意防范激进伊斯兰势力。马来西亚积极参与伊斯兰会议组织的活动，并多次举办国际伊斯兰会议，利用伊斯兰会议组织等国际机构，呼吁西方重新审视伊斯兰世界，协调西方世界与伊斯兰国家关系。"9·11"之后，针对西方媒体将伊斯兰教与恐怖主义画等号、美国军事打击阿富汗、西方与穆斯林社会关系恶化的形势，马来西亚积极鼓励伊斯兰国家恢复信心，重塑伊斯兰世界在国际社会中的形象，倡议阿拉伯国家参加国际会议，改变伊斯兰国家与恐怖主义相联系的形象。同时，马来西亚积极援助伊斯兰国家，抗议西方国家暴行。马政府多次呼吁以色列停止对加沙的入侵，呼吁联合国、伊斯兰会议组织停止以色列违反国际法和人道主义的行径，并向清真寺散发商品清单，全面抵制西方商品。2001 年巴以冲突期间，马向巴勒斯坦难民捐赠 45 万林吉特的款物，并向伊拉克等国提供经济援助。马来西亚主张在伊斯兰会议组织框架下，探讨解决能源危机，尤其是食品危机问题，建立"国际天课组织"，发展国际清真食品标准和"国际清真一体化联盟"。马指责西方媒体误解伊斯兰文化，多次在国际会议和国际组织上表态，希望西方世界与伊斯兰国家建立和谐的关系。马反对美国发动阿富汗和伊拉克战争，主张在联合国框架内解决伊战后重建问题。2003 年 10 月，马来西亚主办第十届伊斯兰教会议组织峰会。伊斯兰教会议组织 57 个成员国中的 53 个出席本届峰会，这是历届峰会有最多成员国出席的一届。2006 年，马来西亚多次以伊斯兰国家会议组织和不结盟运动主席国身份召集会议，并致信联合国秘书长和各安理会常任理事国，寻求公正合理解决伊拉克问题和中东问题的方法。经济方面，马来西亚重视与伊朗等国的经贸关系，以及与沙特等国的伊斯兰金融合作。

在伊斯兰国家中，马来西亚与沙特和土耳其的关系较为密切，尤其是纳吉布就任总理以来，马来西亚与上述两国的关系得到了进一步的提升。2006 年，沙特国王阿卜杜拉访问马来西亚，旨在推动两国间的各领域合作。此后，两国间的金融合作和人文交流全面展开。沙特的拉赫杰银行在马来西亚开设了 24 家分行。2010 年，马来西亚总理纳吉布访问沙特。2011 年 4 月 19 日，双方签署安全政策合作谅解备忘录（MoU）。两国旨在加强反恐、毒品走私、打击跨国犯罪等合作。2016 年 2 月，纳吉布总理访问沙特，两国领导人主要探讨了安全和经济议题。2017 年 2 月 26 日，沙特阿拉伯国王萨勒曼・本・阿卜杜勒－阿齐兹率领 600 多人代表团对马来西亚进行了为期 4 天的国事访问。马来西亚总理纳吉布亲自到机场接机，并派出 100 多辆迎宾车欢迎沙特国王到访。截至 2016 年底，沙特是马来西亚在中东的第二大贸易伙伴，马来西亚主要对沙特出口棕榈油、机械设备和电子产品。马来西亚与土耳其关系方面，2010 年，马来西亚和土耳其开始磋商双边自贸协定（FTA）。2011 年，两国建立战略伙伴关系，并签署 6 亿美元的防务贸易协定，土耳其将为马来西亚开发和生产 257 辆装甲车。埃尔多安总理呼吁加强两国间的贸易和投资合作。此外，两国还签署互免签证协定。2014 年 4 月，纳吉布总理访问土耳其，两国领导人就加强经贸合作达成共识，并最终签订双边自贸协定。预计至 2018 年，自贸协定将把马来西亚与土耳其的双边贸易总额提升至 50 亿美元。

二　与联合国的关系

马来西亚高度重视发展与联合国的关系。早在联合国成立之初，当时的马来亚就已表达加入联合国的意愿。1957 年 9 月，马来亚在获得独立后一个月正式加入联合国。在联合国的作用问题上，马来西亚主张维护联合国作为国际核心组织的地位，关注建立国际政治经济新秩序问题，强调联合国不应只是超级强国的工具，而应该成为一个有能力独立处理发展中国家问题的国际组织。为此，马来西亚多次呼吁发展中国家在联合国改革问题上应全力合作。马哈蒂尔多次公开提出改革联合国的要求，主张改革安理会和取消常任理事国的否决权。此外，马来西亚还积极参与联合国的维和任务和国际行动，其参与的联合国行动涉及刚果、波黑、纳米比亚、索马里、东帝汶、黎巴嫩等国。自 1965 年起，马来西亚先后四次担任联合国安理会非常任理事国（1965 年、1989 年、1999 年、2014 年）。2004 年 5 月，马来西亚当选 2005 ~ 2007 年联合国人权委员会委员。2006 年 3 月，第 60 届联大通过决议，决定成立联合国人权理事会，取代原来的人权委员会。马于同年 5 月当选人权理事会成员，任期 3 年（2006 ~ 2009）。2014 年，马来西亚向联合国缴纳的"会费"是 790 万美元。

三 与东盟的关系

马来西亚奉行独立自主、中立、不结盟的外交政策，视东盟为外交政策基石，优先发展同东盟国家的关系。1967 年 8 月，马来西亚作为创始成员国与泰国、印尼、菲律宾、新加坡一道组建东盟。随后，马来西亚高度重视倚重东盟开展外交，提出将东南亚地区打造为和平、自由、中立区。1971 年，在马来西亚的积极推动下，东盟通过"和平自由中立区"（Zone of Peace, Freedom and Neutrality）宣言。此后，马来西亚表态反对超级大国在东南亚的军力竞赛升级为核竞赛，反对大国在东南亚部署核武器和大规模杀伤性武器。1977 年，马来西亚作为东盟轮值主席国主办第二届东盟峰会，会议确定东盟扩大区域经济合作，加强同美、韩、印、中、日、澳、新西兰和欧共体的对话和经济联系。1987 年，第三届东盟首脑会议决定建立"东南亚无核区"，获得马来西亚的鼎力支持。冷战结束后，马来西亚重视利用东盟加强与大国的关系。1991 年 7 月，马来西亚邀请中国参加东盟系列外长会议，中国由此成为东盟的对话伙伴国。马哈蒂尔总理提出建立"东亚经济核心论坛"，以抗衡美、欧两大经济板块的倡议，但最终遭到反对。1997 年亚洲金融危机后，马来西亚又主办了首届"东盟 + 1"领导人非正式会议、首届东盟与中、日、韩（"东盟 + 3"）领导人非正式会议。马哈蒂尔总理高度重视东盟在地区中的作用，主张积极推动东亚经济一体化进程。2000 年，马哈蒂尔提出以东盟为核心举办东亚峰会的倡议，得到东盟国家响应。2002 年，第六届"东盟＋3"领导人会议通过《东亚研究小组最终报告》，"推动'东盟＋3'领导人会议向东亚峰会演变"是报告提出的九项中长期措施之一。但由于日本、新加坡、印尼等国的反对，东亚峰会最终在"东盟＋3"的基础上吸纳了澳大利亚、新西兰和印度等国，演变为"东盟＋6"峰会，并于 2005 年 12 月 14 日在马来西亚吉隆坡举行首次会议。2015 年，马来西亚第二次担任东盟轮值主席国，分别于当年的 4 月和 11 月主办了第 26 届和第 27 届东盟峰会及东亚领导人系列会议。正是在 2015 年 11 月的第 27 届东盟峰会上，东盟领导人宣布将在 2015 年 12 月 31 日建成以政治安全共同体、经济共同体和社会文化共同体为支柱的东盟共同体，并通过《东盟 2025：携手前行》的愿景文件。12 月 31 日，东盟轮值主席国马来西亚外长阿尼法发布声明，称东盟共同体正式成立，这是东盟历史上又一个重要的里程碑，并表示马来西亚将坚定支持进一步深化东盟共同体建设和地区一体化进程，支持落实愿景文件《东盟 2025：携手前行》中的承诺。此外，马来西亚还积极致力于东盟自由贸易区建设和湄公河地区的经济开发合作。

第五节　与中国的关系

中国与马来西亚的友好交往已有 2000 多年的历史，在漫长的岁月中，两国人民结下了深厚的友谊。远在 15 世纪之前，中国便已与马来西亚交往，郑和在 15 世纪初期数次在马六甲登陆。在 20 世纪 70 年代以前，受国际冷战的影响和当时的条件限制，中马关系未能实现正常化，但民间贸易一直在进行，这为后来中马关系的正常化奠定了基础。进入 21 世纪后，中马关系出现新的进展，目前，双方的政治、经济、安全、社会人文等领域合作密切。

一　16 世纪以前的中马关系

（一）马来半岛出现统一国家前的中马关系

中国与马来西亚的友好交往已有 2000 多年的历史。公元 1～15 世纪初这段时期，马来半岛南部尚无统一的国家出现。但是，中国与当时马来半岛南部和婆罗洲北部（现在东马地区）的大小邦国已经有了交往。考古发现，早在公元1~2世纪，已有中国人到达马来半岛南部和婆罗洲北部，并把中国的瓷器带到这些地区。记载中国古代与东南亚、南亚交通的珍贵史料《汉书·地理志》描述了汉使船只前往南印度和锡兰（今斯里兰卡）的行程，由于受造船技术和航海技术限制，出海船只只能沿着海岸航行，途经马来半岛南端的马来古国。根据中国史籍记载，公元1~7世纪，马来半岛南部的一些邦国——狼牙修、羯荼、丹丹等，与中国的交往增多，并建立了官方关系。从公元5世纪中叶到7世纪初的100多年间，这些邦国不断派遣使节到中国，与中国建立友好关系。

三国时期，吴国使者朱应和康泰奉命出访南海诸岛国，其中包括马来半岛的国家。唐代，随着海外贸易的发展，中国与马来半岛和婆罗洲的国家交往增多。7世纪时，苏门答腊岛上的室利佛逝国兴起，其势力包括马来半岛南部的大部分领土。室利佛逝与唐朝关系十分密切，曾8次遣使到中国。唐王朝册封室利佛逝国王，唐代的商人、赴印度求经的僧侣常在室利佛逝的属国羯荼停留。此外，唐时的婆罗洲也与中国保持着贸易关系。宋元时期，随着中国造船和航海技术的发展，中国派往南洋诸岛国的使者和前往海外从事贸易的商人增多。宋代时期，位于婆罗洲的勃泥国和中国也保持着友好往来，勃泥国王曾于太平兴国二年（977）、元丰五年（1082）先后遣使中国。中国商船到勃泥国后，也受到勃泥国王和臣民的欢迎。马来半岛国家和勃泥国的商人也不断来华贸易。元朝建立后，元世祖忽必烈重视发展海外贸易，派出使者到东南亚地区通商，一些人定居当地。今日在马来西亚的沙巴州，有些土著明显带有中国血统。

（二）马来半岛出现统一国家后的中马关系

15世纪初，马六甲王国统一了马来半岛南部各邦，结束了马来半岛南部的分散割据局面。在马六甲王国存在的100多年间，明朝同马六甲王国的关系十分密切。1403年，明王朝即派官员带礼物出访马六甲。马六甲国王拜里米苏拉极为高兴，立即遣使回访。明永乐三年（1405），明成祖正式承认拜里米苏拉的国王地位，并赠送贵重礼品。从拜里米苏拉被封为国王，直到 1511 年马六甲被葡萄牙殖民者占领的 100 多年间，马六甲王国一直与中国明王朝保持着密切交往。根据《明史》记载，马六甲遣使来华就达 22 次。其中，国王亲率使臣出访 5 次，使团人数多达几百人。这在中国历史上是极其罕见的。永乐九年（1411）拜里米苏拉国王率领家眷、陪臣 540 多人访华，明王朝盛情接待，赠送大批贵重礼物。永乐十七年（1419），拜里米苏拉再次率家属、陪臣来访，明王朝再次给予盛情款待。明王朝也不断遣使到马六甲王国。郑和七下西洋期间，曾经 5 次到过马六甲，每次都受到马六甲国王的上宾接待。为了纪念郑和，当地人民把郑和用过的水井命名为"三保井"，去过的山洞命名为"三保洞"，并修建了"三保庙"。除郑和外，明王朝还遣使到马六甲 9 次之多。明王朝和马六甲王国的密切关系，促进了双方的经济和文化交流和贸易。

二 16～20 世纪中叶的中马关系

（一）葡萄牙、荷兰占领时期的中马关系

16 世纪以后，随着西方殖民者的到来，马六甲王国和马来半岛上的其他小国逐渐沦为西方国家的殖民地，时间长达 450 多年。19 世纪中叶后，中国也成为半殖民地国家，中国和东南亚各国的关系也随之发生变化，但中国和马来西亚人民之间的友谊并未因此而终止。1511 年，葡萄牙占领马六甲，遭到马六甲举国上下的反对，也激起中国官方的愤慨。明朝皇帝亲自接见马六甲使者，表示支持马六甲的反葡斗争。对葡萄牙人民派来要求与中国建交的使者，朝廷令其从广州返回，不准上京，并要求葡萄牙退出马六甲。明王朝呼吁暹罗等国发兵援助马六甲。马六甲被占领后，明王朝支持马六甲国王及其臣民的斗争，与他们避难的柔佛等国保持友好关系。中国商船不再驶往马六甲，以示抗议，中国与马六甲的贸易从此中断。旅居马六甲的华人也纷纷转至北大年、吉兰丹、柔佛、文莱等地居住和贸易，葡萄牙人占领的马六甲从此商业贸易衰退。1641 年，荷兰殖民者取代葡萄牙成为马来半岛南部的新霸主。1642 年，南宁（今马来西亚马六甲北部）和林茂（今马来西亚森美兰州南部）人民相继掀起抗荷武装起义，斗争持续 4 年，当地华侨参与起义。此外，华侨还参与了

1673 年、1784 年的抗荷斗争。尽管斗争失败了，但华侨与当地人民共同抗击西方殖民者的英雄业绩成为中马关系的佳话。

（二）英国占领时期的中马关系

1786 年，英国占领槟榔屿，经过 120 年的扩张，把马来亚和北婆罗洲变成殖民地。1840 年中英鸦片战争后，中国逐渐沦为半殖民地。中马人民在反殖斗争中维护和巩固了传统友谊。这时期，华侨成了维系中马关系的纽带。1875 年，霹雳州爆发第一次反英武装起义。霹雳、雪兰莪和森美兰州的华侨参加起义。1887～1890 年，马来亚各地华侨矿工反英斗争不断。1891～1895 年，彭亨人民发动反英起义，华侨矿工响应。1857 年 2 月，沙捞越石龙门的华侨矿工起义。辛亥革命期间，马来亚成为东南亚华侨支持中国革命的中心。孙中山先生 5 次来到马来亚。二战期间，以马来亚华侨为主体而建立的"马来亚人民抗日军"，是马来亚地区最重要的武装力量，为马来亚独立和争取世界反法西斯战争胜利做出重要贡献。在英国占领时期，英国殖民者从中国广东、福建沿海一带拐骗了大量的"契约华工"到马来亚开荒、种植橡胶。华工的辛勤劳动，为马来亚的经济发展做出贡献。中国人移居马来亚后，许多在当地定居，并繁衍生息，与当地人民融合在一起，成为今天马来西亚的华族，他们在发展中马关系中所做出的贡献不可磨灭。

三　1949 年后的中马关系

（一）20 世纪 70 年代前的中马关系

1949 年 10 月 1 日中华人民共和国成立以后，中国政府和人民对马来亚人民为推翻英国殖民统治、争取独立的斗争表示同情和支持。同时，双方保持民间贸易往来。1950～1956 年，中马（包括新加坡）双边民间贸易额累计达 1.57 亿美元，主要通过中国香港和新加坡进行。1957 年 8 月 31 日，马来亚独立，中国宣布承认马来亚联合邦，并表示愿与马来亚建立外交关系。但受冷战的影响，两国关系未实现正常化。1963 年马来西亚成立，两国关系仍未走上正常轨道，但两国民间贸易一直未间断。

（二）中马建交及中马关系的发展

进入 20 世纪 70 年代，国际局势发生重大变化，对东南亚局势产生重要影响。1970 年 9 月，马来西亚总理拉扎克调整内外政策，提出东南亚中立化的主张，并在东南亚国家中率先改变敌视中国的政策，开始改善对华关系。中国也开始纠正"左"的外交政策，重视发展与各国的关系，中马两国的经济、文化交往增多。1971 年 5 月，马来西亚向中国派出了第一个贸易代表团，两国从此开始正式接触。同年 6 月，马来西亚宣布取消对华橡胶禁运。8 月，中国贸促会访问马来西亚，这是马来西亚成立后第一个访马的中国官方代表团。访问期间，两国就某些商品的直接贸易达成协议。此后，马来西亚乒乓球队访华，一些工商企业家参加广交会。不久，马来西亚宣布奉行"一个中国"政策，并在同年 10 月召开的第 26 届联合国大会上就恢复中国在联合国合法地位的提案上投了赞成票。1972 年以后，以两国的体育代表团互访为先导，双方的交往增多。

1974 年 5 月 28 日至 6 月 2 日，马来西亚总理敦·阿卜杜勒·拉扎克访华，受到毛主席和周总理接见。5 月 31 日，中马发表联合公报，宣布建立外交关系。中马建交是两国历史的转折点，标志着马来西亚与中国的关系步入新阶段。但此后由于印度支那局势变化，意识形态分歧造成的心理障碍，以及拉扎克早逝引起巫统内部危机等因素，中马关系一直停滞不前。直到 20 世纪 70 年代末，两国高层领导人互访才逐步增多。1978 年 11 月，邓小平副总理应邀访马。1979 年，马来西亚总理侯赛因访华。到 1979 年底，中马政府间的各类代表团的互访达到 30 次。双方实现了直接贸易，且贸易额逐年上升。到 1977 年，中国对马出口已经由 1971 年的 2672 万美元增加到 1.05 亿美元。

20 世纪 80 年代，两国交往明显增多。1985 年 11 月，马哈蒂尔总理访华，拓展对华经贸合作关系，双方签订避免双重缴税和防止漏税协定。马哈蒂尔访华，公开批驳"中国威胁论"，将中国视为经济发展的机遇，对中马关系产生积极影响。1988 年，两国签订贸易协定，规定双方在关税方面互给最惠国待遇。同年，两国还签订航空服务协定、投资保障协定和成立"中马经济与贸易联合委员会"协定。1989 年，两国又签订了民用航空运输协定。当年，中马两国贸易额已增加至 10 亿美元，累计相互投资达 9 亿美元。同年，马来西亚、泰国政府和马来亚共产党签署和平协约，至此马共结束了 11 年的武装斗争。1990 年，马来西亚全面撤销马公民访华限制，中马关系进入新阶段。

（三）冷战结束初期的中马关系

进入 20 世纪 90 年代，随着冷战的结束，中国改革开放政策的进一步实施，东盟与中国关系的迅速发展，马来西亚与中国的关系也掀开了新的一页。

1. 高层互访频繁

1990 年 10 月、1991 年 9 月，马来西亚最高元首苏丹阿兹兰·沙对中国进行正式访问，并向中国捐款救助华东地区遭受水灾的人民。1993 年 6 月，马哈蒂尔总理应邀访华，这是马哈蒂尔总理第二次访华，随行代表团人数达 300 人，为中马建交以来马派出的规模最大的访华团。两国签署经济合作的协议和备忘录，同意互设总领事馆。1994 年 5 月，马哈蒂尔总理再次访华，出席"1994 中国北京国际高级经济论坛"。1996 年 8 月，马哈蒂尔总理率大型商业代表团访华，双方签署了多项合作协议和意向书。此外，马来西亚上议院议长、外交部长、国防部长、贸工部长、农业部长、交通部长、房屋及地方政府部长及其他高官也相继访华。1997 年，最高元首贾阿法访华。中国方面，1990 年 12 月，李鹏访马。1993 年 7 月，全国人大常委会委员长乔石访问马来西亚。1994 年、1995 年、1997 年、1999 年，江泽民、李瑞环、李鹏、朱镕基先后访马。1999 年 5 月，两国发表未来双边合作框架的联合声明，加强政治、经济、文化、教育、军事合作，积极推动建立两国全方位的睦邻友好合作关系。

2. 经贸合作加强

中马在经贸与技术合作方面具有互补性，合作前景广阔，多年来经贸关系密切，双边贸易增长迅速。1985 年，两国贸易额仅 3.68 亿美元，到 20 世纪 90 年代末增加近 12 倍。1997 年，东南亚国家遭金融风暴冲击，但中马贸易额仍高达 44 亿美元，达到了 10 余年来的顶峰。与此同时，双向投资不断扩大。1990 年，马对华投资 5 亿多美元，1994 年协议投资达

30 亿美元,来华投资的公司达 40 多家。投资项目主要集中在地产、服务、制造、百货与基建项目。这一时期,中国对马投资相对较少,仅 1 亿多美元。1997 年金融危机后,中国保持人民币不贬值,积极寻求渠道扩大对东南亚的投资,受到马来西亚政府和商界的称赞。截止到 1998 年底,中马签署了贸易、投资保护、避免双重征税、海运、航空等 11 项协议或谅解备忘录,为经济合作发展创造了有利条件。

3. 旅游业合作蓬勃发展

中马门户开放后,最先得益的是旅游业。1990 年 9 月,马来西亚宣布取消其公民访华的年龄限制(此前规定不允许 55 岁以下的公民到中国探亲访友和旅游),对中国公民访马的限制也有松动。此后,马来西亚公民访华人数剧增,1990 年达 4 万多人次。随着 1993 年马政府放宽对中国游客访马条件,访马的中国游客也剧增,1993 年超过 8 万人次。1999 年 7 月,马来西亚进一步放宽限制,中国游客可在马来西亚 10 个入境处取得 14 天的落地签证,进一步刺激了旅游业。到 1998 年底,中国已成为马十大旅游市场之一。

4. 文化交流与合作不断加强

中马的政治经济合作促进了双方的文化交流,两国的文化交流逐年增多。教育方面,20 世纪 90 年代初期,中马在互换大学教师、开展学术交流上已有良好开端。1997 年 6 月,中马签署教育合作备忘录,促进双方学生交流计划以及高等教育合作,中国成为马来西亚外国留学生的主要来源。1999 年,中马签署《文化合作协定》,马华总与中国海外交流协会及中国侨联签署合作意向书,加强学术交流与合作。在科技方面,1992 年,两国签署《科技合作协定》,成立科技联委会。在出版方面,双方决定相互出版对方具有代表性的女作家选集,两国的作家也交往不断。在文艺方面,1992 年,两国签署《广播电视节目合作和交流协定》,两国的艺术代表团进行互访演出,两国的文化代表团、摄影代表团、音乐代表团、报业代表团、作家代表团、出版界代表团等进行了相互访问,促进了两国人民在文化艺术方面的广泛交流,并进一步促进民间组织的相互联系。体育方面,1993 年,两国签署《促进中马体育交流、提高体育水平的谅解备忘录》。

5. 军事交流与合作不断加强

自 20 世纪 90 年代初中马国防部长互访以来，两国军事人员互访和国防业务的交流日益频繁，两国军事关系稳步发展。1994 年 4 月，中国人民解放军总参谋长张万年访马，9 月国防部长迟浩田访马，两国达成互派武官的协议。1995 年，两国互设武官处，军事交往增多，两国海军军舰多次互访，两国关系进一步向全方位合作发展。此后，两国军事交往频仍，相互信任不断加强，并开展了军舰开放等多项交流活动。1999 年 1 月，中国人民解放军傅全有上将访马。这一时期，中马关系稳步发展，但其中仍存在许多问题，主要表现在以下方面。

第一，经济领域。（1）投资问题。20 世纪 90 年代，马商界通过香港或直接在中国进行了数十亿林吉特的投资，但中国商家在马投资的数额仅有 1 亿美元左右，造成马商界长期不满。马迫切需要中国投资，尤其是长期项目投资，以加快马经济复苏。他们认为，中国是马原产品如棕榈油、树胶或木材等主要进口国，中国适合到马投资原产品的下游工业，利用马原产品加工，有助于降低生产成本。中国的科技力量雄厚，具备优越条件投资多媒体走廊和石油化工工业，应进一步加大对马投资。马商界呼吁政府应对中国投资者采取更加开放的政策，尽量为中方技术人员和主管到马居留提供方便。此外，马商家认为他们在华投资"不顺利"，许多商家被迫停业，主要是受中国贸易条例的约束。同时，受金融危机的影响，1998 年马对华投资下降 34%。他们期望中国贸易条例透明化，进一步改善投资环境，建议成立中马处理投资障碍委员会，协助两国商家克服投资困难，进一步加强经贸交往。（2）金融合作问题。中马金融合作由来已久。1939 年，中国就在槟榔屿、吉隆坡等地开设了 4 家银行分行，后因受马法律限制，1965 年关闭。为促进经贸合作，1992 年，两国重新协商复办中国银行分行事宜，马政府表示要修改其银行法，以便中国银行在本地运营。马商界认为这是当时两国贸易的主要障碍，令两国商家无法直接交易，而必须通过第三国办理账务，无形中增加了开销、汇率损失及办理时间。因此，他们认为中国银行在马增设分行是当务之急，希望两国政府尽快满足商界要求。（3）贸易问题。受金融危机的影响，1998 年，中国对马出口减少 16%。1999 年，中国向马购买棕榈油数量也比 1998 年减少，这令马商界非常担心，希望中国在采购棕榈油时优先考虑马来西亚。此外，马商界还希望设立双边商联会促进两国贸易。

第二，政治外交领域。（1）马台实质关系不断加强。马台官方来往频繁，马在台设有马来西亚文化贸易交流中心，马工业发展局在台设有办事处。台在马设有"台北经济文化办事处"。1993 年 2 月，马台签署《投资保护协定》。1996 年 7 月，双方又签署《避免双重征税协定》。台是马重要贸易伙伴和外来投资者。特别是金融危机后，马有意获得台湾地区的经济援助，马哈蒂尔曾"过境"台湾地区，台湾当局高级官员萧万长、连战等曾访马，受到马官员接见。（2）中马存在南沙争端。中国在历史上即对南沙岛礁拥有主权，但马根据 1982 年《联合国海洋法公约》，认为位于其 200 海里专属经济区和大陆架内的岛屿应归马所有。1999 年 7 月，马在南沙岛屿上修建设施，引起中、菲等国的抗议。

第三，教育交流问题。1997 年，中马签署教育合作备忘录，但其中的主要合作项目——交换学生计划进展缓慢。主要原因是马教育部在承认中国大学学位方面尚未与中国达成协议。中国已同意承认马 10 所大学学位，但马拒绝承认中国 30 多所大学的学位，仅承认北京大学和清华大学的学位。此外，马教育界对中国驻马使馆只发给马留华学生旅游签证表示不满，认为马学生未享受平等待遇。

但总的来说，中马政府和民间人士普遍看好中马关系的发展前景。马官员认为，鉴于目前美国追求世界霸权的野心膨胀，以及地区安全存在较多问题，中马在东亚地区问题上的合作将进一步加强。马哈蒂尔在与到访的日本代表会见时，强调中国市场至关重要，并劝告追随美国的日本"离开美国"。

（四）进入 21 世纪后的中马关系

进入 21 世纪，中马关系继续顺利发展，主要有以下几个特点。

1. 高层互访频繁，中马关系升级为全面战略伙伴关系

2000 年 11 月，江泽民主席在文莱出席第八届 APEC 领导人非正式会议期间会见马哈蒂尔总理，朱镕基总理在新加坡参加中国—东盟领导人会议期间与马哈蒂尔总理会晤。2001 年，马来西亚最高元首西拉杰丁访华。

2002 年 4 月，胡锦涛副主席对马来西亚进行正式访问，与巴达维副总理举行会谈，会见最高元首西拉杰丁和马哈蒂尔总理，并在亚洲战略与领导研究所发表《共同谱写亚洲和平与发展的新篇章》的演讲。2003 年 9 月，时任副总理巴达维对中国进行工作访问，两国签署农业、宇航、遥控探测、引进劳工及旅游业等 5 份备忘录，两国企业也签署 10 多项联营投资的意向书。2004 年 5 月 27 ~ 31 日，马来西亚总理巴达维应邀访问中国并出席两国建交 30 周年庆祝活动。访华期间，中国国家主席胡锦涛会见巴达维。温家宝总理与巴达维总理会谈，两国领导人出席《中华人民共和国政府与马来西亚政府关于在外交和国际关系教育领域合作谅解备忘录》等多个合作文件的签字仪式。中马双方在北京发表了《中华人民共和国和马来西亚联合公报》，马方在公报中宣布承认中国的完全市场经济地位。双方都表示要充分利用两国经济的比较优势，巩固和深化双边经贸合作。2004 年 11 月，温家宝总理在老挝出席中国与东盟领导人系列会议期间会见巴达维总理。2005 年 3 月，马最高元首西拉杰丁对华进行国事访问；4 月，巴达维总理来海南出席博鳌亚洲论坛年会；9 月，纳吉布副总理访华；12 月，温家宝总理对马来西亚进行正式访问，双方发表《联合公报》。2006 年 10 月，巴达维总理赴南宁出席中国—东盟建立对话伙伴关系 15 周年纪念峰会。2008 年 8 月，马来西亚最高元首米赞来华出席北京奥运会开幕式；10 月，巴达维总理来华出席第七届亚欧首脑会议。

2009 年 4 月纳吉布上台后，两国领导人的互动更是到了前所未有的高度。当年 6 月 1 日，正值美国高调拉开"重返"东南亚的序幕，纳吉布却义无反顾地携带家眷访问中国，高调宣扬要传承中马友谊，庆祝中马建交 35 周年。两国发表中马战略合作共同行动计划。此后的五年，中马领导人互访不断，就双边和地区问题保持了良好的沟通。2011 年 4 月 20 日，马来西亚副总理慕尤丁访华；仅仅一周后，温家宝总理访马；同年 10 月 21 日，纳吉布总理访问广西，出席第八届中国—东盟博览会。正是这次访华，推动了中马两国钦州产业园区的建设。2012 年 5 月，温家宝总理与纳吉布通电话，就双边关系和共同关心的问题交换看法。纳吉布称赞中国是马来西亚紧密和可靠的朋友。一个月后，中央纪委书记贺国强访马，与纳吉布总理、慕尤丁副总理会谈，两国领导人出席马中关丹产业园签字仪式。同年 11 月，纳吉布总理就中国共产党第十八次全国代表大会发来贺信。2013 年 2 月，时任全国政协主席贾庆林访马，与马最高元首哈利姆、总理纳吉布举行会晤，并出席马中关丹产业园启动仪式。中马两国双园战略项目正式启动，这也是迄今两国"一带一路"合作的旗舰项目。同年 10 月，习近平主席访问马来西亚，中马关系提升至全面战略伙伴关系。此次中马领导人会晤虽未直接触及南海仲裁等敏感议题，但两国就维护地区稳定达成共识，同时也将两国的战略伙伴关系合作拓展至海洋领域。进入 2014 年，处在上升期的中马关系突然遭遇马航 MH370 事件的干扰，两国就妥善解决马航事件，加强联合搜救展开全面合作。同年 5 月30 日，纳吉布总理任内第二次正式访华，习近平主席、李克强总理、张德江委员长与纳吉布会晤。5 月 31 日，两国元首就建交 40 周年互致贺电。仅仅三个月后的 9 月 4 日，马最高元首哈利姆访华。同年 11 月，纳吉布总理访华，与习近平主席、李克强总理会晤。马最高元首与总理不到两个月先后到访中国在中马关系史上非常罕见。2015 年 3 月，习近平主席在海南博鳌与纳吉布会晤。同年 11 月，李克强总理对马来西亚进行正式访问，并出席东亚领导人系列会议。2016 年 10 月 31 日至 11 月 6 日，纳吉布对中国进行正式访问，两国签署农业、教育、质检、税务、海关、防务等多个双边合作文件。2017 年 5 月，纳吉布来华出席"一带一路"国际合作高峰论坛，与习近平主席、李克强总理会晤。

2. 经济合作升级，马来西亚成为我国在东盟的最大贸易伙伴

经贸领域，2002 年 4 月，中马双边商业理事会成立，两国贸易往来增加；2003 年 9 月，双方签署《关于雇用中国劳务人员合作的谅解备忘录》，服务贸易深化。2003 年，中马双边贸易额首次突破 200 亿美元。2004 年，马来西亚成为我国在东盟的第二大贸易伙伴。此后，双边贸易、投资大项目合作不断增多。2005 年，中马双边贸易突破 300 亿美元；2009 年，双边贸易额再攀新高，达到 519.63 亿美元。2013 年，两国贸易额达到 1060.75 亿美元。马来西亚成为继日本、韩国之后中国在亚洲第三个贸易额超过 1000 亿美元的合作伙伴。2014 年以来，受全球经济形势及

中国经济增速放缓等因素影响，两国贸易有所回落。2014年双边贸易额1020.2亿美元，同比下降3.8%，其中中方出口463.6亿美元，同比增长0.9%，进口556.6亿美元，同比下降7.5%。中国连续7年成为马来西亚最大贸易伙伴，马来西亚是中国在东盟国家中最大的贸易伙伴。2015年两国贸易额下滑至972.9亿美元。中国自马进口主要商品有集成电路、计算机及其零部件、棕榈油和塑料制品等；中国向马出口主要商品有计算机及其零部件、集成电路、服装和纺织品等。与此同时，中马相互投资不断增长。2015年，马来西亚对华直接投资4.8亿美元。截至2015年底，马来西亚对华直接投资累计达72.5亿美元；同期，中国对马直接投资额累计27.18亿美元。在贸易和投资的推动之下，中马之间的大项目合作也逐渐展开，并成为两国合作的标志，如马中关丹产业园、中马钦州产业园已经成为两国在"一带一路"倡议下的旗舰合作项目，此外中国广东核电、中国电建在马来西亚设立亚太区域总部，中国株洲电力机车在马来西亚建立东盟制造中心。2016年，中马双边贸易额达868.8亿美元，同比下降10.7%。

金融领域，2000年，中国银行和马来亚银行分别在吉隆坡和上海互设分行。2002年4月，中马双边商业理事会成立，2009年2月，中国人民银行与马来西亚国家银行签署了双边货币互换协议。2010年4月，中国工商银行马来西亚分行在吉隆坡开业。7月，中国银行在马设立的第三家分行中国银行巴生分行开业。8月，两国批准在各自银行间外汇市场开办人民币兑林吉特即期交易业务。2012年2月，中国人民银行与马来西亚国家银行续签双边货币互换协议。4月，中国人民银行与马来西亚国家银行签署了关于马国家银行在华设立代表处的协议。2013年10月，马国家银行在北京设立代表处。2014年11月，两国央行就在吉隆坡建立人民币清算安排签署合作谅解备忘录。2015年4月，中马续签货币互换协议，维持1800亿人民币或900亿林吉特的互换额度。同时，中国银行吉隆坡人民币清算行正式启动。

3. 人文交流达到新的高度

2000年以来，中马两国在教育、文化领域的交流与合作取得新的突

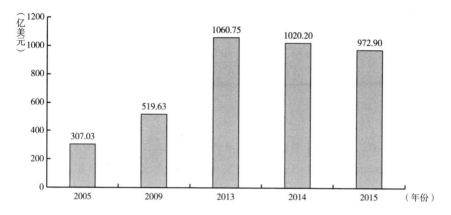

图 8 – 1　中马贸易额的演变（2005～2015）

数据来源：中国商务部

破。2004 年，两国签署《在外交和国际关系教育领域合作谅解备忘录》，
两国留学生交流不断增多。仅 2004 年，到马来西亚留学的中国学生就达
8707 人，占同年马来西亚外国留学生人数（25939 人）的 33.57%，比当
年马来西亚外国留学生的主要来源地如印尼（4443 人）、孟加拉国（1421
人）及巴基斯坦（1250 人）的人数多得多。2005 年 4 月 6 日，中国大陆
首个研究马来西亚的学术机构——厦门大学马来西亚研究所正式成立。
2005 年 9 月，时任副总理纳吉布赴北京外国语大学为"中国马来研究中
心"揭牌，该中心旨在进一步研究马来西亚、印尼、文莱、新加坡等有
关马来语国家的政治、经济、文化以及与中国的双边关系。2005 年 12 月
15 日，两国续签《教育合作谅解备忘录》，主要内容包括通过互惠教学、
研究或考察计划，交换学术人员、师资、专家及学生；提供奖学金让学生
到两国高等学府深造；研究两国学府学分转移及承认专业资格事宜；鼓励
在马来西亚推行中文和在中国推行马来语教学；交换教育资料和器材，举
办展览和会议，培训教育行政人员及教师的合作等。其中，鼓励在马来西
亚推行中文教学的规定，不仅有利于中马两国的教育合作，也可视为马来
西亚华文教育政策的进一步放宽。学生交换计划、提供奖学金和学分转移
等内容有助于吸引对方学生到本国留学，这对马来西亚建设区域教育中心

的目标尤具突出意义。2006 年，马来西亚教育部长希沙慕丁访问中国，进一步加强和落实了两国在教育领域的交流与合作事宜。此后，中马两国的留学生交流和高等院校合作进一步增加。2009 年，两国签署《高等教育合作谅解备忘录》。2011 年，温家宝总理访问马来西亚，两国签署《关于高等教育学位学历互认协议》。2012 年 9 月，中国青年百人访问团抵达吉隆坡，开展交流合作；10 月 20 日，马来亚大学孔子汉语学院正式启动，汉语与中国文化教学开始在马来西亚最高学府落地。2014 年 10 月 17日，中国首所海外大学——厦门大学马来西亚分校在马来西亚正式开工建设。该校位于首都吉隆坡西南 45 公里，占地 150 英亩，总建筑面积计划为 47 万平方米，在校生总规模为 1 万人，包括本科、硕士、博士三个教育层次。其中，生源以马来西亚和东南亚其他国家为主，教师则采用全球招聘方式。厦大马来西亚分校将分期建设，第一期建筑面积约 20 万平方米。2016 年正式开课，主要招收马来西亚当地学生，同时首次通过高考在中国大陆 14 个省份招收了约 440 名学生修读新能源与工程、中医学、汉语言文学、新闻学等 7 门学士学位课程。到 2020 年，学生规模将达到5000 名左右。第一期设立中国语言与文化学院、海洋与环境学院、商学院、医学院和计算机学院 5 个学院。第二期拟设立化学工程与能源学院、电子工程学院、生物工程学院、材料科学与技术学院、动漫与文化创意学院 5 个学院。项目建成后，厦大马来西亚分校将成为中国首个海外设立的重点大学。2014 年 12 月 12 日，暨南大学国际关系学院中马关系研究中心成立。该中心是我国首个专注于研究中马双边关系的研究机构。2015年 11 月 23 日，马来西亚世纪大学孔子学院举行揭牌仪式。该孔子学院的中方合作单位是海南师范大学。

除教育合作外，中马两国在新闻媒体、旅游等领域的人文交流也达到相当规模。新华社、中国新闻社在吉隆坡设立分社，中央电视台在马来西亚设立记者站，央视 4 套和 9 套节目在马落地，《人民日报》海外版在马出版发行。马来西亚国家新闻通讯社（bernama）在北京设立分社，马来西亚《星报》在华设立办事处。2015 年 1 月，马来西亚《资讯报》杂志与新华社吉隆坡分社签署合作协议。两家机构将分享新闻信息，开展更加深入的新闻报道。旅游方面，马来西亚是我国游客在东南亚的主要目的地之一，两国签有《旅游合作谅解备忘录》，互为主要客源国。2005 年，马来华游客 90 万人次，中国首站出境访马人数 35.5 万人次，中国成为马海外主要客源国之一，马是中国第五大客源国。此后几年，中国到马来西亚的游客和马来西亚来华游客都不断增多。2014 年，马来西亚游客来华达112.96 万人次，中国公民首站赴马 98.19 万人次。2016 年，马来西亚对中国游客实施有条件免签和电子签证制度，并提出吸引 300 万中国游客，五年内吸引 800 万的目标。

4. 防务和海上合作

2002 年，中央军委副主席、国务委员兼国防部长迟浩田过境马来西亚，与马国防部长纳吉布举行会晤。2003 年 9 月，中央军委委员、总参谋长梁光烈访马。2004 年 9 月，马派员来华观摩中国的军事演习。2004年 5 月，在马来西亚总理巴达维访华期间，两国领导人曾探讨建立防务及安全合作的可能。2005 年 9 月，马来西亚副总理兼国防部长纳吉布访问中国，两国正式签署《防御及保安合作谅解备忘录》，这也是东盟国家与中国签署的第一份同类协定。两国强调加强防范国际恐怖主义合作，并讨论了中国协防马六甲海峡，以确保海道安全航行等问题；12 月 15 日，温家宝总理访问马来西亚，两国发表联合公报。马方欢迎中方作为海峡主要使用国为海峡的安全做出积极贡献，欢迎中方参与马六甲海峡安全合作，同意讨论合作形式，如情报信息的交换与分享。这是马六甲海峡周边三国（马来西亚、印尼和新加坡）中第一个如此明确表态的国家；与此同时，中方代表团参加马来西亚国际海空展，中国军事科学院代表团访马。2006年 4 月，中央军委副主席、国务委员兼国防部长曹刚川访马。5 月，总参谋长助理章沁生少将率团访马。两国就《中马海上合作谅解备忘录》的具体内容进一步磋商。2012 年 5 月，中国人民解放军海军远洋航海训练舰 "郑和" 舰访问马来西亚，与马来西亚海军 "杰伯" 号导弹护卫舰在马六甲海域进行交汇演习；8 月，中马签署《关于打击跨国犯罪的合作协议》；9 月 10 日，中国人民解放军副总参谋长马晓天上将与马来西亚国防部秘书长伊斯梅尔在吉隆坡共同主持中马首次防务安全磋商，双方就两军关系、地区安全形势交流沟通。10 月，中马举行执法合作首次联合工作组会议。2013 年 8 月，中国海事旗舰船"海巡 01"轮访问马来西亚。2014 年 12 月，中马"和平友谊－2014"联合桌面推演在吉隆坡模拟中心举行。双方就海空兵力投送、联合护航、联合搜救、联合解救被劫持船只和人道主义援助与救灾等课目进行推演，并就军队参与人道主义援助与救灾行动机制交流经验。2015 年 9 月，中马在马六甲海域举行"和平友谊－2015"联合军演，这是中国与东盟国家首次大规模联合军演。同年 11 月，中国海军司令吴胜利访问马来西亚。2016 年 11 月，纳吉布访华，马方向中国购买四艘中国海军舰艇。同年 11 月 22～25 日，"和平友谊－2016"中国—马来西亚联合军事演习在马来西亚巴耶英达附近地域举行。演习以"人道主义救援联合行动"为课题，分为参谋部演练和实兵演练两部分，双方出动兵力 300 人。

大事纪年

公元初	马来半岛北部出现"羯荼"古国
2 世纪	马来半岛东北部出现"狼牙修"古国
2 世纪后	马来半岛陆续出现丹丹、盘盘等古国
5 世纪	吉打王国（Kataha）出现
650～1377 年	室利佛逝王国统治马来半岛
1293～1527 年	满者伯夷统治马来群岛的绝大部分地区
1400 年	马六甲王国建立
1405 年	马六甲国王拜里米苏拉派遣使者前往中国，中国册封拜里米苏拉为马六甲国王
1411、1414 年	拜里米苏拉两次访问中国
1405～1433 年	郑和下西洋期间，多次访问马六甲
1445 年	穆扎法尔·沙继任马六甲国王，首次使用苏丹称号
1509 年 9 月	葡萄牙船队抵达马六甲，要求与马六甲通商，获得马六甲苏丹同意。
1511 年 7 月 24 日	葡萄牙向马六甲发起第一次攻击
1511 年 8 月 10 日	葡萄牙向马六甲发起第二次攻击

1511 年 8 月 24 日	葡萄牙攻占马六甲，马六甲苏丹马赫默德弃城而逃
1571 年	葡萄牙任命马六甲长官
1641 年	葡萄牙退出马六甲，荷兰殖民开始
1786 年	荷兰殖民结束，英国东印度公司商船在槟榔屿登陆，开始对马来亚的殖民
1808 年	英国在槟榔屿废除甲必丹制度
1824 年 8 月 2 日	新加坡成为英国殖民地
1826 年	海峡殖民地建立
1841 年	文莱苏丹将沙捞越割让给英国探险家布鲁克
1846 年	英国从文莱手中获得纳闽
1848 年	纳闽成为英国的直辖殖民地
1867 年 4 月 1 日	海峡殖民地成为英国的直辖殖民地
1874 年	英国与霹雳苏丹签订《邦咯条约》
1882 年	英属北婆罗洲公司统治沙巴
1888 年	沙巴成为英国保护国
1890 年	纳闽并入英属北婆罗洲
1896 年	马来联邦成立
1906 年 10 月 30 日	纳闽加入海峡殖民地
1914 年	马来属邦成立
1913 年	英国殖民当局颁布《土地保留法》
1927 年	南洋共产党在新加坡成立
1930 年 4 月	南洋共产党解散，重新成立马来亚共产党
1934 年 4 ~ 5 月	马来亚共产党组织了历史上第一次全国总罢工
1941 年 12 月 8 日	日本对马来亚发起侵略战争

1942 年 1 月 1 日	马来亚共产党领导的马来亚人民抗日军第一独立队在雪兰莪成立
1942 年 1 月 11 日	日军占领吉隆坡
1942 年 1 月 31 日	英军撤出马来亚，退守新加坡
1942 年 2 月 15 日至 1945 年 8 月 15 日	日本全面占领和殖民马来亚
1945 年 9 月 3 日	英国军队在槟城登陆
1945 年 9 月 15 日	英国再次统治马来亚
1945 年 12 月 1 日	马来亚人民抗日军解散
1946 年 1 月 22 日	英国公布《马来亚和新加坡关于未来的宪法的声明》，提出组建马来亚联盟
1946 年 4 月 1 日	马来亚联盟成立，新加坡成为英国的直辖殖民地
1946 年 5 月 11 日	马来民族统一机构（巫统）成立
1946 年 7 月 1 日	布鲁克将沙捞越转让给英国政府
1946 年 7 月 15 日	纳闽再次并入北婆罗洲，成为英属北婆罗洲直辖殖民地
1946 年 12 月	英国提出《马来亚政制建议书》，准备组建马来亚联合邦
1947 年	马来亚共产党领导层分裂，陈平担任马共书记长
1948 年 2 月 1 日	英国宣布马来亚联合邦成立
1948 年 6 月 18 日	英国宣布马来亚进入紧急状态，马共被宣布为"非法组织"，《煽动法》出台
1949 年 2 月 27 日	马来亚华人公会成立
1951 年 9 月	拿督·翁退出巫统，组建独立党
1952 年	巫统与马华公会结盟
1954 年	马华印联盟党成立

1955 年 7 月	马来亚联合邦举行历史上首次选举，联盟党获得 52 个议席中的 51 席
1955 年 8 月	联盟党作为执政党组阁，东姑·拉赫曼出任马来亚联合邦首席部长兼内政部长
1955 年 12 月至 1957 年 5 月	拉赫曼政府与英国当局谈判
1957 年 7 月 11 日	《马来亚联合邦宪法草案》通过
1957 年 8 月 27 日	《马来亚联合邦宪法》公布
1957 年 8 月 31 日	马来亚联合邦独立，拉赫曼任首任总理
1958 年 8 月	《新工业法案》实施
1959 年 6 月 3 日	新加坡获得自治
1960 年	长达 12 年的紧急状态结束
1963 年 7 月 22 日	沙捞越宣告自治
1963 年 8 月	新加坡宣告独立
1963 年 8 月 31 日	英属北婆罗洲宣告自治
1963 年 9 月 16 日	马来西亚成立
1963 ~ 1966 年	印尼马来西亚对抗
1963 年 9 月	马来西亚与菲律宾断交
1964 年 5 月	马来西亚与菲律宾再次断交
1965 年 8 月 9 日	新加坡退出马来西亚
1967 年 8 月 8 日	东盟成立，马来西亚为创始成员国
1969 年 5 月 13 日	"5·13" 事件
1970 年 1 月	国家行动委员会成立，接管国家权力
1970 年 9 月 22 日	拉赫曼总理下台；拉扎克出任马来西亚第二任总理
1970 年	新经济政策、国家文化政策实施
1971 年 2 月	宪法修正案通过，拉扎克解除国家

	行动委员会统治国家的权力
1974 年 2 月 1 日	吉隆坡联邦直辖区从雪兰莪州分离出来
1974 年 5 月 31 日	中马建交
1974 年 6 月 1 日	国民阵线成立
1976 年 1 月 14 日	拉扎克下台
1976 年 1 月 15 日	侯赛因·奥恩出任马来西亚第三任总理
1981 年 7 月 16 日	侯赛因·奥恩下台，马哈蒂尔出任马来西亚第四任总理
1982 年	全国大选，执政联盟获得 154 个席位中的 132 席，马哈蒂尔提出"向东看"政策
1983 年	马哈蒂尔推动修宪
1984 年 4 月 16 日	纳闽联邦直辖区从沙巴州分离出来
1985 年 11 月	马哈蒂尔首次访华
1985 ~ 1986 年	马来西亚经济衰退，GDP 首次负增长
1987 年 4 月 22 日	巫统举行党选，支持和反对马哈蒂尔的派系分裂为 A 队和 B 队。马哈蒂尔以微弱优势当选党主席，反对派拒绝承认选举结果，要求法院裁决选举无效
1988 年 2 月 4 日	吉隆坡高院裁决，巫统为非法组织
1988 年 2 月	马哈蒂尔在原巫统基础上重组"新巫统"
1989 年 6 月 3 日	四六精神党成立
1990 年	国家发展政策实施，取代新经济政策

1991 年 2 月 28 日	马哈蒂尔提出"2020 宏愿"
1993 年	马哈蒂尔再次推动修宪，安瓦尔当选马来西亚副总理
1996 年	从巫统分裂出去的四六精神党重返新巫统，新巫统还名为"巫统"
1997 年	马哈蒂尔授命安瓦尔在其休假期间代行马来西亚总理职务
1997 年 5 月	马来西亚和印尼同意将西巴丹岛和利吉丹岛的主权归属问题提交国际法院裁决
1997~1998 年	亚洲金融危机，马来西亚经济历史上第二次负增长
1998 年 9 月 2 日	马哈蒂尔解除安瓦尔副总理职务
1998 年 9 月 20 日	安瓦尔被捕，反对党组建替代阵线
1999 年 11 月	全国大选
1999 年 4 月	安瓦尔被判处 6 年监禁
2001 年 2 月 1 日	布城联邦直辖区从雪兰莪州分离出来
2002 年 1 月 22 日	沙巴团结党重新加入国民阵线
2002 年 6 月 22 日	马哈蒂尔宣布将让位于阿卜杜拉·巴达维
2002 年 12 月 17 日	国际法院宣布西巴丹岛和利吉丹岛的主权归属马来西亚
2003 年 7 月 24 日	马来西亚和新加坡将白礁岛、中岩礁、南礁主权问题提交国际法院裁决
2003 年 10 月 31 日	马哈蒂尔退位，阿卜杜拉·巴达维出任马来西亚第五任总理
2004 年 1 月 7 日	纳吉布出任马来西亚副总理

2004 年 3 月 21 日	全国大选，执政联盟获得压倒性胜利，替代阵线解散
2004 年 9 月 1 日	安瓦尔获释
2004 年 12 月 26 日	印度洋海啸爆发，马来西亚 40 人死亡
2005 年 2 月 15 日	马来西亚海上执法局成立
2006 年 6 月 20 日	八打灵再正式升格为城市，成为雪兰莪州第二个城市
2006 年 12 月 13 日	米赞·扎伊纳尔·阿比丁出任马来西亚第 13 任国家元首
2007 年 6 月 18 日	蒙古女郎阿尔丹杜雅·沙丽布案开审
2008 年 3 月 8 日	全国大选，执政联盟获胜，但失去 2/3 多数席位
2008 年 4 月 1 日	反对党组建人民联盟
2008 年 5 月 19 日	马哈蒂尔宣布退出巫统
2008 年 7 月 16 日	安瓦尔再次因鸡奸罪被捕
2008 年 8 月 7 日	安瓦尔获释
2009 年 4 月	阿卜杜拉·巴达维交权下台，纳吉布出任马来西亚第六任总理
2009 年 4 月	马哈蒂尔再次加入巫统
2009 年 6 月	纳吉布访华
2010 年 1 月 28 日	政府转型计划启动
2010 年 3 月 30 日	新经济模式启动
2011 年 2 月 27 日	警方逮捕兴权会 109 名反政府分子
2011 年 6 月 26 日	干净与公平选举联盟发起反政府示威
2011 年 8 月 24 日	"一个马来西亚"福利项目启动
2011 年 9 月 15 日	纳吉布宣布废除内安法

2012 年 1 月 9 日	吉隆坡高等法院宣布安瓦尔犯有鸡奸罪
2012 年 4 月 28 日	干净与公平选举联盟举行反政府示威
2012 年 6 月 22 日	颁布实施《2012 年安全罪行法案（特别措施）》，取代内安法
2013 年 3 月	马来西亚武装部队与菲律宾苏禄苏丹率领的武装分子对峙
2013 年 5 月 5 日	全国大选，纳吉布连任总理
2013 年 9 月 21 日	纳吉布赢得大选，连任巫统主席
2013 年 10 月	习近平主席访问马来西亚，中马关系提升至全面战略伙伴关系
2014 年 3 月 8 日	马航 MH370 神秘消失
2014 年 4 月	美国总统奥巴马访问马来西亚，双方关系提升为全面伙伴关系
2014 年 5 月	中马庆祝建交 40 周年
2014 年 6 月 25 日	纳吉布宣布内阁改组
2014 年 7 月 17 日	马航 MH17 被击落
2015 年 2 月	安瓦尔再次因鸡奸罪被捕入狱 5 年
2015 年 4 月 29 日	政府实施消费税
2015 年 5 月 21 日	第十一个五年计划公布
2015 年 8 月 30 日	干净与公平选举联盟举行反政府游行，马哈蒂尔前往助阵
2015 年 9 月	反对党组建希望联盟，取代人民联盟
2016 年 1 月	马来西亚国会通过跨太平洋伙伴关系协定（TPP）
2016 年 6 月 28 日	雪兰莪州蒲种一酒吧遭手榴弹袭击，造成 8 人受伤

2016 年 9 月 9 日	马来西亚土著团结党成立
2016 年 10 月 31 日至 11 月 6 日	纳吉布访问中国
2017 年 2 月	金正男在马来西亚遇刺

参考文献

一　中文文献

李家禄、严琪玉：《马来西亚》，重庆出版社，2004。

法立诺：《第三只眼看马来西亚》，林青青、陈向慧、康中慧、罗邦龙、区琇诒译，星洲日报社，2004。

韩方明：《华人与马来西亚现代化进程》，商务印书馆，2002。

林若雩：《马哈迪执政下的马来西亚——国家与社会关系（1981～2001）》，韦伯文化事业出版社，2001。

方金英：《东南亚"华人问题"的形成与发展——泰国、菲律宾、马来西亚、印度尼西亚案例研究》，时事出版社，2001。

潘一宁等：《国际因素与当代东南亚国家的政治发展》，中国社会科学出版社，2004。

李恩涵：《东南亚华人史》，台北五南图书出版公司，2003。

郑赤琰编《客家与东南亚》，香港三联书店，2002。

贺圣达、王文良等：《战后东南亚历史发展——1945～1994》，云南大学出版社，1995。

王民同主编《东南亚史纲》，云南大学出版社，1994。

张锡镇：《当代东南亚政治》，广西人民出版社，1994。

季国兴主编《东南亚概览：当今世界经济高速发展的热点地区》，中国社会科学出版社，1994。

张宏儒主编《二十世纪世界各国大事全书》，北京出版社，1993。

新马侨友会编《马来亚人民抗日军》，香港见证出版公司，1992。

暨南大学东南亚研究所、广州华侨研究会编著《战后东南亚国家的华侨华人政策》，暨南大学出版社，1989。

谢诗坚：《马来西亚华人政治思潮演变》，友达企业有限公司，1984。

世界军事年鉴编委会编《世界军事年鉴2006》，解放军出版社，2006。

安迪.《带你经历马来亚的血泪与光荣——皇家马来西亚三军历史博物馆》，《国际展望》2004年第8期。

钱文宝、林伍光：《马来西亚简史》，商务印书馆，1981。

廖小健：《战后马来西亚族群关系：华人与马来人关系研究》，暨南大学出版社，2012。

顾长永：《东南亚各国政府与政治：持续与变迁》，台湾商务印书馆，2013。

陈鸿瑜：《马来西亚史》，台北兰台出版社，2012。

二　英文文献

In Won Hwang, *Personalized Politics: The Malaysian State under Mahathir*, Thailand Silkworm Books and Singapore Institute of Southeast Asian Studies, 2003.

R. S. Milne, Diane K. Mauzy, *Malaysian Politics under Mahathir*, Routledge, London and New York, 1999.

Stanley S. Bedlington, *Malaysia and Singapore*, *The building of New States*, New York: Conrnell University Press, 1978.

Dato Abdullah Ahmad, *Tunku Abdul Rahman and Malaysia's Foreign Policy 1963 – 1970*, Kuala Lumpur, Berita Publishing SDN BHD, 1985.

三　马来语文献

Malaysia Kita, *Panduan Dan Rujukan untuk Peperiksaan Am Pekerja*, Petaling Jaya, International Law Book Services, 2007.

四 主要网站

马来西亚政府，http：//www. malaysia. gov. my/。

马来西亚国家统计局，https：//www. dosm. gov. my/v1/。

马来西亚外交部，http：//www. kln. gov. my/web/guest/home/。

马来西亚教育部，http：//moe. gov. my/index. php/my/。

马来西亚投资发展局，http：//www. mida. gov. my/。

国民阵线，http：//www. barisannasional. org. my/。

"一个马来西亚"，http：//www. 1malaysia. com. my/。

《马来西亚使者报》（*Utusan Malaysia*），http：//www. utusan. com. my/。

马来西亚国家通讯社，http：//www. bernama. com. my/。

中国驻马来西亚使馆，http：//my. china - embassy. org/chn/。

中国驻马来西亚使馆经商处，http：//my. mofcom. gov. cn/。

世界银行数据库，http：//data. worldbank. org/。

索　引

新版《列国志》总书目

非洲

阿尔及利亚
埃及
埃塞俄比亚
安哥拉
贝宁
博茨瓦纳
布基纳法索
布隆迪
赤道几内亚
多哥
厄立特里亚
佛得角
冈比亚
刚果
刚果民主共和国
吉布提
几内亚
几内亚比绍
加纳
加蓬
津巴布韦
喀麦隆
科摩罗
科特迪瓦
肯尼亚
莱索托
利比里亚
利比亚
卢旺达

马达加斯加
马拉维
马里
毛里求斯
毛里塔尼亚
摩洛哥
莫桑比克
纳米比亚
南非
南苏丹
尼日尔
尼日利亚
塞拉利昂
塞内加尔
塞舌尔
圣多美和普林西比
斯威士兰
苏丹
索马里
坦桑尼亚
突尼斯
乌干达
赞比亚
乍得
中非

欧洲

阿尔巴尼亚
爱尔兰
爱沙尼亚
安道尔

奥地利

白俄罗斯

保加利亚

北马其顿

比利时

冰岛

波兰

波斯尼亚和黑塞哥维那

丹麦

德国

俄罗斯

法国

梵蒂冈

芬兰

荷兰

黑山

捷克

克罗地亚

拉脱维亚

立陶宛

列支敦士登

卢森堡

罗马尼亚

马耳他

摩尔多瓦

摩纳哥

挪威

葡萄牙

瑞典

瑞士

塞尔维亚

塞浦路斯

圣马力诺

斯洛伐克

斯洛文尼亚

乌克兰

西班牙

希腊

匈牙利

意大利

英国

美洲

阿根廷

安提瓜和巴布达

巴巴多斯

巴哈马

巴拉圭

巴拿马

巴西

秘鲁

玻利维亚

伯利兹

多米尼加

多米尼克

厄瓜多尔

哥伦比亚

哥斯达黎加

格林纳达

古巴

圭亚那

海地

洪都拉斯

加拿大

美国

墨西哥

尼加拉瓜

萨尔瓦多

圣基茨和尼维斯

圣卢西亚

圣文森特和格林纳丁斯

苏里南

特立尼达和多巴哥

危地马拉

委内瑞拉

乌拉圭

牙买加

智利

大洋洲

澳大利亚

巴布亚新几内亚

斐济

基里巴斯

库克群岛

马绍尔群岛

密克罗尼西亚

瑙鲁

纽埃

帕劳

萨摩亚

所罗门群岛

汤加

图瓦卢

瓦努阿图

新西兰

国别区域与全球治理数据平台

www.crggcn.com

"国别区域与全球治理数据平台"（Countries，Regions and Global Governance，CRGG）是社会科学文献出版社重点打造的学术型数字产品，对接国别区域这一重点新兴学科，围绕国别研究、区域研究、国际组织、全球智库等领域，全方位整合基础信息、一手资料、科研成果，文献量达30余万篇。该产品已建设成为国别区域与全球治理数据资源与研究成果整合发布平台，可提供包括资源获取、科研技术服务、成果发布与传播等在内的多层次、全方位的学术服务。

从国别区域和全球治理研究角度出发，"国别区域与全球治理数据平台"下设国别研究数据库、区域研究数据库、国际组织数据库、全球智库数据库、学术专题数据库和学术资讯数据库6大数据库。在资源类型方面，除专题图书、智库报告和学术论文外，平台还包括数据图表、档案文件和学术资讯。在文献检索方面，平台支持全文检索、高级检索，并可按照相关度和出版时间进行排序。

"国别区域与全球治理数据平台"应用广泛。针对高校及国别区域科研机构，平台可提供专业的知识服务，通过丰富的研究参考资料和学术服务推动国别区域研究的学科建设与发展，提升智库学术科研及政策建言能力；针对政府及外事机构，平台可提供资政参考，为相关国际事务决策提供理论依据与资讯支持，切实服务国家对外战略。

数据库体验卡服务指南

※100元数据库体验卡，可在"国别区域与全球治理数据平台"充值和使用

充值卡使用说明：
第 1 步 刮开附赠充值卡的涂层；
第 2 步 登录国别区域与全球治理数据平台（www.crggcn.com），注册账号；
第 3 步 登录并进入"会员中心"→"在线充值"→"充值卡充值"，充值成功后即可使用。

声明

最终解释权归社会科学文献出版社所有

客服QQ：671079496
客服邮箱：crgg@ssap.cn

欢迎登录社会科学文献出版社官网（www.ssap.com.cn）和国别区域与全球治理数据平台（www.crggcn.com）了解更多信息

社会科学文献出版社
SOCIAL SCIENCES ACADEMIC PRESS (CHINA)
卡号：586194465652
密码：

图书在版编目（CIP）数据

马来西亚／骆永昆，马燕冰，张学刚编著. －－2版
. －－北京：社会科学文献出版社，2017.12（2022.3重印）
　（列国志：新版）
　ISBN 978－7－5201－1434－9

　Ⅰ.①马…　Ⅱ.①骆…②马…③张…　Ⅲ.①马来西
亚－概况　Ⅳ.①K933.8

中国版本图书馆 CIP 数据核字（2017）第 231499 号

· 列国志（新版）·

马来西亚（Malaysia）

编　　著／骆永昆　马燕冰　张学刚

出 版 人／王利民
项目统筹／张晓莉
责任编辑／李海瑞　郭锡超　叶　娟
责任印制／王京美

出　　版／社会科学文献出版社·国别区域分社（010）59367078
　　　　　地址：北京市北三环中路甲29号院华龙大厦　邮编：100029
　　　　　网址：www.ssap.com.cn
发　　行／社会科学文献出版社（010）59367028
印　　装／三河市尚艺印装有限公司

规　　格／开本：787mm×1092mm　1/16
　　　　　印张：27.5　插页：1　字数：409千字
版　　次／2017年12月第2版　2022年3月第3次印刷
书　　号／ISBN 978－7－5201－1434－9
定　　价／89.00元

读者服务电话：4008918866